商务谈判实战案例和经验解析

王建明 编著

机械工业出版社

本书是一部记录商务谈判实战人员深度访谈的著述。四十多位被访谈者包括公司董事长、总经理、营销总监、销售经理、中层管理人员、个体老板、创业人员等，他们都是活跃在一线的商务谈判实践者。

本书采用访谈记录式的编写体例，由被访谈者讲述其亲身谈判经历，所有访谈记录都是第一手资料。在总结被访谈者商务谈判实战经验和技巧的基础上，本书提炼了商务谈判的一般原理和中国特色。

本书可以作为新商科教育背景下相关专业（市场营销、工商管理、电子商务、国际贸易、国际商务等专业）研究生、本科生、高职生学习"商务谈判""商务沟通"等课程的案例教学参考书、实训实践指导书或课外阅读书目，还可以为从事商务谈判相关工作的职场人士提供实践操作指导。

图书在版编目（CIP）数据

商务谈判实战案例和经验解析/王建明编著．—北京：机械工业出版社，2020.8（2022.1重印）

ISBN 978-7-111-66917-3

Ⅰ.①商… Ⅱ.①王… Ⅲ.①商务谈判–案例 Ⅳ.①F715.4

中国版本图书馆 CIP 数据核字（2020）第 222387 号

机械工业出版社（北京市百万庄大街22号 邮政编码100037）
策划编辑：易 敏 责任编辑：易 敏
责任校对：张 力 封面设计：张 静
责任印制：单爱军
北京虎彩文化传播有限公司印刷
2022年1月第1版第3次印刷
169mm×239mm・21.5印张・448千字
标准书号：ISBN 978-7-111-66917-3
定价：49.80元

电话服务 网络服务
客服电话：010-88361066 机 工 官 网：www.cmpbook.com
　　　　　010-88379833 机 工 官 博：weibo.com/cmp1952
　　　　　010-68326294 金 书 网：www.golden-book.com
封底无防伪标均为盗版 机工教育服务网：www.cmpedu.com

前　言

本书是新商科教育背景下一部对商务谈判实战人员深度访谈的实战案例总结和经验解析汇编，目的是给读者讲述在中国社会特征和文化情境下一个个真实的谈判故事，而不仅仅是谈判的理论知识。

商学院学生经常发出这样的感慨，商务谈判理论和现实之间往往存在很大的差距，具体表现为大学里学到的商务谈判知识在实践中大多"没有用"，实践中的谈判根本不是理论上讲的那个样子。尽管现在大学"商务谈判"课程教学非常注重理论联系实际（如加强调案例教学、实训教学和模拟谈判），但是学生们依然感觉脱离实践。以商务谈判案例分析来说，现有的商务谈判案例多数比较陈旧，少数不陈旧的案例也缺乏深度、索然无味。可见，目前大学课堂上的商务谈判理论和案例教学还不能完全满足商务谈判实践的需要。换言之，对于正在学习"商务谈判"的大学生或初涉商务谈判相关工作（如销售、采购、外贸、管理、创业等）的职场人士，仅仅依靠课堂上的商务谈判理论和案例学习远远不够，还需要了解现实的销售、采购、外贸、管理、创业等实践中，人们是如何有效进行商务谈判的。特别是在当前新商科教育背景下，我们需要了解在当前中国社会特征和文化情境下，商务谈判有哪些新特征、新理念、新模式和新方法，以及现实中的商务谈判与理论中的商务谈判有什么差异。基于此，我们策划了本书，以期为相关专业大学生和职场人士提供参考。本书内容分七篇（含结论篇），共收集了42个一手、原汁原味的商务谈判实战案例及其经验解析。各篇内容具体为：

第1篇　对董事长、法人代表的深度访谈，共7个商务谈判实战案例。
第2篇　对总经理、CEO的深度访谈，共7个商务谈判实战案例。
第3篇　对副总经理、营销总监的深度访谈，共7个商务谈判实战案例。
第4篇　对管理人员、中层干部的深度访谈，共7个商务谈判实战案例。
第5篇　对销售经理、业务经理的深度访谈，共7个商务谈判实战案例。
第6篇　对创业精英、个体老板的深度访谈，共7个商务谈判实战案例。
结论篇　商务谈判实战经验的普遍原理和中国特色。

本书的被访谈者包括董事长、总经理、副总经理、营销总监、销售经理、中层管理人员、个体老板、创业人员等，涉及的行业包括金融证券、信息科技、电子商务、文化教育、节能环保、机械制造、交通运输、绿化苗木、餐饮零售、房屋地产等。这些行业背景各异的被访谈者有着独特、原生、鲜活、丰富的商务谈判经历，他们讲述的商务谈判故事和亲身经历都从某个侧面体现了商务谈判实战人员的经验、技巧和智慧。这些被访谈者都是活跃在一线的商务谈判实战人员，深入调查并系统总结他们的谈判实战经验对于学习和实践商务谈判具有普遍意义和现实价值。这些被访谈者总结的商务谈判实战经验都是基于其亲身经历和案例，总结的语言也非常质朴鲜活，非常接地气，很多"草根语言"简直令人拍案叫绝。

从他们的谈判故事和亲身经历中我们发现，中国社会特征和文化情境下的商务谈判实战经验不仅符合谈判的普遍原理要求，还有着独特的中国特色元素。根据访谈结果，本书总结了商务谈判实战经验的普遍原理和中国特色。具体来说，商务谈判实战经验的十条普遍原理如下：

原理一：良好的心态是成功谈判的前提。
原理二：谈判是双方博弈，心理战术比较重要。
原理三：调研是谈判的基础，知己知彼，百战不殆。
原理四：明确谈判队伍的人员构成和分工合作。
原理五：把握客户需求，制定针对性的谈判策略。
原理六：沟通时要站在对方的角度而不是与其对立。
原理七：谈判中应当察言观色、随机应变。
原理八：采用迂回策略以打破谈判的僵局。
原理九：谈判应尽量考虑双方平衡点，实现双赢。
原理十：谈判是妥协的艺术，在生活中无处不在。

商务谈判实战经验的十条中国特色如下：

特色一：客气礼貌、文明礼仪是成功谈判的敲门砖。
特色二：用诚恳、诚意赢得对方的信任方能有效谈判。
特色三：谈判地点的选择应根据具体情境灵活安排。
特色四：饭桌是一个重要的沟通场所。
特色五：谈判时不要急着推销，要先和对方交流。
特色六：情通则理达，以情动人有助于以理服人。
特色七：细致贴心的服务有助于谈判的成功。
特色八：长期的沟通交往有助于谈判的成功。
特色九：沉住气、耐心磨往往有助于谈判的成功。
特色十：传统文化是谈判中必须注意和重视的。

值得注意的是，上述普遍原理和中国特色都是我们从被访谈者的商务谈判实战经验中归纳出来的（而不是从理论教材中总结的）。换言之，这些普遍原理和中国特色都是基于实战经验的商务谈判思想。相应地，本书也可以认为是"实践主义学派"的一部商务谈判著述。

从访谈中我们可以看出，中小企业（或中小型生意）的商务谈判没有理论教材上讲得那么复杂，也没有大型商务谈判（如"入世"谈判）那么正式。很多中小型生意的商务谈判没有正式的谈判室、谈判桌，也没有复杂正式的营造谈判气氛、制定开局策略等程序，甚至都没有你来我往、针锋相对的讨价还价过程。中小企业（或中小型生意）的商务谈判有时很简单、很随意，但要取得商务谈判的成功也是有很多策略和技巧的。中国是礼仪之邦，在这样的社会背景和文化特征下，礼貌、诚恳、贴心、服务、沟通、情感等元素对商务谈判的有效进行具有非常突出的作用。这些都是学习谈判知识的大学生或初涉谈判工作的职场人士所必须注意的。

另外，书中的访谈实录，不仅可以让读者感悟商务谈判中的原理和技巧，还可以让读者感知各行各业实际经营的一些特点，拓宽视野。必须注意的是，访谈中受访者的见解和观点，并不一定和教材上的理论完全吻合，这其中体现出了不同行业、不同企业、不同职位在实际工作中的差异。同时，受访者的个人经历、性格、价值观等也影响其观点，读者可以辩证地思考和看待。

本书中，多数被访谈者以真实姓名出现，少数隐去了真实姓名。我们对乐于接受本次访谈并无私提供个人谈判经验的被访谈者表示衷心的感谢。浙江财经大学上百位本科学生参与了深度访谈和资料整理。本书还总结了他们访谈后进行的谈判经验解析，这也是一笔宝贵的精神财富。解晓燕、赵婧、李永强、彭伟、刘灵昀、汪逸惟、奚旖旎、胡志强、武落冰等研究生参与了本书初稿的修改、润色和校对工作。张凌纡、杜伊倩、米悦迪、吴雨洺、周韩康、黄雨晨、金诗芬、马鸿佳、施晨源、叶禾子、高静卓、韩若清、胡家煜、刘禹璇、茹文萱、杜旭龙、王鑫、楼旻玲、孙宇航等本科生参与了书稿校对。我的妻子胡小爱对本书的出版也做了很多录音资料整理和文稿修改校对工作。在此一并向他们表示感谢。

2011年和2015年，笔者在机械工业出版社先后编著出版《商务谈判实战经验和技巧——对五十位商务谈判人员的深度访谈》第1版和第2版。这两版教学参考书出版后受到了广大读者的欢迎，曾先后重印五次。本书是在上述著作的基础上完成的。本书在以下几方面做了完善：

首先，本书将《商务谈判实战经验和技巧——对五十位商务谈判人员的深度访谈》中太旧、太短、太泛、太浅的访谈删去，替换为更新、更充实、更具体、更有深度的商务谈判实战访谈（特别是反映当前"互联网+"和数字经济时代的最新商务谈判实战访谈），对部分原有访谈也重新做了进一步整理。

其次，我们对本书编排结构进行了完善，以使本书更好地满足案例教学和课堂讨论的实际需要。全书调整为6篇（不含结论篇），每个访谈都设计了三道启发思考题（这些思考题基本上契合特定案例的核心内容），增加了"本书使用指南"。

最后，本书附录了浙江财经大学"商务谈判""商务谈判艺术与沟通智慧"课堂（均由编者担任主讲教师）的两个模拟商务谈判实录及其总结、点评和解析，供读者分析参考。

商务谈判 实战案例和经验解析

  本书可以作为新商科教育背景下相关专业（市场营销、工商管理、电子商务、国际贸易、国际商务等）研究生、本科生、高职生学习"商务谈判""商务沟通""商务谈判与沟通"等相关课程的案例教学参考书、实训实践指导书或课外阅读书目，还可以为从事商务谈判、商务沟通等相关工作的职场人士（如销售人员、采购人员、外贸人员、管理人员、创业人员等）提供实践操作指导。

  最后，尽管我们已经做了最大努力，但由于水平有限，加上编写时间比较仓促，书中难免存在不当或错漏之处，敬请各位专家学者、老师同学批评指正，也竭诚欢迎各位专家学者、老师同学就本书中的商务谈判实战案例、经验和笔者进一步进行研究讨论（邮箱：sjwjm@ zufe. edu. cn）。

王建明于杭州
2020 年 6 月

本书使用指南

本书共收录了42个原汁原味的商务谈判实战案例及其经验解析。按一学期16周的课时安排，每周可以进行2~3个商务谈判实战案例的课堂案例讨论。如果实践实训课时不够，那么每周可以精选1个商务谈判实战案例进行课堂案例教学和分析讨论，这样一学期可以重点讨论16个商务谈判实战案例（参见表0-1中打"√"部分的商务谈判实战案例）。本书商务谈判实战案例及其课堂使用建议如表0-1所示。

表0-1 本书商务谈判实战案例及其课堂使用建议

篇次	实战案例	使用建议
第1篇 对董事长、法人代表 的深度访谈	1.1 "有些话是我们员工来给我们搭腔的"——对地产营销机构法人代表的深度访谈	√（第1周）
	1.2 "就是软磨硬泡，这个是我最常用的"——对文化用品公司法人代表的深度访谈	
	1.3 "你老在那边纠缠，那你就没有战略高度"——对生物开发公司董事长的深度访谈	√（第2周）
	1.4 "战略原则是要绝对遵守的，而战术是灵活的"——对化工集团董事长的深度访谈	
	1.5 "从对方的逻辑去思考"——对文化公司董事长的深度访谈	
	1.6 "尽量用数据说话"——对精密铸造公司创始人兼总经理的深度访谈	
	1.7 "最好用的还是以诚待人"——对动画公司创始人兼总经理的深度访谈	
第2篇 对总经理、CEO 的深度访谈	2.1 "不应该过早地涉及敏感问题"——对机器制造公司总经理的深度访谈	√（第3周）
	2.2 "换另一个人与他进一步接洽"——对科技公司总经理的深度访谈	
	2.3 "引导谈判对手进入我们的主题"——对环境治理科技公司总经理的深度访谈	√（第4周）

(续)

篇次	实战案例	使用建议
第2篇 对总经理、CEO 的深度访谈	2.4 "善于施小利，博大利"——对厨房电器公司总经理的深度访谈	
	2.5 "女人比较注重细节"——对医疗器械公司总经理的深度访谈	
	2.6 "先建立信任关系，之后再谈生意"——对建材公司总经理的深度访谈	
	2.7 "把僵持期控制在三分钟左右"——对粮食储备公司总经理的深度访谈	
第3篇 对副总经理、营销 总监的深度访谈	3.1 "进入逼单环节就必须一鼓作气"——对家居建材公司副总经理的深度访谈	√（第5周）
	3.2 "先谈价格，别人会比较敏感"——对环保材料公司副总经理的深度访谈	√（第6周）
	3.3 "不能一下子把底线放出去"——对针织公司副总经理的深度访谈	
	3.4 "谈判只是一种'术'"——对电气公司副总经理的深度访谈	
	3.5 "你得找地方跑，把这些话题扯开"——对安保押运公司副总经理的深度访谈	
	3.6 "用感同身受的一些方式方法去化解"——对制药公司销售总监的深度访谈	
	3.7 "不要始终在僵局里面绕"——对健康公司销售副总和市场部总经理的深度访谈	√（第7周）
第4篇 对管理人员、中层 干部的深度访谈	4.1 "市场专业人员要会唱红脸"——对证券公司债券销售交易部副总经理的深度访谈	√（第8周）
	4.2 "知己知彼方能百战百胜"——对水泥公司生产供应部部长的深度访谈	√（第9周）
	4.3 "让时间飞一会儿，冷静一下"——对电气集团企管部经理的深度访谈	
	4.4 "中间性格的人比较适合参加谈判"——对制造公司采购部经理的深度访谈	
	4.5 "技术是基础，商谈是核心，德行更得人心"——对科技公司投资运营管理人员的深度访谈	
	4.6 "'急'证明这个人在某种程度上水平还不够"——对大学人事处副处长的深度访谈	√（第10周）
	4.7 "经常给自己按一下暂停键"——对银行品牌宣传部总经理的深度访谈	

（续）

篇次	实战案例	使用建议
第5篇 对销售经理、业务经理的深度访谈	5.1 "案场经理先把关，先跟他谈，先跟他磨"——对房地产公司销售经理的深度访谈	√（第11周）
	5.2 "冷场是因为之前的破冰没有破好"——对汽车销售公司销售经理的深度访谈	√（第12周）
	5.3 "要降价也要过两天再降"——对纸业包装公司销售经理的深度访谈	√（第13周）
	5.4 "你要去和他沟通，和他谈心"——对电信分公司大客户经理的深度访谈	
	5.5 "陌生人之间肯定有一个暖场的过程"——对培训机构市场主管和专员的深度访谈	
	5.6 "巧妙抓住优势，逆风翻盘"——对保险公司业务经理的深度访谈	
	5.7 "要把仪式感做足"——对地产公司置业顾问的深度访谈	
第6篇 对创业精英、个体老板的深度访谈	6.1 "之后三天我就没跟他打电话"——对琴行负责人的深度访谈	√（第14周）
	6.2 "不能被对方给说蒙了"——对餐饮加盟店老板的深度访谈	√（第15周）
	6.3 "谈判一定是有舍有得的，要分清主次"——对咖啡馆老板的深度访谈	
	6.4 "你不要让客户犹犹豫豫的，要么做要么不做"——对保险公司总经理的深度访谈	
	6.5 "找到他的需求点在哪里"——对4S店总经理的深度访谈	
	6.6 "现场、应景的幽默会让彼此之间的感觉好很多"——对担保公司经理的深度访谈	
	6.7 "用命令的语气和对方说话，这非常不好"——对社团组织成员的深度访谈	√（第16周）

目　录

前　言
本书使用指南

第1篇　对董事长、法人代表的深度访谈 ……………………………………… 1

1.1　"有些话是我们员工来给我们搭腔的"
　　——对地产营销机构法人代表的深度访谈 …………………………… 2
1.2　"就是软磨硬泡，这个是我最常用的"
　　——对文化用品公司法人代表的深度访谈 …………………………… 13
1.3　"你老在那边纠缠，那你就没有战略高度"
　　——对生物开发公司董事长的深度访谈 ……………………………… 18
1.4　"战略原则是要绝对遵守的，而战术是灵活的"
　　——对化工集团董事长的深度访谈 …………………………………… 35
1.5　"从对方的逻辑去思考"
　　——对文化公司董事长的深度访谈 …………………………………… 39
1.6　"尽量用数据说话"
　　——对精密铸造公司创始人兼总经理的深度访谈 …………………… 46
1.7　"最好用的还是以诚待人"
　　——对动画公司创始人兼总经理的深度访谈 ………………………… 54

第2篇　对总经理、CEO的深度访谈 …………………………………………… 61

2.1　"不应该过早地涉及敏感问题"
　　——对机器制造公司总经理的深度访谈 ……………………………… 62
2.2　"换另一个人与他进一步接洽"
　　——对科技公司总经理的深度访谈 …………………………………… 69
2.3　"引导谈判对手进入我们的主题"
　　——对环境治理科技公司总经理的深度访谈 ………………………… 73

2.4 "善于施小利，博大利"
　　——对厨房电器公司总经理的深度访谈 ………………………… 79
2.5 "女人比较注重细节"
　　——对医疗器械公司总经理的深度访谈 ………………………… 88
2.6 "先建立信任关系，之后再谈生意"
　　——对建材公司总经理的深度访谈 ……………………………… 93
2.7 "把僵持期控制在三分钟左右"
　　——对粮食储备公司总经理的深度访谈 ………………………… 100

第 3 篇　对副总经理、营销总监的深度访谈 …………………… 105

3.1 "进入逼单环节就必须一鼓作气"
　　——对家居建材公司副总经理的深度访谈 ……………………… 106
3.2 "先谈价格，别人会比较敏感"
　　——对环保材料公司副总经理的深度访谈 ……………………… 113
3.3 "不能一下子把底线放出去"
　　——对针织公司副总经理的深度访谈 …………………………… 120
3.4 "谈判只是一种'术'"
　　——对电气公司副总经理的深度访谈 …………………………… 123
3.5 "你得找地方跑，把这些话题扯开"
　　——对安保押运公司副总经理的深度访谈 ……………………… 129
3.6 "用感同身受的一些方式方法去化解"
　　——对制药公司销售总监的深度访谈 …………………………… 133
3.7 "不要始终在僵局里面绕"
　　——对健康公司销售副总和市场部总经理的
　　　　深度访谈 ……………………………………………………… 139

第 4 篇　对管理人员、中层干部的深度访谈 …………………… 149

4.1 "市场专业人员要会唱红脸"
　　——对证券公司债券销售交易部副总经理的
　　　　深度访谈 ……………………………………………………… 150
4.2 "知己知彼方能百战百胜"
　　——对水泥公司生产供应部部长的深度访谈 …………………… 157
4.3 "让时间飞一会儿，冷静一下"
　　——对电气集团企管部经理的深度访谈 ………………………… 161
4.4 "中间性格的人比较适合参加谈判"
　　——对制造公司采购部经理的深度访谈 ………………………… 167

- 4.5 "技术是基础，商谈是核心，德行更得人心"
  ——对科技公司投资运营管理人员的深度访谈 ······ 173
- 4.6 "'急'证明这个人在某种程度上水平还不够"
  ——对大学人事处副处长的深度访谈 ······ 181
- 4.7 "经常给自己按一下暂停键"
  ——对银行品牌宣传部总经理的深度访谈 ······ 187

第 5 篇　对销售经理、业务经理的深度访谈 ······ 193

- 5.1 "案场经理先把关，先跟他谈，先跟他磨"
  ——对房地产公司销售经理的深度访谈 ······ 194
- 5.2 "冷场是因为之前的破冰没有破好"
  ——对汽车销售公司销售经理的深度访谈 ······ 204
- 5.3 "要降价也要过两天再降"
  ——对纸业包装公司销售经理的深度访谈 ······ 213
- 5.4 "你要去和他沟通，和他谈心"
  ——对电信分公司大客户经理的深度访谈 ······ 217
- 5.5 "陌生人之间肯定有一个暖场的过程"
  ——对培训机构市场主管和专员的深度访谈 ······ 221
- 5.6 "巧妙抓住优势，逆风翻盘"
  ——对保险公司业务经理的深度访谈 ······ 228
- 5.7 "要把仪式感做足"
  ——对地产公司置业顾问的深度访谈 ······ 234

第 6 篇　对创业精英、个体老板的深度访谈 ······ 241

- 6.1 "之后三天我就没跟他打电话"
  ——对琴行负责人的深度访谈 ······ 242
- 6.2 "不能被对方给说蒙了"
  ——对餐饮加盟店老板的深度访谈 ······ 246
- 6.3 "谈判一定是有舍有得的，要分清主次"
  ——对咖啡馆老板的深度访谈 ······ 253
- 6.4 "你不要让客户犹犹豫豫的，要么做要么不做"
  ——对保险公司总经理的深度访谈 ······ 257
- 6.5 "找到他的需求点在哪里"
  ——对4S店总经理的深度访谈 ······ 262
- 6.6 "现场、应景的幽默会让彼此之间的感觉好很多"
  ——对担保公司经理的深度访谈 ······ 269

6.7 "用命令的语气和对方说话,这非常不好"
　　——对社团组织成员的深度访谈 ····················· 276

结论篇　商务谈判实战经验的普遍原理和中国特色 ············ 289

深度访谈提纲 ··· 310

附录　模拟商务谈判实录及其解析 ························· 313

附录 A　模拟购买蒙迪欧车的商务谈判实录及其解析 ·········· 314
附录 B　模拟购买奔驰梅赛德斯车的商务谈判实录及其解析 ···· 321

参考文献 ··· 330

第 1 篇

对董事长、法人代表的深度访谈

1.1 "有些话是我们员工来给我们搭腔的"
——对地产营销机构法人代表的深度访谈

访谈情况概要

受访人：Y××。

个人简介：男，××地产营销机构法人代表、总经理，资深策略人。2005年毕业于浙江××大学市场营销专业，从事房地产营销策划工作7年，曾服务20余个地产项目。

公司背景：××地产营销机构成立于2012年，是一家专业的房地产全案推广及品牌策划公司。

访谈时间：2013年11月5日（第一次访谈），2013年11月19日（第二次访谈）。

访谈形式：电话访谈。

访谈内容记录

1. 第一次访谈

问：Y总，您好！我们想就商务谈判的一些知识对您进行访谈，想了解您在走上社会后是怎样和他人更好地进行谈判的，怎样才能更好地在使自己利益更大化的同时不破坏关系？

答：这是一个比较大的问题。首先，在生活和工作中，商务谈判都扮演着重要的角色，如果不会这方面的技巧，那么你们在未来的生活中一定会吃比较大的亏。其次，想要更好地和别人谈判，主要应把握两点，分别是察言观色和抓住时机。我这些年的经验是只要善于把握这两点，一定会对未来的工作起到十分重要的作用。无论是和别人谈判，还是和人相处，这都是成功的必备技能。

问：您觉得在未来的工作中这样的谈判多吗？商务谈判是不是只有某些职位的人才能遇到的呢？

答：谈判是很多的。就我而言，我从毕业就开始进行着各种谈判。首先是就工作地，我自己和爸妈进行了小规模的谈判；然后是走进公司之后，租房子和房东的谈判，买家具和老板的谈判；等到我走上这个岗位的时候就更不用说了，各种和顾客的谈判，这种谈判就和之前的不一样了，谈判对象不同服务对象也不同。所以只要你走出这个校园（哪怕你还在校园的时候），谈判就一直存在。

至于后一个问题我认为这个是不一定的，就像我的主要工作也不是这方面的内容。但是在现实的工作生活中，我有时也会去和顾客或者合作商进行一系列的谈判，这些都是属于商务谈判，大家的目的其实都是一样，在维护自己底线的同时尽量争取自己利益的最大化。其实就个人而言，我比较讨厌这样的谈判，有点太累了，还是做自己的分内工作比较舒服。

问：您遇到过这样的事吗？是怎样进行谈判的？能举一个您工作中的例子吗？

答：这个必须有啊，我想讲一个比较有代表性的例子。当年我在绿城集团的时候，因为当时房子的销量还算可以，所以过来买房的人还是比较多的，这样的谈判当然也多了。让我记忆比较深刻的是2008年，一对老夫妻大约55岁，他们想买房让自己以后可以有个更好的环境生活，但是又犹豫不决。一方面是家里儿女的原因，另一方面考虑到自己的身体，怕买房之后由于楼层等问题导致自己不方便。我当时是主管这个单子的，我就一直和他们沟通交流，用真诚的心去和他们交谈，经过一个月的极力交流之后，他们决定买房。我当时是这样和他们说的：第一，我觉得人这一辈子在为自己儿女的同时也要为自己着想，二老这么多年为了孩子付出那么多了，现在他们也大了应该用自己的能力去生活了，而二老也是时候享受一下生活了；第二，我为他们选择了二楼的一间房，并且在小区门口，距离医院和超市比较近。这样在我们的努力下，最后他们顺利地购买了我们的房子，并且现在也挺好的。

问：您觉得这样的谈判可以运用什么技巧，才能更好地维护和达到自己的目的？

答：我觉得其实你们上课时老师应该也讲述了很多谈判方法了。我的经验告诉我，面对不同的谈判对象要采取的谈判策略也是不一样的。比如我们在面对一些小企业或者相对较为弱势的谈判对象的时候，我们可以采用感情策略，是本着先为他着想再为我们公司着想的心态去面对。比如我们和一个濒临倒闭的企业进行收购谈判，这时候我们就可以采用这样的方法：先是了解和关心，并且表示遗憾，然后再慢慢地引入"我们的收购对他们的好处"。用这样的方法会更加容易被接受。在这样的谈判中我们要采用"明升暗降"的方法，是先多压低自己的条件，然后慢慢地给对方以优惠，这样我们表面是吃亏的，但是实际上对我们是没有坏处的。面对一些比较强势或者态度比较强硬的对手，我觉得就可以采用针锋相对的方法。一方面在这样的谈判中最重要的是气势，如果在这方面气势被别人压过去了，那么在接下来的谈判中我们就会一直处于一个比较大的劣势，这样对自己是相当不利的。所以我们应该采用这样的方式，他们横我们就要比他们更横，他们不让步，我们就把要求再提高点，这样逼迫对方妥协。现实生活中很多人在谈判的时候都希望采用这样的态度来吓倒对手，不过这对自己本身心理也是巨大的考验。如果我们一直坚持，他们会比我们还要慌张，最后对手也就只能乖乖就范了。

问：有些人可能会觉得在谈判中提出太高的要求自己会显得尴尬，您觉得这算不算是谈判中的一种心理忌讳啊？

答：这的确对提出者本身也是一种考验吧，因为你敢这样提出要求——自己的高要求，面对弱势的人你就会感觉有点愧疚，心理不安定；当面对较为强势的对手时你可能会感到害怕，觉得这样会不会导致谈判弄砸了。这些都是每个人在谈判中都必须经历的事。就像我一样，我也有过这样的感触。但是其实你经历多了就会感觉这些其实都是一种谈判上的手段而已，你不用别人同样会用在你的身上。你这样其实也算一种负责，对自己工作的负责，对自己企业的负责。至于忌讳，我觉得如果你是个才入社会的大学生，对这些一点感觉都没有，我只能说你做得比我好，至少当时的我做不到。

问：您觉得在这样的谈判中最重要的是什么呢？

答：我觉得是一种心态吧。我这些年的谈判经验告诉我，心态对谈判的成败以及自己在谈判中处的优劣势是分不开的。我记得有一次就是因为我在谈判中觉得自己心里特别没底，有点虚，才导致那次谈判虽然最后达成了协议，但是我觉得其实是一场失败的交易，因为我们在那场交易中明显的利益重点全在对方身上。所以我觉得谈判最重要的还是心态，一个准备充分、有着自信的人去谈判，只要直到谈判结束，从头到尾他的自信没有消失，只要他能坚守自己的要求，并靠着自己的自信和准备去证明这些是合理的要求，我觉得这场谈判一定会成功。当然这样的自信不是盲目的，需要有充分的证据和理论来支撑。

问：那技巧呢？老师和我们说其实这个也很重要，而且我们上课也听了很多的技巧。

答：技巧当然也很重要，谈判过程中要时时刻刻注意这些，在谈判中技巧肯定无时无刻不在使用。比如开场直接表明自己的态度，中期采用不断暂停的方式来打断对手的节奏，这样就更有利于找到对方的不足。但是技巧的使用是要看人、看时机的，使用不当很有可能会使自己处于一个比较大的劣势，甚至成为败笔。我觉得只有拥有良好的心态，才能合理地利用一系列的谈判技巧和谈判策略。一个心浮气躁的人不太适合进行谈判，毕竟谈判是一个较长时间的"勾心斗角"，如果太过急躁就无法很好地进行接下来的活动。而技巧，只不过是一种辅助，一种帮助你在谈判中更好取胜的方法。如果你连最基本的自信都没了，你怎么能坐在谈判桌边用那些技巧和对手进行谈判呢？

问：有的人说很多事都是在饭桌谈下来的，您怎么看？

答：从我这几年的工作经历来看，有时候一顿饭可以把双方的关系拉近，创造一种友好的氛围，很多事就会慢慢地定下来。这样有好有坏。好的方面是使得谈判变得简单了，这样你们的谈判其实就不需要太多不必要的话，大家都可以直切主题，而且谈判双方也不会显得尴尬，一顿这样的饭其实还是能解决不少麻烦的。但是其实这样不好的地方也是很明显，双方的底线都会有所降低，在这样的情况下，如果一方坚持，另一方相对是个重感情的人，那后者在这样的谈判中就会吃亏，对于谈判者来说其实算是一种不公平吧。所以吃饭归吃饭，原则和底线还是要坚持的，只有这样我们才能更好地去维护自己一方的利益。

问：如果您在谈判上遇到僵局，一般会怎么去处理？

答：僵局的产生无非是双方就一个问题在讨论过程中遇到了瓶颈，两者的矛盾主要集中在一个问题上，双方意见没办法一致。我一般遇到或者感觉快出现这样的情况时都会选择转移话题，比如去吃饭，用这样的借口来缓和氛围，从而能更好地进行下一步的谈判。不然如果两者一直僵局就很有可能造成谈判的夭折，或者被其他竞争者乘虚而入，到时对双方都是一个损失。

问：您觉得什么样的谈判对手是最难缠的呢？和性别有关系吗？

答：我觉得那种想法特别多、喜欢就一个问题死不放手，而且喜欢提特别刁钻问题的人是特别难缠的，也是我比较讨厌遇到的对手，但是不可否认的是这样的人在谈判中特别多，没办法只能尽量去应对，因为我们的本质目的都是一样的，都是为了谈判能成功。

问：您一般怎样去应对这样的人呢？

答：我一般是这样处理的，当遇到这样比较纠缠的人，首先是避开他所纠结的话题，换一个我自己相对比较有优势的话题和他进行谈判。这样一方面降低自己的压力，另一方面也找到自己的一个突破点。后续再把话题转移回来，这样有利于我们进行下一步谈判。毕竟谈判不可能只是围绕一个问题，所以在遇到僵持或者遇到这样的人，我们可以转移一下话题。同时，有的时候采用强势的回答也有利于我们摆脱这样的对手，这样可以更好地让对手看到我们的态度。对手最怕的就是我们的坚持和态度。

问：您怎么看理论和实践之间的关系？我觉得听了您的话感觉其实实践和理论还是有点差距的。

答：其实理论和实践还是有点区别的，毕竟理论课上老师讲的是一种可预测的状况，而现实社会中却不一样，它充满了很多的变化和不可预知性。就好比我们去和别人谈判，有可能当我们就一个问题采用一系列技巧谈判后很快就能成功的时候，突然规定变了，那其他的事都会发生变化，我们能做的只有随机应变。这即理论和实践不能相比的地方，不可以说哪个更重要，只能说只有把它们更好地结合起来才能更好地进行以后在社会中的活动。

问：最后，您能给我们一些忠告吗？当作对我们这些小学弟未来道路上的警示。

答：一是低调。你们首先要认识到职场上比的是工作的贡献度和能力。一开始你们肯定是这个公司的最底层，工作中首先要低调，不要太张扬。如果你是富二代，你可以回自己家族企业去牛，别在外面丢人现眼。不上进的富二代，没人看得起。

二是谦虚。你要坚信一点，公司里的每一个人都有很多值得你学习的地方，所以要谦虚，向所有人学习。也只有谦虚，同事才有兴趣教你。

三是一开始对工资的要求不要太高。你们人生很长，要赚钱，先让你自己有价值。你们要专注于自身素养和能力的提升，只要有东西可学，而这些东西是你所需要的，待遇是其次的。只要你能让自己有价值，高职厚薪自然会有的。

四是要有学习的欲望，别总觉得自己能力很强。可以这么说，当过学生会主席、社团会长、拿很多次奖学金的人，我见多了。在我们营销这个行业，我们只讲实务能力，所以不管你在学校怎么牛，在我们看来，那都是过家家，在这个社会什么都不是。我大一当营销学会会长，大二当社联负责人，大二第二个学期，我去《青年时报》是给人端茶递水、整理读者来信。

五是上进心。没有上进心的人，不可能进步，没有企业愿意聘用不会进步的人。

六是细心。你们现在不知道社会到底什么样，也不知道你所实习的企业是什么情况。所以，要细心去发现一切你不懂、需要学的东西。

七是修心。心态很重要。这个我没办法教，或者说是"平常心"吧。我的办法是多看书，看书能静心。

八是不要拉帮结派。很多企业都有很复杂的人际关系、派系纷争。有些人很喜欢派系纷争，并且在这种环境中如鱼得水，但是我个人比较厌恶这种。个人认为，你今天的得意难保你十年得意。但是一个心正的人，靠自己的能力做事，不拉帮结派，到哪都是金子。即使你在这个单位最后被驱逐，换个地方，你也能被重用。我也曾在一家公司有过被卷入派系纷争的经历，两个派系的领导都许我以高职厚薪，但是我选择了辞职。现在回过头看，正是我当年的辞职才成就了我今天的事业。

2. 第二次访谈

问：您好，我们想和您做一下电话访谈，您现在方便吗？

答：方便，你说。

问：请您做个自我介绍吧，关于目前在公司的职位以及在干的项目。

答：我是2001年进浙江××学院（现浙江××大学）的，2005年毕业，其中2003年开始在《青年时报》做记者，做到2005年。2005年到当时的华立地产，现在这家公司已经倒闭了。

问：到了华立地产主要是做什么呢？

答：在华立地产的一个项目公司做策划主管，到后来做了策划经理。2005年进去的，做到2007年，2007年到绿城集团。

问：绿城？

答：对的，绿城集团。在绿城集团的桐庐公司做到销售经理，2009年以后再出来自己干的。

问：您目前在……？

答：自己的公司，××地产营销机构。

问：哦，这个公司主要是有关什么的？

答：是这样，我们公司是广告公司的性质，但是只做房地产的广告。打个比方，房地产公司拿了地以后，就要来找我们，让我们帮他们做市场调研。这块地应该做什么样子的产品未来最好卖，做什么样的产品它的利润是最高的，这个叫产品定位。产品策划这一块也是我们做的，产品策划做完以后我们去想广告推广方面要怎么做。这么说吧，就是房地产公司去向媒体要广告资源，但是广告的策划和设计是我们帮它完成的。在卖房子的过程中，卖房子的销售员是他们自己的人，但是怎么卖，卖什么样的价格，什么时候开始卖，这些都是我们帮他们策划的，这个叫营销策划。我们不做执行，但是所有的后台工作都由我们帮他们完成。

问：您的公司目前已经接过几个房地产公司了呢？

答：还是比较多的。浙江能源集团、银都控股集团（下沙）、中润集团，以及另外一些公司，比如雨润等，还是比较多的。

问：您做了这么多项目，那肯定有很多谈判的经历。在谈判技巧方面您是怎么看的呢？

答：在谈判技巧方面，怎么说呢？说实话，我们几个人还是专业作策划的，对于商务谈判不是非常专业。像我们这种商务谈判，首先专业（广告策划之类的知识）这方面肯定是要过硬的，这是我们和人家谈的一个基础。我不知道你们所说的商务谈判技巧指的是什么样的技巧。

问：比如说前期准备，可能需要了解一下对方公司的需求之类的。

答：这个是这样的，刚才我所说的专业，就是我们这一类商务谈判的形式。是这样，比如说他们这家公司要找一个合作单位，找我们这样的公司，那他会发标，找两三家公司来投标。每个人给他做一个方案，看谁的方案做得好，一般就用谁的。价格呢，说实话相差也不会太大。我们报价一般是80万~100万元，便宜的一般也要60万元，高的也就120来万元，价格也不是起决定性作用的。我们的价格在本行业里面不算是最高的，只能说是中等偏上吧，也还是有一定竞争优势的，关键是看专业策划能不能胜出。所以在应标的时候，要事先弄清楚现在这个项目遇到的情况是什么样的。因为每个公司的企业文化是不一样的，开发商对资金要求是不一样的，会有很多不一样的情况。我们得知道这个项目的具体情况是什么样的，现在是要资金回流还是要利润，这些会影响接下来的决策。如果要的是现金回流，那么就要快速出货，要有很快的资金流转，对于利润要求肯定会低一些，那我们制定的营销策略就不一样。如果说客户是个很追求利润的公司，对现金流的要求比较低一些，这样公司的人做事肯定就比较激进一些，那我们就要去分析他过去和现在的一些行为，去分析这是个什么样的一个公司，然后做一个方案。这些都还是比较基础的。

还有就是我们要摸清楚，假设你是这个公司的老板，这个时候你在想什么，这个问题我们一定要弄清楚。因为在提案的过程中，对方一定会提问，会提一些提案里没有涉及的东西，其实我们这个提案就是个商务谈判的过程。有的时候我们要给对方挖陷阱，就某一个问题，我故意避而不答，我知道这个问题是你很关注的。我故意避而不答，等你来问我。或者说我通过旁边的几个问题诱导你来问我，这个情况恰好是我准备最充分的地方。我也知道，这个问题是你们公司现在最纠结或者最痛苦的地方。可能其他公司、我的竞争对手最薄弱的地方也在这里，这就是对方的一个痛处。话题引到这里，你的一个痛处又是我最擅长的地方，那我这个提报基本上是能成功了。

问：有没有具体发生的案例来讲一讲？

答：就像今天上午的时候，我们在做一个提案，完了以后，他们基本上也没怎么还价。我们报了90多万元，他们就说让我们把零头抹掉，就90万元，我们也现场就答应了。怎么说呢？关键是客户现在真实的情况要知道。对于我们来说，这一点并不难，或者不能说很难。因为我们操作过这么多楼盘，自己就应该知道，这样的楼盘会遇到什么样的问题，在这样的市场竞争环境下，又会出现什么样的问题，应该怎么去解决，这是我们应该有的一个专业性吧。还有一点我们要知道，像这样的提案，不止我们一家提，还有两三家，那我们会想方设法知道另外几家是哪几家。其实这个圈子有哪几家我们都有数，比如说Q公司或者Y公司，它们这些公司做事情的风格是怎样的，这些我都心里有数。我们公司是去年才成立的，那人家就不知道我这家公司是什么样的风格。我知道他们的提案会往哪个方向去做，我们就尽量避一避，和他们错开。有一次Z地产（一个全国性的大公司），还有几个大公司，我们和他们比稿。我们一开始就锁定市场数据对我们这个项目的指导意义，我们用了很多证据来证明这一点。那意思就是说，如果你们找其他几家，如果你们找Z公司，那么你们这个项目就完了，这个也算是一个技巧吧。

问：您觉得在谈判中最主要的是什么呢？

答：我觉得在商务谈判里面，最主要的是价格拉锯战的问题。去年我们公司刚成立，人家觉得我们公司是一个新公司，想压我们的价格。他相信我们的专业程度，但就是想压我们的价格。比如说，我们报了这个价格以后，他会通过各种形式来向我压价。说实话，我这边公司刚开的时候，这方面的经验也不是太足，也出现过这样的问题。他装作很有诚意的样子来压我们的价格，出于诚意我们也答应了。如果很轻易地答应了，客户的第二步会继续压低价格；如果再答应，第三步还会来压。我曾经遇到过一个客户，这个客户到最后我没有和他合作。当时因为是新公司，我们报价也不高，报了60万元，他就说能不能便宜点，这个合同肯定是和我们签了，但是这个项目小，价格有点高，有点吃不消，磨了我们很久很久。我说那行吧，但他也不说具体多少，让我们自己说。我说："那就48万元"，因为我们是12个人，那就12的倍数。他就觉得这里面还有空间。后来他不和我们谈了，让他的亲弟弟和我们谈。他弟弟的意思是说哥哥觉得价格还是有点吃不消，成本太高了，就说："40万元行不行？"他的意思是，只要你点头，这个合同马上签。又磨了很久，我们想，40万元就40万元，这个是我们公司谈的第一个业务，就答应了。他就说那没问题，40万元签合同，但是想在合同上面作个小小的修改。我问他怎么改。他说："这个服务期限40万元是一年嘛，能不能改成18个月？"我就晕了，不就变成26万元一年了吗？后来就没有签。后来他回过头找我的时候，我公司的规模已经可以了。他来找我意思是想再和我谈谈价格，我就对他说："100万元一年，你如果还价99万元，我就走。"

问：当时你们面对这个客户的时候有采取一些策略吗？比如红脸白脸的策略之类的。

答：有，因为我们公司也有个合伙人的嘛。但是当时经验不足，还有一个前提条件是客户当时确实是不着急签这个合同，而我们很急。后来我们总结，这次商务谈判输在哪里了呢，就是你比客户急。像现在，我们公司已经不存在这样的问题了。上个星期的时候我们一个合同到期了，也是我们公司比较早期的一个合同，价格也不高，也就五十来万元。上个星期，我专门跑过去和他们老板碰了一面，对他说，我们现在这个服务价格肯定是要调整了，也不会说100万元什么的，意思是60万元加部分销售奖励这样一个价格，要是达不到这样一个价格，之后我们就不续签了。他之前一直对我们说，今年要和我们续签的，包括广告也要和我们续签。我说："续签是很高兴的，但现在这个价格肯定是签不了的。"星期一那天，他让他们的副总给我打了个电话，说合同肯定还是和我们签，他要和他老板再沟通一下价格的事情，我们原来的合同已经到期了，那合作就暂停一下，给他一点时间，他去处理这件事情。我知道，他想传达的意思是他想拿这样的态度来压我，让我退一步，那我当时就说："那就先看看吧，正好这段时间有点忙，等过段时间再来找我好了。"我说的是你再来找我而不是我再来找你。当时他还欠我们公司10万元，我说那这10万元先给我们公司付一下，他说没问题，然后我就把电话挂掉了。

问：他不是欠你们10万元吗？如果这笔生意没有成，您不怕他这笔钱不还你们吗？

答：是这样的，说句实在话，对于我公司来说，10万元是小钱，这是一个前提条件。这10万元是合同里面约定的，属于他欠我的钱，以我这一年和他合作下来看，我相信这个老板还是比较讲诚信的一个人，而且他的企业在当地也是最大的。我的打算是，接下来我会去催他10万元的事情，但我肯定不会和他提续约的事情，我要当作我无所谓。事实上，为什么我那么淡定呢？我对公司的人说："这个合同签了呢，也算是件好事情，是和我们的老客户展开了持续的合作。但如果不签，我认为是一件更好的事情！"我不会因为这几十万元的小生意浪费我这个团队的精力。我现在手上的项目还多，本来这几个人能帮我做80万元甚至100万元的营业额，但这个客户只能给我做50万元。而且因为这个客户是早期的客户，他比较磨我。他们那边有点风吹草动，市场上有什么变化，他们就慌了；慌了就马上要我过去，一定要我亲自过去一趟，其实也挺烦的。我不去肯定不行，我要过去，那成本肯定太高了。这个时候我抱着签不签无所谓的一个态度，对方的心理就会有变化。我相信当时他说先停一停的意思就是，同行里找一找价格方面比较合适、能力也比较强、性价比比较高的公司。我自己很清楚，他在杭州根本找不到专业度能和我们匹配、价格也不比我们高的公司，所以说实话我也不怕。

问：这样一个客户和你们的合约期有多久呢？

答：是这样的，有一些不成熟的开发商会这样做，即合同一签就和你签死。这个项目预计要三年半，也可能四年半也可能五年。最早的一种就是，我（甲方，即开发商）给你（乙方，即地产营销公司）四五百万元，你给我把这个项目做完。的确以前有这样的签法，但后来发现一个问题，一些地产营销公司想，反正四百万元的合同在这里了，就不好好干活了；或者今年营销公司人才还很多，可第二年人才凋零了，这对甲方是没有保障的。所以我们这一行慢慢有个行规，即合同是一年一签，要是今年合作得比较愉快，甲方对乙方也满意，就续签；不满意就找别人去了。所以，一年一签的比较多。

问：一般你们会有哪些技巧呢？比如讲话方式之类的技巧。

答：技巧方面是这样的，我们这种商务谈判，对方肯定也是很多人参加，至少是两三个人，那我们去也至少是两三个人。还有团队之间的配合也是很重要的，有一些话是我讲，有一些话是我的合伙人讲，还有些话是我们员工来给我们搭腔的，体现了团队的合作性。这也是很重要的。

问：你们的谈判地点一般是哪里呢？

答：谈判的地点一般是甲方单位，即在对方的办公室、会议室谈判。

问：如果谈判地点在对方公司，您会觉得在谈判过程中处于劣势吗？

答：像我们这种类型的公司，很少会有客户过来，一般客户要是到我们公司来，就是顺便来考察考察我们公司，比如说公司有多少人，办公环境好不好，公司规模大不大，文化氛围强不强，除此之外一般都是在对方的公司。这个我觉得也不会处于劣势。我们这种谈判和企业并购谈判是不一样的。我们去为客户提供一个专业的服务，这些客户平时在会议桌上（在饭桌上也好）的话题是房地产的营销策划，在这一方面我是专家，他们得听我的，我给他们这么个气场。像我们有些客户，身价基本都是上亿元的吧，有些大一点的客户，身价是几十亿元，还有一些国企的客户，董事长是厅级干部。这个时候我和他们谁占优势那是不用比的，因为我肯定是输的一方。对我来说，我今天认认真真地来，不就是为了那100万元的合同吗？对他来说，100万元的合同就是他营业额的千分之一。在我们这个行业，我们不会把处于优势或者劣势看得很重，相反要镇得住对方，要让对方觉得，我们在营销策划方面，的确个个都是专家，得到对方的钦佩。

问：您觉得是和私企谈好谈，还是和国企谈好谈？

答：怎么讲呢？就是要用不同的套路。我个人觉得不能用私企和国企来划分吧，我们倒是觉得，如果是和对方的拍板人或者是董事长谈比较好谈。因为我可以很直接地看到董事长是什么样的反应。比如说，我建议他下一次推盘推这一栋，那我就可以看他的脸色，如果是凝重，那可能我这个策略没有打动他。像营销推广，我可以拿出很多种策略，而且不能评价哪一种对哪一种错，只能说是寻找最合理的答案，没有绝对的对错。包括广告也一样，这个广告我想用红色，他说想用绿色，到底红色好还是绿色好都很难讲，关键是对不对他的胃口，或者说我能不能找到足够的证据证明我的方案是最佳方案。所以说，如果是和董事长谈就比较好谈。而如果和下面的人去谈，即使我能说服他，但如果他不能帮我说服他的老板，那结果也是失败。我们也遇到过这样的事情，今年下半年，有一次提报就是这样，他们的两个领导是不参加的，我们几家公司向他们的部门经理提报，部门经理再帮我们去向两个领导提报，最终我们失败了。这也是我们今年这么多招投标唯一输的一次。

问：这一次是因为什么输了呢？有什么总结吗？

答： 我们这一次推了一个比较冷门的概念，比较激进。如果对方的老板胆子够大，他会认为我们这个很精彩，但如果是一个比较保守的人，就会觉得我们提的是不对的，我们当时这个方案也是有点剑走偏锋吧。但当时我们就一直觉得我们是能说服这个客户的，我们罗列的一些市场数据告诉他："万科哪里比你好，滨江哪里比你好，你在市场上处于非主流的一个竞争地位。在这样的情况下，如果硬拼，你的优势很少，你的劣势很多，而且你的劣势都是很致命的，到最后你可能连利润都没有。"最后去支撑我们的一个观念就是要他放弃原来的一些东西。当时我们觉得肯定能说服对方，但是对方的领导根本没来听我们的提报，我们根本没办法说服他们。

问： 在说服的过程中，对方的谈判人员是怎样的反应呢？会不会觉得您的公司有些夸大其词？

答： 是这样的，我们公司的作风不是浮夸的作风，我们不会扯一些虚假的东西。其实对方部门经理后来对我们说，我们的概念和他个人的想法是一致的，但杭州总部的领导不是太认同，觉得有风险。对方经理也在一直帮我们说服领导，但最终还是说服不了。如果我们能当面和领导沟通，可能会比较好一些。因为在提报的时候，整个场合只有我们在说话，所有人都在听，这个时候我们就有很大的主动权，可以通过我们的话语去带动观众的思维。整个提报过程也是有技巧的，我们曾经把一个提报写得像三国演义一样，封面是曹操带兵打仗的图，每张都在为下面做铺垫，就是为了卖我们的一个楼盘"铜雀台"。许多大的公司都有很多提报模板。但我们公司没有这样的模板，我们认为每个项目要有不同的提报策略，我们是坚持原创的。这也算谈判的一个技巧吧，你不能用一个固定的东西去谈。

问： 作为市场营销专业比较成功的一个学长，您觉得市场营销专业的学生以后应该往哪些方面发展比较好呢？

答： 这个问题还是比较难回答的，市场营销专业的方向非常多，每个人情况不同，怎样的路适合自己，这很难一概而论。像我自己，最终是做了这一行，也不是有人给我指了这样一条路，而是慢慢摸索的过程。市场营销这个专业是非常需要实践的，书本上学的知识是有限的。你们到大学毕业的时候都不知道自己该干什么，那至少你在离开大学之前得对某一些行业有一定的了解，有自己的感受和体会。至于做什么，我觉得营销是一行通行行通的。打个比方，如果法律规定我的公司明年不能再作房地产营销，我还是可以改行给快消品做广告，或者给汽车做广告。只要你道理懂了，经验有了，换一个行业也是可以的。还有就是，对某些行业来讲还是从一线开始做比较好，先去做销售，现在很多公司都喜欢做过销售的一些人，因为自己实实在在做过销售，会明白顾客需要什么，这也是一种优势。总的来讲，不要把自己关在学校里。如果去做一些实习，先要懂营销，再学习其他行业知识，这样路就宽广了。现在中国行业的变化还是很大的，没有哪个行业能一直很好。过去几年都说房地产很好，但我们能预见到房地产在不久的将来，行业利润会降到社会的平均利润，所以我们公司也是有发展规划的，因为我们还是要顺应时代发展的。现在浙江能源集团品牌包装这一块也要交给我们了，这个已经和房地产不在同一个界面了。我们在做这样的一些尝试。未必能够做得很好，但我们还是要去尝试。如果说这条路我们这个团队走下来没有问题，可能接下来会扩大这一块的业务吧。

问：今天谢谢您，我们基本上就这些问题。

答：好的，不客气，有问题再给我打电话。

访谈心得感悟

通过第一次对Y××的访谈，我们认识到商务谈判是一项十分重要的生活和工作技能，应该努力去掌握。首先我们应该有着充足的专业知识，这样才能熟练地运用这些知识。其次是心态的问题，无论是生活还是工作，自信都是我们必须要具备的，不然我们将无法很好地面对生活、面对社会。最后我们应该把实践与理论结合起来，自己多去实践这样才能真正地掌握这项技能。想要真正地成为一个成功的商务谈判人员，首先要做的是善于学习，只有有着充分的知识意识、心理准备，我们才能真正实现自身的价值。

通过第二次对Y××的访谈，我们认识到在商务谈判过程中，特别关键的有如下几点：第一，要始终坚持主谈判方的立场，抓住对方的弱点、需求点，创造出有利条件让自己处于主动，使得对方处于被动。谈判过程中最忌讳的是让对方牵着本方的鼻子走，这样将会使本方让利空间扩大、获利减少。第二，谈判过程并非简单的讨价还价过程，其中包含众多技巧问题，在恰当的时机运用适当的谈判策略，才能使得谈判更加成功。第三，商务谈判主要还是心态问题，如果自己这边不是很急，就可以有谈的空间，而自己很急着想要成功，那心态上就已经输了一筹了，对方就会得寸进尺。Y××谈到的他们公司刚成立时很想谈判成功的第一个案子就很好地说明了这一点。第四，从广义上来说，谈判不只是和直接的对手谈，还要和其他竞争者比，要明白一个案子有很多家竞争者的道理。要知道竞争对手的套路，要拿得出数据，这样在竞争中才能够更好地占主动地位。

启发思考题目

1. 商务谈判中有时会碰到在价格上特别能"磨"的对手，如何应对这类谈判对手？

2. 被访者指出，"有一些话是我讲，有一些话是我的合伙人讲，还有些话是我们员工来给我们搭腔的"。谈判时员工给上级搭腔有什么效果？员工如何给上级搭腔？

3. 谈判不只是和直接的对手谈，还要和其他竞争对手比。你如何理解这句话？

（访谈及资料整理：袁雪峰、叶德龙、郭勇、董昊、谢巧丹、李维、杨丽丽、张叶、王建明）

1.2 "就是软磨硬泡,这个是我最常用的"
——对文化用品公司法人代表的深度访谈

访谈情况概要

受访人:曹永智。
个人简介:台州鸿业文化用品有限公司法人代表。
公司背景:台州鸿业文化用品有限公司是集工艺设计、印刷制作、包装装订为一体的综合性一站式制造公司,经营项目有本册、工艺标牌、徽章制造、工艺品批发、证书、其他印刷品零售等。
访谈时间:2013年5月24日。
访谈形式:电话访谈。

访谈内容记录

问:您好,曹老板!很高兴您能接受我们的访谈。我们在做关于商务谈判的深度访谈。我也是台州椒江人,所以选择了你公司作为我们本次的访谈对象。首先,可否为我们做一下自我介绍?

答:嗯,你好!我是台州鸿业文化用品有限公司老板曹永智。

问:能简单介绍一下你们公司的情况吗?

答:我们公司其实不是很大,应该算是小型公司吧。我们公司主要生产本册、工艺标牌、徽章制造、印刷品等一些文化用品。产品也不是很多,毕竟公司比较小,设备也没有那么高端。我们椒江是小地方,小企业也不能要求太多,是不是?

问:请问您平时在公司主要涉及的业务是什么?

答:嗯,是卖证书方面的业务,因为我们公司主要经营的还是这方面的制作,像学生证、毕业证等。

问:您平时接触的客户有哪些?

答:因为证书的用途有限,所以我们平时接触最多的客户就是学校,学校每年那么多的研究生、本科生毕业都是需要毕业证书的,还有一些新生名册啊什么的。所以在平时业务里学校教务处的老师是和我打交道最多的。当然有时候也有一些企业客户,但那是一小部分,主要还是学校。

问:您推销的方式是什么?

答:我们这个行业事实上利润是很少的,毕竟纸张、本册这些东西造价本身就很低，所以我们在经营这些业务的时候还是比较辛苦的。一般都是要上门去推销，而且还要带着自己的货品给人家看，有时候也去竞标。我们只是小企业，小企业不像那些大企业、垄断企业，它们谈业务的时候都是做派十足的。还有一点就是靠客户介绍，有一些与我们做过生意的老客户，觉得我们产品不错，他们就会把我们介绍给别的客户。这是因为我们产品质量好，人家信得过我们，才会帮我们宣传。做业务首先是自己做好产品，其次才是靠别人帮你拉生意。自己做的产品不好，不合格，就算是熟人也不会帮你把这种产品推销出去的。

问：在这些具体的谈判之前您都会准备一个比较详细的方案吗？

答：方案啊，我们这些小企业一般都不会那么正经的。因为做证书也不是大项目，所以不会考虑得那么仔细。再说现场的情况一般也很简单，没有很复杂的交涉情况，所以我们一般不会准备这些。

问：那准备呢？您在和这些客户洽谈前总会做些具体的准备吧？

答：那是肯定要准备的，不能什么都没准备就直接谈判吧。就拿竞标来说吧，竞标要求还是很烦琐的，必须先做好准备。比如说我刚刚和淮阴师范学院谈了一笔业务，这个学校就在周总理故乡那边。我们是去竞标的，很辛苦啊，跑了不下六趟，腿都要断了。因为竞标要求很多，最起码要三个厂家才可以开始竞标，还要我们提供产品的样品和材料，企业的概况也要提供，包括一些证件。他要考察我的企业是不是真实存在的，所以我们这边要准备产品和证明。还有一些费用，竞标也是要费用的，这方面我们也要准备好。同时，我们也要给自己带过去的产品标好价格，为了尽可能地让我们中标，我们也实施了一些措施，比如说做一些能让对方放心的承诺，还要说明我们与别人的产品有什么区别。反正就是要尽可能地把我们的产品推销出去。所以我们要准备的东西还是很多的。

问：关于价格问题是如何定的？

答：关于价格，其实我们一般都会定一个下限，就是起码要保证20%的毛利润。这个毛利润是不包括税收的，所以我们内部自己定价的时候都会根据情况将第一次提出的价格定在能够赚取30%～40%的毛利润这样的波动范围内。在谈判的时候，对方是肯定要压价的，那我们就尽量稳住这个价格就可以了，可以稍微做一些让步，但是必须保证前面提到的20%的毛利润。

问：肯定会碰上物价上涨亏本的情况，那么这时候您会采取什么措施呢？对方又会同意么？

答：就举个例子好了，1996年的时候物价上涨得特别厉害，成本上涨了30%，那我们肯定不可能继续用以前的价格和对方谈判啊，就必须涨价嘛。那一年，我记得我们是向有关部门申请了15%左右的成本费，和买家谈判的时候，我们也很实在地将成本费上涨过多这一点提出来了，因为很多买家也都是合作很长时间的，而且申请成本费上调也是受国家法律保护的，所以对方也接受了上调价格的要求。

问：那么当客户接受了你的产品，在谈价格、成本等细节问题之前，您会直接讲明你们的开价吗？

答：在这一点上，对于不同的客户，处理方案也是不一样的。如果客户是比较豪爽的，那我们在谈细节问题之前会先把价格大致地谈一下，再根据客户的反应进一步谈判；但如果我们谈判的客户是比较精明的，我们会和他们谈谈细节，一步步地来，让他们清楚我们产品的品质，再提出我们的报价，让他们明白我们价格的合理之处。

问：如果他们开了一个低于你们成本的价格，那怎么办？

答：客户报价低于我们的成本价时，这笔生意肯定是不能成交的，成本都赚不回来那肯定是不可以的。当客户提出这种不合理要价时，首先我们会拒绝。这时，客户可能会说哪家公司的报价就有这么低，那我们肯定会将我们产品的品质与别家产品的品质作比较，当然"一分价钱一分货"，价格低的原因可能是别人产品的质量上有什么问题。我们做的是证书、校徽等产品，这都是与学校挂钩的，学校当然也不希望自己采购的东西有什么质量上的缺陷，这样会带来麻烦。讲明这些道理后，客户应该会接受我们的报价。

问：如果对方开价还是不能达到您的预期怎么办？

答：做生意，利益是很重要的，当我们能尽量多地赚到利润时，我们当然不能放过机会。如果客户提出的价钱不能达到我们的预期，我们还是会和他们周旋。如果客户订购的数量较多，并且可以发展为长期客户，那我们在价格上不会咬得特别死，稍微与预期有点差别我们还是可以接受的。但如果客户只是少量订购，价格又压得很低，那我们一般就不太会同意了。

问：如果您开的价格对方不能接受，你们怎么更进一步让谈判继续？

答：对方不接受我们提出的价格，无非就是觉得我们的价格不合理、过高了。价格问题的背后反映的就是质量问题，谁都不希望自己买到的产品存在质量问题，所以一般客户在听了我们的解说后能接受我们的价格。但是当碰上那些认死理的客户我们尽力了还达不成合作，那也没有办法了。在对方提出的价格不低于成本价的情况下，我们会酌情考虑，但我们还是会尽量争取自己的利益。

问：有没有出现过亏本的买卖？比如说突然物价上涨的情况？

答：这种情况下我们会和客户说明，适当提价。这点上他们是不会为难我们的。

问：嗯，那么你们会采取请客、赠送礼品之类的方法来达到谈判成功的目的吗？

答：关于这一点，我们公司其实是明确规定禁止请客、赠送礼品的。前面其实我也提到过，我们公司一般采取的方式都是上门推销，那我们肯定会带上自己的产品。一般来说我们都是和学校教务处的老师打交道，老师看了我们的产品感觉可以的话，就开始谈价格了。而且因为纸张这种东西其实价格方面的波动也不会特别大，也有一些客户是熟人介绍的，所以价格上基本就不会有很大的争执。如果是真的有价格方面的争执，那这笔生意基本上也就谈不成了。再坦白点说吧，送礼请客的费用可能比我们这一次所赚的利润还要多，所以就完全没有请客送礼的必要了。

问：您在和老客户以及陌生客户接洽过程中有什么感触？

答：这个区别大了。和老客户谈生意很顺利。大家都了解对方，老师们也不大会为难我们。但是和陌生客户谈生意的时候，我们不仅要介绍自己是做什么行业的，单位如何，经营什么产品，产品的性能、种类，同时还要了解对方原来用哪些产品。有时候我们上门去谈一笔陌生的业务还会被轰回来。我记得当时为了一个客户跑了好多次，结果那边的一个老师看到我们当场就骂开了，说："怎么又是你们这批椒江人？"我当时就感觉脸上挂不住了，但没办法啊。

问： 如果有人希望通过老顾客的关系要求更多的优惠、更低的价格，那么你们公司在对待新老顾客时，会给出不同的对待吗？

答： 之前我向你介绍过了，我们公司做的主要是薄利多销的生意。由于本身的利润很小，导致降价的空间极小，所以我们在新老顾客的对待问题上一视同仁，优惠相同，但是我们同时也保证一致、优质的质量，这是肯定的。

问： 在产品质量方面你们公司相比其他公司有突出的优势吗？

答： 虽然规模上我们尚未做到一枝独秀，但是我们提供的商品以及服务应该算得上是可圈可点的。就拿我们的售后服务来说吧，我们提供的是送货上门的服务，之前我们谈到过我们公司与浙江大学等学校的合作，我们都是将它们订购的商品直接送到院系门口。同时，也许你还会注意到运送途中物品的损坏问题，我们对于途中受损坏或者丢失的物品负全部责任，提供赔偿并赠送一部分额外的赠品，这一点也是让我们的新老顾客最为放心的地方。

问： 嗯，对的，让顾客买得放心的确很重要。那么在最初的谈判时，如果对方暂时无法看到你们的优势，难以接受和你们合作，你们会采取什么样的态度进行下去？

答： 做生意嘛，贵在坚持。对待你说的那些顾客，或者说我们的潜在顾客，我们会多跑几次，一次不行就跑两次，两次不行就三次，直到对方真正地感觉到和我们合作是个不错的选择。当然了，前提是不能让对方感到厌烦，这一点也很重要。

问： 嗯，优势需要主动让别人知道，但是有时候并不能如人所愿，面对谈判失败，你们会如何对待对方？

答： 中国有句古话：买卖不成仁义在。一次谈判失败并不意味着在以后的日子中我们没有合作的可能，从长远的角度来看，建立友好的关系远比一次生意的成功来得重要。就算这次合作不成，我们还是可以做朋友，为以后的合作打下基础。

问： 在参与过这么多次实际谈判案例的情况下，您对于商务谈判在实际工作中的运用中有什么经验呢？

答： 其实，我们这算是一个小企业，还真没有什么具体的谈判经验，一般都是视情况而定。

问： 那么在谈判中有适当运用一些技巧吗？

答： 技巧也没那么多，不过还是有的，就是软磨硬泡，这个是我最常用的。我们是上门服务，所以避免不了吃些闭门羹的，因此必须多跑几次。一般当谈判进行不顺利或者被拒绝的时候，我就会多跑几次，次数多了，让对方感觉到我很有诚心，说不定就接受我的推销了。这点上脸皮厚很重要啊，出来做生意难免要放下身段，去尽可能地达到成功。有时候被拒绝次数多了，我都很尴尬的，但还是要厚着脸皮去啊。

问：在您的谈判中，一般都有什么情况呢？不同情况有什么不同的策略呢？能和我们介绍一下吗？

答：因为我们谈判的对象一般都和学校有关，那我们谈判前都会先了解一下这个学校的一些情况。最主要的是这个学校的学生数，人数多说明订单可能会比较大。基于薄利多销的理念，想要实现和这样的大客户长期合作的目的，那谈判时一般都会有一定的让步。而且要准备多套方案，先拿出最有利的方案，没达成协议就拿出其次的方案，还没有达成协议就拿出再次一等的方案，防止自己的让步已经超过了预计可以承受的范围。其中最重要的是建立融洽的谈判气氛，给对方留下一种彼此更像合作伙伴的潜意识。

问：在经历了这么多年的商务谈判之后，您印象比较深的谈判案例有哪些？能跟我们分享一下吗？

答：比如前几年和东南大学、浙江大学的谈判都不错。

问：您能具体介绍一下吗？

答：其实，东南大学和浙江大学这样的客户现在都是长期的合作伙伴了。很多年做下来，彼此都有了一定的了解和信任。刚开始那两年每年还要谈判一次，修改一下方案，尤其是有些年份物价突然上涨，我们的成本就增加了，肯定要重新谈的。不过后来经过长期合作，双方都放心。那就尽可能地减少谈判次数，以此来减少路费以及其他没有必要的费用支出。像给浙江大学研究生做毕业证书，以前是一年两做，现在就改为在价格不变的前提下两年一做。类似的有中国药科大学，我们实行的是四年一做，每年发每年记账。这样就实现了尽量多签几年，薄利多销嘛！

问：好的，那非常感谢您能在百忙之中接受我们这一次的访谈。

答：没关系，不用客气。你们了解这方面的知识对你们以后进入社会肯定多多少少有点用处。

访谈心得感悟

通过此次对曹老板的深度访谈，我们深刻体会到以下几点对于推销谈判的成功非常重要：第一，推销谈判前要做好准备，深入细致地了解对方的需求（如调查对方学校的学生数量），准备多套不同的方案（如最有利的方案、其次的方案、再次一等的方案等）。第二，客户对我方的报价提出质疑时，尽可能通过强调我方产品的品质（即强调"一分价钱一分货"）与其周旋。第三，推销谈判时技巧并没有太多，无非就是软磨硬泡。当推销谈判不顺利或者被拒绝的时候，应当多跑几次，让对方感觉到我方的诚心，这样对方接受的可能性就大大提高。对于销售人员来说，"脸皮厚"（抗挫折能力）是很重要的一个情商。第四，生意不成仁义在，建立友好的关系远比一次推销谈判的成功来得重要。谈判是要本着双赢的理念，而不是单赢的理念。退一步说，就算这次推销谈判不成，还是要与对方建立良好的关系，这可以为以后的合作打下基础。

启发思考题目

1. 有人说推销谈判的主要技巧就是软磨硬泡。你是否认同这一观点？为什么？
2. 在推销谈判中，如果客户对你的产品价格提出异议（觉得太高），你如何应对？

（访谈及资料整理：贾冉、程蓉、董穗婷、费诗琪、胡雪玲、郝珊、王建明）

1.3 "你老在那边纠缠，那你就没有战略高度"
——对生物开发公司董事长的深度访谈

访谈情况概要

受访人：聂元昆。

个人简介：男，49岁[一]，云南寻甸人，云南汇元生物开发有限公司董事长，管理学博士，云南财经大学商学院教授、硕士生导师；主编、参编《商务谈判学》等教材和专著12部，在《管理世界》《财贸经济》等刊物发表学术论文60余篇。聂老师除了长期从事商务谈判、市场营销、企业文化的教学与科研活动外，还长期从事企业营销管理与商务谈判实践活动，同时担任数家公司的董事长、总经理。云南汇元生物开发有限公司就是其旗下的公司之一。

公司背景：云南汇元生物开发有限公司成立于2000年5月，苗木基地面积达1008亩[二]，是集引种、驯化、生产、销售于一体的国内大型珍稀乡土绿化苗木基地。公司在引种驯化的基础上，已开发300余种珍、稀、名、优绿化树种，包括云南拟单性木兰、红果树、珙桐、球花石楠、滇润楠、红花木莲、绒叶含笑、多花含笑、毛果含笑、七叶树、景东槭、小叶青皮槭、青榨槭、鸡爪槭、丽江槭、茶条木、云南冬樱花、伊桐、头状四照花、枫香、滇朴、银木荷、黄连木、褐毛花楸、云南柃

[一] 本书中被访者的年龄、职位均为其接受访谈当年的年龄、职位。
[二] 1亩 = 666.67m²。

木、厚皮香、云南舟柄茶、清香木等。

访谈时间：2010年7月25日。

访谈形式：面对面访谈。

访谈地点：某饭店。

访谈内容记录

问：聂老师，您是做企业的。能否举一个您参与的谈判的真实经历？销售谈判或者采购谈判等都可以。

答：嗯，还是说一下我谈判的体会吧，因为我谈得太多了。几乎每一单业务（其实像我们这种业务是很有特点的）的主谈都是我，我过去做装修的时候也是这样。谈判的指向就是合同、契约，最终目的是要达成契约，这是成功的谈判。当然，最后也有未达成契约的。我觉得谈判最重要的还是理念上要有双赢或多赢的思想，就是要本着这个去谈。你不是做骗人小买卖的。要从理念上存在一个期望谈判是双赢或多赢的思想，我们把它叫作谈判的理念。在这个角度、这个理念、这个思想上，你就会既考虑对方也考虑自己。当然，从经济人角度、从理性的角度出发，谈判者肯定要自己的利益最大化。但在实际的谈判过程中，这个利益最大化不是即期利益的最大化，而是长期利益的最大化。这就存在一个使双方都得到好处、双方都有利益空间的问题，这样双方都愿意长期合作。当然也可能谈了这一单以后，双方也没有机会再合作，比方说装修就是这样。但是如果你把对方的利益空间压得太低（我这里讲的利益空间包括价格、质量等各方面），那我觉得就不太好。这是我认为重要的第一点。

第二点，我觉得就是要探测需求！在谈判的过程中，一般是先认识，聚餐或者其他礼仪性的活动，这些都是必要的，都是形式。其实背后的目的就是通过不同的角度来探测需求，探测对方究竟有什么需要。我觉得谈到问题说"没关系，关键我们是建立友谊，生意不成仁义在"，这里面都是在表达着这样一个信息：你让对方怎么样看你，是对你比较信任，或认为你只是鼠目寸光，只注重眼前的经济利益，还是认为你是可以长期交易的合作伙伴。所以我觉得在这个过程中就是通过各种渠道探测对方的需求，从商务礼仪、商务交往方面，或者说在具体的谈判过程中探测需求。一般在谈判的前段部分都是这样。如果能够通过一些朋友掌握对方的资料（大企业容易了解，都可以网上查），那就最好。最好是不仅查到对方公司的资料，还能够查到对方本人的资料。

我曾经有一单生意，对方是一个特别豪爽的女老板。我经常对学生讲这个例子，这是一个几十万元的生意，这个生意特别好谈。去了之后第一轮谈了几分钟，她就对我说"你重新报价"，到第二轮报了以后她说"能不能砍到一个数字"，讲了之后她就当场拍板，几十万元的一个生意半个小时就好了，过程很简单。所以我觉得探测需求非常重要：有的人重视质量，有的人注重企业信誉。就像我，我在云南有一个"林业龙头企业"的称号,这就是一个光环。为什么大家都在争"驰名商标"的光环?就是因为这个代表了信誉。又如中国的"老字号",其实"老字号"表达的不是"老字号"本身,它表达的是"老字号"背后的信誉。人们都愿意和一个有信誉的企业打交道。有的时候对方注重质量,对于价格、金钱就不是很敏感;有的人谈来谈去就围绕价格,说明对方对价格特别敏感。所以说在谈判的过程中探测对方需求(关注点)究竟是什么,我觉得这是最重要的。这只能是揣摩、大体判断。如果你了解到对方的关注点,那你就能很容易和他谈判。这还不涉及间谍活动,那是另外一回事。为什么我当时和那个女老板那么快谈下来?就是她的需求我了解,我知道对方是一个非常豪爽的人,她不和我啰啰唆唆、谈来谈去、讨价还价的。她要的是我的高质量、我的好设计(当时我做装修)。

问:嗯。

答:去年我做了一单,是防火木,防火的苗木,实际上是含油量比较低的苗木,它易燃性差,有阻燃的效果。去年是云南大旱、西南大旱,多处火烧山。其实这种苗木我以前一直在做,做了好多年了,堆积了很多苗木。去年我突然明白了,我去和林场的老板谈判……

问:您主动去出击的?

答:嗯。

问:您不知道对方有没有需求就主动去出击?

答:嗯,不知道。谈了之后一拍即合,定了120多万元的订单。这是去年的订单,我今年生产的全是去年下的订单,我实现了按订单生产。除了我已有的几十万元产品外,今年还同时卖小苗给对方,定金也收了几十万元过来。

问:谈判的时候一拍即合?是不是谈判中间存在他觉得您报价高了,要求您降低报价的情况?

答:是有这种情况。我一开始报的价格是3元一株,他说2元。今年我回过头来给他一个信息,说2元还是低了,但当时我接受了,我不亏。

问:当时从3元到2元您很快就接受了?

答:对,很快我就接受了。

问:您没有对他说"这个价格做不下来",双方要谈很久?

答:没有,没有,千万不能,有些人会很烦你。当然要看具体的老板。

问:您不担心降到2元之后,他又要求更多的让步?如降到1元。

答:那不行的。当然前期也有个信任的前提,双方了解、熟悉了,有这么一个过程。经过朋友的介绍我认识了这个人,有一些交往之后再来谈这个生意的。这种生意相对就比较容易。其实以我的理解,很多生意没有想象中那么复杂,你一个讨价他一个还价那种。那种很复杂的谈判可能是很大型的。对中小企业来说其实就是对方对你信不信任的问题。所以首先你要有一个双赢或多赢的理念,你的行为当中信任第一重要。因为你的指向是契约,契约就是一种承诺,是相互的一个承诺。这个承诺就非常重要,它是未来要实现的交易。这里有很高深的理论在里面,这种承诺表明了他对你这个人的行为是不是认可。他不认可，他就会认为你是在忽悠。我们平时在一起大家开玩笑忽悠什么的，那是可以的，但是真正在一起谈生意，他一定要信任你。

问：这就是要通过朋友介绍或者你们自己见过面，大家要相互了解？

答：对对对。

问：是不是有一些是本来双方一点都不熟悉的，如对方是外地的？这种情况有没有不同呢？

答：这种情况呢，谈判就要经过前期多次的交往。你要打电话给他，经常约见他。如果有的人不愿意见你，那你就没有机会了。只要他愿意见你，那你就有机会。早期的相互见面、认识、信任，就是我们说的营造环境阶段，是非常重要的。接触有很多方式，通过对方的行为也可以看出一个人是什么样的。就像你，你来开两次会大家都认识你了，觉得这个小兄弟是做事认真、做学问的人，对不对？

问：确实有不少人对我这么评价。

答：绝对没有人会认为你是在企业里面东整西整的那种人。很自然地大家从你的行为里能了解到你是什么样的人。商场上同样讲这个东西。有的人很能忽悠，一下子就把别人忽悠住了，其实从长远来看并不是最好的。并不是你嘴巴能说人家就信任你。有句话叫作"听其言观其行"，这里面是很微妙的。

所以我觉得第一是要有一个理念指导，然后是探测需求，第三是在探测需求的过程中增加信任，让他信任你。我的很多谈判之所以成功，之所以签约，都是在信任的基础上实现的。再往后走就是执行合同，执行合同实际上是为下一个谈判开一个好头。

问：你们一般是书面合同还是口头合同？

答：都是有书面合同的，因为是公司之间的业务。

问：你们是不是自己有一个格式合同？

答：我们有一个标准合同，但是我们一般都不需要。比方说做工程，有国家住房和城乡建设部的标准合同，那个是很标准的，你就填项目就行了。如果是销售合同、委托生产合同就可以按当时的具体情况草拟，无非就是项目是什么，本着什么原则来签订协议，价格是多少，付款条件是怎样的，是一次性付清还是交定金以后逐步付款，罚则是怎样的，什么时候交货，这些。另外一旦发生争执，当然首先是协商解决，协商解决不了，那么由我们所在的地方法院解决等。比方说我和外省人签合同，我就宁愿出了事也要在我方所在的地方法院解决，这个就很有讲究了。

问：但对方如果要坚持在他那边呢？

答：对方肯定是要求在他那边，一般都是这样的。但谈判有一个"势力"的问题。

问：什么势力？

答：谈判里边双方力量的对比非常重要，它是一个博弈过程。谈判是一个各方面全方位的博弈过程。你很想销售这个产品，而他有很多谈判的对象，那你就处于下方,是稍微弱势的一方。这个时候你在价格上就会做很多让步,在很多条件上做让步,这是如果你很想销售的情况。如果你不太想销售,那么你就处于上风,对方就相对弱势。双方都处于一个博弈过程中。因为总有一个供求关系嘛,你要分析供求关系。在这个过程中,实际上双方一般很难势均力敌。当然,也会有这样的情况,就是对方和你差不多,那双方就胶着了。但总的来说你有一个底线,就是你有一个最低目标。我们经常说商务谈判的时候你有一个最高目标、一个最低目标。作为卖方,你有一个最高价格(你不可能天价),你想卖到什么价格是最理想的目标;还有一个最低目标,低于这个价格不卖。其实价格和其他交易条件又可以互换,有的时候你的产品稍微弱一点,质量不是很好,那价格在这个最低价格上可以再调整一点。如果对方付款付得很及时,这个时候的产品价格又可以再降一点;他付款不及时那价格肯定就要高。

像前段时间我们当地政府明确了一个"3331"的方式。"3331"是什么呢?就是在绿化工程中工程的付款方式。绿化公司给政府和一些机构种苗,政府要求"3331"的付款方式:工程竣工当年付总工程款的30%(只给你30%的款),第二年再给你30%,第三年再给你30%,第四年给你10%,总共四年。那企业就要算这个账啦,"我第一年只拿到30%,30%连本都没有回,第二年30%可能都还没有回本"。所以整个价格肯定就会往上走一点,因为要计算资金成本。

问:政府规定了这样的一个付款方式?

答:嗯,政府规定按这样一种付款方式。

问:对你们来说是不是面临着要提价?

答:一般的企业都要提一点。但是政府又实行了招投标的制度,这也是一个博弈过程,所有的企业来竞价又会把价格压下来。

问:就是说你们有一些产品是由政府的一些机构来购买的?

答:对。

问:是通过招投标的形式,对吧?

答:是招投标的形式。

问:你们竞争也是比较激烈的,对吧?

答:激烈。又希望价格上去,因为我要算资金成本。而且不仅仅是资金成本,还有风险,对吧?对方要是不给钱怎么办?又是大家去竞标,价格又会往下走。所以大家都一方面希望价格高,一方面又要考虑到比别人低。

问:嗯。

答:谈判到实质性的部分就是所谓的谈判磋商部分了,到那一部分就是实质性的了。谈了之后大的问题基本上确定,那么就存在付款方式的问题,这时候还会调整价格。如果你的付款付得不是很及时,那么我的价格就会考虑往上走一点。如果不是竞标的时候,那往往是这样的,就会谈谈,"价格是不是还往高走一点?你看你这付款方式不是很好"。

问:如果是竞标的话基本上就是一次性定下来了?

答：对。实际上，到最后这些详细内容谈完的时候就可以签合同，就是形成合同文本了，大概谈判其实就是这样的。

问：你们投标的话，是不是有些情况下为了得到这个标你会亏损一点？

答：基本上不会，除非你做得不好。

问：中标的机会多不多？因为这种竞争也比较激烈。

答：也不算多的，有很多也不能中标。但也不是说所有的交易都是招投标。我们小单的生意，几万元的生意，那就是口头承诺，都不用签订书面合同的。

问：招投标生意一般都是比较大的？

答：招投标生意价值一般是几百万元，至少是一两百万元，上百万元的，实际上政府规定是 50 万元以上必须招投标。但有些生意我们不见得去做，有些生意我们也不一定做得下来，这里面很复杂，招投标还是很复杂的。

问：哦。

答：正常的那些上百万元的单我们也做，有的时候也不是招投标的，而是直接和相关的机构谈，比方说和某些私营企业谈。有的时候你觉得不稳当的话就签合同，有的连合同都没有，上百万元的单子都没有合同！就是一个采购，很简单，他要求你点一点树，这种树多大规格的多少钱，那种树多大规格的多少钱，写一个价格清单，谈一个价格后就开始送苗，做完了之后他逐步给你钱。他要种树，你是卖苗。

对某些没有打过交道的私人我们是不敢这么干的。我就说"你肯定要给一点钱"，或者绝大部分对私人就是"拿树给钱"，你把所有钱给了我就给你装车，装上车以后我就不管你了，因为有风险。总之，谈判包括各方面，企业的营销工作很大一部分是在谈判上。

问：你说的"拿树给钱"是一次性全部给？一次性付清？

答：是啊，对私人来说是。

问：他会不会担心这树是死的或者怎么样的？

答：那是有个谈判的。比方说究竟是要求"包活"还是怎样，不一样的。如果要"包活"，是包半年还是包一年，那价格不同的。如果包一年价格就要翻 50% 上去，100 元的树就要 150 元，价格不同。出土也有一个规格，土球要多大？我包扎好了，运到对方的工地现场，土球不散就可以了。

问：以后维护都是他自己来做，你们就不管？

答：对，那就是他的事了。那种情况价格就可以给得比较低，相对就把你的价格压低了。他向建设方要钱会要得更高。比方说，对方向你买是 100 元一棵树，他向建设方可能要 300 元一棵树。

问：你们有没有直接与建设方联系，不经过它这个中介？

答：它不是中介。

问：就是不经过这道手？

答：那不行。有的时候也会有的，但那种情况也不太可行。因为什么呢，假定它是种树的绿化企业，而对方是建设方，建设方总要有人帮他种树，绿化企业直接把树买过去再给建设方种，是可以的。建设方说"我不包活，死了之后要由你负责，因为不是我采购的"，但建设方往往不愿意这样。会有这样的情况，比方说建设方——我——买树给你种，死了我（建设方）负责，我要求你（绿化企业）存活多少，会有这样的情况。或者是我（建设方）买给你种，死了之后你（绿化企业）负责，但是价格也会高起来。这里边很复杂的。

问：你刚刚说到谈判势力，有强势有弱势。因为作为销售方，你往往总是处于一个买方市场。买方总是"上帝"，你们在销售中处于弱势的情况下，是不是有的时候——比如说他提出一个比较低的价格——你们为了把这个单子做出去不得不压低价格？

答：会有的，对于产品比较多的情况是这样。根据不同的产品，我们的做法是不一样的。对于量比较大的产品，弱一点可以，价格低一点、条件苛刻一点我可以接受。对于稀有产品，比如说，有一个滇润楠，一种楠木，这种绿化苗木很好，卖疯了，当地都几乎没有了。在这种情况下要买，正常可能是 200 多元、300 元一棵，我现在最少 500 元一棵。爱买就买，不买就算了。当然我态度会很好，说这是公司规定没办法。有些人不买，不买我就养大，养大了更值钱。当然还要看你企业的情况，有的时候你很需要钱，要变现，那价格低一点也可以；有的时候你不需要钱，你觉得钱还能对付，那价格还可以高一点。像很多产品的价格绝对要随行就市这么走的。对于中小企业来说，你绝对不能说固定于一个价格。否则，别人一下子把你的苗抢光了，别人抢你的苗就说明你价格低啊，对不对？如果你愿意出那你全出光了。如果你觉得你的量还要留一点，保守点，"我卖的量少但价格可以卖高，凭什么我不卖高"？这里有一个对市场的判断，这都是商人自然会做的。你向我买苗，我价格卖低了，另外一个听说了觉得这个价格很好又来买，第三个来问我买时我不卖了。我和他解释说："关于最近这个产品的销售，前段时间是低价促销，现在我的产品价格上来了，我加价 20%，你愿意买你就买。"所以你要熟悉市场，要熟悉市场行情。

问：嗯。

答：像我们有的时候为了卖苗就做工程，做工程有两个好处：工程上可以赚一点钱——工程利润，同时我卖苗还有一份利润。

问：您说的工程是什么样的工程？是装修还是什么？

答：绿化工程。

问：绿化工程？比方说呢？

答：像我去年做了一个 1000 多万元的单，就是一个绿化工程的单。这个工程是给对方种苗、种树，包括整个的填土、挖塘、杀菌、消毒、种树、撑树（用撑杆撑住，不然才种的树会被吹倒）、浇水、施肥等，全是我们在做，这就变成一个绿化的工程。卖苗只是我把这个苗卖出去就完了。它们两个实际上是不同的。这是基于我过去做装饰工程的经验，装饰工程的材料全是别人的，这么做很辛苦的。后来我把装饰公司交给我弟弟经营，然后我就开始做苗木。我原来的设想就是只卖苗，反正买家来到这个地方买苗，价格合适我卖给他就完了，那是很简单的事。有些人现场就要拿走，有的人说"过一个星期我来拿苗"，我就给他做好、准备好了让他拿苗。有时候私人也会几棵、十几棵地到我这里买。那些小单我都不管，那些都是下属的事了。我只管大单，需要签合同的就签一签。私人买的时候一段时间也会卖出几万元，这里几千元那里几千元的，卖了以后我到下面去时他们就和我在财务上结算一下。

问：这些对私人的小单是谁在做？
答：也是我们苗圃基地那边的人，他们自己在做。
问：是不是相当于您的员工？
答：员工嘛，嗯。
问：这些员工是您的亲属吗？
答：都是亲属，很多私营企业大都这样。
问：哦，那还是放心的哦。
答：对，原则上都是放心的。大单他们就会和我讲，有时候要我亲自去谈。有的时候虽然这个单不大，像我卖给红塔集团（红塔集团在做一些绿化项目），也就是十多万元的单，但是我亲自去。过去已经卖过十多万元了，都是下面的人在和他们接触。今年我就专门去红塔，和他们相关的老总见个面，邀请他们到我的基地去看，期望以后能有多一点的交易。我们自己有产品的时候，谈判的时候经常有一个展示，就像服务营销里边叫"有形展示"，谈判的时候也要做"有形展示"。

问：展示你个人的信誉、形象？
答：展示我的产品！除了展示我的信誉外还要展示产品。我们邀请他到苗圃里参观。他一看那么大的苗圃，他就有信心了。
问：您的苗圃在昆明是最大的？
答：嗯，基本上是最大的，我们叫"最大之一"，但我们最大的特点是品种多。我现在有300多个品种，具体说有350个品种。
问：您现在也是不断地在买？
答：有的是买苗，有的时候叫"倒苗"。别人要卖，但别人的信息没有我灵通，我加点价卖出去，拿进来我就倒手出去了。有时候是增加品种，我们要大量地种各种品种，在这里面选择好的品种来长期生产。
问：嗯，这也是很有技术含量的。
答：对。
问：谈判中间可能会碰到不同性格的对手，比方说有的人是比较豪爽的，条件差不多他就定下来。有的人特别斤斤计较，有的则是非常固执，他觉得就应该是这个价格。不同性格的人你都会碰到，你觉得你最不喜欢碰到的是什么性格的人？
答：我最不喜欢在价格上斤斤计较的人。还有你会碰到有的人一开始就给你一顿打压，说你的产品很差，别人的都是怎么怎么的，其实他是要刺激你，这个时候你要非常平和地对待。因为说老实话,我们谈判的人都知道这不过是他让你愤怒的一个手段。碰到这种情况你就可以微笑,深呼吸使自己心态平和下来。你说你的,我对自己的产品有真实的认识:"我的产品是不是最好的?有的时候不一定是最好的,但是我这个产品有它的优点。"要对自己有自信心,千万不要被他一顿打压之后丧失自信心。这都是在博弈,谈判博弈是一个心理博弈的过程。

商务谈判是一个过程,我们两个都是上"商务谈判"这个课的,都清楚商务谈判有早期阶段、中间阶段和结尾阶段,整个过程无非就这三个阶段,其中最关键的是中间阶段。当然三个阶段都重要,但是最重要的还是中间阶段,因为中间这个阶段是细节性问题的磋商。这个阶段之后,有一个横向的东西——礼仪,不要失礼,然后有个沟通——语言和非语言的沟通,还有一个就是心理。

有的时候他让你感觉到你的产品不行,其实这是在博弈,是一个心理博弈。这种心理博弈的时候你不要被他吓倒,对自己的产品、对自己的企业要有信心,对你的产品处在一个什么样的位置要有认识。

你想要是我哗啦啦地把价格全降下来,那我那点苗木全昆明用,很快就会用光。但我不愿意啊,我得慢慢来。我一下子全卖光了,以后我这苗圃怎么办?我又是得从那么小的苗种开始培养,又是花若干年的时间,我不可能这样做。我只能说是每年卖得差不多一点,根据情况有的时候卖多一点,有的时候卖少一点。价格老是太低我就会把价格升起来一点,老是太高我会压下来一点。对有些产品我的价格会一直相对比较低一点,对有些产品我价格就是偏高。为什么偏高?因为我不想卖——惜售。因为你知道种一棵苗,那是"十年树木",有些苗木我可能要种六七年、七八年我才能卖,很不容易,所以如果价格突破了心理底线那就不卖。生意不成仁义在,我们和有些企业谈完之后我照样不卖,也有这样的情况。因为他报给我的价格、他的回价已经突破了我的心理底线。

问:但是会不会他到其他地方买了,到时你又后悔了?

答:那不后悔。因为我们每个企业其实都不是垄断性的,都是市场的一份子,在这个过程当中其实他不买我的必然会买别人的。但是把价格降下来了,有的苗圃能接受,我就不能接受,我是有成本的,我有这么多工人在干活,我得保证成本上的回收。

问:嗯。

答:有的时候价格也会很低。比如说我卖给××单位的一个单子,他们"忽悠"得很好,到现在这个生意还没完。为什么呢?当时,就是去年我就卖了十多万元的东西给他们。当时他们领导来了,领导是一个像军人一样特别豪爽的人,我和他们接触了之后感觉不错。最后那个领导和二十几个人来谈价格,具体有搞工程的、搞财务的、纪委的(主管纪律检查),还有什么单位的领导、主管的副领导……,二十几个人参与谈判。

问:有必要这么多人吗?

答:就那么多。

问：这个怎么谈呢？

答：有人对我说政府机构采购太困难了，都是一大帮人去，现在政府的采购差不多都要纪委参加。当时他谈的这个价格就很低，价格很低是因为我希望他今年能向我采购，因为他们说可以买几千万元的苗，但实际上他们并没有买这么多。其实回过头来想，可能我被他们"忽悠"了。我是冲他几千万元的量才卖这个价的。

问：几千万元是很大的金额，你有没有觉得他当时就是在"忽悠"啊？不可能采购量这么大。

答：没有，他在大规模地搞建设，因为他有几十平方公里的土地。

问：但是后来也没有采购几千万元？

答：嗯，今年我接触就少了。因为我又教书又经营嘛，其实也忙，没好好跟他们谈。那个花很多时间的，我还要上课，我课很多，实际上没有时间和他们做更深的接触。实际上我们要不断接触、不断互动，我才能够掌握他们的情况。去年又干旱，大家都忙不过来。今年雨季到来之后，你看我们才刚放假我就过来开会。我想在假期时到他们那边去看一看，到底是什么样的。至少当时想几千万元不可能的话几百万元应该是没问题的。其实回过头来看，人家谈判更厉害，他用一个很大的蛋糕吸引了对方，最后却只给了很小的一份。

问：买了多少呢？

答：买了十几万元。但是当时按他们那个说法会要几百万元的东西，所以现在可能这单生意还没完。

问：那还是要盯牢了。

答：嗯。

问：他们二十几个人来谈，你们几个人谈？

答：五六个人。

问：大家在饭桌上还是在哪里谈？是不是像理论上讲的在正式谈判桌上谈？

答：其实虽然说没有谈判桌，但也是正式坐下来谈。对方到我们现场考察，考察完了后坐下来谈。

问：二十几个人全部坐下来谈吗？

答：都坐下来谈，介绍情况。

问：实际上主要也就是几个人在谈吧？

答：实际上主要还是几个人在谈。其他的像纪委的人来了就是做个见证，看你们有没有做什么坏事。然后就谈，谈价格之类的。其实他们那边已经有一个价格了。

问：已经调查了价格？

答：他们提出了价格。我们认为这个价格太低了，同意了他们提出的一些苗木的价格，对于我们不同意的价格，我们就加了10元、20元上来。

问：对不同的品种都具体谈的？

答：对对对，都很具体的。

问：与政府机构谈和与其他一般的机构（私人企业等）谈是不是不太一样啊？

答：私人企业呢，其实对价格、品种等的要求比较严一点。我愿意和私人企业谈，私人企业一般来说是真的想要我的东西，而且基本上是现款。

问：反而政府机构的要麻烦些？

答：政府比较麻烦，因为程序复杂啊，决策的程序、环节多。私人的生意就很简单，老总委托采购经理或者老总亲自来谈。

问：就是一两个人来谈？

答：对，就是一两个人来谈就谈定了，下午拉苗供苗就完了。有的时候老总都不来，采购经理来，直接拉苗就可以了。

问：一般来说你们作为销售方公务招待肯定是要的吧？

答：嗯，对对对。

问：是不是有些谈判在饭桌上进行？

答：有的是在饭桌上谈；有的是在苗圃里面走走，具体什么规格的树指着就谈了；有的是他全部照下相来，然后和你谈要哪一个品种。

问：全部照下相？

答：他会照相嘛，拿些照片，他指着这棵树说多少钱，就这样来谈。因为我们都熟悉那些树。还有我们有个报价单，报价单的价格肯定是偏高的，他们会拿着那个报价单说哪个地方压多少钱。

问：一般这些客户是不是对行情很熟悉？

答：一般的客户都要了解好多卖家，至少是三四家，了解三四家之后实际上他对行情就比较熟了。

问：实际上你们报价也不会高得太离谱？

答：对，一般也不会。但是也不一定，因为我的有些苗是其他苗圃没有的，只能是参考其他苗木来报价，那我的价格就会高。因为产品说白了，还是讲究经济学里的稀缺性，这个产品稀缺就能卖高价。为什么我说的那个 300 多元的苗我可以卖到 500 多元？因为照样有人买啊，只不过买的不像我卖 300 多元时那么快，300 多元的话一分钟我就可以全卖出去。现在像这种苗木我只有 1000 多棵，我根本不愿意卖，甚至 500 多元我都不愿意卖。像我还有一种苗木，去年我对他们说是 12 万元，今年我对他们说 15 万元最低，15 万元一棵，明年我有可能 20 万元一棵。

问：那棵树大吗？

答：大呀，很大，那么大的树（伸开手臂比画了一下）。

问：是什么树？

答：常绿三角枫。

问：我还没有听说过，您说多少？十几万元？

答：我要求 15 万元，我对手下的人说 15 万元。

问：这个是其他地方没有的？

答：这个是其他苗圃里没有的，这些小苗也是我们首先培育的，这个大树也是我们采购进来的,从农民手上采购进来的。

问:您种了很多年了,对吧?

答:种了五六年了。

问:像这种常绿三角枫,有没有销出去很多的?

答:这种销得少,这是属于碰巧哪个地方要一两棵的那种。

问:谁会舍得买这种?客户是什么类型啊?

答:房地产公司啊。

问:它会舍得买这种十几万元的?

答:买,买啊。高档房地产公司会买这个啊。还有像现在浙江、广东(昆明还没有)的有钱人,买到别墅里面栽着。在别墅里栽一棵树,它是一个景观了嘛。

问:您对学生学习"商务谈判"这门课程有什么建议?对于提高他们的商务谈判技能,您有什么建议?

答:我觉得要把商务谈判的这种原理(从"商务谈判"这门课程来说,它只是讲到了原理)融入平时的日常消费采购活动中。比方说到市场上去做讨价还价的活动,我就要考虑到我当时"商务谈判"课程里学了什么东西,怎么利用学的这些东西和老板去讨价还价。商务谈判的很多原理都适合用在组织活动当中。比方说我们组织一个活动,就涉及谈判问题。我要邀请一些朋友来做这个事情,他可能要讲条件,这里面其实都有谈判问题。所以我在讲谈判的时候不仅讲商务谈判。我还在给政府机构做谈判培训,其实原理都差不多。

问:您也在给政府做谈判培训?

答:也培训过。政府要招商引资,就有谈判问题。谈判原理就是要把谈判的——按照我那本教材的说法——理念、战略、过程和策略形成一个体系。理念是什么理念?就是要讲得通。我们一定要有这样的理念——双赢或多赢的理念。然后是整个过程,开局、磋商和结尾,这就是谈判过程。这里边,开局有开局的策略安排,磋商有磋商的策略安排,结束的时候有结束的策略安排。结束的时候你就要考虑,差不多的时候就不要纠缠,这是要强调谈判效率的。不然别人就觉得你啰里啰唆的。

吴稼祥有一本书叫作《智慧算术——加减谋略论》,过去我看到过书中的一些内容,挺有意思的。后来我给学生讲课,有个有心的研究生买了一本送我,就是讲谋略的加减法。其中讲了一个这样的事:有一次他们准备策划一个公司(记不清是他当董事长还是谁当董事长),要找一个能干的总经理来做这个事。后来大概是在董事长家煮饺子吃,大家一边讲一边吃,谈这个公司怎么做,拟定的总经理是谁。拟定的那个总经理在里面煮饺子,结果这个董事长三进厨房,第一次进去讲这个饺子要怎么煮,第二次又进去讲这个饺子要怎么煮,第三次又进去说这个饺子不能煮得太烂了,否则不好吃,最后那个人(拟定的总经理)出来的时候决定不干了,说我不愿意和你们合作。

问:拟定的总经理说不干了?

答：对。他认为这个董事长太婆婆妈妈了，董事长是考虑战略的，不能这样婆婆妈妈。总经理是管执行的，董事长是决策的，高层的战略性决策，董事长就不要过多干预总经理的执行。煮饺子这事总经理就受不了，以后和董事长在一起随时被这么很细小的事情干预，那他怎么做，是吧？所以总经理不愿意。我的意思是什么呢？在谈判的过程中也存在这个问题。你老在那边纠缠，那你就没有战略高度。比方说结束谈判的时候你要判断，你的最低目标已经实现了，大量的谈判内容已经完了。在这种情况下，还有一点点不满意，那就要采取一个折中进退、一揽子方案拍板，迅速地签合同。已经达到这个目的了，就不要再纠缠很细的问题。我是喜欢这种谈判的。我不喜欢让很多人感觉到老是斤斤计较，我觉得这很没意思，别人会很看不起我。我想所有的老板都不会因为我斤斤计较就觉得我工作认真负责，反而会觉得没气质，就不愿意和我谈，做了这个单之后烦不胜烦，不会再来找我。你知道很多做得很好的生意其实很简单的，合作是很愉快的，其实很大的一个生意可能就是坐下来很快谈成。我没做过太大的生意，我其实只做过这种一两千万元的，太大的没做过。

问：一两千万元的已经很大了。

答：我觉得这和你的品质有关系，和你的风格有关系，斤斤计较的人，别人不愿意和你做生意。

问：在谈判过程中您有没有运用过一些理论上说的策略技巧，比如说红脸白脸、以退为进之类的？

答：有啊，有啊，有的。有的时候对方去了之后，比如说我表弟（早期的时候是我的合作伙伴，他现在是苗圃基地的主任），他一般唱红脸，他的价格就比较高。

问：您就唱白脸？

答：嗯，我的价格就要低一点，因为最终谈完是在我这里。

问：他首先出马？

答：对。有的时候我都同意了，他要说"不行，哥，这没意思嘛，这种太没意思了，一点都不赚，我们赔着做有什么意思呢？"类似的这种情况都有，就是让对方感觉到不能再和我谈了。但我其实还是赚了，哪能不赚呢？而且我的情况比较特殊，成本到底多少我自己都不知道。我种了那么多苗，种过后每年一百多万元成本花在那个地上。你说我要怎么计算这棵树值多少那棵树值多少，实际上都没有计算，因为计算不出来。

问：你知道当年买价是多少，什么时候买的，但是每年每棵树的养护成本是不一样的，对吧？

答：对，不知道嘛，养护成本不一样嘛。一棵大树的养护成本和一棵小树的养护成本相比，小树的养护成本可能更高。

问：同时进的同一批的树，品种不一样，它的养护成本是不是不一样？

答：同样的树养护成本还差不多。关键是不同时期的，那你怎么计算啊？每年的工资你怎么摊到这里面？其实这些养护成本很难摊的，你只要总的来说是赚了就可以了。所谓赚了也是大概的，其实是很粗糙的计算，做不到那么精细。比方说你一年要花一百多万元在里面，那你一年能不能卖到一百多万元？卖到一百多万元基本上今年是保本，卖到两百万元差不多有一百万元利润，卖到三百万元有两百万元左右利润，差不多就这么算。实际上并不需要那么复杂。但工厂就不同了，工厂里面……

问：工厂要算每一个单件的成本，对吧？

答：对对对，工厂要核算的。但那种核算也没有那么复杂，大工厂可能有那种复杂的核算，小工厂（一个制衣厂什么的）也是算总的进出的量，哪有算那么细的？而且很多价格是随行就市的，卖了之后可能他大赚了，也可能是平本，甚至有些可能是亏本，但都得卖啊。我因为是在自己的土地上种的，亏本我不干。但是不是以后会亏本卖呢，都不一定。我对金钱不是特别在意，随着规模的扩大，我可能也会卖到赔本的。我的土地成本比较低，我当时买了几十万元的土地。对很多苗圃的人来说，这个苗木要是不赚钱，他要铲掉啊。因为与其这么占着，不如铲掉——把它毁掉重新种，你们浙江那边就有。卖不出去的树没人要，他宁可铲掉。但我没有。因为我的土地成本低。

问：你们公司（苗木这一块）有多少员工啊？

答：正式的员工有30个吧，长期工作的大概有二十几个。

问：长期工作是指什么啊？

答：几乎每天都来干活。他们只有农忙的时候不来，其他时间都来工作，这样的员工有二十多个。还有一些短工，有的时候一天就要五六十个。

问：短工是你忙的时候来的？

答：嗯。

问：短工怎么招聘的？

答：都是临时到市场（县里的劳动力市场）上招啊，或者说村里边都说好了，因为我们工人都是在各个村里面，相互都熟的叫一下。现在我们面临的一个问题就是人工成本的增加。

问：人工成本的增加？

答：嗯，太明显了。2000年的时候15元一个工（一天）就属于高的，现在一天大概50元，农忙的时候80元一天。

问：包不包吃的？

答：不包，所有的都不包，但是要有车接他们到我的地上，因为还有六七公里的距离。

问：相当于他们自己买吃的？

答：他们自己带饭，我们那个地方有灶的，他们可以热一热。

问：您有没有接触过外国人，和外国人谈判？

答：没有。

问：您接触过不同省的人，有没有觉得哪些省的人做生意时不太好谈，比较麻烦的？

答：省外的有接触，但好像没这种感觉，其实是和人有关。总的来说我自己的感觉是和省外的谈以及和省内的谈，省外的人要比我们云南人精明一点，但其实信誉并不差。像现在买苗，江西、浙江、福建、四川都有，钱直接就打过去了。我去买苗，现在都是一个电话过去就行了。

问：您去买，相当于采购谈判了？

答：嗯，钱过去了人家就发苗过来。

问：您应该要去看一下咯？

答：以前去看过，现在都不用去看，而且我到现在都不认识这些人，我表弟认识。我让我表弟走了一圈，当时在我读博士的时候，我表弟到四川、湖南、湖北、江西走了一圈。后来陆续去采购苗，像去年我们就到江苏去采购苗，采购银杏。

问：具体是哪里？

答：沭阳，就是宿迁下面一个县。去了之后就见了相关的人，后来就采购了，好像前前后后是一百多万元的苗吧。到时候就打钱给他，他给我一车一车地拉过来。我觉得现在的信用问题也还没有那么严重。我也担心啊，钱过去了他不管我，是吧？但好像现在看起来还没有这种情况发生。

问：你们一般都是先付款呢还是……？

答：一般都是先付款。

问：您去买的时候？

答：对。做了几次生意之后，我们对他说"这一车子暂时还不能付钱，你先发过来再说"。他也无所谓，他也给我们发苗。

问：一般来说你们也是有长期的交易，以前也是认识的咯？

答：对，我们到他那个地方了解过，他就是本地人，一般来说谁都不愿意做那种骗人的事。对于做正当生意的人（不是骗人的），哪个人都不愿意这么欠别人的钱就跑了，是吧？他划不来嘛，他成本也很高。他不仅是卖给我一个人，他卖给很多人，他没有必要骗我的钱。

问：那么您有没有碰到这种对方故意欺诈的情况？

答：没有碰到，还真没有碰到过。

问：是你们自己通过事前的调查或者你们长期接触了控制得好呢？还是说现在没有这个问题？

答：控制得好，还是控制得好。我觉得肯定有，只是我没有碰到。我自己是比较谨慎的，第一次打交道的时候我肯定要派人过去，我不去（我现在也忙不过来）也有下面的人去。

问：派人过去真实地看，那会不会有这样的情况：本身这个东西不是他的，但是他在做？

答：有这种情况。而且现在像江浙一带都有经纪人，都不是他的苗，他可能只有几亩地，可能是其他人的苗。他会告诉你"这些苗都是我的"，但实际上不是他的。经纪人和外面联络比较宽广，就会经常干这个事。有些人就是老实巴交的农民，他只能种，种了之后经纪人能卖，就交给经纪人，经纪人按照当地的市价给他钱，再卖给外面。他一棵树赚几元、十几元，不一定。

问：做了周密的调查或者了解了之后呢？

答：你去了之后要看他是不是当地人，你要到他家里面去。

问：会不会这些都可能会有假的？

答：都可能会有，但是好像都没有碰到。我想一定会有，是吧。

问：我想你们既然去，肯定都是有经验的？

答：我觉得很大的采购一定要去，比如说你去买几十万元的苗，几十万元的你一定要去看一看。一般几万元的就不用了。对方都是过去也做过一点苗的那种，不会愿意为了几万元去骗，不值得骗。你也不可能说"我买几十万元的苗我就一次性付款给你"。一般是"我先付 10 万元，或先付 5 万元，你给我拉苗。拉过来之后我再付款给你，你再给我拉苗"。这样每一单小一点，是分散风险的一种方法。

当然话又说回来，真要碰上欺骗的情况，几万元，我也就认了。必要的时候我到那边公安局去报个案，也没有必要搞得那么……我能承受得起。但是对于一个小户来说，假定是才做生意的人，可能 10 万元对他来说就是很多的钱。对我们来说我们也不愿意损失，10 万元我现在也不愿意去损失，但可能两三万元我就无所谓。真要碰到欺骗的话就看情况了，损失了就损失吧。但到现在为止还真没碰到过这种情况，无论是在四川、江西还是江苏，都没碰到。

问：我觉得可能还是你们亲自去调查过，有经验的。有没有去看了后决定就不做了的，因为对这个人不太放心？

答：有啊，肯定有这种情况。

问：或者谈不下来？

答：对对，有这种情况。

问：因为不放心他的信誉，所以不和他做？

答：对对对。有啊，去了之后看了他这个人，他实际上不是真正的农民，不是真正的苗木种植户，他就是在忽悠的那种，那你不和他联系就完了。还有就是一般找当地几家比较有名的，一到当地你就问："哪几家做得比较大？"最好是有当地人带着，这样就更清楚了。哪几家做得比较大，你就和哪几家谈，现在做生意都讲信誉。市场经济里信誉真是企业的生命。一般做得好的人绝对不会愿意自毁长城的，绝对不会去在信誉上搞鬼，他犯不着为你几万元搞鬼。有些大的苗木商，像四川温江这边的，一年做十几亿元，人家犯不着给你搞这些名堂，没意思。但是如果他本身全部身家就是几百元几千元的，你给他几万元，那很难说啊，那就还是要筛选的。我们到目前都还没碰到这种情况。前段时间我从江西发苗，他价格也不高，发了 30 万株小苗过来。

问：先发过来再付钱还是怎样？

答：没有，我付了钱过去对方再发苗的。付一点发一点，再付一点再发一点。30万株苗过来没事，本身价值也不高，10万元以内，都是小苗嘛。

问：还是分几批过来的？

答：嗯。我先打几万元过去，然后再打几万元过去，一般都这样。

问：这也是出于防范风险的角度考虑吗？

答：对，而且资金也好安排嘛。不可能说把钱都给你，把钱冻在那个地方，我觉得生意场上都这样很正常。

问：嗯，信誉还是很重要的。

答：信誉太重要了。所以谈判其实是在建立你的信誉，也在探测对方的需求。探测对方的需求首先要对对方的信誉有信心，否则就不谈。如果接触了之后对这个人的信誉发生怀疑，那就没什么谈头了，敷衍一下就走人了。信誉太重要了，信誉和什么联系在一起？和你的合同联系在一起，对你未来的风险防范有很大的好处。我老讲这里面其实是一个理论问题，合同实际上是什么呢？整个合同条款是一种承诺，我给你的一个承诺，你给我的一个承诺。我给你商品的承诺——怎么给，什么样的质量给；你给我一个金钱的承诺——怎么样付款，多大量的款，是吧？双方的承诺基于什么呢？基于信誉，当然还基于需求。首先有需求才会有生意，双方都有需求。我愿意买你的苗，你愿意要我的钱。承诺就非常重要。

这个承诺的前面是什么？是信任。如果不信任，这个合同签了也没意思啊。信任的前提是什么？是信誉。双方如果都知道这个合同是不能执行的，那双方就是脑子进水了。他去签这个合同没必要，对私营企业来说那绝对没有必要。甚至有的时候像我们这种，合同都不用签，私营企业有些是不用签合同的，就是口头契约。我告诉你我买几十万元的苗、几万元的苗，我不用签，我只是告诉你多大规格的苗，我不放心我过来看一次，"就是这个，就按这个给我"，完了就给我发。第一车发过来，你会打电话来问我："聂老板，这个苗怎么样？"我说："行，差不多，就按这个来。"或者我说："这个不行，有些小的规格过多，下一批稍微大一点。"调整了就行了，不断地发苗就可以了。

问：不签合同还是有风险的。

答：对，有风险的。

问：不签合同说明你们双方相对还是熟一点的，对吧？

答：质量问题不是特别复杂的时候就会是这样，就不需要做这么细致的规定。

访谈心得感悟

聂老师不但对商务谈判的理论研究做得出色，而且对企业经营中的商务谈判实践也做得非常出色。和聂老师的访谈让我们受益匪浅，原定半小时的访谈在不知不觉中延长到70多分钟，整理出来的访谈记录有接近两万字。从聂老师的讲话中，我们深刻体会到以下几点对于成功的商务谈判非常重要：第一，商务谈判要建立双赢或多赢的理念；第二，商务谈判要通过不同的角度来探测对方的需求；第三，商务谈判是双方的心理博弈过程，是一个各方面全方位的博弈过程；第四，商务谈判的过程也是建立信誉的过程，谈判其实是在建立个人和企业的信誉，这对于企业的持续经营至关重要。此外，通过和聂老师的访谈，我们还吸收了很多相关的经营管理知识，例如公司治理、战略管理、人力资源管理、市场调研、市场推广、契约理论、风险防范等，甚至还了解到很多苗木引种、驯化、生产、销售的专业知识，真的有"听君一席话　胜读十年书"之感。再次感谢聂老师无私地为我们提供了如此珍贵、如此真实的商务谈判实战经验和技巧。

启发思考题目

1. 商务谈判是否一定要建立双赢或多赢的理念？商务谈判人员到底该如何才能建立双赢或多赢的理念？
2. 你是否认同"谈判是一个各方面全方位的博弈过程"这句话？为什么？
3. 你是否认同"商务谈判的过程也是建立信誉的过程"这句话？为什么？

（访谈及资料整理：王建明）

1.4 "战略原则是要绝对遵守的，而战术是灵活的"
——对化工集团董事长的深度访谈

访谈情况概要

受访人：周剑凌。

个人简介：男，41岁，浙江宁波人，浙江物产化工集团宁波有限公司董事长，曾任宁波中化建进出口公司进口部经理，具有十几年外贸、销售的工作经验。

公司背景：浙江物产化工集团有限公司是浙江省物产集团公司于2005年整合集团内部化工业务，以更好地发展化工板块而注册成立的控股子公司，注册资本为1亿元。

访谈时间：2013年5月11日。

访谈形式：面对面访谈。

商务谈判 实战案例和经验解析

访谈地点： 浙江物产化工集团宁波有限公司办公室。

访谈内容记录

问： 您好！首先感谢您的参与。我们想就商务谈判中的一些问题对您进行访谈，主要了解一下您亲身经历的谈判工作的案例及工作经验、教训、心得体会等，以便为我们学习和了解商务谈判的理论和实践提供借鉴。

答： 好的。

问： 我们开始吧。首先，您觉得谈判技巧对一个公司的总体发展占多大的比重？

答： 客观上来讲，我觉得一个公司也好，一个企业也好，其实70%是在于这个公司、企业的实力、核心竞争力，但是如果你有一个好的谈判技巧、谈判方式，那可以为你的业务和各方面发展带来30%的影响。一个公司主要还是必须要有核心竞争力，要么有技术优势，要么有资金优势，要么有平台优势或者网络优势，这些才是关键，谈判技巧只是在你谈判时帮助你将这些优势发挥出来，或者是使你找到与对方利益能够对接的东西，让你能够与对方达到双赢。但是如果你想光靠谈判技巧就能达成一切是绝对不可能的。当然这只是我个人的观点。

问： 这倒是我们上课时候没有提到的，"商务谈判"课程的老师还是比较侧重于强调谈判的重要性。

答： 这当然只是我个人的观点。

问： 一般在谈判之前，您会做哪些准备？

答： 在谈判之前，你必须给自己制定一个战略和目标。比如说眼下有一个谈判，要清楚你想达成什么战略目的，这是第一点。所有谈判之前你都必须有个战略目的，对吧？第二点，除了战略目的，你还得有一些战术条件。比如说你想达成哪些条件，哪些条件是你可以提出来的，哪些条件是你可以做出让步的。同时，你也要尽可能地了解你的对手，你要了解你的对手处于怎样的状况，包括他的企业性质、运行模式、产品特点，还有他们的主要负责人有哪些，他们的谈判风格是怎样的。这些全部都了解清楚以后，你就可以根据对方的情况制定出一套与对方谈判的策略。

问： 所以您认为信息是了解得越多越好？

答： 对，肯定的。第一，我觉得你必须了解你自己，因为很多人在谈判的时候，对自己的公司和产品并不见得很了解。第二，了解你谈判的对方，了解对方的情况和特点是否与你是匹配的，这些需要做一些分析。

问： 那么您在谈判时，一般都会严格遵守事先定下的策略吗？

答： 那不一定。应该这么说，战略原则是要绝对遵守的，而战术是灵活的。因为在谈判的时候，实际情况和你事先了解的还是会有很大差距的，这就考验着你的谈判技巧。在谈判桌上你要敏锐地捕捉对方的心理，去判断对方心中所想，这就靠临场发挥了。所以必须分清楚战术和战略的差别，这并不是简单的变与不变，但是

第 1 篇　对董事长、法人代表的深度访谈

原则上的东西不能动，除非你在谈判过程当中发现超出你的预测。而且你的身份也很重要，你是董事长、总经理还是一般的业务员，也就是说你的权限有多少，这也非常重要。

问：如果对方逼得很紧，但是又不能马上联系到上司，这时候该怎么办？

答：如果出现这种情况，就说明你只是个一般业务员。那么就像我刚才说的，原则上的东西你是不可以去逾越的。但是为了公司的利益，你灵活改变战术，那也是可以的。

问：你们一般会安排多少人去参加一次谈判？人员内部有没有分工？

答：要看具体情况。如果是大型谈判，肯定会派出一个完整的谈判团队，有主谈，有助理，有技术专家，有法律顾问等。如果是小型谈判，一两个人去谈也够了。

问：您在公司里是怎样培养一批谈判人员的？谈判的时候会给他们很多权力吗？

答：我会先制定一套基本的框架，这是他们的底线，如果他们碰到不能解决的还是要向上级汇报。然后派他们去各个场合谈判，不断磨炼谈判的技巧。

问：您可以举一个印象较深的成功谈判经历吗？

答：我们其实基本都挺轻松的。有一次和德国人谈，和我们竞争的有好几家公司。他们到宁波的当晚，我就在家里放下碗筷直接冲到他们住的宾馆。而且事先做过功课，我从他们的文化背景、世界观、价值观到喜欢的足球俱乐部、食物都一清二楚，你想他们大老远地赶过来，在这里有个能和他们这么聊得来的人，他们一定会觉得很亲切。于是我们抢占先机，成功签约。

问：谈判中，您会不会运用到一些谈判技巧或策略？能否举个例子？

答：技巧和策略我在前面已经说了很多了，了解自己，了解对方，其实最重要的是要有亲和力，无论在什么场合亲和力都是最重要的，要让人家相信你，至少不能让别人觉得你很难说话，那样就很糟糕。

问：谈判中有没有碰到过僵局？您一般是如何处理的？能否举个例子？

答：僵局肯定是有的，出现僵局的原因是双方的利益不能对接。你没有他想要的，或者他没有你想要的。谈判说到底是个利益互换、相互妥协让步的过程，谈判的核心是利益，如果利益得不到保证，那么即使这个单子你谈下来了也毫无意义，对公司只有坏处。因此我说公司的核心竞争力是最重要的，只要你有别人想要的，别人可以通过你赚更多的钱，他们就会接受你的条件。

问：有人说很多谈判是在饭桌上谈成的，可以说说您在这方面的体会吗？

答：说老实话，你说的"酒桌文化"这个概念在我看来其实已经过时了。过去确实是这样，但是现在"酒桌文化"正在衰退，大家更看重的是对方公司的实力，吃饭只是大家表面上相互应酬，你要看的是大家为什么会一起吃饭，背后都是实力和利益的较量。现在这个年代没有靠喝两瓶酒就能谈成的生意了，那是绝对不可能的。"酒桌文化"正在慢慢消失，我现在谈生意已经很少需要喝酒了。

问：你觉得同外国人进行谈判需要注意什么？

答：你要去了解对方的文化、对方的谈判方式，最关键的是你要两三句话就

商务谈判 实战案例和经验解析

能让对方觉得你的价值观和他们是吻合的，那么他们才会认为你是值得一谈的。和我们联系的世界五百强公司有很多，像巴斯夫、阿托菲纳、杜邦，还有日本三菱等。遇到比我们强的对手，谈判前期一定要顺着谈判对方的模式来，让他们感觉你和他们是一个路子，价值观是吻合的，接下来你才有机会和他们进一步谈下去。

问：您觉得作为谈判人员，应该具备哪些基本素质？

答：应该具备专业知识、谈判知识、法律知识，还要善于观察对方，能快速思考，必须是很全面的人。

问：您觉得作为谈判人员，比较忌讳的是什么？或者说什么人、什么性格不适合谈判？

答：最忌讳的是冲动。你一旦激动起来，一旦显露出急着和对方签合同的意向，你就完全被动了，而且太激动也会让对方反感，所以一定要冷静。

问：对于在校大学生更好地学习"商务谈判"这门课程，以更好地适应谈判实践需要，您能否提出一些建议？

答：这门课的开设出发点一定是好的，但是你们需要多一点实践经验，谈判人员不是那么好当的。

问：好的，非常感谢您在百忙之中接受访谈，辛苦了。

答：没事，有问题再找我。

问：谢谢！

访谈心得感悟

通过和周先生的访谈，我们不仅学到了许多商务谈判的经验技巧，还领会到了许多为商之道。我们对周先生这几句话印象十分深刻："我觉得一个公司也好，一个企业也好，其实70%是在于这个公司、企业的实力、核心竞争力，但是如果你有一个好的谈判技巧、谈判方式，那可以为你的业务和各方面发展带来30%的影响。一个公司主要还是必须要有核心竞争力，谈判技巧只是在你谈判时帮助你将这些优势发挥出来"；"战略原则是要绝对遵守的，而战术是灵活的"；"谈判说到底是个利益互换、相互妥协让步的过程，谈判的核心是利益，如果利益得不到保证，那么即使这个单子你谈下来了也毫无意义"。我想这三句平实的话恰恰道出了商务谈判的精神与精髓。

这次访谈最大的收获是我们学到了许多课本以外的知识，周先生以其亲身经历的社会现状，向我们诠释了课本上没有的知识。社会每时每刻都在发展，而课本上的知识不可能完全符合社会现状，很多东西已经渐渐发生变化。例如我们与周先生谈起"酒桌文化"时，他的回答不在我们的意料之中。他说"酒桌文化"也许过去占有很重要的地位，但是近些年在他的谈判中"酒桌文化"已经渐渐在衰退了。这是我们课本上没有的知识，但却是我们将来要面对的现实。

启发思考题目

1. 一个公司主要还是必须要有核心竞争力或者突出优势，谈判技巧只是在谈判时帮助你将这些优势发挥出来，想光靠谈判技巧就能达成一切是绝对不可能的。你是否认同这一观点？为什么？

2. 在商务谈判中，"战略原则是要绝对遵守的，而战术是灵活的"这句话如何理解？

3. 你是否认同"喝酒在商务谈判中已经过时了"这一观点？为什么？

（访谈及资料整理：王鼎、周子舒、谢裕涤、余辛夷、张献澜）

1.5 "从对方的逻辑去思考"
——对文化公司董事长的深度访谈

访谈情况概要

受访人：李董事长。

个人简介：××控股集团有限公司董事长、浙江××大学 2000 届校友。李董事长长期致力于中欧之间经贸、文化交流，活跃在中欧友好关系发展的舞台上。其所领导的××控股集团在全球 12 个国家设立了代表处，建立了一套完整的政治、商业网络体系，成为中国多个地方政府的驻外代表处，为中国地方政府提供对外招商引资，对外贸易、文化、旅游、教育交流等服务，为各地政府引进多个大型外资项目。作为中国国际商会常务理事、N 市国际商会副会长、二十国集团工商峰会（B20）中国理事会常务理事，李董事长及其领导的××控股集团在企业参与全球治理中发挥了重要的作用。2016 年，××控股集团作为全球中小企业的代表和 N 市唯一的代表，参加了杭州 G20 峰会。李董事长是知名的产业招商专家，中央党校授课专家，曾担任 G 省驻欧洲（意大利）投资促进总代表、H 省驻欧洲商务总代表等职务，并推动了阿里巴巴集团、中国中车集团等大型企业的海外市场拓展工作。

公司背景：××控股集团公司主营文旅投资、产业招商与产业园区运营管理、跨境贸易、国际公关、金融、养老等产业，集团以"IP＋产业光合"的创新模式，坚定不移地实施全球化战略，以服务于中国地方政府与企业的全球化为己任。集团

商务谈判 实战案例和经验解析

目前拥有 12 家全资、控股、参股子公司,其中全资子公司 Z(省)××文化发展股份有限公司于 2015 年 1 月在全国中小企业股份转让系统核准挂牌上市,参股子公司××电子商务有限公司于 2018 年 2 月在香港联交所借壳上市。

访谈时间：2019 年 5 月 16 日。

访谈形式：微信语音。

访谈内容记录

问：您好,我已经在百度上找了一些您的资料,了解到您是××控股集团有限公司的董事长,也是浙江××大学 2000 届会计专业的毕业生。您有什么自我介绍需要补充的吗?

答：嗯,自我介绍我这里就不多说了吧,我待会儿发你一份我的简历和公司的基本介绍,上面都有写。

问：好的,那我们直接进入正题吧。您觉得谈判技能对您的工作来说是否重要?

答：这个当然非常重要了。

问：比如什么方面呢?您能举一个比较成功的谈判案例吗?

答：在商务交流过程中,运用谈判技巧把握客户的心态是很重要的。我觉得尤其是在中国企业与外国企业进行谈判的过程中,有些国人觉得自己英语好,不使用翻译,这样不太好。在与外商的谈判过程中,翻译是很重要的。即使自己的外语很不错,我们也一般会聘用翻译,因为这里面有一个很细节的谈判技巧。英语不是我们的母语,所以我们有可能在中间没有时间思考,但是如果我们使用翻译,就能给我们一个很好的缓冲时间,就是说不管我们从语言角度是否真的需要翻译,我们都可以利用语言翻译过程加强思考,同时还可以在这段时间及时进行一些商议。所以说,你刚才提到了谈判技巧,我觉得这其实也是一种小窍门,是我们平时经常使用的。利用翻译中间的时间空当,比如说语言转换时间空当,给我们争取一些思考的时间和一些沟通的时间。

问：这个也算是您在跟对方谈判之前做的一些准备吗?

答：这是我们平时经常会使用的一个小技巧,也不算准备吧。这里我可以给你讲一个案例,之前我们想引进一家全世界最大的索道和缆车的生产企业,就是奥地利的多贝玛亚索道公司。这家公司是一个非常保守的企业,它成立于 1892 年,已经有一百多年的历史。我在 2016 年的 1 月 30 日第一次去他们公司见他们的老板,我们提到希望把他们的索道生产引进中国来建立一个生产基地,而对方完全是拒绝的。他告诉我们,现在有很多中国的投资机构、银行都想去收购他们,但他们根本就不卖,就像中国的"老干妈"一样,到中国投资就更是不可能的事情。我当时采取了一个很好的技巧。我就问他,你的产品是什么时候进入中国市场的?他说"是 20 世纪 90 年代,进入中国市场有 20 多年了"。我说"你这 20 多年总共在中国卖出去了多少?"他说"总共有 100 多个项目,金额有 20 多个亿"。那么我就给他设定了一个条件：一年给多少个项目你才愿意到中国去开设工厂。他当时犹豫了一下，就说"如果一年能给我二三十个项目，我就能到中国去开公司"。所以后来我就把这个信息传递给贵州的省领导（当时想引进到贵州）。结果我们后来一做调研发现，未来五年大概我们要建150个项目，所以当时我们就通过市场换投资的方式去推动这个事情。于是就有了这样一个成功的案例。有时候我们要从对方的逻辑去思考，设身处地为他创造一些条件，让他回到我们的谈判过程中。如果说不按照他的逻辑，那他只会告诉你，这是不可能的。

问：谈判之前会不会提前制定一些一定要完成的目标？比如在这个谈判中，给对方多少项目，最后让他同意。

答：这个没有。其实有时候谈判之前我们一般都会做一些准备，也会制定一些目标，但我们的目标不是刚才你说的这个，我们的目标就是把它"拿下"，说服他来中国投资，这才是我们的目标。我们制定这个目标的时候，当然对他的企业做了很多了解，包括选择了一些适合的谈判技巧，包括我们这边过去的团队，我们都是如何打配合的，这些都是有关联的。但是中间运用怎么样的方法还是很重要的，我觉得这个准备工作是必需的。不可能别人都按照你的逻辑、你的准备工作去走，所以有时候我们也要按照对方的逻辑去走，就是怎么样既满足他的需求，也满足我们的需求。

问：如果跟对方谈判，地点一般是由您这边来定还是让他来定呢？

答：这个不一定。这要根据双方的需求来。地点我觉得并不是很重要的事情。

问：那谈判一般会安排多少人？

答：我们会安排3～4人，因为大家都有分工的嘛。像我们跟国外企业的谈判一般会有一个专业的替补，因为我有时候要躲在后面，不能冲在太前面，比如我们驻欧洲的时候是代表，也会有一个专门的翻译，所以我们至少是3个人。

问：那会不会中间出现唱红脸、唱白脸的这种角色分配？

答：必需的，所以我刚才说我有时候要躲在后面，不能冲在前面。我是最终的决策人，我没有任何退路。主谈不可能是我去谈，我只能在最后。其他人，就像你说的，一个唱红脸，一个唱白脸。如果谈到有点紧张的时候，我可以出来缓解，当然我紧张的时候他们也可以出来缓解，所以说肯定是有配合的。

问：那您在什么样的情况下会出来？比如谈判中碰到僵局，双方都互不相让，这种时候是不是您就会出来处理了？

答：肯定的。他们有僵局的时候，我来处理。

问：有没有这方面的例子呢？

答：这个很常见，我们经常会遇到这样的情况，因为有时候双方都已经到了谈判的底线，经常会这样僵住的。僵住的时候，我可以出来打一些圆场。这个一下子也不知怎么说，但是我们经常会有这样的案例。

问：嗯，好。那您会参与讨价还价这个过程吗？

答：那肯定的。我一般会先让我的团队去讨价还价，然后大家让步的时候，就把这个所谓的让步的权力给我。

问：那在讨价还价的过程中，会不会出现一些值得我们思考的技巧？

答：讨价还价方面，一般我们双方其实都一样，都会先把幅度提得高一点，然后再逐步让步。中间有个折中点的嘛，对吧？只是一开始不会说能砍价的幅度。所以大家都会一开始把价格压得很死，卖方要价高，买方出价低，然后逐步往中间走。

问：好，那我们的下一个问题就是，可以说说您对在饭桌上谈判的看法吗？

答：嗯嗯，其实饭桌文化有两个方面，第一个方面，饭桌上确实很容易融入感情，第二个方面，饭桌文化有时候也会对谈判带来负面的影响，并不一定都是好事情。所以我们并不认为所有的问题都能在饭桌上解决。但是，它可以融洽双边气氛，增进互相信任，这个我觉得还是有用的。真正的很多具体的商务谈判还是靠会议桌上的谈判，大家能够把一些细节问题考虑到位，能够考虑到互相之间的感受，把双边的问题都罗列出来，然后逐一去解决。我觉得真正的商务谈判并不能靠饭桌文化。

问：如果您去一个地方和对方进行谈判，对方一开始就邀请您去旅游，先带您参观一些地方，然后再和您进行谈判，这时候您会不会对他的印象好一些，然后谈判可能会更顺利？

答：有些时候会，但每家单位都会有自己的一些底线，不会因为这些改变。我觉得这些东西都是属于场外的，对于促进双方的感情、提升印象可能都会有好处，但是并不是谈判的核心问题。

问：嗯，好。那您在谈判过程中会比较喜欢什么样的谈判对手？

答：谈判对手没有喜欢和不喜欢。你遇到了，就必须去面对，不管对方是什么情况，没有什么喜欢不喜欢，不是以个人的喜好去评判的。谈判是一种方法，核心和本质就是站在对方的角度，从对方的利益考虑问题，最后达到双赢，这是本质。

问：会不会有比较难缠一些的谈判对手？

答：会有，这个很正常。没有非常好谈的，也没有非常难谈的。我觉得都是基于商业利益，只要对双方有利的，我们就去干；损害我方利益，就是解决不了问题的，我们就不干。所以说最后其实都回归到谈判本身，就是一种中庸的文化，所以我不认为有什么喜欢不喜欢的问题。

问：假如有的谈判对手比较喜欢在小问题上做文章，这种时候您会怎么处理呢？

答：对，揪细节嘛，这种情况我们就针对揪细节的人去解决问题，愿意做大决策的我们就配合做大决策。所以这不是说我们喜欢不喜欢，是我们碰到不同类型的对手，我们都必须去好好地面对，思考怎么样从对方的角度思考问题、怎么样去解决问题。

问：就是根据不同的谈判对手有不同的应变方法，对吧？您跟很多外国人有谈判的经历，然后在和外国人进行谈判的时候，除了需要您刚刚提到的翻译，还需要注意一些什么？

答：最主要就是要去理解他们的逻辑思维，外国人的思维是"step by step"，千万不能用我们中国人的思维方式去跟他们谈判。这个最重要，是要注意的。

第1篇 对董事长、法人代表的深度访谈

问：嗯，您之前来我们学校给我们班做讲座的时候就有提到您的秘书曾经在接待外国人的时候没有做好，可能就是因为没有考虑到当时对方的感受，当时您是怎么解决的呢？请您谈一下您当时的做法。

答：我们就是迅速去弥补。我觉得这跟我们的商务还不是特别相关，就是双方还停留在感受的阶段。而我们从总公司角度认为做得不到位的地方，就要迅速去改正。

问：具体有没有跟外国人谈判的时候可能需要注意的一些点，比如除了文化领域，他们在谈判的时候的思考方式和我们中国人会不会有不太一样的地方？

答：对，这非常不一样，中国人讲结果，而他们是讲逻辑的。所以我们在中间要做好预期的推动，这是这几年我们总结出的一整套很好的方法。中国人主要讲结果——哎呀，这个你给多少钱，我做什么事，所有的都追求结果。外国人是这样的，有第一步才会有第二步，有第二步才会第三步，如果你中间跳过了第二第三步，他就认为你是从第一步跳到第四步，是不可能的，这就是他们的逻辑。我们一定要顺着他们的逻辑思维去解决问题。

问：嗯，好的。那您在谈判的经历中有没有过失败的案例？

答：有的，有时候谈着谈着就谈崩了。

问：请您具体谈一下这种案例，这样可以帮我们更好地分析。

答：这种谈崩的例子多的是。比如说我们当时去引进意大利的一个项目，就像现在中国的盒马鲜生，他们以前就有这样的模式。当时对这个品牌，我们有做长期冲锋的准备，但是谈到最后，因为对方要到德国去做一些其他事情，还没想清楚怎么进中国市场，所以谈着谈着就没下文了。还有一些直接拍桌子走人的。这种事情很多，我觉得这个不存在什么问题。

问：那可能会因为哪些原因导致失败呢？除了在双方利益上有冲突之外，会不会有其他比较特殊的原因导致失败？

答：很多，有的时候甚至会有第三方，就是另外的竞争对手从中作梗或者给你下套，都会有。

问：在谈判过程中，您提到了第三方，也就是我们的竞争对手，您怎么跟竞争对手进行合理的、良好的竞争，然后让对方愿意接纳我们这边呢？

答：商业世界上没有什么合理和不合理。从商业竞争上来说，我们只有拿出更大的诚意、更好的产品、更优质的服务去压过竞争对手，然后在谈判中运用技巧迅速地搞定这些事情。这都是孙子兵法里面的，我觉得倒是可以学习一下。

问：那您觉得在谈判的过程中成功的关键是什么呢？

答：成功的关键就是你要有充分的准备，然后在现场把控好节奏。最关键是什么？双方要得利！我觉得太把一个谈判归结于成功或者失败，很大程度上违背了逻辑。任何交易，都是基于双赢的，"win-win"，对不对，你所有能做到双赢的东西一定在基本逻辑上是成立的，如果不成立，肯定是会有一些特殊的因素，所以问题就在于我们双方要能够站在对方的立场思考问题，达到"win-win"，最后就能够得到

商务谈判 实战案例和经验解析

一个好的结果。在这个商业过程中，谈判只是一种手法，有时候我的方法用得很好，可能效果就很好；方法如果不好，可能会出现不好的效果。它不是一种战争。我们就是要用一个方法和技巧，能站在对方的立场考虑问题，用对方的逻辑考虑问题，达到共赢。谈判也好，商业的本质也好，都是这样的。

问：是不是通过一次次谈判的累积，然后慢慢获取经验，才能在之后谈得更好？哪怕谈崩了，其实也没有关系？

答：没什么事啊，它本身就是个"business"（生意），成败都是很正常的，不可能这个世界上的所有生意你都能做得成，也不是所有的生意你都做不成。你有无数个可以选择的客户，你跟这个谈能谈好（跟另一个可能谈不好），很正常。

问：在谈的过程中，可能要根据不同的人的性格分配不同的任务。可能有的人比较适合做幕后的工作，有的人就比较适合在谈判桌上谈判，对吗？

答：讲都不会讲的人，他作为主谈怎么可能呢？这些就是最基本的逻辑。要根据不同的人的性格特点，根据他的长处，让他承担合适的角色。到最后大家是一个小组嘛，互相配合才能达到最佳的效果。这很正常，本身就应该这样的。

问：在谈判的过程中，有没有哪些事情，就是真的不应该这样做但是这样做了，结果真的让双方直接谈崩的？

答：如果一开始，你作为一个 team（团队）的负责人，你把不合适的人放在不合适的位置，本身就说明你的领导力有问题，对不对？那中间出现一些问题的时候，你就只能及时去制止，否则，你根本就没有这个能力去搞一个 team（团队）、去做一个商务谈判。

问：比如您处于领导的位置，会把怎样的人放在谈判的位置，怎样的人放在幕后准备的位置？

答：这个是根据我们自己的分工来。谁适合主谈、谁适合记录、谁适合翻译，这个本身一开始就有不同的角色分配。一般来说，一个会议、一个谈判，只有一个主谈。比如我刚才已经跟你说了，我们一般是三个人，可能翻译记录是一个人，然后一个是主谈，我在旁边属于负责拍板。这里面没有你想的那么复杂，是最基本的一个配置。

问：嗯，那除了这些，在谈判的过程中，您可能会运用到其他哪些技巧？面对什么样子的人定哪些策略？

答：技巧都是随机应变的，刚才我已经提过一个我们引进索道项目的案例（里面就提到技巧了）。如果真的遇见一些持续僵局，谈不下去的情况下我们拍屁股走人也是有可能的。

问：好的，最后一个问题，对于正在修读商务谈判这门课的学生，你有什么建议或者意见？比如您之前说过希望让我们能够更多地参与实践，不要太执着于课本上的知识。

答：从学生时代来说，我觉得你们更多的就是通过社会实践，多去听人家是怎么干的、人家是怎么谈的。在这个实践过程中去学习才是正道，因为这种东西不是靠模拟就能模拟出来的,很多东西也是靠自己去悟的。

问:我自己之所以修读这门课,不单是考虑到未来工作中可能会出现的谈判场景,我觉得生活中可能随时随地都会有谈判,我希望能够提高我的谈判水平和谈判技能。刚刚通过和您的交谈,我就觉得修读这门课的意义,可能只是让我入一个门,而不是学完就能让我会谈判。个人又应该怎么去提高这方面的能力呢?

答:实践,还是实践,多从实践中去看别人正常的商业谈判、商业沟通是怎么做的。

问:嗯,可是我现在处于一个校内的环境,好像也没有办法接触到很多这样的机会。我可以自己出去找实习,但是我这个阶段的实习其实也并不多,能真正看到和听到商业谈判的机会好像并不是很多。

答:这个是没办法的,这个书本的东西只能给你领进门,并不能说解决你所有的未来的事情。

问:嗯,我觉得今天的访谈差不多可以到此结束了,谢谢!

答:嗯,好。

问:您早点休息,谢谢。

答:好的,再见。

谈判经验解析

通过与李董事长对话,我们对商务谈判的理论知识和实际运用有了更加深入的理解和思考。他的谈判经验可以总结为以下几条:第一,在谈判的过程中我们要从对方的逻辑去思考,要设身处地为对方的利益去思考,从而提出可以优化对方利益的条件。不能一味地坚持自身利益,只考虑我方利益最大化而忽视对方利益,要站在对方的角度去阐述而不是和他站在对立面。第二,在谈判之前要明确好人员分工,以达到相互配合或在出现僵局时有人可以起到谈判缓冲剂的作用。要摆正心态,对自己在谈判中有一个明确的定位,从而在最准确的时候推动谈判的进展。第三,知己知彼方能百战不殆。前期的市场调查是非常重要的,要充分掌握市场信息,才能够不"人云亦云",掌握主动权,才能了解对方的发展情况,才能有针对性地去应用各种谈判技巧。第四,在谈判过程中要使用一些随机应变的技巧。比如在和外国人谈判时可以利用翻译的时间去思考对策。根据不同的谈判对象也要用不同的技巧。但技巧只是谈判的一个附属品,而不是谈判的核心。第五,谈判要有耐心和清晰的目标。特别是在讨价还价的过程中,一开始并不会挑明砍价的幅度,此时一个清晰的头脑非常重要,要站稳自己的立场,不被眼前的僵局打乱思路。第六,不能故步自封,在出现僵局时要善于灵活地转换思路,变僵为活。当双方利益不能协调一致时,可用其他利益去换取所争取的利益,扭转谈判形势。第七,商务谈判靠实践。书本知识只是入门,不能解决现实中的许多事情,真正的谈判技巧还是要靠实战经验一点一点积累。

启发思考题目

1. 与外国公司谈判时，你认为有翻译人员比较好，还是自己来比较好？请给出你的理由。
2. "谈判本身，就是一个折中的中庸的文化"，谈谈你对这句话的理解。
3. 与外国人谈判有哪些需要注意的？有什么技巧？

（访谈及资料整理：王雨璐、刘雨琦、吴沈佳、许超越）

1.6 "尽量用数据说话"
——对精密铸造公司创始人兼总经理的深度访谈

访谈情况概要

受访人：Y先生。

个人简介：46岁，男，J市××精密铸造有限公司总经理；多年从事精密铸造工作，有丰富经验，2010年创建了自己的公司——J市××精密铸造有限公司。

访谈时间：2018年12月9日。

访谈形式：网络访谈。

访谈内容记录

问：您好，首先请您介绍一下您的从业经历好吗？

答：我在××精密铸造有限公司工作，以前干过普通员工、技术员、车间小组长、车间主任，然后到厂长，反正除了财务没干过，公司里面所有的岗位基本都干过。后来在2010年出来创业，自己开了一家公司。

问：嗯，您的公司是从事精密铸造方面，请问精密铸造具体是什么？

答：精密铸造就是一种工艺，用这个工艺可以做出各种各样的五金零件。

问：那您应该也经历过很多场谈判吧，请问您在谈判方面有什么技巧吗？或者有什么策略？

答：关于谈判的技巧、策略，一般就是首先要知己知彼，要知道自己擅长哪些

第 1 篇
对董事长、法人代表的深度访谈

方面，客户需要点什么。假如说跟我们不对路，我们直接会跟他说这个东西不适合我们做。对路的我们就从技术的角度来说，跟他讲他这个产品优势在哪里，缺点在哪里。一般来说，我们不会上来就直接跟人家谈价钱，而是从技术角度切入，从很专业的角度去分析他的产品，难度在什么地方，可能会出现什么问题。这样给人家感觉你很专业，然后下面谈价钱啊谈什么，相对来说会好谈一点。

问：那您在谈判过程当中有什么印象比较深刻的案例吗？

答：这个要让我好好想一想。印象比较深刻的一个案例就是，我们和弗兰克斯林克公司（世界500强里的一家公司，它是做柔性生产线的）的谈判。

问：柔性生产线？

答：对，很多行业比如食品行业、医药行业，都不是自动化流水线生产（而是柔性生产）。那个时候他们要开发一个新的项目，不锈钢的高端的流水线项目，他们原来都是用那种镀锌铁的零件做的，现在国际上特别是欧盟对食品行业要求提高了，就是一定要达到欧盟的RoHS[⊖]认证标准，所以说他们要开发一个新的系统。他们那个时候带了设计稿给我们，然后要我们报价，要我们做。我们跟他刚开始谈的就是技术条件、技术问题，我觉得他的这个设计以后是很难操作的，成本也会相当高，然后我就给他提供了一个我们的想法，根据他的使用要求把我们的设计告诉他。他们听了之后很高兴，然后他们特地改了图样，派了三个人过来，为了这个项目到我这边来了两三次，具体谈技术上的事情。讲到底就是技术上的事情谈好了，后面这个价钱实际上就很好谈。因为我的设计在他原来的基础上改进了很多，他的成本下来了很多，所以说对我后期的报价，他基本上就感觉无所谓了。后来我们把这个项目做成功了，据说客户因为这个项目在欧洲拿了红点奖的金奖，就是工业领域的奥斯卡奖。之后他们特地委托上海办事处的人到我这边来感谢。这个项目我到现在还在做。从技术的角度来讲，假如说你跟人家客户好好沟通，急客户所急，想客户所想，为客户考虑，甚至为他节约成本、改善设计，反过来双方得利，他节约了钱，然后我这边报价哪怕稍微偏高一点，他也无所谓，他不会一天到晚就跟你谈价钱或者怎么样，是吧？他们总公司觉得对我这边很放心，他说就需要这样能够跟他们互动的供应商，因为他们的设计也不是说一定很完美的，他的设计人员有可能是大学刚毕业，有可能对我们的铸造工艺、生产工艺不是很熟悉，需要跟制造工厂紧密合作，互相沟通。这样出来的东西对他们来说成本又低，性能又好；对我们来说制造简单了，成本也下来了，钱也多赚了，双方得利。

问：之后你们一直在合作，他会不会跟您合作久了，在价格方面让您降低？

答：这个会的，合作了几年之后，一般来说客户会跟你谈一下价格的，这个对我们来说应该也是能接受的。因为生产时间长了，包括数量上去了之后，我们的成本也会下来的，适当地让利一部分给客户也是很正常的。我们以前做的是汽车行业，

⊖ RoHS 是由欧盟立法制定的一项强制性标准，它的全称是《关于限制在电子电气设备中使用某些有害成分的指令》（Restriction of Hazardous Substandces）。

商务谈判 实战案例和经验解析

有这个传统,就是报价的时候,报第一年多少,第二年开始,或者说三年里面不动,三年之后每年要下调5%或3%,有这种做法的。因为长期合作你的成本必然会下降的,这个可以让一部分利的。

问:如果对方要求让的利过高,您不能接受,那您会怎么跟他谈?

答:用统计数据说话,成本下降或上去了多少,做一份详细的报告。尽量用数据说话,老外最吃这一套,或者把理由给他讲清楚。

问:你们在谈判的时候,会不会谈到产品如果出了问题或者磨损之类的情况,将采用怎么一个解决方案?

答:有啊。你要做生意,首先你要专业。我们经常碰到你问的这种情况,比如我们有的客户是做不锈钢的,在所有人的印象里面,不锈钢是不能生锈的。但是我们有的时候出去的产品,人家用着用着生锈了,然后客户要你赔钱,要你把所有的东西全部检测一遍。懂技术的就知道,不锈钢生锈很正常,要看使用环境的,对吧?客户讲你的产品生锈了,那第一步我们拿产品到第三方SGS[①]检测单位去化验,国际上权威的检测单位化验下来没问题,那我们就达标了。你的图纸上假如说还有其他要求,我们看这个图上的要求有没有做到位?做到位的情况下,我们这边就无责。因为有的客户确实也不懂,但是时间长了,你就可以从专业技术的角度来跟他讲,这个不锈钢为什么会生锈、你的使用环境有没有问题?从我们的角度来说,最权威的就是我们拿到第三方去检测。

问:嗯,那你们在谈判的过程当中,地点一般是在哪里?还有人数方面怎么确定?

答:一般都是在双方公司的会议室中。一般情况下是我一个人,最多两个人,客户那边来几个人我不管的,他随便来几个人。

问:那会不会觉得在自己的会议室气场比较足?

答:这个无所谓,这个我们好像没感觉。

问:嗯,那在谈判案例当中有没有失败的,或者是不如意的、吃亏的情况?

答:失败的也有。和长期合作的客户做生意,一般来说不会存在吃亏的问题。因为即使报价的时候不注意,忽略了某一个点,有点吃亏,已经签合同的话,我们哪怕吃亏也要给他做掉,但是后期我们会跟他提的,把一个正常合理的报价报给他。客户也会在外面询问,他询问后发现确实你这个是合理的,长期合作就不会让你吃亏。吃亏的生意你做一次可以,你不能一辈子做,因为公司开在这里必须要盈利,正常的合作关系应该是双赢的,不可能是某一方吃亏。你总占便宜,让别人吃亏,那你的生意势必也做不长。

问:那您说的报价一般是有什么套路吗?

答:这也不是套路,就是我们提供一个合理的报价。首先,你要知道自己的成

[①] SGS是全球领先的检验、鉴定、测试和认证机构。

本，要懂这方面的技术。你不懂技术，你是没法报价的。你懂技术的情况下，你知道这个东西怎么做出来的，通过什么手段做出来，做出来的这个成本多少，然后加上适当、合理的开销，合理的利润。在商场中有一句话叫"暴利不长久"，暴利是有，但是你暴利，你骗人家客户一次两次可以，时间长了人家会知道的。现在这个互联网时代，你随便拿张图样在网上一搜，类似的供应商可以找出一大堆，你随便发一张过去，假如价格差太多，人家马上就会戳穿的。所以说目前情况下，我们也是靠技术、靠本事、靠服务吃饭，不是靠坑蒙拐骗吃饭。

问：嗯。据我了解，虽然您的公司规模并不是那么大，但是好像生意一直不错，而且跟客户都能保持长久的合作关系，这当中是不是有什么要素？比如说您是不是比较注重口碑啊之类的？

答：要素嘛，就是人家客户看中的是什么，第一是质量，第二是服务，第三是价钱。我把价钱放在第三位，特别是有质量的、要长期合作的客户，他肯定不会把价钱放在第一位的。客户有这个需求，我们就在这方面满足他的需求，就能形成长期的合作。第一是质量，你要保证你的产品质量，卖出去的东西都要经过检验，对客户的要求应该很清楚。第二就是你的服务。服务什么？就是急客户所急，比如客户说这个我先要，那个我晚要，这个东西出了点小问题，你需要马上给我处理等。我们公司做到现在，出质量问题或者出其他问题也是有的，但是你服务跟上了，也就没事。比如说你这批产品质量有点小问题，人家客户那边有问题了，你要马上哪怕空运也要调货补过去，把他前面的问题处理掉。这就是我讲的服务，包括时间上面的服务，人家客户急要这个产品的，那我帮他赶一下；包括技术上的服务，这个产品我开发，可能你这样设计不行，这样设计成本很高，是不是可以那样改？可以减轻点分量，减少点成本。这就是我讲的服务。第三个就是价钱，价钱是合理的价钱，不要暴利，暴利不长久。合理的价钱、良好的服务、良好的质量，能保证你跟这个客户形成长期合作关系。从利润最大化的角度来说，他也不愿意轻易换供应商，换了之后他会有很大的开发成本。折腾来折腾去都是钱，还有时间成本，所以他们也不希望换。但是你不要出问题，不要老是出质量问题，或者交货不及时，或者莫名其妙涨价。合理的情况下，就能形成长期的合作关系。我们现在就是这样做的。

问：前面我们问了成功的案例、失败的案例，那有没有那种力挽狂澜的案例，就是出了问题，然后您及时补救了？

答：有啊，我们前年做的一笔生意，货值42万元，是我们的一个德国客户，做消毒碗柜上的铰链。这个客户要求用激光焊接做铰链，我为了这个项目还特地买了一台激光焊机。他那两个产品有4mm厚，要把两块不锈钢零件用激光焊机焊接在一起。我们的焊接深度是单边1.5mm，两边总共焊了3mm多，没有4mm全部焊透，但是客户能接受。通过强度实验检验，各方面都能接受了，我们就大批量地做了，做了大概16000个吧，总共货值42万元，运过去了。结果客户在使用当中发现有断裂，后来我们也查出原因了，因为激光焊机是自动焊的，两个产品没对齐，偏差一点点，有的时候就焊不透，会断裂。客户那边发生了一次断裂之后，整批产品都不敢用了，关键是这个产品现在也很难检查，或者没法检查，检查的话要把它解剖开来，那一解剖不就报废掉了？所以等于是42万元的货全部要报废掉。客户通知我的时候，我也马上回来查原因，一查查出来有这种可能性，有这种风险存在。最后这批产品不得不报废。我们后来就跟客户商量，然后马上赶制了一批，总共500套，500套就是2000个，给他空运过去，用的是完全保证的那种工艺。

问：原来是多少套？

答：原来要求是4000套，一套4个。

问：你们补救了500套？

答：对，因为急他所急嘛，4000套不是一下子全部用的，他每天装一点、每天装一点。他那里的流水线厂已经停掉了，我们马上赶出来，没花多少时间，一个礼拜左右，赶了500套过去。在工艺上面，我们用技术的手段做保证，客户也放心。后来客户也帮我们想办法怎么样尽量减少损失。供应商跟客户之间良好的关系就是这样的。后来我们这一批怎么处理的呢，客户拿到他欧洲那边的一个工厂，用更加大功率的机器再焊一遍。我那个时候花了大概12万元左右的钱给那个欧洲加工厂，把这批货的损失挽回了一部分，后面我们又在工艺上面想办法给他保证了之后，客户还是放心的。现在这个产品还一直在做，成了长期产品。就是说出了问题，你不要逃避，要面对现实。有问题，急客户所急。比如我们先空运一部分过去，那个时候我这边就根本不跟他谈钱了。他要这个东西很急，要怎么处理我就给他怎么处理、我们那个时候已经做好最坏的打算了，那一批4000套实在不行全部运回来，我们这边再想办法，把它处理掉。后来最终走向是我的损失也最少，客户那边也满足了，这是双方合作的结果。

问：前面提到的都是一些比较友好的合作，有没有非常难缠的客户？

答：有啊，有难缠的客户。在我这边碰到的主要就是该交货款时，找各种理由、各种借口，就是不给钱，想拖欠货款的客户。我做生意的一个原则就是从小做到大，人家一下子给我一个大生意我不接受的，就怕做了被他套牢，然后在他那里有几十万货款或者更多压着，找各种借口不给钱。我们的合作一般都是从一个小零件开始，从几万块，哪怕几千块开始做起，做到后面做到几百万都可以。跟客户沟通也是讲"耳听为虚，眼见为实"，有一个循序渐进的过程。有一个人跟你侃侃而谈，讲得头头是道、天花乱坠，这个东西不可信。外面靠嘴皮子吃饭的人很多。眼见为实是什么？就是你从小的开始，你一点点做，做3万块、5万块的时候，他信誉很好，做50万元的时候他信誉怎么样？做500万元的时候他信誉怎么样？有的人上来就说我拿了个几千万的大项目来跟你谈，这种有可能是一个很大的机会，但是一般情况下，假如说他对你也不了解，直接给你一个几千万元的订单，这是不正常的情况，不靠谱。比如你有一个几千万元的订单往外发，但你对人家一点都不熟悉，就听人家讲几句，你就把这个订单、把这个宝全押到他那里去了，风险太大。对我们来说，"坏"的那种客户，就是做生意不诚信的客户，会找各种借口，哎呀你这里有点毛病、样式有什么问题，就像买衣服一样，这里有个线头、那里有个开口，要求给他降价，或者压着货款不给。

问：遇到这种没有信誉的客户，之后还会继续做他的订单吗？

答：绝对不会。

问：绝对不会？

答：做生意商誉很重要，我是比较看中的。

问：那客户在谈判过程中会不会亲自到您的厂里去看一下您的生产状况，会不会为了谈价钱而故意挑刺？

答：这个不会的。能长期合作的、有诚信的客户，一般来说他会来考察工厂。这个是双向的，我也会去考察他们公司有没有实力。然后在做的过程当中，我们第一步是谈价钱，不会说边做边谈。价钱谈好了，合同签了，我开始做。做的过程当中，我们有技术条款的，满足技术条款就可以。比如说我把产品交给他，如果他说这个东西不行，不要紧，我们有标准的。签合同涉及一个很重要的条款，就是产品要求，也是验收标准。我们这个行业的产品要求一般来说都落实在图样上，图样上都会详细规定材料要求、尺寸要求、外观要求、强度要求、机械性能要求。这些要求满足了，基本上就不会有问题。我们讲的挑刺，是按照这个图样来挑，超出图样范围的挑刺都是无理的，因为合同上没规定。

问：嗯。前面讲的都是针对客户的谈判，那我想问一下招聘员工或者说员工想要辞职的时候，您会怎么样进行一个谈判？先说说招聘吧，好像年纪比较大的、经验比较足的那些技术工比较受欢迎。

答：对，一个熟练工至少抵两个不熟练的。现在外面有很多新员工都会讲，我要工资多少多少。我们刚开始上班的时候也这样，但不大好，所以现在我们公司内部都已经规定了条款。我们分了几个档次，学徒工、普通操作工、一般技术工和中高级技术工，但是很高级的、特级的我们暂时还没有。员工过来我就会告诉他，你作为普通操作工过来，你可以做学徒工，也可以做普通操作工。普通操作工是什么概念？就是说直接拿操作工的工资，但是我不负责培养，就做一些普通的。他做学徒工，第一年工资会比较低，但是会针对性地派师傅教他，之后成为技术工，工资也就上升了。这样人家过来应聘，说我要拿多少多少钱，我就让他自己对号入座——你现在到哪个水平了，你觉得你到这个程度了，好，我就给你相应工资，但是三个月试用期里面一看你达不到这个标准，那么要么降级，要么走人。所以说招聘谈判谈什么？我们有标准，就可以让对方对号入座了。

问：那除了工资以外，还有什么福利可以吸引人才，让人才来您的厂里工作？

答：会跟他谈平台发展的空间，谈远景。小厂能学到很多东西，因为他要负责很多东西，这对能力提升很有帮助。福利就是公司该有的他都有，国家规定的保险、节假日、带薪休假之类的，像我们公司还有旅游，这些所有的员工都有的。

问：那如果有员工要辞职的话，您会是一个什么做法？

答：他自己辞职，我们不用跟他谈任何事情了。假如说他要辞职，我又很想挽留他，那我跟他谈到底是什么原因要辞职。比如钱的原因，或者说有其他原因，有些好谈，有些没法谈，对吧？假如实在谈不拢的，那就按照劳动法，提前一个月打个辞职报告，过了一个月后就可以走人，把该结的账结给他，这个倒是没什么太大的难度。

问：那在商务谈判中有一些策略，比如说虚拟上级策略，或者说红白脸策略等，你们会有吗？

答：我们这边小工厂，跟客户好像不需要那么多套路。我们这边目前主要是我自己在谈，应该是不需要这么多套路。我们是靠自己的实力，靠自己的诚信去跟人家做生意。

问：会不会有那种谈不拢的时候转移下注意力之类的？就是吃个饭啊之类的。

答：这种有的时候也有。我这边不是靠拉关系做生意的。特别是刚开始接触的客户，我们一般都是一本正经地坐在会议室谈项目。因为说实话，你讲的这种情况呢，跟我们的环境不一样。我们叫 OEM 生产㊀，帮客户定制他们需要的产品，比如汽车厂需要一个发动机，设计都是他设计的，我这边就是参与制造，但在制造的过程当中假如觉得他的设计有问题，我们可以跟他提。如果他坚持，我们也会给他做，就是成本问题。你讲的那种情况比较少，因为我们客户的主要着眼点是我能不能把这个东西做好、能不能准时交货、价钱是不是合理？满足了这几个条件之后，一般来说就不需要去做其他方面的工作了。

问：那您的客户有很多不同国籍的，不同国籍的客户会不会有什么特征？针对他们的特征会不会有什么不一样的谈判方式？就是可能有的人比较豪爽，有的人比较严谨？

答：怎么讲。我感觉美国人思维比较活跃一点，对价钱会比较敏感；日本人是极端注重品质，对价钱不敏感；欧洲那边第一个讲的是质量、服务和交货期，价钱他也会谈。就是说欧洲人相对中性一点，美国人会更注重价钱，日本人会更注重质量。

问：那您喜欢和什么类型的人交往、谈判？

答：技术型。

问：技术型？

答：对。商业型的那种人很多不懂技术，他就想着怎么样砍你价格。你跟技术型的谈，你讲出这个道理来，或者说跟他从专业的角度谈，很多事情都很好谈，然后他也会觉得你是有本事的人，就喜欢和你合作。纯商业的人，就是对技术一窍不通的，他面对每一个对象都觉得这个东西是能做的、没难度的，他就只能谈价钱了。像懂技术的人呢，你跟他谈这个产品难点在什么地方，什么地方需要注意。不懂的人假如说拿了一个东西，他搞不清楚是什么东西，你跟他说这个东西"我 10 块钱能

㊀ OEM 生产（Original Equipment Manufacturer）原始设备制造商，也称为定点生产，俗称代工（生产），基本含义为品牌生产者不直接生产产品，而是利用自己掌握的关键的核心技术负责设计和开发新产品，控制销售渠道。

做",他会不放心,为什么?因为他根本就看不出难在什么地方,他不知道这个东西。假如说我一个懂技术的,跟懂技术的客户谈,相当于他也是专家,我就可以跟他谈这个东西接下去做的时候什么地方可能会发生什么问题、有什么困难。谈了之后,他就知道我已经想到这个问题了,我肯定能把它做好。

问:就是有共同语言。这样的客户,往往也能跟您成为朋友是吗?

答:对。

问:嗯。那请问您对大学生有什么样的建议呢?在从业方面。

答:还是要多锻炼。大学生不要好高骛远,要抓住各种机会,该锻炼的锻炼,每一次锻炼都能长点经验。谈判也好,找工作也好,有些事情你想得很周到没用,还是要在实践当中去磨炼自己。你的优秀放在具体的某一件事情上面,你到工厂里面去干一件很简单的事情,你干不过老师傅。在技术上面,你哪怕考了英语六级、八级出来,你跟人家谈商务时具体的一些专业词汇你也不懂,对吧?你英语很溜,但是你跟人家谈到商业的东西,你谈不过那个哪怕只有四级但是已经在这个行业里做了好多年的人,他对这些专业术语什么的都懂。特别是大学刚毕业,你的起点、你的成就只能说是你原来的情况。到了一个新的领域,你还是要从一个学生开始做起,踏踏实实去多练多做。我在铸造厂里面干过所有的活,除了财务。我们里面有焊蜡、修蜡、修模具、开模具、浇筑,各种各样几十样工序。从工人到技术员到组长到科长到厂长,一路上这样做,各个地方都去磨炼过了,所以我后面才有胆量到外面去创业。有的大学生出来,说"哎呀,我车间里不去",怎么怎么样。我是实实在在大学毕业后在车间里干了半年,各个岗位都干过了,所以我对技术上面的东西很熟悉、很了解。

问:从底层打好基础。

答:对。

问:好。谢谢您接受我的访谈,谢谢!

答:希望对你有帮助。

谈判经验解析

在本次访谈中,我们了解到与一般销售行业不同的铸造行业的商务谈判模式与经验技巧。第一,透彻了解行业情况。由于铸造行业的行情较为透明,所以报价几乎是在成本估价的基础上进行,同时凭借自己的服务、质量、信用及良好的互动来提高报价。第二,做任何事要脚踏实地,不能贪心。从小的方面做起、从小的生意做起,慢慢积累经验、积累信任,不能操之过急。第三,做足充分的准备。在谈判前期,我们尽可能地充分了解谈判对手,做好充分的准备,包括应对策略、技巧,以及掌握对方看重的方面,以便从对方的需求入手展开谈判。在访谈中也要积极地展开追问,并注意谈判的细节。以便把握好谈判的节奏,争取赢得谈判。第四,要有专业的技术水平。谈判者要熟悉产品的技术标准,要懂得产品技术,以便在谈判中从技术角度出发为客户提供专业的产品分析，提出专业的建议，为赢得客户的信赖奠定基础。

启发思考题目

1. 商务谈判技能主要是通过理论还是通过实践培养？
2. 对于大学生来说，如何培养自己的商务谈判技能以应对未来的工作需要？
3. 谈判双方保持长久的合作关系对商务谈判有何影响？

（访谈及资料整理：杨芷蕴、丁梦洁）

1.7 "最好用的还是以诚待人"
——对动画公司创始人兼总经理的深度访谈

访谈情况概要

受访人：姚磊。

个人简介：男，30岁，浙江省开化人；2005年毕业于浙江理工大学景观设计专业，毕业后曾就职于杭州无际卡通制作有限公司，担任动画统筹；2008年与好友一起创建了杭州麒裕动画有限公司，并担任总经理。

公司背景：该公司是一家拥有自主知识产权的专业动画设计制作公司。公司以数码动画产品制作为起点，致力于原创卡通形象系列剧创作、动漫时尚衍生产品的开发。业务范围涵盖卡通形象设计、电影/游戏概念设计、动画创作/制作、插画/平面设计、影视广告制作、动画漫游/虚拟现实、互动多媒体系统研发和自动车研发等大类。

访谈时间：2013年5月。
访谈形式：面对面访谈。
访谈地点：受访人会议室。

访谈内容记录

问：您好！很高兴您能接受我们的访谈。首先，可否为我们做一下自我介绍？

答：你们好，我叫姚磊。几年前我也在这个地方上学，2001 到 2005 年在你们学校隔壁的浙江理工大学读书，学的是景观设计专业。我在读大学的时候就已经参加了一些关于动画方面的工作，所以我在没毕业的时候就进入了一家动漫公司——杭州无际卡通制作有限公司，主要负责一些项目工作的统筹，包括一些动画片的三维模型组制作。2008 年的时候我离开了这家公司，和一些志同道合的朋友开了杭州麒裕动画有限公司，一直开到现在。

问：谢谢！看得出来您的工作经验非常丰富。请问您在这两段工作体验中主要涉及的业务是什么？

答：这个问题问得非常好，因为之前我们仅仅只是制作动画片，只需要在公司里待着，不需要跟甲方或者说有业务来往的伙伴进行沟通，直到 2008 年自己开了杭州麒裕动画有限公司，有些客户对于动画产权方面有一些需求，就不一样了。动画产权方面包含了很多业务，比如说某公司需要一些卡通形象作为本公司的吉祥物，或者有些房地产商需要一些漫游楼盘的动画，再比如一些公司需要产品的三维立体设计。

问：嗯。就是说你们公司业务当中有一项是将动画产品的产权卖给客户，对吗？

答：是的。

问：请问您平时接触的都是什么类型的客户群呢？

答：我们接触的房地产公司还是蛮多的，有绿城，还有滨江那边的天虹房产，还有其他一些房产公司。

问：和客户在拟定价格之前的谈判环节，您是比较偏向于先和对方建立感情，还是直接切入主题摆上谈判内容呢？

答：两者都有吧。有的生意伙伴是朋友介绍的，让我们帮他做一些解决方案并且提一些相关的建议，所以谈生意之前就会有一些沟通。还有一些就是对方需要我们帮他做业务，直接找到我们，我们就按照他们的相关要求，做一个设计和一些相关的产品。总的来说我还是比较注重感情交流这一点。

问：面对不同的谈判对象应该需要不同的谈判策略吧？针对这一点你们会做哪些方面的调查呢？

答：肯定会对同行进行一些调查，因为大家买东西一般都会货比三家，所以我们卖东西也会多加比较，根据客户的要求，对同行业的价格和标准做一些考量。此外，我们还在很多方面都会做一些比较，做出一个最优化的方案给甲方。

问：在具体的谈判之前，您会制定一个谈判目标吗？比如，应该会有一个产品的最低价和最高价的谈判目标吧？

答：嗯，这个会有。因为每个项目的工作量都不一样，所以我们会在跟甲方沟通了以后，回去仔细研究一下，计算出合适的价格。在具体谈判时，还会适当地给甲方做一些价格方面的调整。

问：在谈判团队的选择上您一般有怎样的安排？

答：我们一般都是两三个人，主要是一个副总、一个技术总监，技术总监主要

商务谈判 实战案例和经验解析

是负责技术方面的支持。

问：在这样的团队中，人员选择和成员分工有什么讲究吗？

答：我们是这样子的，副总主要是做一些价格方面的拟定。技术方面，由于我们需要按照客户的不同要求来做一些动画，这方面技术总监就比较了解了。技术总监知道这项业务的工作量有多少、大概要制作多久、制作的难易程度等。副总在与技术总监沟通后，就可以估算报价了。

问：在您的谈判经历中有没有什么特别的感触？比如"大家都很精明"或"真诚十分重要"一类？

答：对。真诚的确是比较重要的，我这么多年做项目，主要都是以交朋友为主，我们不只为做一两笔的生意。一是每年都会有新的产品，二是朋友的朋友也是可以做生意的。我们不可能把价格弄得很高，我们也只是想把自己最优质量的产品和最好的服务带给客户，让客户感觉到我们的东西又好、价格又合适，这样他满意我也满意，达成了双赢，双方就成为朋友了。

问：现在谈下一个问题，当对方接受了您的产品，在谈价格、成本、细节之前，您会直接讲明你们的开价吗？

答：一般不会，我们都会回去仔细地斟酌，讨论之后再做决定，最后再给甲方回一个电话，给出明确的价格。

问：如果觉得对方给的价格太低，有没有什么谈判策略能够更有说服力地给出自己的开价？

答：如果对方给的价低，一般我们还是尽量去贴合他的价位，把工作时间和工作量做压缩，这是一种方式。还有一种方式就是直接拒绝。如果我们也确实想把东西做好，但是对方给的价格确实不能满足我们整个团队，那我们就只能拒绝。

问：在谈判的时候您会选择什么样的谈判策略来突出自己公司动画产品的竞争优势，从而得到更好的开价呢？

答：刚刚我也说到了，我们公司主要的优势在于卡通形象的产权方面。我们公司在2008、2009年都参加了杭州国际动漫展，还有在2009年的时候跟上海签约了一个合作项目。我们设计出来的一些卡通形象被一家大型的传媒企业看中了，所以从这点看我们很有说服力了。此外我们还有一些如房地产演示的成功项目，再加上我们新加坡团队技术方面的优势以及实战经验的积累，我们在谈判的时候有很大的优势。谈判时我们也会拿出原先做的一些案例，比如我们给探索频道做的栏目包装，还有其他电视台的栏目包装。这些都是有技术含量的东西，甲方看到我们原先参与的一些项目，他就能预先看到他这些东西呈现出来大概是个什么样子了，就会比较放心。这就是我们的优势，也是我们不愿意把价格放低的原因。

问：谈判中有没有碰到过僵局？您一般是如何处理的？能否举个例子？

答：一般没有，一般双方都会友好协商的。因为我们一直有别的项目在做，时间上拖得起。如果对方在制作途中还需要增加要求，我们也尽量满足，但时间上要延长。

问：如果在这个基础上面，你们关于价格的问题还是不能达到一致，你们会不会采取现在常见的送一些赠品礼物之类的促销方式？

答：不会。因为我们开始谈判的时候都是蛮真诚的，也就不需要这样了。

问：我觉得像动画产品这样的文化产业非常特殊，那么在具体的谈判过程中有没有跟普通的买车买房谈判不相同的方面呢？

答：我们先会拿出类似的东西展现给对方看，让对方知道他想要的东西做出来大概什么效果。

问：有没有哪一次谈判经历是您觉得非常顺利舒心的，可以讲给我们听听吗？

答：2010年的时候谈过一些生意，对方的老总跟我年纪相仿，我们一见如故，但我们之前并没有怎么沟通。我们也是通过朋友认识的。在第一次开始谈的时候就志趣相投，就是那种一拍即合的感觉。我们一起做了10多个项目，包括宣传片、三维立体演示之类的。在他们2011年的年会还有上海的展览上，他们让我们去做一些会展的视频等等。

问：这一次愉快的项目您有什么体会呢？

答：其实有时候做项目真的是需要缘分。如果我跟那个朋友不是有很一见如故的感觉，那么这个项目就与我们失之交臂了。所以我认为是缘分第一。既然有缘，那么我们就尽可能地把一些想法好好地进行沟通。毕竟我们都还算是年轻人，好好地沟通，做出让大家满意的东西，那也可以多交到一些朋友。

问：能不能给我们讲讲您印象深刻的一次特别艰难的谈判经历？

答：有过。在2008年公司创业初期的时候，我们做了一个××高尔夫的项目。这个项目到现在也没弄好。高尔夫有18个球洞，我们要对每个球洞做一个动画展示，让大家更好地了解每个球洞的难易程度。这个项目是我们的一个副总接的，他没有交接好工作，所以到后面我再参与这个项目就觉得很难了。这个项目是公司创立以来比较难堪的一个项目了，至今都没解决，甲乙双方沟通得很不愉快。其实双方都有做出让步，但是或许对方不需要我们再做些什么了，而我们也不会再对他们有售后的修改了。

问：对于这一次谈判您有什么感悟呢？

答：首先人很重要。那个老板不是本地人，年纪也比较大，沟通起来不怎么方便。并不是说我跟年纪大的沟通起来比较吃力，主要是他的思维跟我们不太一样。我们也承认，我们之前没有沟通好。之后他也总是说一些推卸责任的话，比如他是刚调任过来的一个老总，对这些情况不是很熟悉。不过有些东西在项目上很难说清楚。

问：您倾向于一个人出面谈判还是团队作战？

答：我一个人。因为我对于价格和流程方面还是比较懂的。如果是别人去谈判，我建议他们两三个人一起出去。

问：谈判的过程中会用到哪些技巧，比如说激将法、声东击西、唱红白脸之类的？

商务谈判 实战案例和经验解析

答：除非是一些艰难的项目（像刚才那个，我们几乎把所有的谈判技巧都用上了），一般的项目使用技巧不会太多，但技巧有些时候确实是有用的。有时候就是一个人说"好好好"，另一个人很有情绪地说"怎么怎么样"，这些也是有必要的，但最好用的还是以诚待人。

问：价格谈不拢，起身走人以暗示对方降低底线这一策略你们有用吗？

答：没有的。一般犹豫不决的话，我需要对价格做一个精确的计算。那么我离开之前还是会对甲方做一个告别。我会说，我先回去好好地思考一下，然后再回复你们。

问：基于您如此丰富的谈判经历，您觉得商务谈判知识在现实中的运用有哪些是需要结合实际加以改进的呢？

答：因为我本身学习的专业是景观设计，大学里没接触过商务谈判的一些理论知识。实践中我也会面临一些问题，比如向对方阐述为什么我这样设计，怎么样才能说服对方接受我的设计，这也需要一些类似于谈判的知识。所以商务谈判的技巧都是实践出来的。通过实践，我们会慢慢地学到商务谈判的技巧，能在不同的情况下随机应变地使用技巧。

问：能给我们介绍一个具体的案例，说说它的谈判流程么？

答：我就说一个几年前的事情吧。当时双方主题都很明确，甲方是要求 10 条广告动画，包括感恩片，还有企业宣传片等。我们前期工作做得很好的，首先就把脚本方案做得很好，给对方看了之后，我们再根据对方的意见进行修改。但是我们在合同上有写明白，最多接受三次意见，最多修改三次。如果超过了，就要重新收取费用。在谈判过程中，我们的报价也是双方都可以接受的，价格定得很合理。这次工作也做得蛮好的，双方都比较满意，项目进行得就比较好了。

问：好的，非常感谢您能在百忙之中接受我们这一次的访谈。

谈判经验解析

在对姚总的访谈过程中，我们不仅了解到了动画制作流程和销售的基本知识，还学习到很多商务谈判的实践知识。动画产品作为一个新兴、无形的服务产品，其商务谈判与我们生活中的买车买房谈判或企业经营的有形货物买卖谈判都有着很大的不同。特别是，我们体会到一次成功的谈判需要具备以下几点：第一，充分的准备很重要。姚总提到在谈判前会设想许多对方可能提出的不合理要求，以便可以及时提出对策。第二，真诚在长期合作中很重要。姚总在谈话中反复提到了真诚，让别人看到了我方的诚意，这样谈判的过程就会很顺利，同时也可以使双方的合作更长久。第三，有自己的朋友圈也是促使谈判成功的重要条件。实际谈判中，我们可以先交朋友再谈生意，先适当进行一些情感交流，谈判会更容易成功。

启发思考题目

1. 商务谈判中可能用到的谈判技巧有哪些？
2. 以某一个谈判技巧（如红脸白脸、声东击西等）为例，该谈判技巧如何有效使用？
3. 在谈判中如何发挥朋友圈的作用？

（访谈及资料整理：张凯、赵匡匡、罗婷、陈思莉、陈之玮、王建明）

第 2 篇

对总经理、CEO 的深度访谈

2.1 "不应该过早地涉及敏感问题"
——对机器制造公司总经理的深度访谈

访谈情况概要

受访人：W×。
个人简介：男，Z省××机器制造股份有限公司总经理，高级经济师，××大学毕业，全国第一批MBA，曾于××大学任教三年，后经商。
访谈时间：2013年5月10日。
访谈形式：面对面访谈。
访谈地点：公司会议室。

访谈内容记录

问：W总，很不好意思打扰您宝贵的时间。您可不可以和我们谈一下在日常工作和经营公司的过程当中，您觉得谈判需要注意的一些要点和技巧？

答：其实在谈判中价格并不是最主要的。第一个要素是你能不能了解对方的需求。第二个要素是要了解你的竞争环境，即多少人和你竞争。在商业上，这是最重要的两点。第三个要素就是谈判过程中的技巧。技巧里面又包括了与价格和产品本身无关的一些要素，比如说文化、友情和他的一些兴趣点。如果你能把这些都结合好，你在谈判时就会获得不错的加分。谈判中要注意的主要就是这三个要素。就和你们买衣服是一样的，你的需求是什么，对方又有多少产品提供给你来选择，这是一个。除此之外，服务的环境，对你来说就是非产品本身的因素，比如说他对你的热情，他和你交流过程中他的思想观念，包括一些文化背景对你的影响。如果你和他聊得来，可能你也会买这件衣服。这些同样促成了你买这件衣服这件事情。

问：有些谈判涉及投标，您应该也会和投标方进行一系列的协商吧？应该会在价格的问题上谈一下？

答：就投标而言，国内有两个基本的模式。第一种，像建筑招标一样，价格和招标文件是直接一次性定位的。其实在很多企业里这种公开招标的模式是比较少的。在商业行为里，更多的是议标价，就是在双方沟通的过程中来对价格进行最后的确定。我们公司30%的订单是通过公开招标拿下的，70%的订单是通过议标价拿下的，就是相互协商，其实就是非招标模式。越是大的企业，招标模式就越多，特别是政府工程，标定得比较大，需要招标。像国内我们这个机器生产行业，严格意义上来说，招标都没有那么正规。招标是基础，在招标的过程中又议标，基本上是这个模式。并不是说竞标成功了，这个价格就不变了，大部分都是招标价作为基准价，再进行议标，这其中就需要协商。

问：你们在招标完以后，一定会有一个大致的价格区间，那么你们又是怎么控制价格的呢？

答：对于这个，我个人觉得有这么几个要素是很重要的。第一个是标底文件，越是规范的公司，合同的标底一般会做得越详细。有没有很好地回答一些问题、响应对方提出的一些要求，是不是准确严格，这些是很重要的。越小的公司越不注意这些。越大的公司，比如我们公司和一些上市公司，特别是有海外背景的，对标底文件做得好不好、规不规范很看重。第二个方面，就是你问到的，不管标底是什么，总有一个价格，价格是最难确定的，但并不是唯一的要素。支撑着你品牌的要素有三个：一是你的品牌，二是你的质量性能，三是你的市场定位。所以说，标底价格问题实际上主要是性价比的问题。那你能不能把这个关键抓得最清楚，我个人觉得并不是这个产品本身可以卖多少价格，而是你竞争对手的策略，你判断得准不准。另外就是有没有什么辅助条件来帮助你。中标最容易的是什么，就是自己产品独特的性能，这是其他公司不具备的。对于公司而言，单靠价格竞争是最不好的一种方式。

问：也就是说，价格只是一个比较小的影响因素，反而是其他方面会有比较大的作用。在中国，其实有很多人很注重情面，关于这个方面，是不是也要做比较多的准备？

答：理论上来说，情面、情感因素肯定是加分要素。而在和西方的一些公司谈判的时候，这些情感的因素并不重要。重要的是：第一，你尊不尊重它的文化。第二，你公司的背景和他们公司的价值观是不是一致。举个最简单的例子：有一个公司发出标牌，三家公司去竞标。其中一家公司标头文件非常准确，它在第一天就把所有的文件都做好了。另外两家公司呢三天做的资料还没那家公司一天做得好，这样我们就可以看到第一家公司在管理体制上的优势，就会更加信任它，可能就是它获得这个标了。第三，在交流过程中，并不是一直围绕着商品本身在谈，在交流过程中你有没有让人感受到你的亲和感很重要。就好像我们讲的"物以类聚"，彼此要能找到一个共同的认知点。比如说我和你们交流的时候，你们会觉得我们有共同的学习背景，有共同的地域背景。谈判中可以增加一些对方感兴趣的话题，这些都是加分因素。所以我们常常讲的人情，我个人认为90%是非理性的。

问：在谈判当中主要有什么技巧和策略，能让这一次的谈判成功呢？

答：谈判的技巧在每一次谈判和交流中肯定会使用。比如说谈价格，作为双方来讲，卖家总想把价格提高一个档次，卖到最高；买家总想把价格压到最低，这是必然的。在谈判的过程中，谈判的艺术是很重要的，这个会涉及很多要素。比如组员之间的相互配合，比如组长不要轻易出价。要谈得好就不应该过早地涉及敏感的问题，应该先介绍公司的技术、背景、文化，再通过与对方的交流提升彼此的情感，最后谈价格。当然，如果在这中间碰到冲突，会有白脸红脸这个技巧：有的人就会坚决不同意，有的人又表示可以商量。

我们买设备的时候和日本人谈，日本人尊重强者，包括德国人也是一样。你如果一味地想巴结他，告诉他你有多少价格优惠啊，他对你反而没有好印象，反而不相信你。他会觉得你还有很大的利润空间，即使你让他相信你给了他价格优惠，他也会认为你的产品品质没办法保证。我们也确实碰到过这样的案子，谈到一定程度，放出我们的底价过后，我们就不谈了，采取策略说这个生意我们不做了。当然这个基础是要判断好当时的谈判走势，当你的产品对对方还是有比较大吸引力的时候，他还会回来找你谈，把他的要求降低。这就是一个心理战。其实都一样的，就好像你去买衣服，他如果觉得你想买这个衣服，他可能会自己压一压价；但是如果你提出的价格超出了他的底线，他觉得你不想买，他就不想为你服务了。所以底线的把握准确与否，这是核心。

问： 不同文化背景的人，他们的一些观念想法都是不一样的。就如您刚才提到的日本人可能就与中国人不一样，所以说谈判策略方面，针对不同群体也是不一样的吧？

答： 对，不一样的。比如说现在你要和一个团队去谈判，你最好要能够清楚对方团队有哪些人参加谈判，他们的文化背景是什么，他们的喜好是什么。另外，他可能不是第一次买这种产品，那么你要去了解他之前买过什么样的产品，又是以多少的价格购入的。如果这些信息你能了解得到，那对你的谈判是非常有利的。比如说我们去买一部手机，它的市场价格是公开的。那如果买的是杯子，它的市场价格差别是很大的，所以你要知道什么样的价格你可以接受，我们是不是可以从你以前买过的那些杯子的价格大致推断。买机器也是一样的，我们如果可以了解到他以前购买的机器的性能以及价格，那么就可以更有底气地把自己的价格报给对方。另外，谈到敏感点的时候，如果谈不下去了，中国也好，外国也好，这时候都喜欢通过吃饭来缓和气氛，再重新开始谈。比如我们公司，我们不介绍我们的价格和产品性能，我们就介绍我们公司未来发展的一些趋势，讲我们过去的历史，讲客户对我们产品的评价，以及我们盈利的状况，我们用这些照样可以去吸引客户。比如我们的一个客户，自从买了我们的一台机器，通过几年的发展，他的规模变得多大，他通过我们的机器做出来的产品是多么好、多么畅销。你告诉他的实际案例越多，给你的谈判加分就越多。当然，如果你能举例证明你的产品在市场里面的分布量也是非常好的。比如说我这一种产品在全国有多少厂家正在使用它，有多少比例的市场份额。我就和他谈我的市场占有率，我不和他谈价格。这些都可以辅助我来吸引他关注我的产品，相信我的产品是好的。如果双方交谈的内容始终停留在价格上，这样会把气氛弄僵甚至伤感情。比如说他提出 10 元，我提出一定要 12 元，有的老板很有自己的个性，觉得面子上过不去，容易把谈判谈崩。这时候就需要先避开价格这个问题。还有一种就是在刚开始谈判的时候，最后的决策者不出面，以"向决策者汇报"作为一个缓冲。谈判上最忌讳的是敌对情绪,千万不能把人与人之间的感情变成彼此的愤怒,在情绪上要通过其他方法来调节。

问:比如说对方先报价,在没有谈之前,您要分析那个价格,是不是要先让技术人员确定价格,销售人员再制定策划方案,两方人员确定之后再给领导过目,然后再去谈判?

答:我们对不同公司采取不同的报价方案。比如说工程类的一般都会先报价,把预算价格给对方。像我们这种设备类产品有一个基准价,是非常容易了解到的。大部分情况是在这个基础上给一定的优惠,买家一般不先报价,都要求卖方先报价。

问:这样是不是主动权都掌握在客户自己的手里?

答:对,他通过招标掌握了四五家的信息,可以拿A家的价格压B家的。甚至很多时候他们会通过一个虚假信息来告诉你,来压低你的心理价位。

问:在谈判中,您是否会十分重视长期的利益?

答:像我们做设备的,维修服务是首先要做好的。因为不管价格高不高,如果维修不好、零部件不好,那么以后这个产品出了故障就很难恢复使用。其次就是公司的信誉。

问:和外国人谈生意有什么不同吗?

答:与国外公司谈判时的情况大致分三类:第一是大公司,注重长期服务与品质,不会只强调价格,其员工都是穿西装打领带,很正式;第二是中型公司,关注点介于价格和长期服务品质之间;第三是小公司,讲究情感和价格。不同国家公司的不同之处在于:有的西方国家的公司最核心的要求是要能证明产品是独特的、有技术保证的,不太注重价格,品质是第一位的;而有的亚洲、中东的公司最注重的是价格。

问:如果谈判的时候,买方的给价实在太低,卖方可不可以在价格上吃点亏但在其他方面要求补偿呢?

答:假如说你是谈判高手,有的时候你赚了别人的钱,他还会把你当朋友,还非常感谢你。如果你是一个业务不熟练的人,就算你给了他优惠,他还觉得你不好。一般谈判里面会规避最敏感的问题。谈判时最核心的是让对方感到性价比最合理,把价格这种敏感的因素放在后面或者情绪最好的时候谈最容易得到对方的认同。

问:相信谈判了这么多次,您的谈判经历也肯定是有成有败的,那能谈一下有什么失败的经历吗?

答:有的谈判谈了三次五次都谈不成,这是由于谈判时抓的点不对。这可能有这么几种情况:第一是对方特别在意价格,但是我们公司的底价就摆在那,我们不肯再让步;第二是私人关系,比如有人要回扣而我们满足不了其要求。第三是最痛心的,是我方资料准备的不对,回答问题不规范,不灵活。第四是态度问题,比如说客人已经到了,业务员和技术人员没到,他就会感觉我们不重视他,不尊重他。我们有一个案例是他们老板到我们厂的时候是下午4点半,刚好是我们的下班时间,我们就没接待他,请他第二天来;第二天来我们又没陪他吃饭,他就觉得我们不重视他。

作为谈判人员应具备的素质：第一个是尊重对方，不管我对对方了解得多深入，尊重对方是第一位的；第二个是能向对方展示公司的优势，从公司到产品都要讲清楚；第三个是在合理保护自己公司利益的同时，让对方感觉到我们已经尽了最大的努力为他服务；第四个是谈判人员的文化素质、个人修养、专业技能，以及待人接物的细节处理。像大学生与发达国家的大客户谈判比较容易，大学生的知识文化素质相对好，在修养礼节上会做得更好一些。比如说，和巴西的客户谈，可以跟他谈足球，谈共同感兴趣的东西，对方就容易和我们建立感情，建立信任关系。

说得好的人，业务不一定做得好。原来我们一直认为销售人员要口若悬河，要把死的说成活的。现在很多地方反过来，就是要看上去诚实忠厚、可信度高的员工去谈判，他们更容易做成生意。针对不同客户的心理，我们也要采取不同的方法。比如说有的厂长是技术派的，你老给他讲商务，和他海阔天空地瞎扯，他会觉得你这个人不实在，他觉得你说的都是虚的。但如果你能在某一个技术上和他交流效果就很好。比如我见过好几个厂长，他们谈商务的时候没几句话，但是你如果和他谈技术，他就滔滔不绝。如果这块你们能找到共同点，那很可能价格就不是主要问题了。

问：您认为我们大学生以后应该往哪个方向发展，会更适合市场需求呢？

答：我自己觉得，用一句话来说主要有三个层面：第一个是知识背景，你能不能对各方面背景有一个了解；第二个是专业技能，为什么同样是大学生，一些考分高的能力却比不过考分低的，那是因为对专业性知识掌握的深度还不够，再者是持续性学习比较少，工作以后不读书了，会导致知识的更新这方面做得比较差，所以整个知识面是底蕴，而专业技能是核心，不管做什么事情、卖什么东西，都要体现出足够的专业性，越专业越好；第三个才是商务谈判技巧。所以，第一个是基础，第二个是核心，谈判技巧是辅助。你们在学校主要学的是技巧。谈判技巧一般决定你去参加谈判的时候带什么资料，谈判开始时是从简单的问题切入还是从难点入手，谈判中途遇到僵局时是快速妥协还是慢慢地磨。而前两个要素只有你到了实际的工作岗位才能有深入的了解。

其实从谈判的礼节上来看：第一个是不要打断对方，这个很重要；第二个是不要跑偏主题，我们有很多业务员是这样的，谈到其他事情他积极性很高，说得口若悬河，但是谈到实质意见的时候，他就没话说了；第三个是团队的配合很重要，两个人搭档，当一个人和对方意见出现矛盾或者说关系有点紧张的时候，另外一个人能不能把气氛缓和回来，或者说一个人跑偏题了，另一个人能不能把他的话题拉回来，这个配合是很重要的；第四个是一些小礼品、礼节的问题，比如说，中国人也好，外国人也好，送礼物要想想是先送好还是后送好？

问：先送还是后送呢？

答：这个都是有讲究的。比如说，你和西方人打交道，西方人送的礼物不大，价格都不高，从心理学上讲，应该是先送。因为后送的话，这个事情如果已经谈定了，你成功了，没问题，作为一个感谢。但是当你想获取成功的时候，你的礼品应该先出手，如果说谈得不愉快，都已经谈崩了，那这个结果也没达成你的目标，你再送礼，已经对你这个事情没帮助了。但你刚见面的时候给对方一些小小的礼品，那很可能对方在心理上就对你有一种亲近感。西方国家近来举行的一些会谈，在会谈正式启动以前，他的小礼品就出手了，这是在传达我对你是很尊重的意思。但是成功了，事后大家庆祝一下，那又是另外一回事了。所以送礼品也很有讲究。

有时礼品还包括资料，比方说你送的那家企业，其员工是讲英文的，一般的小公司送中文资料，那你资料送得再好，他如果不懂这个语言也毫无意义，那你这时就该解决好翻译的问题。还有就是亲和感。我们有俄罗斯的客人，如果同时有俄语翻译师和英语翻译师，那肯定选择俄语翻译师。一方面使用英语翻译师会使语言准确性降低，另一方面对方与你的亲和感会下降。另外其他一些小细节，比如送茶水，我们国内是一直上茶，而我们和日本人谈判的时候，他的秘书进来送茶，时间准，就是每隔半小时进来一次。

还有一个就是谈判的过程中制造一些心理压力给对方，这个也是常常有的。比方说谈着谈着他的秘书进来说今天还有两拨客户进来，也有可能他假装很多事要忙，谈判中途出去一会儿，尤其在谈判不容易拿下的时候，通过一些虚假动作给对方造成一定的心理压力也是要有的。另外，比方说你可以告诉他，有大客户来了，有政府人员来了，都可以给对方增加一些背景的压力。但是如果做过头了，对方会觉得你没有礼貌，所以需要把握一个度。除此之外，还有很多可以探讨的，所以就是要有悟性。

问：现在的大学生专业知识我觉得应该都可以，您希望他们平时能在哪些方面做改进？

答：在我个人来看，大学生最大的问题还是服务意识。现在像你们这一代的孩子，家庭背景都比较好，许多孩子都不是为生存而工作，而是为兴趣工作。我们这一代人，或者说更早的一代人，工作确实是很重要，可以说是为生存而工作的。其次是专业知识。现在学校的课程设置，基础知识的教育我觉得浅了，大学生的专业知识面还都比较窄。最后是现在的大学生心态上总让人觉得有点高不成低不就。从我们厂的实际情况来看，我们喜欢用大专生，就是放在车间里生产他也心态很好，但是大学生在这个环节总觉得好像很傲气。我们大学生去车间实习差不多要一年，不管你是做哪种岗位，做销售也好，做管理也好，很多人做三个月他觉得什么都懂了，他什么都学好了，不再要求自己更深入地了解这个产品，真正地去把这项业务弄好，就是他心态很浮躁。而且现在大学生还有这么一种观点：比谁更能偷懒。我们有一句话叫"吃亏就是占便宜"，不管到哪个单位，只要你踏踏实实干，总有一天你会得到领导和同事的认同。但是你老是去耍小聪明，你肚里又没货，你的基础其实是不扎实的。真的要你派上用场的时候，你又没机会了。

我们讲，踏踏实实干同时要不放过机会，应该是大学生该做的。我也批评我们的大学生，包括我们技术中心和销售部的员工不会抓住机会，没有把优势、才能表现出来。现在大学生也不大注重这些，就知道蒙着头干，干到后来……像我们公司人少还好，大公司、大集团，领导看都看不到你。所以你只要有机会就要把你的才能展示出来。比如说主动地写一点报告，这个报告和你没关系也不要紧，你就做下去。也许有一个领导喜欢看你的报告，那你可能就从一堆大学生里跳出来了。你如果认为，"反正领导没说，那我也不做"，那你就丧失掉了机会。所以我觉得第一要踏踏实实做，第二就是要抓住机会。凡是有领导来，你吃亏也好不吃亏也好，你就想你能做些什么。比方说有三个大学生来，三个都蒙头做，如果有一个人给领导写的东西领导觉得确实比较好，那可能这个小组长就是他了，那他机会就多了，越锻炼以后就越来越好。

访谈心得感悟

通过这次深度访谈，我们深深地被 W 总的个人魅力所折服，他侃侃而谈的良言让我们受用终身。从与 W 总的对话里，我们学会了如何将书本知识和实践很好地结合，也更深刻地理解了书本里的内容。W 总还教给我们平时为人处世、待人接物时应该时时刻刻注意的要点。作为一个阅历丰富的商人，W 总对大学生提出的意见和建议也让我们受益匪浅。特别是，通过 W 总对各种真实谈判案例的生动分析，我们更深刻地理解了商务谈判的相关理论知识。我们明白了商务谈判需要的不仅仅是技巧这么简单，更重要的是谈判前期的准备工作，对谈判环境的深度剖析，对谈判对手的全面了解，对谈判心理的有效把控等。此外，W 总精辟地指出，知识背景是商务谈判成功的基础，专业技能是商务谈判成功的核心，技巧则仅仅是商务谈判成功的辅助。这也极大地启发了我们。

启发思考题目

1. 原来我们认为销售人员要口若悬河，现在很多地方反过来，就是要看上去诚实忠厚、可信度高的员工去谈判，他们更容易做成生意。你是否认同这句话？为什么？

2. 谈判人员遴选和组织构成的基本原则是什么？公司如何遴选谈判人员和组织谈判团队以应对一次大型的商务谈判？

3. 有的谈判谈了三次五次都谈不成，这是由于谈判时抓的点不对。你如何理解这句话？

（访谈及资料整理：王逸雯、周吉涛、陈湘媛、施丽君、王建明）

2.2 "换另一个人与他进一步接洽"
——对科技公司总经理的深度访谈

访谈情况概要

受访人：周学彪。

个人简介：男，25岁，温州纵辰科技有限公司总经理，主要负责公司的战略把控和营销两方面工作。

公司背景：温州纵辰科技有限公司致力于移动互联网平台的研发、设计、推广、维护与销售，针对各行业客户的要求，提供整体解决方案。公司以社会化媒体平台为载体，以自主研发的系统应用及相关内容为主体，打造先进的移动互联网平台，为营销、公关、房产、展会、物业、银行、汽车、教育、医疗、商超零售、本地服务等行业提供服务。

访谈时间：2013年11月22日。

访谈形式：网络访谈。

访谈内容记录

问：您好，周先生！作为公司的总经理，您认为谈判技能对您的工作重要吗？

答：嗯，挺重要的。因为我们公司现在主要做渠道销售，商务谈判占了很大的比重。

问：在您参与的众多商务谈判中，可以举几个您认为比较成功或者给您留下深刻印象的谈判经历的例子吗？

答：我个人认为比较成功、印象比较深刻的倒不是这份工作。之前我在快捷酒店做的一个项目，在嘉兴谈一幢大楼的收购，我还印象挺深的。整幢大楼高七层，整个建筑面积应该有两万多平方米，整体的价格当时最开始报价是×千×百万元左右，报价水分很大，后来通过砍价，经过三场谈判下来降了很多。这次印象应该是蛮深的，主要是因为涉及金额比较大。

问：这确实是一次成功的商务谈判了。请问一下，您在这次谈判之前，主要做了哪些准备呢？

答：第一个就是调查当地的房地产市场，以及周边的商业环境调查、成本分析，包括对谈判对手的商业调查、对竞争对手的商业调查。因为当时不只是我们想拿那幢楼，还有几个主流的快捷酒店，比如说汉庭、如家、布丁、7天，还有泡泡连锁。

当时我们都应该是在抢那个资源吧,所以对竞争对手的调查花了很长时间,还有整个场地的安排以及谈判筹码的准备。

问:这次谈判是您一个人去谈还是有一个团队呢?

答:应该来讲一般谈判很少一个人的,因为商务谈判涉及很多方面,比如说心理学。即使是让我一个人去谈,对方也不会和我谈,这很容易让整个谈判进行不下去。如果我一个人,对方好几个人,因为我不是诸葛亮,不能去舌战群儒,我肯定会带有保护意识地去谈判,这样在整个谈判场上不是很有利,所以一般是有三到五人形成一个谈判小组,这样去谈会好点。再说了,商务谈判也会涉及很多环节,不仅仅是商务环节,还有财务、风险管控等各个模块,所以一个人一般无法进行一场完整的谈判。

问:关于这次谈判,请问您对人员的安排是怎样的呢?

答:当时整个项目都是关于酒店行业的谈判,主谈的是我,因为当时我是负责整个浙江地区的区域经理。邀请了一个工程部的人,因为整个酒店包括后期的改造、整个架构,这方面工程部比较专业一点。还有一个财务部的人,财务部主要是做资金审计以及风险管控。我针对营销(包括整个房产的后期规划、获得的利润、给双方带来的利益对比)去谈,工程这块就按照整个工程模块,让工程部去挑整个建筑的缺点,然后杀价,财务人员负责把关,大概就是这样子。

问:这场谈判,你们采取的是什么策略?

答:我们当时谈判相对不是特别复杂。因为我们的主要竞争对手(比如如家、汉庭、7天),在公司体量和规模上比我们大得多,我们用的方法就好像田忌赛马的策略:下对上、上对中、中对下。这样我们稍微占优势,三局两胜。

问:对于这场谈判,对于像7天这样的对手,你们主要做了哪些方面的调查?

答:调查基本就是比较常规的商业调查。比如说它们的市场规模、载体,它们的客单价以及它们的前期战略意图,包括房价各个方面,都会做些调查。因为两万多平方米会有点大,一般拿过来不会全部做酒店,肯定会做些其他的商业投资。所以我们更倾向于往后期商业投资的方面去引导,因为有些业主不管是买还是租,会对周边的环境有些要求。也就是说对后期经营的整个模块、思维,我们各自公司的体量,以及过去的案例(比如汉庭、如家过去收购的案例和我们的案例做一个整体的对比),我们都进行了分析。

问:请问您对谈判地点是怎样安排的?

答:谈判地点一般会安排在酒店VIP包厢。其实谈判也不一定都很正式,但不会在桌子上喝酒,因为觥筹交错之间,一些东西可能会被误导。我们有时也会在茶室、咖啡厅,但一般是会在一家酒店找个包厢喝茶聊,这样整个气氛会好把控一点,而且环境也会稍微安静一点。

问:在本次成功的谈判中,您认为你们运用了哪些好的谈判技巧?能否详细举几个例子?这些技巧或许是您本次谈判获胜的关键。

答:其实太过于详细的技巧不是特别好列举,大部分情况是讲数据,用数据说

第 2 篇
对总经理、CEO的深度访谈

话。因为谈判首先是先让对方认同我谈判人员个人，其次是形成共识，最后是大家拼数据、拼报价。要说特别的策略，我觉得当我们公司的整个体量和对手无法抗衡的时候，我们尝试使用田忌赛马的策略，这是谈判时比较常见的一个策略。没有特别详细的策略，因为说得太过详细有可能违反一些保密条约，在实际的商战当中会有一些商业保密协议的。

问：在谈判当中，您是怎样处理讨价还价的？

答：讨价还价在每次商务谈判当中肯定都会有的，包括本次我们做整体的公司估值，也就是股权交换。议价这块其实是最难估算的，如果是简单的商业收购，基本上会有一个标准的估值模型，没有议价。讨价还价中有一个效应叫作"登门槛效应"，也就是说我们会先找到他们心里的大概价位，然后一步一步地往下拉，你们可以搜索一下"登门槛效应"，会找到许多详细的介绍。在议价这块，比如说我们融资或者说股权投资，主要是根据整个市场的规模数据，以及前期的投入数据，也就是通过一些数据去解释自己为什么议价要议这么多，然后从各个方面去尝试议价。

问：通过您所说的，在谈判中您主要是用数据展示您公司的实力是吧？

答：对，通过第三方数据第一是展示实力，第二是会有稍微公正一点的数据对比，这样大家都有借鉴，谈判会变得简单一点。因为其实谈判最害怕的是陷入一个胶着阶段，害怕他们不让价，我也不肯提高价格，这样谈判将会无法进行，所以我们一般会借鉴第三方数据。当然如果是大的收购案或者兼并案，我们会通过第三方咨询公司或者第三方数据公司提供些标准数据，我们根据数据来谈。

问：假如某一天您的谈判遇到僵局，请问您将会怎样处理？

答：我会比较直接，像他们说的我稍微有点年轻嘛，遇到僵局的大部分情况下我会直接亮底牌。因为谈判其实是要氛围的，如果真的太过于僵，那就直接亮底牌，表示出我确实应该有的诚意，然后我会解释清楚，比如议价，为什么、议多少，让价，为什么、让多少。基本这种地步能成就成，不成也拉倒了。因为商业不可能是百分之百成功的，很多项目有运气成分在里面。如果我谈判时真遇到僵局这种情况，可能借用第三方数据，也可能会有临阵换将的情况。就是说，换另一个人与他进一步接洽，或者说上报到公司的高层（一个唱红脸一个唱白脸）。

问：列举几种典型的谈判对手，可以吗？

答：谈判对手，我认为无非分为几种，第一种是像我这样年轻气盛的，对于很多事情行就行，不行就不行，就是稍微会直接一点；还有一种就几乎相反。我们前期在承接一些政府项目的时候，有遇到一些单位的领导，他们就会打太极，也就是他们不会把话说得太直接，什么事情都留一点余地。这一块，找到他们真正担心的或者感兴趣的，还是可以继续下去的。最害怕的是那种表面上什么都应承，但实际上什么都反对你、表里不一的那种谈判对手，会稍微难对付一点。好比我们去年跟一个项目跟了三四个月，就是遇到这种谈判对手，他也愿意谈，但一直拖延，这种就挺麻烦。

问：请问您比较喜欢的是哪种类型的谈判对手呢？

商务谈判 实战案例和经验解析

答：稍微直接一点的。我们都是做互联网的，很多东西第三方数据拉下来，要亏也亏不了多少，要赚也赚不了多少。所以大家心里都有一个底价，找到一个平衡点，能成交就成交，不能成交也不用去浪费太多时间。

问：在您以往的谈判当中，请问有没有失败的经历？

答：肯定有的，比如前不久我们和一家家具市场谈整体的战略合作，后来整体项目流产了。简单地分析一下原因：第一，他们对整个移动互联网的认知不是特别全面，因为他们毕竟是传统企业；第二，整个项目的报价上可能有许多偏差。失败肯定会有的，原因也是多方面的。

问：您认为谈判成功的关键是什么呢？

答：这个不好说，因为每个项目都有每个项目的关键点，比如说个人魅力也可能会是关键点，但更多是价格。还有一些，比如说是项目远景等，这些都可能有关键的作用。无法一概而论哪种是关键的，具体项目要具体分析。

问：作为谈判人员，应该具有哪些素质？

答：谈判人员，第一是知识涉猎面要广一点，因为在谈判过程当中可能不仅仅是基于项目本身去洽谈，可能会基于项目的远景、财务等各个方面、各个维度去谈，所以谈判人员知识面稍微要宽广一点。另外，如果我们单纯这样干巴巴地谈项目，谈下去可能会很难维系关系。可能会在谈判之余，我们一起吃饭的时候，需要展示一定的个人魅力，所以你需要知识面宽一点。第二是心理素质要好一点，不能过急。第三就是稍微要强势一点，这和第二点其实是相契合的，很多时候也是心理战，如果你一味地强势不起来，或是有退让的嫌疑，他们可能会杀价杀得比较厉害，或者说要求比较苛刻。

问：您认为在谈判中比较忌讳的是什么，或者说什么性格的人不适合作为谈判人员？

答：我觉得第一是比较忌讳急躁。因为有时候谈判周期很长，尤其是大的项目，就好比我之前举的一个例子，整个谈判周期下来虽然只经历了三次，但也基本就是六七个月，所以我觉得太过急躁的人不怎么适合做商务谈判。第二，个人素质也有一定的关系，当然这是可能，也不确定。

问：在学习"商务谈判"课程时，老师给我们出过一个问题，在商务谈判中有一些手段，比如制造一些干扰、噪声什么的，从您以往的谈判经验来看，这些手段在谈判中是否适合出现？

答：没有什么不适合的，就好比周鸿祎说过的一句话："只要你不伤害到你的用户。"其实商场当中不止噪声，甚至可能会有一些更过分的事情，因为人都是有弱点的，你通过第三方因素或其他东西去干扰他，其实只是为了找到他的弱点而已。在商场当中，第一，不能持有不仁之心，第二，一些该使的手段也应使出来，毕竟商场如战场。当然，在做出这些事情之前，你得要有自己的底线，比如说不要违背道德，不要违背法律。

问：谢谢您接受我们的访谈！祝您生活愉快！

答：好，谢谢！

访谈心得感悟

这次访谈真的如同醍醐灌顶，我们体会到课本知识运用到实践当中真的很难。商场如战场，稍微不慎就会被人家抢去"嘴边的肉"或者被杀得"人仰马翻"。我们把深刻的体会总结为以下几点：第一，谈判前要作充足的前期准备。所谓知己知彼，百战不殆。对方出什么招，我方应提前预料、预判，轻松扼杀他的"常规牌"，腾出手来对付他的"非常规"。第二，在谈判中难免出现争执，这是利益的较量，很正常。我们应当合理、恰当地去争取，机会是不等人的。有时在谈判中可以运用软硬兼施的政策：一方面采取高压政策，另一方面做思想工作，双管齐下。第三，谈判者自己要自信，有足够的气场。强与弱，看你是在什么地方看待罢了。第四，谈判是人和人在谈。所以在谈判前，我们要先弄清楚谈判对象的爱好，选择合适的场所，营造良好的谈判气氛，使谈判更加顺利、愉快。

启发思考题目

1. 商务谈判中是否需要探究对手的目的和底线？
2. 谈判过程中如何探究对手的目的和底线？
3. 商务谈判中比较忌讳什么？

（访谈及资料整理：吉雪萍、刘慧、苏世杰）

2.3 "引导谈判对手进入我们的主题"
——对环境治理科技公司总经理的深度访谈

访谈情况概要

受访人：蔡××。

个人简介：男，49岁，1992年毕业于××商学院，毕业后在法院工作，2003年从事房地产工作，2015年转行到环境治理行业，现任Z省××科技有限公司总经理。

商务谈判 实战案例和经验解析

公司背景：公司成立于 2015 年，是一家致力环境治理的科技公司，主要产品有农村生活污水处理监控设备（包括软、硬件）、VOC 废气治理设备、餐厨垃圾处理设备。公司拥有多项专利。

访谈时间：2019 年 5 月 25 日、5 月 27 日。

访谈形式：微信、电话访谈。

访谈内容记录

问：蔡经理您好！

答：您好！

问：感谢您抽出时间来接受我们的访谈，我们现在可以开始了吗？

答：可以，开始吧。

问：我想问一下您的工作经历。

答：我 1992 年毕业之后，在法院上了三年班，后来自己下海做生意。

问：法院？您在法院工作过呀！

答：对，我在法院工作过三年，然后出来做生意到现在。原来从事一些水产品的生意，从 2003 年开始做房地产。到了 2015 年转行到环境治理行业，一直到现在。

问：哦，那房地产现在还有做吗？

答：房地产现在还有项目，不过已经托给别人了。

问：哦，那您现在从事的工作的具体内容是什么呢？

答：我现在在一家从事环境治理的科技公司，专门做水治理、废气治理，还有垃圾处理。

问：嗯。在您的工作过程中，肯定会有很多销售谈判的经验，能不能给我们分享一次最近印象比较深刻的经历？

答：最近的一个谈判是与湖北程力专用汽车公司关于一款餐厨垃圾收集专用车的谈判。原先我们要求做 Z 省的总代理，然后对方说："只能给你按照订单来供应，不可能给你们总代理，我们公司很大"。通过谈判，我们告知对方我们这款仓储垃圾专用车的政策背景，因为 Z 省政府有环境治理的文件。然后告诉他们这款车的市场需求量，也告诉他们我们的技术实力，我们有专用的软件程序可以和这款车子结合，对方是没有这种技术的。谈判之后，对方也同意了，通过这款车我们一起来开发国内市场。

问：您觉得商务谈判技巧对您的生意来说重要吗？

答：商务谈判很重要。商务谈判等于双方情报的博弈。在这场谈判的过程中，起重要作用的因素并不仅仅是谈判者的口才、素质、公司的实力、地位，还有各自掌握的对方的重要情报，这很重要。

问：每次您参加谈判之前会做哪些准备呢？

答：比如说，我们是采购方，我举这个例子跟前面程力公司谈判一样的。我们首先要了解对方的公司背景，了解公司背景在商务谈判中起到主动性的作用。第二，要了解对方的技术能力，这样我们在谈判中就能少走弯路。如果他不具备这个能力，我们就不跟他谈，因为谈了也没用。第三，了解对方公司的产品，我需要采购的产品的主要配件，他是自己生产的还是外购的，这样就有利于我方提出售后服务的要求。第四，了解对方公司产品的价格组成，它的所有配件的价格怎么组成的。当然做生意是要盈利的，我们既要拿到最低的价格，也要给对方合理的利润。也就是说在商务谈判中知道对方产品的价格组成，有利于我们拿到价格最低的产品。

问：这就是前期具体的市场调查，对吧？

答：对。

问：那谈判地点一般定在哪里呢？

答：我们一般都是定在对方的公司，为什么呢？在对方公司便于我们实地考察，了解对方公司的情况。

问：那会不会有在饭店里谈判的情况呢？

答：我们一般不会采取在饭店里谈判的方式。

问：都是到公司里面的会议室是吗？

答：对。为什么要去对方那呢？是对对方表示尊重，给对方带来方便，即使在很远的地方我们也都自己跑过去的，对方公司一般都会答应。

问：嗯，如果有应酬，一般是谈什么呢？

答：应酬上我们就是交流商务信息，就是生意场上的一些信息，各种信息都有比如可以谈新技术、国家政策，或者聊哪里新开了楼盘、哪里的房子不错。

问：会不会说谈判谈不下去了，就去吃顿饭缓解一下紧张？

答：那不会，一起吃饭只是一个礼仪环节，是认识和增加双方感情的一种方式。

问：你们一般会安排多少人去参加一次商务谈判，内部人员有没有分工？

答：商务谈判一般来说，大的采购业务谈判至少要四个人。人员组成一般是主管一名，懂财务的一名，法务一名，还有懂技术的一名。在谈判过程中，大家各自发挥自己的优势或者说尽自己的职责。

问：在谈判中您会不会运用一些谈判技巧或者策略，能否举个实例？

答：这个是比较重要的，我们在谈判中，首先要争取主动，引导谈判对手进入我们的主题，让对方觉得与我们合作会得到更大的利益，这是一个很重要的方面。比如我们与湖北程力关于垃圾车的谈判，刚开始我们提出来Z省总代理让我们来做，然后谈判对手开始介绍自己的产品和市场拥有量。他们在中国的市场占有量达到30%，他们说不可能让我们做Z省总代理，只能按照订单来做，有一台的订单就下一台订单让我们做。之后，我方对我们产品的政策背景做了介绍，我们这个产品是政府文件提到必须要上的一类产品，这个产品的市场需求量也很大，我们把一个县要多少量算出来给他看。然后就是介绍我们的技术能力，这种软件是由我们开发的，对方并没这种技术能力，并且我们告知对方，国内同样的产品有四家在做，我们也可以和其他家合作，而且对方有缺陷的地方我们是可以互补的。这些都是引导对方进入我方的主题来谈判，最终对方答应了我方的要求。

问：就是要表现出自己强势的一面对吧？

答：对！就是技术实力。告诉他我们是互补的，而不是我单方面靠他，双方互补起来，他的市场会更大。这就是技巧。

问：那设备的价格方面，你们会不会有争议？

答：生意场上讨价还价是很正常的，比如我们方是采购方，我们就会列举同类产品的价格进行比较。如果答应向对方定点采购，那一般都会低于市场价格。而如果我们方是供货方，同类产品市场上有，但是我们为了拿到一个比较高的销售价格，就会承诺给对方售后服务等一些更有利的东西，这样我们会拿到比较高的价格。

问：那最终成交价格会不会比第一次报价低很多？

答：一般是不会的。供货方一般不会让很多价，让的是售后服务。现在售后服务是很重要的，因为一般的情况下对方对产品的质量、技术是不了解的，他担心的是售后服务，担心产品要是坏掉怎么办，这个是需求方比较注重的一个方面。

问：谈判中有没有遇到过双方互不相让而进行不下去的情况？

答：这个是经常有的。一般来说进行不下去的原因有两个方面的问题：一个是价格问题，另一个是售后问题。我们的客户一般都会注重产品质量和售后服务，价格是其次的。我给你举个例子，龙港现在有一家印刷厂用的是 VOC 废气治理设备，因为这是一种新的设备，客户不懂，价格可以说是我们说了算，但是他对售后服务是非常注重的，在这里价格就不是很重要的东西了。我们又对自己的产品质量很有信心，所以我们对产品的采购方承诺更好的售后服务，这样僵局就会很好地化解了。比如本来是一年免费维保期，我承诺给他两年，这样对方也就放心了。

问：这其实也就是你让步了，对吧？

答：嗯，这是商务谈判中的一个技巧。

问：那你们合作完之后会有更进一步的联系吗？

答：合作完，能合作下去的肯定是会经常联系的。

问：那谈判前后会送礼、请吃饭、出去玩什么的吗？

答：我们一般不采取这个。我们合作不靠这种方式，我们是要对他们做政策、市场、技术这方面的科普。

问：谈判也是有成有败的，可以分享一个您经历的失败的谈判吗？

答：失败的谈判，我们也有一个比较经典的例子，也是我们这个 VOC 废气治理设备。2017 年政府刚刚要求污染企业要上这种设备，我们的设备可以说是比较高端的产品，价格相对来说是比较高的，但我们的设备污染物去除率可以达到 95%。我们跟龙港的几家企业沟通，其中就有一家，他们使用的设备是另外一家的，去除率只有 20% 左右，但那家的价格相对我们很便宜，最后他们还是没买我们的。我们解释了、科普了，但可能我们介绍得不是很透彻，所以他们采用了另外一家的设备，但是这个设备按照标准来说是不合格的，对对方可以说没用。

问：你们公司那款设备的价格跟另外一家相比如何呢？

答：应该是5倍以上。

问：5倍以上？那这差距还是有点大的。

答：对对，因为这个设备是很需要技术的东西，我们的污染物去除率可以达到95%，他们最多20%左右。

问：嗯，这次谈判失败的教训是什么呢？

答：这个教训很深刻。我们总结了一下：第一，就是要帮助我们的谈判对手了解我们产品的功能，尤其是我们的新型环保设备，是靠技术的，不是说靠其他关系来做的；第二，要跟谈判对手解说我们政府的政策，要把它说透，不能说出来很含糊；第三，还要多次科普，我们不怕同类产品的竞争，我们就是怕他不懂。

问：也就是说要让对方知道我们的产品在市场是还是很有竞争力的，对吧？

答：对。

问：那您觉得，谈判要取得成功最重要的是什么？

答：从我们的角度出发，对我们的产品来说最重要的是售后服务。因为对方对我们的技术不了解，产品质量不了解，我的产品都是新的东西。售后服务是最关键的，因为客户一般都是不专业的，担心的也都是质量问题，所以我们应该给予更好的售后服务，帮助客户解决后顾之忧，这是一个很关键的谈判策略。

问：您觉得作为一名谈判人员，应该具备哪些基本素质？

答：口才是很重要的，同时要有一定的财务知识，还有对自己的产品、技术的了解，还要具备对合同法的法律阐释能力，要了解我们合同的组成。

问：嗯，那作为谈判人员，比较忌讳的是什么？

答：谈判人员最忌讳的就是自己都不懂产品的功能就去跟别人谈判。别人问你，你这产品什么功能？这时候你就得对自家产品有个清晰的认识，要给人家解说清楚。

问：那您觉得什么性格的人不适合谈判？

答：强词夺理的、自己说自己听的、对市场不了解的人不适合谈判。

问：我们老师说内向的人可能不太适合谈判，是这样的吗？

答：不是说内向不好。作为一个谈判人员，基本的素质肯定要先具备，不要怕自己内向、口才不好。你的谈判对手想要了解的是你的产品，还有一些政策性条款。所以先要对这些东西有了解，不能强词夺理说这个东西我说了算。

问：那结合您二十几年的工作经验，可不可以告诉我们一些比较重要的道理？

答：在我们谈判过程中，谈判前的准备工作是必需的。谈判人员最好能有集财务、法务、技术于一身的能力，最起码对产品有基本的了解，这个是很关键的。

问：之前不是说谈判中几个人是有分工的吗？

答：我说的是作为主管对这几个方面都要懂一点，因为主管在商务谈判中起到决策性的作用。

问：好的！谢谢您接受我们的访谈！

答：好的，再见！

谈判经验解析

这次访谈让我们学习到了许多新的东西：第一，达成优劣势"互补"的共识，把对方带进自己的主题更有利于谈判的成功。蔡经理的回答更多是基于自身公司的实际，其中有谈判的共同点和本案例的特别之处。特别之处如这家公司经营的主要是技术产品，技术成分比较多。第二，在进行谈判前，我们要先弄清楚自己和对方的需要，进行相应的市场调查，知己知彼百战百胜。市场调查包括多方面，市场需求量、供求关系、公司背景、产品整体功能、生产组成、价格组成、竞争对手等，我们要确定谈判的目标，包括最佳期望目标，实际目标，交易目标以及最低目标。在确立目标的过程中，我们要充分收集信息，分析好形势，所制定的目标要具有可行性。我们要制定好谈判基本战略，即选择能够达到实现己方谈判目标的基本途径和方法，我们要先明确谈判中有哪些不利因素，预测会遇到哪些障碍，从而确定己方战略。比如蔡经理与湖北程力专用汽车公司的谈判中，由于蔡经理一方提前做过市场调查，对自己的实力和市场极有信心，从而可以很好地制定战略，与对方达成优劣势"互补"的共识，把对方带进自己的战略计划中，最后拿下 Z 省代理这样一个原本不可能的目标。第三，价格的谈判是关键。在价格谈判中，首先就是要合理地解释自己的价格，所谓价格解释，就是向买方解释自己产品所在价位在技术、质量、服务上的合理之处。通过价格解释，买方可以了解卖方报价的实质、态势及其诚意。卖方可以利用这个机会表明自己的合理性及诚意，软化买方要求。VOC 废弃处理设备谈判失败的例子中，就是由于供货方没有很好地解释自己设备的技术优势和价格高的原因，买方也没有很好地理解两家设备技术上的差距，只看见了价格上的较大区别，最终导致了谈判的失败。这也告诉我们谈判过程中陈述技巧的重要性，陈述主要是介绍己方的情况，阐述对某个问题的具体看法，从而使对方了解自己的观点、方案、立场。商务谈判涉及的因素很多，谈判者的需求和利益表现在众多方面，但价值则几乎是所有商务谈判的核心内容。这是因为在商务谈判中价值的表现形式——价格最直接地反映了谈判双方的利益。谈判双方在其他利益上的得与失，在很多情况下或多或少都可以折算为一定的价格，并通过价格升降而得到体现。与其在价格上与对手争执不休，还不如在其他利益因素上使对方在不知不觉中让步。案例中从一年的免费维保期变为两年就很好地化解了僵局，在谈判中协调不同的利益，以合作为前提，避免冲突。既要坚持各自的利益目标，同时又做适当的妥协或者让步，在保证自己利益的基础上尽量为对方的利益考虑，然后在共赢的基础上提出自己的看法，真正促进和加强双方的友好合作关系，真正达到互惠共赢。第四，商务谈判中对人员要求的讲究。一般来说，优秀的谈判人员善于与各种谈判对手打交道，具有掌控全局的能力，具有分清主次的素质，逻辑思维缜密，能够做出决断，具有很好的表达能力的人适合谈判。但是这样的人才也很少，所以有时候谈判水平不是那么高的人也可以是个不错的选择。谈判者要具备基本的知识储备，谈判有理有据，口才可以不那么好，但是不能张口就来，强词夺理。谈判中叙述问题、表达观点和意见时，应当态度诚恳、观点明朗、语言生动、流畅、层次清楚。

启发思考题目

1. 谈判地点选在对方公司有什么好处？
2. 被访谈者强调谈判双方要实力互补，我们如何利用这一技巧？
3. "更好的售后服务，帮助客户解决后顾之忧，这是一个很关键的谈判策略"，请针对这句话提出你的见解。

（访谈及资料整理：蔡思杭、袁鑫泽、陈祺祺、盛澳萍、王建明）

2.4 "善于施小利，博大利"
——对厨房电器公司总经理的深度访谈

访谈情况概要

受访人：顾××。
个人简介：××厨房电器有限公司总经理，有深厚的谈判经验。
公司背景：××厨房电器有限公司，隶属于××集团。公司是一家集研发、生产、销售、售后为一体的专业厨房电器制造企业，位于××省××市××高新技术园区，占地面积120000m^2，员工1000余人，东临上海、西接湖州、南连杭州、北依苏州，地理位置优越，交通十分便捷。
访谈时间：2019年5月26日。
访谈形式：电话访谈。

访谈内容记录

问：顾总，您好！十分感谢您能抽空接受我们的访谈。
答：好的。
问：作为公司的总经理，您一般是为了什么而谈判？

答：经商这么多年，自己也好，代表公司也好，我接触和了解过许多谈判的细节与过程。我所接触的都是商业意义上的谈判，通常是为了在一些事宜上达成共识，通过协商、交涉、磋商等方式来实现；谈判是一个非常严肃的词汇，而我的理解是能不坐在谈判桌上，就尽量不要在严肃的氛围下去协商一些事宜。谈判在我的工作中很重要，但我从不觉得自己高人一等或低人一等。更多地，谈判是一种教养的体现，而不仅仅是一种交涉。无论对方怎样，我都要做到谦逊有礼，而不是用妥协来进行道德绑架。多去换位思考，多去沟通，多积极主动地做工作，避免为以后的现实工作埋下"祸患"。在经商多年后，我深刻地领悟到谈判带给我们的不仅仅有互利共赢的商业合作，更多的是在谈判桌上通过语言魅力而结交的朋友知己，谈判也是一种手有余香的回馈。了解我的人都知道，我永远把诚信放在第一位，并认为公平公正是我们每个有良知的人都应遵守的道德准则，所以通过经商，我交了很多朋友，包括原来的对手。如果你问我为了什么而谈判，我告诉你，是为了避免误会，为了协调行为，为了统一思维，在一定的条件下满足当下的工作所需。总之一句话，谈判是为了大家都有生存的空间而力求达成共识。

问：您所提到的"用妥协来进行道德绑架"是什么意思呢？

答：意思其实很简单，谈判过程中我们会遇到熟悉的人，有些人是亲人、朋友，那么在熟悉的人物面前，我们有些谈判条件不能因为某种道德的关系而做出让步和妥协。同样的，某些谈判中的妥协和让步不是一种筹码，它的存在不是威逼利诱，是为了找到更好的平衡点。

问：所以谈判不仅仅是为了获取利益，也是为了在当时协调双方，达成一致，从长期上来看，是为了避免埋下"祸患"吗？

答："祸患"虽然是贬义词，但我想说发现"祸患"是好事。因为我说过，谈判其实是个严肃的词语，它也是必须在严肃环境下进行的一种沟通。既然双方要谈的内容是为了某一项"祸患"的协商解决办法，那么在我们经过谈判这个过程之后达成共识的时候，这种祸患就可能已经不存在了，至少它已经完全被双方接受了。在以后的工作开展中再次遇到这种"祸患"和危险障碍的时候，我们就能从容面对处理。消除祸患其实是谈判结果的最终体现！

问：您认为谈判技能对您的工作重要吗？

答：重要。经商这么多年，我个人认为谈判这件事使买卖双方都能够找到一个公平的解决方案，并通过讨论达到目的。当然必须是在彼此互相信任的基础上达成共识。这些年我经历了大大小小的商务谈判，在我的营销观中，只有掌握了一定的谈判技能，我们才能准确把握客户真正的需求，突破其心理防线。所以我个人觉得谈判技巧是一种语言文化，它无形中影响着人与人之间的沟通。当然谈判行为是一项很复杂的人类交际行为，在我们日常生活中、工作中都需要谈判。除此之外，我们的生活中每天都有很多新事物、新技能出现，我们做不到每一样都去接受、去学习，所以我们要挑选对自己生活、工作有更重要作用的学习。但总有一些技能在任何时代，对于任何职业，只要你在社会中生活，都会用到，谈判就是其中之一。听起来很吓人，但实际情况就是如此。只要你没有脱离社会，不去深山老林里独居，你就在有意识或无意识地进行谈判。谈判已经是我们生活中必不可少的一部分！所以，谈判技能不管是在过去还是在现阶段的经商道路，以及以后的未来发展中，对我来说都是很重要的！

问：您会为谈判做什么准备？一般如何了解谈判对手呢？

答：这个问题很广泛。在你问这个问题的时候，我的脑海里闪过形形色色的谈判对象。只有了解了我们的谈判对手，我们才能为这一次的谈判做好准备。你的两个问题我一起回答吧。每次面对的谈判对象不一样，所以不能用同样的态度对待所有的谈判。具体例子具体分析。

首先我们要收集信息，收集我们谈判对象及谈判过程中涉及的所有知识层面的信息。在商务谈判中，对对手的了解越多，越能把握谈判的主动权，我们成功的概率就会提高。知己知彼才能百战百胜。我们要尽可能多地了解对手，要去了解对方的谈判目的、心理底线，要了解对方公司经营情况、文化，谈判人员的性格、习惯与禁忌，还有行业情况也要了解，这样可以避免很多矛盾和障碍。还有一个非常重要的因素需要了解并掌握，那就是其他竞争对手的情况。我们可以通过多种渠道获取这些资料。在充分了解对手信息后我们要提供资料、参与拟订谈判计划和设计谈判方案，才能为一次谈判做足准备。总之在谈判前应该尽可能充分了解对方，尤其是对方的实力、目标意图和双方退让的幅度等，这是必不可少的。

问：您认为一个好的谈判小组该如何组成？

答：谈判是一种非常重要的商务合作过程，我现在的谈判团队是比较稳定的，人员配备上我认为能够满足我每次谈判工作的需要。第一，一般情况下我个人主要负责主谈人部分的内容，同时我会带领一名专业人员，他主要负责产品技术等专业性知识比较强的部分。第二，每一次谈判中，我的团队中都必须有一名律师。为什么会带一名律师呢？我个人认为律师在谈判过程中的作用非常大，他可以保证我在谈判过程中语言内容和合同形式的严密性、合法性，以及合同条款不损害双方合法利益。第三，我认为必须有一名财务人员，因为在我的谈判中，涉及的财务问题相当复杂，应有熟悉财务成本、支付方式和金融知识的具有较强的财务核算能力的财务会计人员参加，协助我在谈判过程中制定有关的财务条款。最后，我的团队必须有一名文员，主要是完整、准确、及时地记录谈判内容，备案谈判内容。

综合以上，我们的谈判小组一般由我本人、专业技术人员、律师、财务和秘书组成。不过我个人认为每个谈判的内容和过程不一样，人员的安排也会有一定的差异，但是终归一个好的团队是由对谈判组织的管理、谈判所需专业知识的范围和对谈判组织成员的要求决定的。

问：您认为谈判对地点有什么要求吗？您一般会选择哪里？

答：每一次商务谈判地点的选择我都坚持一个原则，就是公平和互利。就我本人而言，我喜欢在我熟悉的地方，通常我们称为主场或者东道主区域。我们在自己熟悉的地方谈话更能说服对方，因为人们有一种心理状况：在自己熟悉的地点无须

商务谈判 实战案例和经验解析

分心去适应陌生的环境，而在自己不熟悉或者不喜欢的环境中交谈，往往会变得无所适从，这种时候会导致出现不该有的错误。所以我一般会选择对自己这次谈判结果有利的地方进行谈判，当然我坚持公平互利的原则，会结合实际情况做出最终的决定。

问：您认为谈判有什么策略和技巧？能不能举一个实例呢？

答：你知道一场谈判最重要的是什么吗？是过程！那一场谈判过程中最重要的是什么呢？是战术！你们称之为策略和技巧。尔虞我诈的商业战场上前行的每一步、发展的每一步，都有战术的指导。我曾经总结过自己的谈判经验并分享给我的团队，后来在大大小小的商务谈判中我们不断探索和归纳总结，在这里也和大家分享一下。

首先是心态，谈判过程中我们要有足够强大的心理素质。没有好的心态，那么这场战争还没有开始就已经以失败结束了。其次，我刚刚说过的，谈判前我们需要做足准备，就是兵马未动粮草先行。要充分了解我们的谈判对手，对对手的了解越多，越能把握谈判的主动权。第三就是战术指导，敌退我进、敌进我退。多准备几套谈判方案，有准备地打一场谈判战。当谈判过程中分歧意见较大时，我们能够用多套方案应急处理，这也是为自己想好退路的方法。第四就是曲线进攻、以迂为直。我谈判的时候常用的战术思维叫作迂回前行，我从来不直奔目的与对方谈判。就像我们在大街上，有些人直接跑到你面前向你推销产品的时候你的内心是拒绝的一样，我们应该占据思维的主动权。比如，我们可以通过提问的方式，让对方主动替你说出你想听到的答案。反之，越是急于求成地想要表达信息，会越早暴露自己的意图，被对方所利用。第五，嘴巴要表述简练，耳朵是取胜关键。在商务谈判中应尽可能让自己的语言变得简练。在谈判紧张的环境中，你说的话越多，对方会越排斥。让对方把想说的都说出来，我们倾听对方的话语，可以发现对方的真正意图，甚至是破绽。最后，要避免朝三暮四，要有让步式地进攻，善于施小利、博大利，学会以退为进。这些年我学会了适时的让步，只有这样才可能使谈判顺利进行，毕竟谈判是以双赢为最终目的。

一般情况下，在我接触对方之前会做充足的准备工作，比如了解和他接触的人或者电话沟通过的人，简单了解对方的性格、年龄、从事过的行业、家庭成员背景等，或者通过网络了解对方当地的人文地理，以便见面聊天时有更多的共同语言。中国人讲究见面三分亲，这样可以避免第一次见面的尴尬，增加亲和力，为接下来的沟通排除陌生感。

我记得特别清楚，在2015年的时候我谈判过一个陕西的客户，在谈判之前，因为做了大量的准备工作，所以在谈判过程中比较轻松。谈判时间将近1个小时，在谈判过程中我们的人生观一致，提升了格局和追求的高度。我们聊到了当下运作中遇到的困难和解决的办法，做了换位思考，替对方着想，避免了一些不必要的损失，主动承担自己能做到的事，也做了风险评估，讨论了面对恶劣环境冲击下我们应采取的防范措施。我现在依旧和我的谈判对象保持联系，他也是我的朋友之一。我经常和朋友聊天说的一句话，就是有些在谈判中必须要聊到的条款或者对方所关心的敏感话题尽量由我们主动提出来，因为对方问的时候你的答复再完美，他的信任度也只有60%。我做过调研，如果是我主动提出并找到解决方案，对方的信任度至少能提升到80%。

问：我们主动提出敏感话题，那前面为什么说通过提问的方式让对方说出你想听的答案？

答：这两个问题完全不冲突，敏感话题如果对方先提出，那思维主动权就被对手掌握。如果敏感话题由我们主动提出，说明这个时候我们已经做好了备案。这是一场心理战！只有对方先回答敏感话题的时候我们才能找到突破口，然后找到解决的办法。其实，如果发生这种情况，谈判将会很精彩。我说过，所有的谈判战术都会因实际的谈判事件而变化，过程我们无法控制，但是我们能控制的是心理。

问：您一般会谈多久呢？

答：一般我们的谈判时间都是根据双方协商的事宜大小、地点等实际情况而定的，没有具体需要多久。当然我尽量会把谈判时间控制在两小时以内，因为每个人精神高度集中的最好状态也就在两个小时左右，时间太长，思绪会比较零乱。其实时间因素在谈判过程中也很重要，我想说的不是我们要谈多久，而是在有限的时间里以最高的效率去完成谈判的工作才是最关键的。

问：您有遇到过谈判陷入僵局的情况吗？您是如何处理的呢？

答：有，这个当然有，也必须有。为什么要说当然有，是因为有些时候谈判过程中双方因为意见没有统一，产生分歧，我们的谈判内容产生矛盾，无法达成一致时，谈判就会陷入僵局。为什么必须有，是因为只有陷入僵局，我们才知道对手使用的战术和他们想要达到的目的。所以陷入僵局不可怕，只要我们有充足的准备，预备多套谈判方案，就可以以不变应万变。出现僵局时要注意观察对方变化，处变不惊，同时减少紧张情绪，给双方冷却时间，然后改善沟通的方式，也就是换位思考问题，关注双方共同关心的利益问题，突出备选方案的吸引力，而不是用备选方案来威胁。这样处理僵局的时候，我们就能从容地面对。

问：您有谈判失败的案例吗？为什么失败呢？

答：有的，没有人会永远打胜仗。没有失败就不会有成长，失败能告诉我们如何在逆境中迅速地找准继续走下去的路。

2016年我们在春季的招商会结束后，有两位客户想要加盟我的品牌，当时就约在我公司办公室。见到客户的时候我信心满满，毕竟已经不是第一次面对客户谈招商加盟的事情了，我和我的团队认为是轻车熟路。可是在谈判的过程中，我慢慢发现对方比我想象的更加强大，他们清楚地了解厨房家电行业每一家企业的最新产品政策，显然是有备而来，最后客户认为我们只知道宣扬自己的品牌，而对同行业的其他产品信息了解得不够透彻，认为我们不够专业，结果，我们灰头土脸地接受了失败。是的，我们轻敌了！因为这次的失败，我们马上组织了行业运营小组，花了将近两个月的时间专门研究同行业竞争品的信息。

为什么看似成功的事情，最后我们会失败呢？都说商场如战场，谈判就是一场战斗,准备越充分、越细心的人才能掌握主动权。成败最重要的因素就是准备够不够充分。所以失败最主要的原因就是准备不周。首先无法得到对手的尊重,我们在战术心理上就矮了一截;同时无法知己知彼,漏洞百出,很容易被抓住把柄,导致了失败。

问: 那么现在贵公司的运营小组仍然在持续不断地研究同行业竞争品的信息吗?提到这里,我想问客户那么在乎你们是否了解同行业产品的信息,那么他们更多的是在试探贵公司对行业的态度及心态,还是说了解其他竞争品具体的信息真的很重要?

答: 是的,目前为止我们一直都在持续关注整个集成灶行业的动态信息。其实我们同行业的每个企业都在做同样的事情,就是创新。我们在了解信息的过程中相互沟通,相互学习,这样才能碰撞出火花。这种火花是指产品的研发。时代在进步,如果我们不了解行业信息,我们就无法在生产创新研发上下功夫。所以不管是试探行业态度还是了解信息,在我看来都在未来我的商务谈判中和企业未来发展中有着举足轻重的作用。

问: 能举一个让您印象深刻的谈判吗?

答: 好的,针对不同的时间段和不同环境举两个小案例吧。

在我创业前期的时候,我与我的团队因为谈判经验的不足,错失过很多的商业合作机会。其中有一次我们去福建厦门,想要让对方加盟我的品牌,对方知道我们的来意,谈判过程中我们掌握对方的信息量太少,而对方对我们的了解甚多。也许我们太急于求成,太想要对方成为厦门地区的经销商,导致对方抓住了我们的底牌,提出了一些我们接受不了的条款,这个时候我们太想要成功,只想看到成功的结果,忘记了对方到底有没有具备成为厦门代理商的条件,这些条件除了物质的还有商人的基本素养,但是我们忽略了,我们做出了让步,我们被动地接受了对方的条件。当时签下了合同,看似是一场成功的谈判,其实是一次最失败的谈判!更好笑的是这家专卖店在开业不到一年之后转手了,原因是老板个人的问题。

第二个案例我分享一下2017年发生的一件事情,有来自江西萍乡的四个老板,当时对我们公司的实力、产品、品牌推广、市场运营思路都很认同,就是存在和厦门同样的问题,第一想要更大的区域,第二想要更好的政策,这些按照公司规定是不容许的,因为已经超出了正常的范围。工作人员汇报给我后,我了解了整个过程与根源,在我的办公室与他们进行面对面的谈判。通过沟通我了解到他们的胃口很大,而且实力很强,想要大的区域同时来争取优惠政策。经过分析,我很轻松地了解了他们的诉求,所以直接给出了答案。公司的政策每位经销商都必须遵守,我们对全国的经销商是一视同仁的,对经销商"晓之以理,动之以情",讲了一下我们的成长过程和经商原则,还有品牌思路,告诉他们我不能因为一个区域而打破原有的政策规定,这是原则问题,最后得到了经销商的认可与支持。我有这样的勇气去回绝他是因为我有这么多年谈判经验的积累,也了解到经销商对我们是认可的,只不过是想争取更多的利益而已。同时这位客户比较有实力,也比较有诚意,所以在不违背公司政策的前提下，以我的个人名义送给他前期市场推广所需的赠品和物料。这可能就是平常大家所说的为他关闭一扇门的同时为他开一扇窗吧。这个案例的总结是：首先必须双方互相认可，大家有诚意地建立合作关系，剩下的无外乎是得失多少的问题。

问：能讲一下对方抓住了什么底牌吗？什么被您认为是底牌？之前您讲到商人的基本素养，能和我们具体讲讲吗？

答：每一次谈判，我最终想要得到的结果是我的底牌。说得更具体点就是生意成本，我最低能接受的范围。底牌是我们生意人不愿意触及的部分，当然也是谈判桌上不愿意谈到的东西。涉及底牌其实对我来说就是失败的谈判。创业前期我想要看到成功，所以往往锋芒毕露，把底牌提早抛出等于我把后路掐断，导致谈判的最终结果没有给我带来最大利益。其实商人的基本素养在我看来是始终坚持"诚"和"信"。就拿刚刚的两个例子来说，他们的素养决定了他们之后的创业道路，而我的素养决定了能否谈下客户，让他们成为经销商甚至朋友。关键是心态，我相信不管我是商人或者从事其他行业，只要我的心态是正能量的，我相信底牌始终在我掌握之中，我对未来也信心满满。

问：您认为作为谈判人员应该具有哪些素质？怎么样的人不适合参加谈判？

答：我先回答你到底什么样的人不适合参加谈判。性格内向的，至少孤僻多疑、不善表达的不行。除此之外，急躁粗暴的、自以为是的、心胸狭窄的也不行。这样的人我不欢迎加入我的谈判团队，我个人认为这样的人不适合谈判。

同样我也认为谈判人员应具备良好的气质和性格，性格包括天性和道德品格。气质和性格在我看来与生俱来的占50%，还有50%我觉得还是在人与人之间相处的过程中慢慢磨炼出来的。商务谈判过程中经常会遇到各种阻力和对抗，也会发生许多突变，这个时候必须具备良好的心理素质，才能承受住各种压力和挑战。说到心理素质，在这里要分享的是自信心。自信心是每一个谈判者最重要的心理素质！自信心建立在刚刚我所说到的谈判前期准备工作的基础上，不是盲目的自信，也不是藐视对方、轻视困难、固执于自己的错误。自信心是可以培养出来的。在众多的商务谈判过程中，我遇到过各种情况，有自制力、互相尊重、互相坦诚、有良好的心态，包括我们的身体素质都是一个谈判人员应该具有的素质修养，这些都是取得成功的基石。

其实作为生意人，我的内心始终坚持两点，就是"诚"和"信"。我的人生品格定位在这两个字上，我相信任何事都能迎刃而解。这就是我的理解！

问：您在谈判中会遇到不同性格的人吧，您最不喜欢哪种性格的人？如果遇到这类人您会怎样对待呢？会有一些不同的策略吗？

答：在最开始的时候我说过，谈判是一种沟通方式，是人与人之间的沟通。谈判的过程中我们会遇到形形色色的人和各种意外的事情。只有我们接触到不同性格的人，我们才能领悟谈判过程中的战术、策略和技巧。其实我没有性格歧视，也没有种族歧视，因为坐在谈判桌上的那一刻开始，我们都本着公平互利、互相尊重的心态去找好的解决方法，以达到事情解决的结果。但是真的要说最不喜欢哪种性格的人，我个人不欣赏胡搅蛮缠的人，其实就是蛮不讲理的人。我们都知道谈判这件事情需要我们保持一种清晰理性的思维进行语言沟通，但是往往有些时候我们会遇到对手出现不讲理的一面，这种时候我们会尽量与对方团队里比较理性的主谈人沟通，如果主谈人也被其影响，我会选择结束今天的谈判，另约时间进行第二次谈判。我不希望我的谈判在无理的争执中进行，往往这个时候对于我们想要的结果是无益的，对谈判结果也是不公平的。我们的时代在进步，我们也需要进步，我始终坚持当我选择坐上谈判桌上的那一刻起，我们应该具备良好的职业素养和人文素质。

问： 如果另约时间进行第二次谈判，一般情况下您会隔多久时间进行第二次谈判？

答： 不同情况下时间是不同的，因为每一次谈判都有每一次的情况，我们会在中间进行一些初步的沟通，再确定下次谈判的时间，一般情况下在1~2个月之内。

问： 如果另约时间，在这段时间内您是否会再做一些信息的收集或者第一次谈判失败的原因的整理？

答： 这个肯定是要做的，我们会在前期的基础上去整理，找出一些问题点，尽量避免矛盾再一次发生，放弃一些不切合实际的想法。这是民事谈判中基本的尊重，每次谈判之前都要有准备。

问： 如果需要另约时间进行第二次谈判，一般情况下是对方的原因还是我们的原因，比如准备不充分或者我们的工作他们觉得不满意，哪种情况会更多一些？

答： 这些情况都有，包括他们也会中止谈判，但是更多的是前面我所提的碰到蛮不讲理的情况，这种情况毕竟是少数，但是我们也会从容面对。这种事情不能说一定是谁的错，主要是大家准备可能不够充分或者说事情的变化出乎了大家的意料，需要重新再整理再进行下一轮谈判。有很多事情不是大家想象当中那么顺利的，突发的或者意料之外的事情是存在的，主要是我们在对待和处理事情上面要保持冷静，不能为了签约而谈判，谈判要在大家认为共赢的情况下才能产生好的最终结果。

问： 如果另约时间进行第二次谈判，那第二次谈判的主谈人还是原来的主谈人吗，还是说一般情况下会换人？

答： 其实恰恰相反，如果另约时间，我们往往会选择原班人马，因为这样有基础，换了人之后就相当于重新开始，往往不利于谈判。最好的选择还是原来这些人员，这样更容易碰撞出一些火花来，才有共同的语言。总的来说，做了铺垫总归是有利的一面。

问： 最后，您觉得正在修读"商务谈判"的在校大学生应该做些什么呢？

答： 其实我一直都觉得读万卷书不如行万里路，现在是21世纪，是90后、00后的时代，你们在今后的每一步前行中必须要有很丰富的理论知识的引导，才能到社会上进行实战演练。然而如果想要真正成为一名谈判高手，还需要不断地学习，在实践中不断地提高。你们要有积极向上的心态，相信商务谈判带给你们的人生意义。前提是你们真的热爱这个专业和这个行业。经商这些年我始终坚信，只要坚持没有完不成的事，只要努力付出一定会看到回报。当然，我觉得现阶段大学生在学校里必须要好好学习，在没有社会工作经验为你的简历加分的时候，更多地提高一下自己的专业能力，使知识更贴合实际！希望在未来的一天，你们带着学习的知识和对未来的憧憬，对谈判事业的热爱，让我们看到有这样一群朝气蓬勃的年轻人坐在谈判桌上，脸上洋溢着自信的微笑，回报这个属于你们的时代！

问：之前您说要成为一个谈判的高手还需要不断地学习，我有一个小小的问题，如果是一个刚刚毕业的大学生，您会选择让他进入您的谈判队伍里吗？还是说您会比较看中他的经验或者其他因素？

答：一般情况下，我们要经过实习才能够真正走进谈判的队伍当中，因为你也知道，谈判好比战斗，上了战场就要对团体负责，不允许任何一个人有疏忽和错误，因为这是出于对公司、对团队、对社会的尊重。对于刚毕业的学生，我们一定会给他们机会，比如选择次要的位子让他们在旁边学习，而不是让他们担任职位去与对方交涉，等于说让他们在旁边做一些实践，去聆听。当然我们更倾向于让有实战经验的人谈判团队，所以还是希望你们这些在校大学生学习与实践并用，共同去努力发展，毕竟社会是现实的、残酷的，在学校里面要多跟社会接触，更多地掌握实际经验。

问：好的，感谢您今天抽空接受我们的访谈！

答：没事，不客气！

谈判经验解析

通过此次深度访谈，我们深刻体会到以下几点对于商务谈判的成功非常重要：第一，谈判的前期准备必须充分。资料的收集、整理对谈判很重要，毕竟知己知彼百战不殆，充分了解对方的实际情况，可以避免很多矛盾与障碍，并且有利于我们掌握主动权。第二，谈判时明确自身立场，时刻保持清醒的头脑，谈判条件不能因为与对方谈判者的关系而做出让步和妥协。第三，在谈判陷入僵局时，我们要有充分的准备，注意情况的变化，同时保持冷静，改善沟通方式。第四，双方要站在平等的位置上谈问题，多换位思考，尽量达成互利双赢的结果。第五，在谈判过程中，诚信极为重要，公平互利是谈判双方都应该遵守的道德原则。第六，在谈判时，不要直奔目的，多采用迂回的方式，以占据思维的主动权；谈判时多采用简练的语言，防止过早地暴露自己的意图；多听对方说，有利于我们发现对方的意图。第七，要善于施小利，博大利，学会以退为进，适时的让步能使谈判更加顺利地进行。

启发思考题目

1. 谈判也会体现一个人的教养。谈判中应该注意哪些礼仪方面的问题？
2. "没有好的心态，那么这场战争还没有开始就已经失败地结束了"，谈判人员应该要有怎样的心态？

3. "都说商场如战场，谈判就是一场战斗，准备越充分越细心的人才能掌握主动"，谈判前我们应该做什么准备？

（访谈及资料整理：顾俊媛、徐康凯、吴如如、邵冰晨）

2.5 "女人比较注重细节"
——对医疗器械公司总经理的深度访谈

访谈情况概要

受访人：Y××。
个人简介：男，46岁，S市××医疗器械设备有限公司总经理，主管销售业务。
公司背景：S市××医疗器械设备有限公司地处S市P区，是一家专业生产医疗器械的企业，是集科研、开发、制造、销售为一体的高新技术企业。公司专业生产手术室吊塔，重症监护室（ICU）吊塔/吊桥等医用吊塔及医用悬挂系统产品，产品销售覆盖全国并远销世界各地。公司通过国家ISO9001（2008版）质量体系认证、欧盟ISO13485质量体系认证、CE认证、SGS认证，被评为S市医疗行业诚信企业，荣获S市合同信用等级认定A级证书。
访谈时间：2014年6月5日。
访谈形式：电话访谈。

访谈内容记录

问：您好，Y总！现在开始访谈好吗？
答：好的！
问：请问您所处的行业是什么？
答：医疗器械设备行业，我个人是做H省区域的医疗器械销售的。
问：就是说您大多数的销售对象是医院，是吗？
答：是的，应该说销售对象全部是医院。
问：是从供货商处拿货，向医院销售产品，是吗？

答：我们公司自己供货，自己产出产品进行销售，自产自销。

问：您进入销售界已经多少年了？您的个人职业经历能透露一点吗？

答：我从1999年开始做销售，已经做了15年了，一直从事医疗器械的销售。以前曾在一家医疗器械公司打工做销售，后来挂靠另一家公司，自己开公司自己销售。

问：您的销售工作中是不是要进行一些谈判呢？

答：几乎每次都要吧，稍微大一些的医疗器械采购项目都要进行谈判的。

问：您谈判之前要不要做一些准备？如果要，是哪些准备？

答：谈判之前肯定要做准备的，主要分为四个方面：第一，要把自己公司的情况弄清楚。比如自己的公司什么时候成立，主要是做哪些产品，做了哪几个地方的工程，哪几个样板的医院，自己的情况一定要了解，不然没法和医院谈判。第二，要对自己公司做的产品非常了解。比如我们做医疗器械，主要是做中心供氧和手术室的净化，我们要知道自己的产品有什么优势。第三，要对客户进行一些了解。在和医院进行谈判前，我们要针对对方医院的要求做一个详细的设计方案，比如我们的报价，还要了解客户的领导、主管人员、经办人员及他们的爱好、性格等。第四，我们进行这一次销售，会给人家提供什么售后服务，这一点也要清楚。

问：就是说要对自己和对方医院进行了解，知己知彼。

答：对，还要补充一点，要了解自己的竞争对手。比如说对方医院要买一个B超仪器，你要知道来了几个人和你同时竞标，讲通俗点就是来了几个人和你抢生意。你要知道对方每个人的实力怎么样，对方的市场份额怎么样，对方的价格是多少。还有一个就是对方和医院之间的关系。

问：您知道这些内容之后应该做些什么？是不是要调整一下战略？

答：比如针对医院，它要买一个产品，你要知道医院出的价格是多少，比如50万元。还有医院能接受的价格范围是多少，是40万~60万元。如果太高肯定就不行了，对有些医院说最高的价格它肯定不要，有些医院喜欢一般性的价格。这是第一点。第二，你要知道医院要求的产品质量在哪一个档次，有些医院喜欢某一特定牌子的产品，不同的医院有不同的要求。

问：就是说，您要把产品推销得和对方医院喜欢的牌子的产品性能差不多才行吗？

答：不能仅仅是差不多，要比那个牌子的产品更好才行，比它的优点更多。谈判的目的是什么？主要是成交！怎样才能成交？需要从产品的质量、价格、售后三个方面进行辩论，最重要的是质量。

问：你们一般谈判的场所是在哪里呢？

答：你要知道现在的市场是买方市场，买方市场是买产品的人是老大，就是说医院是老大，所以你需要和医院反复沟通。怎么反复沟通？只能上门和医院进行谈判，医院不可能到你这来和你谈的，这只在十几年前发生过，那时候这种情况是有的，医院来公司进行考察，第一来看看公司的实力怎么样，第二来看看公司的产品怎么样，这时我们就占了主方的优势，包括地理优势。不过现在是买方市场，已经不大可能发生了。

  问：下一个问题，现在医院和您谈判的人员性别是男性居多还是女性居多？

  答：医院还是男性居多。

  问：您认为和男性顾客与女性顾客进行谈判的情况一样吗？

  答：还是有一些不同的，男人的性格和女人的性格是不同的。相对于女人而言，男人比较干脆，你要和他们讲大的、宏观的东西，而女人比较注重细碎的东西，比如某些小细节。举一个例子，碰到同一个事情，你对一个项目报价6万元，男人就会说，"5万元，不要说了，就这样，成交！"而女人会对你讲，这个呼叫要做得怎么样，那个床位要怎么放，这个吊塔颜色是怎么样的。这些细节都说好，最后报价格了，说好了5万元之后，女人还会问48000元行不行。你要对她讲清楚，比如说出5万元的价格是提供怎样的服务、怎样的设备等，她才会和你订合同。

  问：总结一下就是，男的比较喜欢讲重点，女的比较喜欢讲细节，是吗？

  答：嗯，对，男的比较粗犷，你要和他讲重点，女的和你讲细节比较多，不同性别、不同性格的人要区别对待。这时候就说到另一个问题了，也是医院的一个特点，医院里面的领导都是从医生过来的，医生主要分外科医生和内科医生。外科医生因为主要是做手术，做事比较干脆，而内科医生做领导，做事就比较仔细了，内科医生要望闻问切、看病历等，所以和内科医生谈判的时候就比较细碎。

  问：这真是有意思。请问您有没有印象非常深刻的谈判呢？

  答：印象非常深刻的谈判？一说起来就像玩笑一样，那是十几年以前了，在我刚开始做业务的时候。那时我才做了没几个月的业务，在H省C市中医院进行谈判，当时总共有三家，就是说我们有两个竞争对手，当时我价格报在中间。开始谈的时候我分香烟，因为当时我也不抽烟，也搞不清楚别人抽什么烟，就买了一包金白沙，当时5元一包，分给在座的领导，其实那时候医院领导都抽芙蓉王，大概30元一包，我当时傻乎乎地搞不清楚。这时候，医院的纪委书记看到我分的是金白沙就说："这个厂家的人很实在，没那种很虚的形式，烟也是最朴实的。"然后还发表了一通对那种为了面子去买好烟行为的批判。因为这个细节，我最后获得了合同。这种事情是可遇不可求的。

  问：看来人实在也是很重要的！

  答：因为你问的是印象比较深刻的谈判，所以我就举了这个例子。

  问：好，那就下一个问题，你们谈判一般是几个人参加？人数多少有影响吗？

  答：那要看情况了，以前都是两个人比较多，一个人是做业务的，另一个人是搞技术的，到现在我对销售、业务、技术都已经很懂了，所以一个人就够了，一般现在我都是一个人的。还有就是关于我方销售的产品的技术含量，如果是普通的东西，没关系，可以自己一个人搞定；如果技术含量很高，必须要有一个很懂技术的人，把技术讲给医院的领导听。如果这些一个人能应付，一个人就够了，所以现在要求搞销售的人都要懂技术，因为多一个人就要多一个人的费用。

问：那现在您一个人都能搞定？

答：对，现在我一个人就可以了。

问：就是说人多人少不重要，重要的是把事情搞定就行。

答：对，去人的目的就是把我们的公司、产品讲给顾客听，让他们能接受，这就行了，否则哪怕你一个教室的人都过去，讲不出什么来，那也是没有用的！

问：哦，医院方面谈判人员的多少对您有没有影响呢？

答：没多大影响吧，看心理素质了。如果医院谈判人员多，那往往提问题的人比较多。比如说临床医生懂技术，所以会问你技术问题，在技术方面摸得很透；那些负责财务的领导，就往往和你谈价格，一项一项研究报价，这个价格报得高了，这个价格报得低了；还有主管科室、设备的领导，往往和你谈售后的事，因为以后涉及维修保养之类的事。比如一般我们售后服务一年，他们就说两年行不行。碰到这种情况你就要和他们慢慢谈，比较麻烦。总之就是对方要拼命杀价格，你拼命不让他们杀价格。

问：哦，再说一下价格吧，应该有很多价格谈不拢的情况吧？比如您要价高一点，对方医院希望要价低一点，这该怎么办呢？

答：这个就比较难讲，除了做好自己的产品、服务，把自己的公司和产品的优点讲给医院的谈判人员之外，还有其他技巧，比如这次做的业务是和上一期的业务有联系的，或者对方上次用了你的产品，发现很好，这次又来买，这时候你就可以咬住价格不放，然后稍微降一点点。因为如果你老是不让，就谈不下去了，价格还是要让一点点的。还有一个方法就是赠送一点东西，把送的东西的单价抬高，原来只值1000元的东西，说成5000元。你的目的是要成交，成交的前提第一是保证利润，第二是希望利润最大化，如果没有成交，一切都白做了。还有一点是这个医院如果后期还有业务要做，你的价格可以定得低一点；如果是一锤子买卖，那就要把价格定高。总之原则就是成交和利润，绝对不能亏。

问：如果顾客对产品质量提出了疑问，您该怎么办？

答：这种情况也是有的。比如我们在做中心供氧设备的时候，氧气的接头有些是没有做好的。碰到这种情况，首先，你不要去反驳，而要承认对方医院提的问题的确是存在的。其次，你要把存在这个问题的原因讲给他们听。再次，你要针对对方提的问题提出解决措施来。举一个例子，有些氧气接头，公司制造的时候没做好，一插就掉，之后我们就想办法，把所有的接头都换掉了。如果你要做长期生意，质量是生命。现在我做业务的时候，一定会把产品做好。保证质量，然后用真诚打动对方。重要的是千万不能狡辩，要先承认，然后分析客观原因，最后找出解决方案。如果有必要，可以给对方医院一点补偿，送一些服务等。最后就是你要承诺，一定会把产品做好，给对方吃一颗定心丸。

问：您觉得谈判人员需要有什么素质？

答：这个问题范围比较广了，我简要说几个吧。第一，销售谈判人员必须敬业，热爱自己的职业。第二，销售谈判人员要能吃苦，千方百计、想尽一切办法把业务做下来。第三，销售谈判人员要不断地学习，自己公司的情况、产品的情况、客户的情况都要知道，还要了解时事，了解当地的风土人情。因为你的客户群是各式各样的人，你的知识如果很局限，没有共同语言，那就谈不成生意。

问：谈判中有什么忌讳吗？

答：有。第一，不能说竞争对手的坏话，比如你的竞争对手某个工程做得不好，你不要去批判，你尽量要说你自己产品的优点，把你的优点展现给对方。第二，如果你与和你谈判的某一对方人员关系很好，千万不要表现出来，你要让别人感觉到你是一视同仁的。第三，要勤快一点，该倒茶时倒茶，让人对你感觉好，自己要灵活一点，不能让人感觉你像个老爷，你是乙方，对方是甲方。我就简略讲这些吧。

问：今天就访谈到这儿吧，谢谢您。

答：不客气。

访谈心得感悟

Y总谈到的谈判实战经验很多都是和课本上相通的，还有很多和课本上讲的非常相似，只是语言的表达不一样。Y举了很多例子，这些例子都是他自己切身经历过、体会过的，很容易理解。书本上的理论知识终究是理论化的、抽象的，只有将它运用到实际的学习和工作中才能够转化成自己内在的储备。"纸上得来终觉浅，绝知此事要躬行"说的也就是这个道理吧。对商务谈判而言，从本次访谈中我们有如下几点特别深刻的体会：第一，在谈判之前要做好充分的准备，只有知己知彼才能百战不殆。谈判前一定要对市场行情、顾客需求、自身优劣势、竞争对手优劣势深入地了解和掌握。第二，谈判成功的要素之一是双方的相互信任。谈判人员是否具有诚意是很容易就能被对方感受到的，如果连最基本的诚意都没有，就很难获得对方的信任，谈判过程也会更加艰难曲折。第三，谈判对手的职业不同或岗位不同，其谈判风格也可能不同。例如，Y总提到外科医生和内科医生在谈判风格和关注点方面就存在很大差异。这是我们在商务谈判实践中需要高度注意的。

启发思考题目

1. 谈判对手的职业不同或岗位不同，其谈判风格是否存在不同？以一个特定的职业或岗位（如公务员、教师、医生、律师等）为例，讨论该职业或岗位的谈判对手可能的谈判风格。

2. 被访者提到："男的比较粗犷，你要和他讲重点，女的和你讲细节比较多。"你是否赞同这一观点？为什么？

（访谈及资料整理：俞明辉、夏业敏、王萍、常依帆、邹慧、赵方颖）

2.6 "先建立信任关系,之后再谈生意"
——对建材公司总经理的深度访谈

访谈情况概要

受访人:蔡××。
个人简介:××大理石公司总经理,30多岁。
公司背景:××大理石公司从事石材经营已有20余载,是一家集石材矿山开采、石材精加工、石材安装养护等一系列服务为一体的现代企业。多年来,公司在北京、天津、福建、杭州、厦门等多地拥有加工厂区和仓储基地,并且走出国门,产品远销欧美、中东、东南亚等国家。其产品被广泛应用于全国知名房地产开发商"绿城"的多个项目,如绿城蓝庭、绿城富春玫瑰园、绿城玉园等。公司同时还与保利地产、滨江集团、新湖地产、龙湖地产等众多地产界知名企业,以及百余家装修、设计公司达成战略合作。
访谈时间:2018年6月7日。
访谈形式:面对面访谈。
访谈地点:受访人公司。

访谈内容记录

问:首先请您介绍一下您公司的相关情况。
答:我们属于贸易公司,主营是矿业,就是去国外拿矿到国内来销售。因为世界各地都会有矿,我们会跟矿主、跟开发商沟通,会有谈判方面的内容。我们在行业里做得不能说很好,应该算还好吧,一年营业额现在基本上来说有五六亿元的样子。
问:请问平时您的工作涉及商务谈判多吗?您觉得谈判技能对您的工作重要吗?
答:多,每天都要谈判。
问:每天都要接触客户吗?
答:对,每天都要接触客户。谈判的范围很广,哪怕一个员工过来面试也是在谈判。我跟你们也一样,以后你们出去上班,不是说公司开什么条件就什么条件,你也可以跟公司谈条件。
问:我们访谈想了解的谈判主要是跟客户谈,商业上的谈判。
答:我们跟客户谈商业上的谈判其实也比较直接。因为我们做的东西不太一样,我们做的是石材，我们去选材之前就会先去了解市场，然后市场上需要什么东西我们才会去进货，所以我们回来的时候跟对方谈一般都会比较好谈。

问：那一般不是会有竞争者吗？

答：会有竞争者。所以得把自己的优势摆好，你得有优势，然后对方才会跟你谈。

问：最开始接触谈判的时候，您觉得哪个环节比较困难？

答：嗯，谈判最困难就是你没经验嘛。

问：不是事先可以准备好吗？

答：不是，有些东西确实是没经验，有些东西是你想不到的，就是你可能去谈了很多，有些细节你还是想不到。反正到现在，不止我一个人，还有一整个团队，都觉得知己知彼真的是非常重要。我昨天刚好看到你下面将会问有没有外国谈判经历的问题，我们基本上跟外国人谈判比较多一点。最困难的环节，就是我们去找外国人。大概十几年前，我们家里人去国外开矿，就是中国第一批人出去开矿的时候，我们找外国人谈，外国人根本不跟我们谈。只要是亚洲面孔他就不跟你聊，那你怎么谈判呢？你拿着现金去找人家，人家也不跟你聊，人家觉得亚洲人没有消费能力，谈的是小单子，他们就不跟你聊。十多年前是这个样子。

问：那后来怎么样了？

答：后来中国富强起来了，整个世界的石材消费中国可能占到一半或者说三分之一。

问：可不可以讲一下您第一次亲自去谈判的经历？是跟外国人谈吗？

答：我个人是跟国内开发商谈。一开始的时候跟开发商谈，因为说起来会有基础啊。

问：您紧张吗？

答：对，会紧张。我毕业第一年跟着亲戚去场地各种应酬，吃了一年的饭，我没有讲过一句话。我记得很清楚，我2009年实习，出去吃饭什么的，只要我叔叔跟我说"你对面那个人做得很好，身价千万"什么的，我就觉得好紧张。后来久了就慢慢习惯了，就觉得大家做生意就讲究双赢嘛，都是平等的。第一次谈判经历，其实也不是第一次谈判，因为有很多很多次接触了。和开发商谈也不是说一次就能成，第一次是出去吃饭，什么都没谈，就坐在那里聊天，我了解他是做什么的，他了解我是做什么的。可能刚好他有个石材的需求，但不一定马上就会要我的石材。这么一次就是认识，然后第二次又出来吃饭，聊一些细节的东西，但还没到真正合作。大概就这样吃饭碰面十几次之后，他们才会跟我们具体地谈，大致方向慢慢开始清晰起来。没有第一次碰面就把这事情搞定的。但是也有特例，我舅舅有一次去一个很大的楼盘，不过我没进去，我只知道这个总经理我们是不认识的，是一个朋友介绍的，这个楼盘用的是类似我们的石材。我舅舅进去谈了三个小时吧。这个楼盘大概有2万平方米，差不多有1000万元的单子，3个小时他就搞定了。

问：那是不是一开始就倾向于你们这家？

第 2 篇
对总经理、CEO的深度访谈

答：不是，一开始不认识。

问：因为口才很好？

答：这个有很多方面原因，不仅仅是因为口才，还有材料、实力等。

问：那您可以与我们分享一个最让你难忘的谈判经历吗？

答：上次跟一位巴西人谈，跟国外的人聊要看他们有没有带翻译。他们也会带翻译，不过现在外国人的中文水平也非常好，大家就用中文交流，聊得更多的还是价格。没有特别难忘的经历。

问：没有特别难搞的谈判吗？每次谈判都很轻松吗？

答：特别难搞就谈崩了。经常会谈崩。

问：那不会去争取吗？

答：谈崩了就没法争取啊，很多东西谈崩了就只能顺其自然，就得做二手准备。

问：那主要原因都是因为价格吗？

答：各方面都有。我去年跟我舅舅去保加利亚谈一个矿山，是我们之前相中要用的。我们提了十个要求，提一个对方拒绝一个，提一个拒绝一个，就没法谈呀！

问：他们一开始就是没有意向跟你们合作吗？不然怎么十个全都拒绝掉。

答：对，原因在于双方了解不够。他对我们了解不够，然后我们对自己太自信。就像我们前些年去沙特、埃及找他们谈的时候，一开始采购量也不是很多，就觉得他们欺负亚洲人。我们一开始也是很弱势的，不过现在我们在埃及、沙特这些地方已经很强势了。我们去保加利亚就觉得埃及跟沙特那边的人都知道我们，他们也应该知道我们，所以我们一见面就谈条件。正常来说其实不应该第一次见面就谈条件，但是你知道其实中国人出去不容易啊，我们得跑到那边，很累很远，所以就想一次性把事情搞定。其实一次是搞不定的。后来又跑了两三次吧，最后也谈成了，他们答应了我们的条件。但后来我们去实地考察了他们的矿山，因为他们的矿没有到达我们心目中的标准，就又放弃了。

问：你们谈得最久的谈判谈了多长时间？

答：半年到一年吧。

问：那我想问一下，您一直说您的叔叔舅舅，这个应该是你们的家族产业吧？

答：其实不是。我跟你讲一下公司吧。我们有两家公司，一家是做矿山的，做大理石整个山的矿山开采，是我舅舅他们在做，楼上有照片你们可以看一下。还有一个就是我们跟天华合作，做大理石家装，就是你们现在看到的这些墙面上的石头、家具这种。

问：就是一个开采、一个加工是吗？

答：对，但不只是单纯加工，我们更多的是想做一个品牌。大理石在中国已经做了二三十年了，但还没有品牌。前两天我去朋友家，他们家有石头、陶瓷，什么都有。可能你们有听过诺贝尔瓷砖，或简易大理石瓷砖，有听过吗？

问：简易大理石瓷砖有听过。

答：对啊，不做这个生意的人都听过。我问他"你家用什么瓷砖"，他说"我家用简易大理石瓷砖""我家用诺贝尔瓷砖";但我问"你家用什么石头",他就不知道自己家用什么石头,可能会讲石头的名字,但是不知道是哪个厂生产的、有没有后期服务。这个行业没有品牌的概念,所以我们想创立一个品牌,不能说中国第一吧,反正是要打造一个石材品牌出来。所以我们在做这个事情,会有这样的展厅给别人展示石材的效果。传统做这行是没有的,我们这个展厅应该算 Z 省最大的吧。

问:您跟外国人谈判的时候有没有用到一些谈判策略或者说技巧?

答:还好,策略肯定也会有啊,外国人跟中国人一样,人性的弱点是一样的。比如说你得知道跟你谈判的人是谁,我们最初的时候是跟沙特十大家族之一的成员合作。他们家族里高级别的人是见不到的,只能跟下面的人接触。下面的人有些是他们的远亲,掌管一些东西。他们自己家族的人不专业,就请专业的人去管理,有些时候你就得搞定专业管理的人,让他单独来谈。在谈判的时候,他们的人帮你讲一句话,就会有很多帮助。你说到技巧,我们一开始跟他谈,也用不上技巧,因为没法谈,他说十美元,我们说九美元,他就说"那你回去吧",那我们就只能说"那好,那就十美元",只能是这个样子。

问:就不可以商量一下吗?

答:他们有些人很傲慢(不愿意商量)。

问:那您可以说一下不同国家人的特点吗?跟哪个国家的人商量应该用怎么样的态度?

答:讲几个比较经典的。跟欧洲人谈是比较好谈的,大家比较规矩,这张纸写的合同是有用的,我们签了字,欧洲人非常有契约精神。比如土耳其人性格比较偏欧洲,他们就会比较好谈一点。有些中东商人就比较难谈,他们觉得你来我这里买东西,反正我们有钱,你爱买不买,所以,谈的话就是长期的,得有个过程,得看整个市场。等他们处于弱势了,他们才跟你谈。

问:比如说什么弱势?

答:比如说沙特那个矿,叫黄金壮。一开始的时候是非常好卖的,像 H 市这边你知道,绿城在 25 年前造房子,无论是小区的群楼还是写字楼,都是用这个材料,中国用量非常非常大。那时候我们去跟他谈就没法谈啊,因为那个时候不只我们,很多中国人都找他买,就没法谈。到后来我们就找印度,有类似的材料,包括我们在新疆也找了类似的,这个时候就不一样了,国内新疆跟印度开采成本才多少,才一两百块钱,但他卖给我三百多块钱,这个时候他的市场需求量就缩小了,找他买的人就少了,那他机器那些的固定资产成本就都上去了,这个时候他就没有办法,他只能"啊,降价,行吧你们开个价",只要合理他都给。要不然就还是比较难谈的。还遇到过比较难谈的印度商人。比如说:第一,他会夸大自己的需求量,"我有很多量,便宜点"。一万个平方是一万个平方的价格,一百个平方是一百个平方的价格,一千个平方是一千个平方的价格;然后他说"我要一万个平方",那行,拿一万个平方的价格给他;他又说"那我这次先拿一千个平方",也行,反正这次先谈好了,给他一千个平方。

问：你们把石头买回来以后卖给国内客户，那有很多客户嘛，他们会争着向您买，那您会怎么对待他们？价格有高有低吗？

答：我们可能有点特殊。我们整体的商业模式是，我们先在国内找开发商，比如找绿城，绿城集团现在比较大嘛，绿城集团整体的设计是非常好的。绿城集团虽然一年年产值只有几百个亿，在中国房企里不算大的，但绿城集团的设计是引领整个中国的，绿城房子卖得好是因为它真的设计得好。他们对整个设计团队的要求非常高，设计团队的权力也非常大，比如说房子做起来了，设计团队过来说不好看，是真的砸了重做，而不像有些开发商认为做都做了钱都花了，不好看就算了。他们和我们合作，十多年前从来不跟我们谈价格，现在谈价格了。十多年前是"好看，用！"就这么一句话，价格从来不跟我们谈，当然我也不可能贵得离谱。我们找他聊，他会跟我们说"我们后面开始要设计什么风格的房子"，不单单是说市场要什么你给什么，而是说市场未来要什么。比如说十多年前我们就说要建法式房子，法式房子用什么石头，就是用米黄色的石灰石，就是我们这栋楼的外立面那种，就要去全世界找这种类型的石头。一开始我们是没有控制成本的，因为绿城没跟你讲价格嘛，反正我们就采购进来，然后我们要求一点就是这个东西国内是没有人有的，必须垄断。我们先只进一部分，不进太多，绿城说这个可以，我们就用这个了。然后我们就大批量进，把国外的整个矿产垄断掉。进国内之后，我们也不做工地了，无论谁做绿城这个项目都要到这里拿货，因为全中国只有我有，你只能来我这里拿货，可以保证现金流。我们可能会和开发商谈判多一点，我们跟乙方就像你说的采购方的谈判反而少。我的态度是你爱买不买，你不买反正有其他人买，你要做这个项目就一定要来我这里拿货，我们是这个态度。可能就像你说的，我们也变得高傲了。

问：那您在国外进行采购货物的时候跟卖家也要经历一些谈判吗？

答：对啊，主要是垄断货物的这种谈判。一般，就像我们刚才说的那个矿产，一开始会简单一点，他们的矿石没有开采出来，我们跟他们谈的时候就会说："那行吧，你们也没有开采，没有机器，也没有人，那我投资。"我们就买机器，从国内引进到国外去。他们没有人，我们就派人去当地进行矿产开采。他们矿主有些人有土地，但没有什么钱，这样我们就能达到我们开矿的目的。开完之后我们就签合同，要求他们五年十年内不能将这个矿卖给别人，只能卖给我，他们就同意了。

问：那如果他们在卖给您的同时还偷偷卖给别人怎么办？

答：没办法，那我们能做的就是这些。但有个问题是，他们已经签了合同只能卖给我们，他也会卖给别人，但不敢卖太多，因为我们是大买家。比如说一个月大概是两百个集装箱，我们可能两百件几乎都拿了，别人就拿三四个集装箱，也是没法控制的。但到了国内之后，比如全 H 市××区那边有一大片地全部用来放材料，采购方过来采购时也会权衡，因为每个项目都是特别大的，都是几十万方的用量，他不来我这买，去别人那买，下次如果我不给他货，他就做不下去了，所以采购方不太敢那样做。别人偷偷摸摸买一点也是很正常的。我们这个石材，如果有人要，它就是钱,如果没人要,就是拿来填海都没人要,所以我们要跟开发商搞好关系。我们全中国现在很多集团,像绿城集团、边疆集团,前十几强二十强都和我们有合作,所以我们在引领整个建材业装饰材料的方向,我们卖给别人后,很多中国人就说:"唉,他们家卖这个好。"现在上海和厦门有好几家,什么都不干,就看我们卖什么他们就卖什么。比如我们卖110元,他们就卖105元;我们卖低了,他们也会跟着卖低。

问:卖出去了以后如果有人要退货怎么办?

答:没有退货,没法退货。就是随便你挑啊,你挑好了就拿走。

问:如果您从国外进货,国内会存在竞争压力吗?

答:有,所以我们先把国内市场打开了再去国外进货,我们一般先进一些小样,先找开发商谈,问他们要不要这个。就像我们现在在找灰色的石头,因为这两年开发商找我们说要求我们进中式的,中式的慢慢多起来了,比如新中式的别墅、花园,新中式的色调是黑白灰嘛,所以我们大概在四年前就已经去找这类矿产了。去年绿城推出了十个绿色小镇,七个都是用了我们的材料。

问:这些开发商选择你们是注重你们的产品质量比较好吗?

答:相对来说,注重质量、价格以及其他多方面。就像我们和××集团去谈,三小时搞定一千万元的单子。第一,他们设计的就是这方面的东西,是雨花石的市场;第二,他们的价格定位就在一百元到两百元之间,他们的房子设计可能就是学绿城去建的,和他们谈就很好谈:"你看绿城用我们的,你学绿城去建,我们的价格又适合你,当然要用我们的东西","你看我又有市场,又有实力,有那么多货,你随时来拿,随时来挑,你把好的货都挑走也没关系,价格就这样给你"。这样就很好谈,所以实力还是很重要的。有一年的谈判是在厦门,厦门有一个石材展,每年三月份都会开,全世界的石材商和矿主都会来这个地方。石材展以前是意大利最大,现在是厦门最大,因为中国需求量很大。我们大概在前年、大前年的时候就花了二十几万元盖了一栋别墅,那栋别墅其实是空的,就一个架子,是用我们那个材料堆砌起来的。我们先在H市建好别墅,然后拆成一块一块的模块,到厦门之后再建起来。展会上展品一般都是简易的房子,而我们是一整栋别墅,四五天就盖起来了,外国人一看就很震撼,觉得这个中国厂家有实力。在大会上跟任何人去谈的时候就说那展厅是我们的,别人就会来我们展厅取样,然后就会知道我们的东西。任何谈判,无论是在国内还是国外,无论是商务谈判还是你们去面试应聘,都是一样的,要知道对方的弱点,要知道对方想要什么、自己想要什么,再跟别人慢慢谈。有时候一个公司有非常多的实习生,你进去应聘,去面试实习,工资就谈不高,因为要不要你都没关系。如果这个岗位正好缺人,你就可以稍微磨一磨,提点薪资要求,这都很正常,我们那边谈判也都这个样子。

问:以前分公司刚建立的时候没什么实力,怎么寻求开发商?

答:我分公司还没建立起来就有实力了,因为我一开始就有这么一栋楼,所以比较好谈。就我这栋楼,像现在Z省装修至少要用一两百万元,石头要用掉400多万元。开发商一开始谈就觉得我们的东西挺好的,用我们的东西放心,那就用我们的东西，就会很好谈。哪怕价格比别人家高一点点，开发商也愿意跟我们合作。

问：有没有遇到过在谈的时候另外一家是和你的实力差不多的情况，这时候您怎么去和别人谈呢？

答：遇到过。可以给你举两个例子，对象不一样。先说佳通公司，佳通公司的谈判人员更多是代表个人，不是公司。个人更注重的是我花了钱，未来要有一个品质保证、服务保证。这个时候你谈判就要真诚一点，告诉他这个石头在地面上那块会黄。客人问这个材料为什么会黄、你未来怎么避免这个情况，我们会说有什么技术可以避免这个情况，而不是藏着掖着，把这块挡起来。谈判就是这样，要真诚，将我们的缺点讲出来，跟对方说有什么问题，我们知道怎么解决，他反而对你的信任度会增加。对公司的商务谈判就不是那么简单了，因为面对的不是一个人，而是一个公司。对方的每个人都会有各自的利益考虑，就会很复杂。还要找对人，要看项目中谁的主导作用大一点。

问：你们现在有没有在做什么电商，像挂在阿里巴巴网站这种的？

答：有啊，我们现在是第一家也是唯一一家上"极有家"的大理石企业。"极有家"是专门做家装和家居的一个网站，也是阿里巴巴旗下的一个网站。你说大理石的公司真的只有我们，我们也在尝试走网络，但现在家装走网络刚开始。

问：如果人们不太信任网上的这些东西怎么办？

答：我们更多的是线上体验和线上互动，购买还是线下的。线上的困难主要是金额太大，一单至少也要20万元，多的要两三百万、四五百万元，金额太大了就会有多方面的考虑。

谈判经验解析

通过这次访谈对话，我们可以总结出以下几点经验：第一，商务谈判最重要的是要提前了解对方，知己知彼百战百胜。大项目不能一次就把生意谈下来的，而是需要长期的接触，给对方足够的时间去了解我方团队的实力以及为人等各个方面，久而久之，让对方充分了解我方，充分地信任我方，对方自然而然就肯把单子交给我们做了。第二，在双方每一次的接触中，要时刻注意细节，细节决定成败。特别是与外国人谈判，要注意文化差异的细节。第三，商务谈判不仅要学会做事的才干，更要学会做人的道理。知道该怎么做人，商务谈判就不会差。第四，在一些特殊市场上，如本次访谈中提到的进口石材市场，供货渠道上的垄断会在商务谈判中带来极大的优势。

启发思考题目

1. 情感因素对商务谈判是否重要？为什么？
2. 如何解决不同文化背景下的商务沟通难题？

3. 国际商务谈判（即与外国人谈判）需要特别注意哪些方面？

（访谈及资料整理：金泽囝、黄玲燕、孙钢、赵菊、张艺凡、何卿扬）

2.7 "把僵持期控制在三分钟左右"
——对粮食储备公司总经理的深度访谈

访谈情况概要

受访人：王××。
个人简历：W市某县粮食储备有限公司总经理，熟知公司的粮食采购过程与谈判。
访谈时间：2018年6月8日。
访谈形式：电话访谈。

访谈内容记录

问：您好，我是浙江财经大学的一名学生，现在想就商务谈判方面的一些问题对您进行访谈。我知道您的工作与粮食的采购和销售有关，所以想问一下您工作过程中遇到的商务谈判和一般的商务谈判有什么不同吗？

答：我们这个粮食采购和销售针对的是储备粮管理，而不是市场上大的流通交易。

问：这个行业有什么特点吗？

答：我们会采购部分粮食充盈到市场上，通过政府行为来稳定粮价，抑制粮食价格的波动。

问：您可以介绍一下您的谈判经历吗？

答：我是W市下属一个县级粮食储蓄有限公司的采购主管（总经理），我曾代表我县参加了2013年10月份在江西上饶粮食采购会的谈判，以及2014年8月代表我县参加浙江衢州粮食采购会的谈判。

问：这些谈判开始之前，有什么需要做的准备吗？

答：准备是要有的。采购粮食一般都是到对方的粮食生产地去采购，只有看到对方有足量的粮食才会采购，以防对方中途从别的地方外调次等的粮食发货给我们。一般情况下，我们最看重的是质量，当谷物运到我县，一般都要求对方出具粮食质量的化验单，比如晚籼稻谷，我们主要看化验单上的水分、脂肪酸酯、黄粒米含量等稻谷质量指标。其次我们也会考虑从那个地方发货的物流成本。另外我们也会尽量了解一下对方参加谈判的人员的年龄、性别，最好在交谈前就了解到对方的喜好和性格等。

问：刚刚您提到，谈判之前你们会去对方粮食仓库进行调查。那么调查之后是直接在对方地点谈判还是回到我方地点谈判，或是另约一个地方进行谈判呢？

答：一般以对方粮食产地作为谈判地点。

问：谈判人员一般是怎样组成的？

答：一般以三个人为一个谈判小组，其中一人是我们的财会专业人员，他负责计算和账簿处理。第二个人一般是我们采购的业务科长，因为作为采购的业务科长，他会特别了解当期粮食的价格行情和稻谷质量指标控制这方面的信息。第三个人就是谈判小组的组长，在谈判过程中他要综合各方面的信息，起到最后拍板成交的作用。

问：在谈判的过程中，你们会使用像唱红白脸这样的谈判技巧吗？

答：在粮食采购谈判里，这种技巧一般不怎么会被使用。也就是说，在粮食行业，如果不是第一次打交道，一般是不存在唱红脸和白脸的做法的。不过，我们会使用一些其他的谈判技巧。对于对方一定等级的粮食，我们都是综合分析当期该粮食值不值当期行情价格。我们可能会和对方说，我们邻县有到你们这个地方采购同样等级的粮食，但好像比你的报价低多少，以此来试探他们最低的成本价。如果对方同意我们报出的低价，我们就成交。如果他不同意，我们谈判人员就报告给最高的决策领导，适当上浮一点点价格，以促成成交。

问：您认为谈判中最重要的因素是价格吗？

答：未必。因为粮食是一种特殊的商品，虽然我们很注重价格，但我们最注重的还是粮食的质量。因为粮食是我们的生活必需品，如果采购了低品质的粮食，这些粮食就不能作为口粮，只能用作工业用粮，相当于损失了国有资产，违背了采购的最终目的。

问：刚刚您提到，如果对方不能接受你们报出的价格，谈判陷入僵局，你们的做法是向上级领导反映调整价格。那么除此之外，还有没有其他方法来打破这种僵局？

答：谈判出现僵局是在所难免的。如果是因为我方的条件引起对方的不满而陷入僵局的，一般我们都是这样处理：先度过一个僵持期，我们一般把僵持期控制在三分钟左右，具体要看对方谈判人员而定；过了僵持期，如果双方都没有让步或是妥协的反应，我方谈判人员则会主动提出去谈判场所以外的地方适当休息。在休息的间隙，双方人员可以主动交流一下，特别是双方谈判小组的组长要好好沟通，如果双方都认为有必要继续谈下去，则继续开始谈判。如果是因为对方的原因而引起僵局的，我方一般会适当掂量一下。如果对方提出暂时停止谈判的意愿，我们也会同意。如果对方不愿意中止谈判，我们也只能僵持直到谈判破裂。一般来说，对方邀请我们去对方所在地谈判，他们都不会愿意最后以谈判破裂告终。

问：您刚刚提及，如果是由我方引起的谈判僵局会考虑转移谈判场所，也就是说进行一些轻松的娱乐活动缓和气氛是吗？那么，在场外休息这种轻松的环节中主要是相互之间了解一些和谈判关联度较少的内容呢，还是和谈判关系较为紧密的内容？

答：是的。在谈判桌下，气氛较为轻松，那么我方会间接地问一下我方报的价格为什么你方不能接受。如果是因为我方不了解情况而过多地压低了价格使对方恼火，那么在这种情况下我们可以适当沟通。沟通后，我们再重新回到谈判桌上进行谈判，并尽可能地在最终达成一致。

问：粮食采购这种商业谈判，两方的谈判意愿一般是怎样的？一般都是发生在双方都极力想要促成这种谈判的前提条件下的吗？

答：是的。因为我们作为国有粮食企业，每年都有一个指标要完成。如果每次都以谈判失败告终，那肯定不能很好地完成政府下达的采购计划。同时，每年必须要对粮食仓库里的粮食进行迭代更换，把一定数量的新粮充盈到仓库中。

问：您刚刚还提到一点：在你们遇到僵局情况下双方都会比较理性，往往会积极寻找不能达成一致的原因，而不会出现很冲动的行为导致谈判暂停，是吗？

答：对的。因为对于对方来说，他已经储存了大量粮食，已经投入了成本，如果遇到了一个好的客户来采购而不能推销出去，对他来说将是一笔很大的经济损失。而且我们县级单位的采购量很大，如果把我们一个县今年的计划都谈判成功了，那么该企业肯定能有一笔很好的收入。

问：我想问一下，一般是你们采购方主动出击去找这些商家进行谈判，还是他们对你们发出邀请让你们过去谈判呢？

答：我们一般都是在某些信息渠道里面寻找，像那些粮食存储量大的对象或者大中型企业，我们会先通过电话了解，然后确定一两家有意向的对象，最后和他们接触。如果在接触中觉得他们守信用、粮食质量好、价格适中，那么我们会和他们进行更深入的谈判。

问：那有没有我方主动将一些信息通过招标的形式发布，比如在网上发布，然后企业主动找上门来的呢？

答：有的。前几年前我们都是以去粮食产地采购为主，近几年则是通过粮食交易市场网上挂牌采购为主。

问：如果对方竞标成功，之后是两方坐下来再谈判（也就是议价标），还是直接就按照标书上的内容进行交易？

答：一般情况下，是不会再做改动的。但是前提是竞标成功的企业的粮食质量一定要符合我们的标准。网上采购会标明我们采购的粮食等级，然后多家企业竞争，以出价最低者作为中标单位。而中标单位必须要提供他们的粮食质检单。我们也会组织人员去实地化验鉴定，如果对方粮食和我们要求的等级相符则签订协议；如果不相符，则要面谈，明确粮食的质量指标才允许签订协议。

问： 提供的质检单和现实不符的企业是因为客观原因（如自然因素）还是因为掺杂了不诚信的因素？

答： 这两个因素都有。所以，我们的采购协议会明确提到如果对方给我们的粮食到我们仓库还不能达到质量指标，会被拒绝入库。以前直接谈判的时候是以我方出具的合同为主并征得对方同意后签订的，现在通过网上交易平台采购粮食，则以网上交易平台的合同为标准，类似于第三方提供一个更为公平合理的合同。不过我们可以在合同里适当添加一些维护我方权益的条款来维护我们的利益。

问： 根据您的谈判经验，您觉得谈判人员需要具备怎样的素质？

答： 个人认为，在谈判的时候要倾听对方发言并及时做好记录。对方发言后轮到我方发言时，要及时指出对方发言的一些漏洞，并且让对方解释一些疑难的要点。同时，语气上要适当柔和，说话要较为委婉，不能有急躁的心态。此外，我们在谈判中要注意对方谈判人员眼睛上和肢体上的动作。比如说，当我方先报出一个较低的价格，如果他们流露出很惊讶的表情，那么我方会适当上调一点价格，但如果对方的反应很平淡，那么可以认为他们在这个价格下仍然有利可图，我们能以这个低价成交。

问： 其实这也算一种谈判策略，是吗？就是说，你方先报出比较低的价格，以此试探对方的价格底线，然后再对价格进行合适的调整？

答： 对。

问： 在谈判过程中有什么特别忌讳的事情吗？

答： 第一个是要在双方规定时间内准时到达场地，如果因为不可抗力不能准时到达，也要及时告知对方，让对方做好心理上的准备。第二个是谈判过程中要注意用语的礼貌、举止的得体，不能随意打断对方的发言。第三个是谈判人员在着装上要大方，以示对对方的尊重。

问： 最后想问一下，您对于大学生上"商务谈判"课程有什么建议吗？

答： 大学时期是人生的最佳时期，你们大学生应该多去接触社会上的一些商务活动，为以后的人生奠定良好的基础。

谈判经验解析

从王经理的谈话中，我们深刻体会到以下几点对于成功的商务谈判非常重要：第一，价格固然是重头戏，但粮食采购谈判过程中，产品质量更为关键。第二，面对长期打交道的合作者，谈判就不需要那么多过于强势的谈判技巧，真诚更能打动对方。第三，粮食谈判过程中，双方往往都有很强大的意愿想要促成合作，所以很少出现持续性僵局。第四，谈判合同、协议等文书十分重要，最好亲自编写，确保无误。第五，谈判要注意礼貌用语、准时问题，着装要正式。

启发思考题目

1. 谈判陷入僵局时,谈判者可以采用哪些方式巧妙打破僵局?
2. 谈判者需要具备什么素质以从容面对谈判僵局?
3. 如何用真诚打动谈判对手?

(访谈及资料整理:叶昊洋、黄聿文、蔡睿、周玮)

对副总经理、营销总监的深度访谈

3.1 "进入逼单环节就必须一鼓作气"
——对家居建材公司副总经理的深度访谈

访谈情况概要

受访人： 巫××。

个人简介： J市××集成家居有限公司、Z省××集成家居有限公司副总经理，从事公司管理、营销工作十余年。

公司背景： J市××集成家居有限公司始创于2000年，是一家致力于全屋吊顶和"快速整装"的集成墙面设计、生产、销售型企业。公司坐落于Z省××县××镇××工业园。公司拥有标准厂房2万 m^2，多条挤出生产线及包覆线，配套高精度打印机和造型精雕机，年生产墙板300万 m^2，各种配套装饰线条500 m，全屋吊顶20万 m^2。

访谈时间： 2018年12月8日。

访谈地点： 受访人办公室。

访谈内容记录

问： 您好，巫经理！请问今天能否对您做一个有关商务谈判的访谈？

答： 好的。像我们目前进行的商务谈判，并不是很正式的那种。很多时候都是面对面，或者大家约到一个地方，对一个具体的打算达成的目标进行一些沟通，日常就把一些东西谈定下来了。

问： 在每次参加谈判之前，您一般会做哪些准备？

答： 我们公司目前的谈判主要有两种。一种是我们作为甲方去和供应商进行谈判，那么我们去之前肯定要先了解同行的市场情况，如产品、品质、价位、供应周期这些东西。如果我们作为乙方，即销售供应方，就会先去了解甲方需要什么东西，他们的痛点在哪里。在对他们的需求不是很明确的情况下，我们就要对自己的产品非常清楚，我们跟同行的竞争点在哪里，要么价格、要么品质、要么服务，总归要自己找个亮点出来。一般交流的时候都会说这次去拜访，带着什么目的去的，开始之前心里都会有一些准备。这个准备不是说一定要书面的，而是在日常工作中已经积累起来的东西。

问： 谈判的地点一般是如何确定的？

答： 假如我们是甲方，也就是采购方，大部分都是他们到我们的厂里来，在我们的主场。作为供应方，在我们的产品有竞争力的情况下，也会把客户约到我们这个地方来，这样谈判场所就会对我们有利一点。在自己的主场里，一些资源会准备得比较充分，到了对方的主场去，就有可能会出现自己准备的资源不充分之类的情况，客户临时加出来的需求我们不能够及时满足。所以我们在条件允许的情况下，尽量把谈判放在自己的主场，这样对我们比较有利一点。如果出去，在有需要的情况下可以去第三方的场所进行谈判。

问：一次谈判的人员组成一般是怎样的？

答：在去的时候，尽量把相关工作人员带上。比如我们作为采购方，那就带上采购部的人，一个人为主，采购部的人作为专业技术人员出现；如果作为供应商，那就把技术部的人员带上，提供我们产品的技术参数等。实际上，主谈人的要求相对较高，各个方面都要掌控。谈得差不多，最后牵涉到跟对方专业人员对接的时候，就需要专业人员出场。并且谈判基本都不能一次性谈完，这跟大家要达成的目标有关系，每次谈判大家能达成一个阶段性的目标也可以。比如我们作为供应商，第一次可以先让对方对我们有认知，看能不能引起对方的兴趣，第二次送样，第三次对送样进行修整，第四次才真正下订单，可能要经过四到五次的谈判才能做得下来。如果我们作为采购商，也基本一样。有可能我们第一次要看这个客户提供的产品相较于我们的老产品有没有提升，对新产品开发有没有价值。有价值了，我们再进行第二步送样、测试，就性能参数进行一些对接。产品确认好后再谈服务，如结账日期、供应速度、配货等后续服务。接下来还会考虑实际使用中的性价比等。

问：您在刚刚就进行了一次谈判，能讲讲关于这个谈判的有关细节吗？

答：像我今天聊的就是一个劳资谈判，相当于我们要引进一个新人。这应该是他第三次跟我谈了，第一次我们先表达一下意向，他当时还在职。第二次是在第三方的办公室里，明确表明我们已经知道他现在离职了，那我们就把目的明确地跟他讲。第三次是在我的办公室里谈的，跟他谈我们公司的规划，未来的目标方向，把我们这个东西在他面前"秀"一下。今天相对而言已经谈得很深入了，他已经把他自己未来的工作计划，以及我们能够提供的一些条件讲透了，只是没有明确地说出数字而已。他能够做哪些事情，他建团队等一些要求，薪资待遇、提成等方向性的东西都提出来了，只是没有明确数字。明确数字为什么不说呢？因为到最后要到郑总那边去，讲这个数字的时候，实际就摊牌了，行就行，不行也就拉倒了。

问：企业在招商时候的谈判，是如何去做的？

答：如果是作为销售去和经销商谈，那又是另外一回事。首先经销商过来，要引起他对我们这个产品的兴趣，对他描绘我们这个行业的未来，以及他在我们这个行业里能得到什么，帮他进行投资分析，告诉他他能获得什么成就，是否切合他目前现有资源，分析他的成功率有多高。用这样的分析法会比较好。我记得去年有个客户，首批款打十几万元的。我首先对这个客户进行了初始判断，他能够投入多少钱。在沟通过程中，我判断出他对这个项目投资的预期是三十几万元；然后根据他的投资规模，判断出他能接受的首批款范围，最后订下首批款15万元，签订了合同。虽然每个客户谈的套路差不多，但是在谈市场规模的时候，要对不同的客户谈不同的方向。比如他现在年收入300万元，如果你跟他谈20万元的项目，他就没什么兴趣，因为收入太少了。如果跟一个刚起步的客户谈，你一下子跟他说一年能挣个一两百万元，他可能觉得这个东西太悬了，可能还会怀疑。我们跟客户描绘的市场前景是会在他现有的收入基础上，稍微翻一点，这样会让他觉得这个果实，稍微跳一跳就能够到，他就会比较信服。真的来客户的第一件事，我们就是看人。从他进我们公司开始，就开始分析他这个人，思考我们到底从哪个角度入手和他谈。然后通过基本的一些聊天，去了解他的层次，能够投资的规模。当然我们也有看走眼的时候，这个也是很多的，只能通过失败的案例积累经验，不断纠正。我当时谈过一个客户，他问我投资规模多大，因为我知道，他是做家具生意的，投资相对较大，就跟他说30万元，结果他跟我说太少了，他打算做一个300万元规模的投入，那也没办法了，因为口已经开了。有些刚开始的，你说个10万元可能就把他吓回去了，也有的。

问： 谈判的时候，会不会使用一些技巧和策略？

答： 谈判的策略关键就是看他的需求，实际上大家在聊的时候，引导更重要，太赤裸裸地用一些谈判技巧会把人家套进去，在我们目前这个商业环境下，其实不是特别好。人家离开这里后感觉自己上当了，其实不好。我们更多是给他们一种真正意义上的帮助，比如我们能做什么，明确一些东西的。可以有一些技巧，比如避重就轻，但不能有太假的东西。我这边用得最多的，一是看人下菜；二是避重就轻；三是有些话在不同的阶段去说，但是一定要说。在他没下定金之前，我们说的是这个行业怎么好，未来市场怎么大，投入产出比怎么高。当他签完合同，交完定金，我们谈的可能就是你做这个产品，可能会产生的风险，怎么去规避。这时候他就会比较认可。如果一开始说这个产品有哪些问题，他可能就会紧张。在刚开始的了解阶段，他有可能问我们这个产品有什么问题。我们不会主动提，但是他会在别的地方了解产品缺陷、行业问题等。他提出来了，那么我们根据他提出来的问题进行相应的回答、解释。问题是存在的，就看我们有什么样的解决方案。当我作为采购商去谈，我会给出同行的压力，他给我的价格、商务条件、付款方式、送货方式，他的同行是什么方式，问他能不能给出同等条件或者更优的条件。在不同的角色下，定位和讲话方式不一样。

问： 在谈判中，肯定会经常碰到讨价还价，您是怎么处理的？

答： 说到讨价还价，我们自己作为甲方的时候也会和对方讨价还价，这是很正常的，任何东西到最后一定会落在价格上。作为甲方的时候，一般来说先要价格，要完价格要服务或者更多的附加值，这是一方面。而如果我们是供应商，一般会避免和客户直接谈价格，会通过其他附加值的方式来给自己加分。直接谈价格对供应商来说是最不利的，这种时候，一是我们会讲我们的差异化或者说是稀缺性，和人家说我们的定价理由和成本结构，从各种方面去分析我们这么定价的理由；二是在需要让步的时候尽量先从服务让步，尤其是价格已经到达我们心理价位，不能动的情况下，这个时候就在服务上让步，尽量少做价格直接让步。在我们实际操作中是这样的，因为价格如果一动就会出现很多问题。假如说是工程类谈判，对方对价格很敏感，这个时候我们就会先用赤裸裸的价格去打动他，然后在条件允许的情况下，比如在我们具有竞争力的情况下，进行一些条件限制。比如说是在什么样的原材料条件下是这个价格，如果原材料价格变化我们的价格也会波动，有些服务细节能省的就省一点。如果不是竞争性谈判，就不是挖客户的时候，我们就会用高价格高服务的策略。但挖客户的时候我们就一定会用赤裸裸的价格优势，这个时候价格是最直接的，因为到最后其实落下来的时候，还是看价格。

问：谈判中遇到互不相让的僵局，您会怎么解决？

答：碰到互不相让的情况也是很正常的，碰到这种情况我们会选择冷处理，先停下来缓一缓，或者转移一下话题，看看能不能从其他商务条件入手处理，比如付款方式。一般来说，工程类的甲方相对来说会比较强势一点，他们报出来价格我们只有接受或不接受，而对于经销商的报价，我们是很强势的，基本上我们报什么价他就必须接受什么价，所以在不同的角色定位下对价格的敏感度是不一样的。有的时候为了促成一些成交，适当做一些让步也是正常的，但在让步的同时一定会有一个等价交换的概念，给客户什么样的优惠，对方也要付出相应的条件，除非是我们在很被动的情况下不得不同意。谈判实际上就是利益的权衡，是我吃下这个亏还是和他杠一下获得更多利益。当然利益不是一家的而是双方的，在谈判的时候我们也会去和对方谈这个，看能不能用更合适的方式，比如用供应条件去弥补一下。还有一种比较麻烦的是关于退换货的谈判。首先我们看自己在不在理，如果在理我们会提出一些要求。如果不在理，就不能强词夺理，利益还是双方的，但是我们可以把自己的困难摆出来，说明我们不能接受的原因。对方能理解那最好，如果不能理解，是我们的问题该处理我们就处理，不用强词夺理，否则反而会拉低自己的身份。有的时候是第三方的缘故造成的损失，而在第三方无法追责的情况下，我们就会商量大家互相让一步，一起承担。如果对方不理解不肯承担，那有的时候我们能承担就承担，但是有些情况下我们宁可不成交也不放弃自己的原则，其实还是看利益，看看赔东西和丢失这个客户比，哪个损失更大。有些一次性客户就可以适当放弃，而如果我们希望可以和他做下一次生意，看看这次利润也还好，我们能弥补就弥补。

问：可以说说您对"酒桌文化"的体会吗？

答："酒桌文化"像我们做经销商的其实无所谓。如果谈判双方是直接的利益谈判，那么我们直接和他谈利益就可以，比如价格、服务、周期。"酒桌文化"更多是指和代理人谈判的时候，这个人他有一定的话语权，但不是直接利益者，他其实是在侵占被代理人的利益。另外，在酒桌上讲话一般都是讲过就忘了，如果你想把它当真，那么第二天第三天一定要去强化，在酒桌上说得再好，再称兄道弟，再怎么给你保证都是虚的。如果要当真，必须要尽快地安排第二次见面，在清醒状态下去进行再次确认，否则讲完就拉倒，如果一周之内还没有第二次接触，这种谈完也就算了。

商务谈判 实战案例和经验解析

问：在谈判中，您比较喜欢和什么样的人谈判？

答：其实我们企业基本上就两种谈判，一个是我们作为供应商和客户谈，另一个是我们作为采购方和供应商谈。作为采购方我们更喜欢和专业型的人去谈，无论是采购配件还是其他物品，我们都希望和专业的人谈，因为他专业所以他能理解我们的需求，会减少我们的时间成本和未来的磨合成本，减少很多后续的麻烦，即使他的价格高一些实际上也是对我们有利的。如果我们是采购方，供应商专业对我们各方面都有好处。如果我们是供应商，则希望我们的客户不要过于专业，只希望他对我们的行业、我们的产品有认知，但是不能太专业，太专业意味着我们少了溢价的空间。其实有的时候挣钱就是挣信息不对称的钱，如果大家都是透明的，那整个行业大家固定的溢价率就这么多，也就没有什么高低之分了。如果大家都是10%，到最后就一家能做，因为大家的成本不一样，而他只能接受10%。如果透明，大家就没有秘密可言了，也就没有了世界的多样化。所以当信息不对称的情况下，我们就会多溢价的空间出来，因此我们希望我们的客户不是非常专业。但是他太不专业，太不了解这个东西的时候就又会增加我们的教育成本。我们会说有难搞的客户和好搞的客户，难搞的客户对我们是没有信任的，我们讲的所有东西他都会进行甄别，我要获得他的信任需要很高的成本。所以面对这样的客户，我们要显示出我们在行业里的专业。我相信所有的采购角色都是这样的，希望供应商是专业的，从而降低我们的采购成本。所以说我们的客户也希望我们够专业，我们也会尽力去做得专业，但我们不希望我们的客户太过专业，否则我们的服务等就没有存在的意义和价值了。

问：在谈判中，您不喜欢和什么样的人做对手？

答：其实我们最不喜欢的是不懂装懂的客户，他了解一点皮毛，但是他又不是真的懂，这是最讨厌的。他可能会用一种似是而非的概念去理解，你还要给他去纠正原先的观念和不正确的方法，但是当一个人形成这种固定思维，他有自己的一些认知判断的时候，你想去改变他的思想，这是很痛苦很困难的过程，基本上不可能完成。我觉得是当他有想法的时候，就算他心里认可你了，他也不会在你面前去表现，他有可能换个人去把认可你的观点进行转述。也就是说这样的人对我们来说有的时候会费力不讨好，像在帮别人教育客户。所以我们最不希望跟这样的人合作，不懂装懂又很挑剔。专业的人能互相理解，有共同语言，不专业但又知道一点点似是而非的概念，这个时候你最头疼。我跟他们分析，这种人都是有一种受迫害心理的，他总觉得别人要害他，对人缺乏信任。对人太缺乏信任这样也不好。他在我们这里不一定合适，在别人那里也不一定合适。这样的人很纠结。我们曾经碰到过一个客户，跟我们谈了三年到现在还没谈成，时不时就要来问一下，实际上跟他同一批做生意的，有的已经店都关掉了，有的已经生意挺好了，但是他还在观望。这种也真的是没什么意思，总觉得人家居心叵测的人，很让人头疼，也很讨厌。

问：可以谈谈您谈判失败的经历吗？

答：像我们平常谈客户，谈不成功的案例很多，也很正常。为什么呢？一是有的时候，我们的产品不适合人家；二就是我们在谈的过程当中没有抓住他的需求点，或者说他的需求点对我们来说是不匹配的，这种情况很正常。就像相亲一样，互相相不中也是很正常的。但是谈判技巧会有一定的作用，但最后决定的还真不是谈判技巧，或者说不完全是谈判技巧。整个谈判是否成交，我们作为供应商和这个客户来讲，其实很多时候的商务谈判只是最后的临门一脚，真正的决定因素还是互相匹配的问题。如果不能匹配，你球踢得再好还是没用的。其实很多时候客户一进公司，感观就已经定型了，你想再去转变人家的观念其实是很难的，所以我们很多时候要去做一些外在的事情。有时候看似功夫最后体现在谈判上面，实际上功夫不在这里，而在于我们这个企业的综合实力和形象，这个是一个长期的工作，不是说一天两天能够做得起来的。我们最后谈判，就看这临门一脚能不能踢得进，这是他当场的发挥。但是如果从大数据来分析肯定还是企业综合实力的对决，不是靠一个人两个人临时的那一下子，有的人会冲动，但更多的人会冷静。所以我们尽量在谈得最开心的时候，就是客户最冲动的时候，让他把定金交了，把合同签了。

问：如果不在这时候签，失败率会很大吗？

答：当这个客户说"我拿着合同回去看看再定"，或者"我现在这个钱不打，回去再给你打"，我可以说百分之九十都是失败的。我记得去年郑总讲的一件事，他谈的一个客户，他跟我说这个客户谈得很好，说他合同都拿走了，明天就来签，我和他说基本上不会谈成的，果然不了了之。就是一定要有临门一脚，在最后这个踢球中一定要"逼着"客户把这个合同签了，定金付了，这个工作才算暂时完成。再接下去就是对后续服务的一些谈判。在谈判中，尤其是招商谈判中特别重要的就是在"最热"的时候把合同签好，在他这把火还没熄灭之前一定要促成这件事，否则一定会变成空谈。在离开之后头脑冷静下来再去打这个钱的可能性不大，你前面谈得再好也没用。

问：具体怎么实施？

答：比如客户早上来谈，如果在我们前面介绍环节描绘完行业前景，没有进入逼单环节，他就要离开，那他离开也就离开了。如果进入逼单成交的环节，他犹犹豫豫或者有什么原因没有马上签单，那就把其他所有事情先扔在一边，一定要把这个单"逼"下来，什么吃饭喝水上厕所都放边上去，先把这个事情促成。这时候在不违反公司大的原则的情况下什么条件都可以答应，前提是不违反大的原则。因为当你进行到这个阶段了，他提出来要去做什么事情，要离开我们谈的环境，他一定会做出不一样的决策，所以说这个时候就是饭也不吃水也不喝厕所也不上，也要死盯着把这个单签下来，签完之后就该做什么就做什么。因为常常就是这样，你出去转一圈回来就不一样了。比如他说出去吃个饭，回来态度就马上不一样了，又要把话题从头开始谈，这样就会耗更多的时间精力。进入逼单环节就必须一鼓作气。

问：您觉得谈判的成功，最关键的是什么？

答：谈判只是面上的，最终的关键，像我们招商的时候还是靠我们自己企业的综合实力。我们在介绍的时候可以一点一点地讲我们企业的历史、实力、服务、产品，但是客户也是会观察的，我们谈的每一个东西他也会去评估判断，他可能让我说，但是他不一定认可我说的话。实际上每个人心里都有一杆秤。有些人能够接受我，有些人不一定能够接受。我们给他描绘的前景，他能不能接受都是不一定的。到最后真正成交，有一点是不容置疑的，就是他认可了我的企业，认为我的企业与他是真正相匹配的，否则是不可能成交的。有一些客户到我们这里来，其实进门他就觉得我们不够成为他的合作伙伴；有些人又觉得我们太高，他攀不上。如果认为我们够不上他，认为我们达不到他的品牌高度或者企业高度，他可能就放弃我们了。这个时候我们能做的就是尽量打消他的顾虑，我们有哪些地方是他没有看到的，我们会比他想象的做得更好。当然，他可以信也可以不信，信的我们可能就可以成交，不信那么我们其实就没什么希望了。还有一种就是觉得我们太高，够不到我们。对这种客户，我们会跟他讲我们贵的理由，我们这个东西比他原来想象的低价东西更加合适。有些人能够改变主意，有些人不能改变，这个是很正常的。如果不是互相匹配的，成功率就会一下子降低很多。

问：您觉得作为谈判人员，最重要的是什么？

答：像我们做招商的时候，最重要的就是专业、勤奋，还有做人，这三个是最重要的，谈判技巧并不是最重要的。每个人都是不一样的，我们招商谈判的时候面对的是不同的人。有的人可能因为你的谈判技巧不好而对你产生信任，你就是跟他平白直叙，他只要得到想要的信息就可以了，谈判技巧不是最重要的。因为专业，你能够给客户提供他想要的信息，这个很重要。勤奋就是概率的问题，别人一天谈十个，你一天谈一百个，他十个成一个，你一百个成两个，从结果来说，勤奋的人更好，这个是很重要的。不勤奋，谈判技巧再好，结果也不一定有勤奋的人好。谈判技巧是加分的，专业和勤奋是基础，勤奋的人如果有好的谈判技巧，可以说是锦上添花，但如果光有好的谈判技巧没有勤奋，根本就成不了事。谈判技巧不是最重要的，但是一个不专业的人肯定做不了这个事。像我们平时碰到招商谈判的事，主要还是观察，读万卷书不如行万里路，行万里路不如阅人无数。在聊的过程中要学会观察，见的人多了就会观察。当然一些基本的谈判技巧还是要有的，哪些内容可讲哪些内容不可讲、在什么时间点讲，是需要训练，通过练习不断地试错得出来的。但诚恳、对人的态度这些东西还是要平时自己修炼的。

问：那么谈判中最忌讳的是什么？

答：对人最忌讳的就是把虚假的信息给别人，这个是不可取的。一些不好的事情，本来是就是，不是就不是的事情，可以避开不谈，但不能把是说成不是，这个是不可以的。还有就是过分浮夸也不好。我们需要一些修饰，对我们的产品也好服务也好，有一些美化，但是不能过分浮夸。做不到的事情我们说得再怎么好，最后一定会打脸。我们可以做60分，说做到80分是可以的，但不能把不及格的事情非得说成100分，人品上一些诚恳诚信的东西是基本的，太虚伪的事情不可以做。我们大家谈的时候还是比较相信正直诚恳的人，在生活工作中也是认可这种人。如果这个人太过浮夸或者油腔滑调，大家还是会忌讳的，总归还是担心自己会不会在这个市场上吃亏，在别的事情上也是一样的。

谈判经验解析

通过这次访谈，我们对于商务谈判的重要性，办企业的复杂、艰辛都有了更深入的了解。我们了解到，办企业需要处理各个方面的问题，而正因为此，商务谈判在各个场合也都发挥着重要的作用。这次访谈主要可以总结出以下几点：第一，商务谈判其实归根结底是做人。从长远的角度来看，技巧不过是锦上添花的东西，以德服人才是最好的谈判技巧。当然，在访谈之中，我们仍然收获了很多谈判的技巧。我们认为使用谈判技巧是无可厚非的，毕竟从商不是做慈善，我们也需要争取自己的利益。达成双赢就成了我们需要去做的事。第二，商务谈判在整个企业的经营中发挥着重要作用，但却并不是企业经营的根本。我们可以去追求更好的谈判技巧，但是办企业还是讲究脚踏实地，踏踏实实做产品、做服务，努力提升企业的综合实力，企业的综合实力是谈判的基础，是谈判的最有力武器。最后，感谢巫经理为我们的访谈做出的回答，让我们在这次访谈中收获了很多实践得来的经验，为我们上了十分有意义的一课。

启发思考题目

1. 谈判者应该给对手什么样的第一印象？
2. 如何理解"企业综合实力"是谈判的有力武器？
3. 你认为影响谈判成功的主要因素有哪些？

（访谈及资料整理：郑浩、周家春、杨志颖、王志诚）

3.2 "先谈价格，别人会比较敏感"
——对环保材料公司副总经理的深度访谈

访谈情况概要

受访人：S×。

个人简介：男，27岁，浙江××人，××县××环保材料有限公司副总经理，

商务谈判 实战案例和经验解析

主管销售,并涉及外贸事务。
  访谈时间：2010 年 5 月 2 日。
  访谈形式：面对面访谈。
  访谈地点：受访人办公室。

访谈内容记录

  问：您好,很高兴您能接受我们的访谈。首先,可否为我们做一下自我介绍?
  答：你好,我是××县××环保材料有限公司副总经理。我们公司现在主营的是关于污水治理方面的药剂和一些服务。
  问：请问您平时在公司,对于您的职务来说,主要涉及的业务是什么?
  答：其实我们公司不大,应该说是一个小公司,所以我什么都得干。所以说不是只有某一块是我主管的,而是基本都会涉及。比如说最基本的,从销售到货物存储,到物流,包括开票,我一般都有涉及。
  问：您觉得你们公司的经营方向是什么?或者说运作的方向是什么?
  答：运作的方向就像前面我讲的,就是推销我们公司的药剂。在××县,污水治理上的需求量还是蛮大的。××县印染厂家较多,因此我们要向更多企业推销我们的药剂。我们最大的合作方是××水处理发展有限公司(××污水处理厂),它应该算是一个国有企业,污水处理规模很大,如果做下来利润还是比较可观的。
  问：嗯。就是说你们公司的主要业务是将粉剂推销给印染厂家,让他们采取这样的污水处理方法。
  答：应该说是。我们这道药剂环节在传统的污水处理程序里是没有的,是我们后来新加进去的。当然这也是我们认为的一个机遇吧。可以说是把我们的产品推销给他们,让他们接受这样一种方式来治理污水。
  问：您应该接触过很多不同的客户,因为您要把产品推销给不同的客户群,是吧?
  答：嗯,不少。从上到下,不同工作岗位的人都会遇到。
  问：平时洽谈是您一个人呢,还是带着下属一起呢?
  答：都有。
  问：您推销的方式是什么?您会直接表明立场还是会和客户先谈一些其他事情?也就是一些题外话。
  答：因为我们是个小公司,所以采取的就是你说的那种最直接的方式。有时候有捷径,比如通过亲戚、朋友的介绍找到他们,这样就可以直接切入主题。像你说的后一种情况也有,一般来讲,这个得分地区。因为就中国来讲,不同的地区不完全一样。在江浙这一带,很多私营企业的老板,事业从无到有,应该说是在"曲线"的世界里长大的,也就是说是在一个注重人情、关系的社会环境中成长起来的,所以直接表明立场和他们去谈，成功的可能性较小，但不是说没有。我说的是两者都有，任何业务都有一个过程。任何一个行业都是通的，如果说前面几个客户使用了我们的产品效果较好，他们就会推荐给其他客户，甚至都不需要我们自己再去跑。

问：在这些具体的谈判之前您都会有一个比较详细的方案吗？也就是说，应该会有产品最低价和最高价的谈判目标吧？

答：那当然，最高价就是我们比较满意的一个成交价，最低价就是保本销售价，再低就无法谈成功了。总的来说，我的做法就是：无论这家厂家是做还是不做，他或许对我们的产品一点不了解，那可以，但要是有所了解，我会采取当场试验的方式来验证我们产品的质量，保证我们的良好口碑，让他们相信我们产品是好的。当然除非他们觉得成本太高，用不起，或者是有些厂家的设备无法匹配，用不了。反正我们最主要的原则就是要保证口碑，这对一个企业生存下去是至关重要的。

问：您是通过什么指标或者因素来确定这位客户是否可以争取呢？

答：这个很简单，优质客户第一使用的量比较大，第二使用量是比较稳定的。优质客户是我们的第一大追求。想要判断的话，像印染厂，我只要去他们厂里看看他们的污水池，再看些基本的数据就能知道。一般××县的中小型厂家的污水日处理量为两三千吨，大一点的五千多吨、一万吨。像我前面讲的××污水处理厂，是国有单位，在世界上工业污水处理厂里面也算是大的，一天就100万吨。所以从污水处理量就能知道我的销售量有多少。至于销售能不能保持一定的数量，保持一种比较稳定的销售，保持一种很好的合作模式，这就可以在和老总洽谈时明确。这也要根据这个老总的性格，对洽谈方式进行具体的安排。

问：您在和这些私营企业老总洽谈前会做些什么具体的准备？

答：第一点，就是了解当地政府给他的指标是怎样的，这个关系比较大。如果政府给某个印染厂的指标较低，那我们基本就不用去了。像××县，去年开始污水的基本处理费上升到2元/吨，以1000个COD⊖为标准，要是超过100个COD，每吨就会加2～3角。但是对印染厂家来说，我知道的最高的一家，每天污水排放的罚款，达到7元/吨，一般一天两三千吨污水，那每天它将要损失多少钱？这也是我们要将产品推销给它们的基本理由。

问：除了这个，您会去企业实地勘察水质的状况吗？

答：这个肯定需要，这是第二步。知己知彼，才能百战百胜。因为我们的污水处理方法是在传统的处理方式上再加上我们这道药剂，因此我们需要首先判断厂家的原始处理方式是正确的还是错误的。我们除了卖药剂外，还有服务支持、技术支持，我们到时候就能一并带上。因为这个产业嘛，服务也是其中很大的一块。有些

⊖ COD（Chemical Oxygen Demand）即化学需氧量，它是以化学方法测量水样中需要被氧化的还原性物质的量。COD指标作为有机物相对含量的综合指标之一，它反映了水中受还原性物质污染的程度，COD越大，说明水体受有机物的污染越严重。

商务谈判 实战案例和经验解析

污水厂家，它们在技术上做得并没有那么好，并没有形成一个良性的循环，它们只是应政府要求建造了污水池，但管理上都是非专业人员在做一些实践操作，所以会有不足。

问：那您在洽谈时会直接找他们的老板还是找部门负责人？

答：一般首先是找部门负责人。先和他们交流再接洽老板，肯定要老板知道的。和他们（老板）单刀直入也没关系的，因为毕竟拍板的是老板，拿主意的也不是他（部门负责人），当然要和他（老板）沟通好。

问：您在和他们的接洽过程中有什么感触？

答：首先，因为你不是去向人家讨债的，所以肯定不能摆一副高姿态，这是最基本的一点。要是摆高姿态出来，那说真的人家根本不理你。然后还得看这个老板是否了解你的产品。特别是对于不了解你产品的客户，谈的过程中要抓住他的一个中心点——客户最关注的就是能否给他创造更大的价值。所以我在一般的客套话之后就要抓住他的死穴，即能不能给他降成本。对于一个企业来讲，成本是它的死穴，做污水处理本身就是多出来的一个程序，所以企业不愿意在上面花很多钱。他们对污水处理又不是很了解，主管的人也不是这个领域的，不具有专业的知识。所以我第一个要讲的就是先取个水样，测量COD，因为收费的一个主要标准就是COD，要看加过我们的非传统药剂之后能否达到最基本的政府指标。我们至少能降低政府额外收费，用以前的政府额外收费减一下现在的政府额外收费，差额（即降下来的费用）就是我利润的来源。当然这个利润我是要和他分的。那接下来就是我如何让他相信我，这个当然是细节问题了。总之，这个就是最关键的东西。

问：现在谈下一个问题。当老板接受了您的产品，在谈价格、成本等细节问题之前，您会直接讲明你们的开价吗？

答：不会，就像我刚刚谈的，我们产品用量不大，但每吨产品价格高，利润额不错，所以如果首先谈价格，别人会比较敏感。普通药剂的价格是比较透明的，但我们的产品比较新型，没有价格标准，如果我们和他们一开始就谈价格，他们不容易接受。所以对那些觉得产品好并会给我们推广的厂家，我们首先要想的不是钱能赚多少。当他们问我们价格时，我们会说"价格来自于你的良心，我们把产品免费给你们试用一个月。"因为国家收费标准是按月的。我们给他们做下来这个项目，如果效果好就会产生良性循环，到时候再和他们讲价格。因为我们现在和他们讲价格，他们是不会相信的，所以我们免费给他们试用一个月。我们派技术专家来帮他们调试，运转良好之后，看国家对他们的污水排污罚款是多少，如果减了，就看减了多少，再来谈价格。我们提出这个方法来，老板一般会欣然接受，因为我们没有一开始就向他们要钱。

问：所以一般你们给他们免费使用一个月？

答：对，如果效果好了，我们继续谈，效果不好我们什么都不用谈。

问：如果到时候他们开了一个低于你们成本的价格，那怎么办？

答：价格不是他们开的。

问：当你们的试用期过了，您向对方开价格的时候，您是不是直接报出价格的？

答：一般来说，通过整个月的试验，从最后国家对他们的罚款数目额减少来看，价格将是在那个利润之内的，并且我们报出那个价格时，心里是有底的。因为有了整一个月的试用，老板能看到给他们省钱了，所以很难拒绝我们的产品。

问：如果对方觉得您开出的价格过高，怎么办？

答：一般我们在谈价格的时候，会确定我们的立场，这个时候我们已经从被动方变成了主动方，要不要降价是我们说了算，不是他们。我把这么好的产品给他试用，帮他降低成本，使他们企业的运行更稳定了，应该是他"求"我。

问：会不会存在一种情况，他们用你们的产品，成本和减少罚款的差额不大，那这时您用什么方法说服他们继续使用？

答：我们会取他们污水的原样，检测他们现在处理污水的COD多高，我们自己做一个COD的指标，通过我们给他们技术支持，进行配比。我们心里早就有个数，比如他们希望把COD从3000降到了2000，而我们把它们降到了1100、1200，这个时候我们和厂家谈会比较有底。如果他们本身处理COD还不错，我们在成本上也不大好开口，这个厂家我们也许会选择放弃，因为对于我们这个小公司来说，这样无法保证我们的利润。

问：如果对方在这个基础上开价还是不能达到您的预期怎么办？

答：一般来说通过一个月的试用，我们会测算，他们真正能够省下来的钱我们还是有底的。另外，通过他们这个月的试用，他们对我们的产品还是比较有信心的，并且会产生依赖，我们就从被动方变成了主动方。

问：如果您开的价格对方不能接受，你们会怎么更进一步说服对方呢？

答：一般来讲，我们首先会考虑到他们的基本意见，成本是最关键的。最简单的，我们给他们做个基本的计算，把数据列出来，让他们看看他们节省了多少费用。当被动变主动后，相对来讲就容易了，对方往往就会放低姿态。当然，也可以给他们优惠，一般可以给他们将近5%的优惠，但是我们会说明白的，仅限于前面的几家，比如说五家，别的厂家是不享受的。当然，等市场扩大之后，又是另一番景象了。

问：如果您之前说的可以优惠的厂家数目已经达到（比如还是五家），您会不会对第六家说它也是在五家之内的？

答：不会主动上去说的，因为后来的客户可能都是原来的老板介绍的，可以对他们说明情况，并建议他们尝试一下一条龙服务，将服务提升到另一个比较先进的流程。

问：如果在这个基础上，你们关于价格的问题还是不能达到一致，你们会不会采取现在常见的送赠品等方法？

答：其实这也是我们的卖点之一。如果价格实在不能令双方都满意，我们也会对厂家说："如果你们能操作好，我们可以给你降价，但我们只出物力，你们投入人力。"但如果没有一系列的技术支持,一切还是很难达成的。这种技术支持,比如说药剂的使用,我们公司愿意承担。

问:像买车一样,你们公司有没有售后服务?

答:有的。这一点我们会在谈价格的时候就提出来,但我们是有底线的,相差不能太大,不然容易导致其他客户对我们不信任。

问:价格谈不拢,起身走人以暗示对方降低底线这种策略你们用过吗?

答:如果是上街买一些小物品时是可以的,但如果你在正式的生意场合,这样做应该说是不礼貌的,一般我们会坐下谈好。若是确定谈不好,我们也会握手,希望下次仍有机会合作。直接走人很有可能会使客源流失。

问:您觉得是一个人去推介比较好还是结伴去好?

答:我们为了培养新人,一般来讲都会带一两个新人去,让他们实地学习一些谈判技巧。

问:平常会对新人有意识地进行培养吗?

答:会的,一般都有固定的几个,不可能一天换一个地带新人。

问:谈判的过程中会用到哪些技巧,比如说激将法、声东击西、唱红白脸之类的?

答:在我们推介药剂过程中,如果技巧用多了,反而对自己的谈判不利。对方作为一个企业老板,他见识多了,懂的一般都比我们多。所以我们一般都是真诚推介,比如说可以让他们先免费试用一个月,让效果说话,可以一个月后再谈。

问:在经历了这么多次实际交涉的情况下,您对于商务谈判在实际工作中的运用有什么经验呢?

答:首先要真诚,相互之间都坦诚点。但防人之心也是要有的,太坦白也是不可取的。真诚的同时也要带有一定技巧,比如说,对方信任我们的产品、公司之后,他如果希望价格上能有些松动,这时候我们就要有些技巧了。比如说,如果实在谈不拢,我们会选择撤走,这样对方会有一丝紧张,因为这对他们的生产一定会产生影响。这当然是带有一点小威胁的意思了。而这一般只会运用在一些"刁蛮"的客户身上。

问:在经历了很多商务谈判之后,对您印象最深的谈判案例是什么?能和我们分享一下吗?

答:我从事销售只有两年半的时间,除了环保公司的销售业务,我自己还做布匹的销售。因为柯桥是中国轻纺城嘛,布的销售是很好的,所以我自己也做一点这方面的业务。我们厂家有自己的方法,叫"三星化"。第一是人性化,第二是技术化,第三是设备更新化。在这个方法下,我们的产品质量都是过关的。但在2009年,我碰到了一件让我最为难的事,当时来了一家杭州的服装公司,他们来订货,定了3万m布。当时我给他们的价格是5.2元/m。对方就要求一定要质量第一,信誉第一。我对他说:"放心,只要质量有问题,一定退货。"对方陈经理说相信我们。当时他向我提出一个要求,因为他是做服装的,在布生产上有些专业技术他们是不知道的，所以要求我们把布拿去加颜。他给我们1万元押金，当时说给我们10天时间，但后来拿到印染厂说10天时间不够。我对陈经理说再加15天一共25天，当时说好货到付款的，并且陈经理在定下合同后就到美国去了。交货时间到了后，我马上打电话给陈经理，陈经理说我们报多少钱，他马上打过来。做布是我们的强项，在手续上面我们却外行了。由于有个人粗心，我们少给他们5个缩率，导致布的紧密度不对。第二天陈经理打电话说质量不好，并马上把布拿过来了。经查看，原来是缩率不到。这的确是我们的错。老总批评我，问我怎么管理的，因为从来没有发生过这样的情况。我对陈经理解释了半天，最后以每匹布少收他0.5元才解决。经过这件事情后，陈经理仍然在我们这里订布。从这件事中我懂得了人要生存在这个世上必须要诚心诚意，有点虚假别人就对你不信任，不信任你你就不能生存在这个世上。

问：好的，非常感谢您能在百忙之中接受我们这次访谈。
答：这也是我的荣幸。谢谢大家。

访谈心得感悟

节能减排是我国相当长时期内的一个重要问题，相应地，环保产业也是相当长时期内的一个朝阳产业。通过和S先生的访谈，我们不仅了解到很多污水处理和污染物减排方面的知识，还学到了商务谈判的很多实践技巧。从S先生的讲话中，我深刻体会到以下几点对于成功的商务谈判非常重要：第一，谈判前要做充分的准备。例如，对××县××环保材料有限公司来说，谈判前会了解当地政府给对方企业的污染物削减指标，去企业实地勘察水质等，真正做到知己知彼、百战百胜。第二，价格谈判应遵循价值在先、价格随后的报价策略。例如，先把药剂免费给对方企业试用一段时期，并派技术专家帮对方调试，等对方看到产品的显著效果后再和对方洽谈价格，这就大大提高了谈判的成功率。第三，在商务谈判及其他商务活动中，相互之间的坦诚、真诚是必要的，也是非常重要的。当然，生意场上防人之心不可无，太坦白也并不可取。

启发思考题目

1. 商务谈判前应该从哪些方面进行谈判准备？
2. 如何判断和评价谈判准备是否充分？
3. 有人说"价格谈判应遵循价值在先、价格随后的报价策略"，你是否认同这句话？为什么？

（访谈及资料整理：王雅婷、王文婷、吴筱姗、唐璐、陈莉、陈莉清、王建明）

3.3 "不能一下子把底线放出去"
——对针织公司副总经理的深度访谈

访谈情况概要

受访人：夏武平。
个人简介：宁波新明达针织（集团）有限公司副总经理。
公司背景：宁波新明达针织（集团）有限公司从1974年开始生产针织服装，是宁波地区最早生产针织服装的大型工贸一体化集团，集贸易、织造、染整、水洗、成衣、绣花、印花为一体，拥有十几家国内全资工厂和一家外贸进出口公司。企业现有员工10000人，资产达15亿元，产品远销美国、加拿大、日本、欧盟、中南美、中东等国家和地区。
访谈时间：2013年11月3日。
访谈形式：面对面访谈。
访谈地点：受访人办公室。

访谈内容记录

问：夏总，您好！我们今天就商务谈判想请教您几个问题。我们了解到贵公司在服装行业中有一定的名声及地位，贵公司对很多国际知名品牌进行生产承包，想必需要与各类客户接触，进行商务上的谈判，您能否向我们讲述一下现在企业间的谈判形式呢？

答：我们企业谈判的现实情况，并不是双方在谈判桌前坐下来对产品、价格、交货期等方面进行谈判。宁波新明达针织（集团）有限公司是一家工贸一体化企业，主要经营合作生产的品牌有阿迪达斯、匡威、耐克、A&F、Lee、AE（美国鹰）、迈克·科尔斯、极速、休普瑞、博登、极度干燥、优衣库等。产品基本上是100%出口，谈判双方来往不方便。另外公司的销售对象都是国外的大企业，订单很可能是一整个系列的，单笔订单能够达到几百万美元甚至几千万美元，有许多具体事宜需要洽谈，某些订单的谈判时间可能达到一个月甚至两个月的时间。在谈判桌上谈判势必会耗费大量时间。在这种情况下，几乎所有的交易谈判都是先以邮件的形式进行相互报价的。如果邮件的形式价格确定不下来，才会与客户坐下来面对面谈判。

问：夏总，是否能向我们讲述一次您经历的典型谈判呢？

答：我说一次最近的具体谈判经历吧。这个季度正在做美国××品牌公司的一笔80万件的订单，这是上个季度已经谈下来的。客户先发邮件过来，要做的款式是带帽拉链衫，客人有一个目标价过来，是7美元/件。一般这样的邮件过来，我们都会报价回去的，这次我们的报价是8美元/件，但是客人说太高。我们报价前都会去各地询价，针对一些原材料，如面料、辅料、拉链等，都要货比三家，看哪家品质好、价格优惠。这次我们选择的是广东的一家面料公司。我们核算好成本，加上自己公司的利润后把价格报给客户。但客户说价格太高，我们就要再次去各地询价，核算成本。这样来回报价几次之后，和双方预期还是有距离，我们报了7.5美元/件，但对方还是没有定下来。双方就约定时间，我们去客户的公司。有些客户有时间会来我们公司，但是因为我们是接客户的订单，所以一般都是我们去拜访客户的公司。一般公司都会有洽谈室的，这次也是一样，在客户公司的一个洽谈室里，大家坐下来协商洽谈。我们把资料都拿出来，客户提出这个款的订单价格在印度尼西亚是多少，在越南是多少，我们新明达是多少。他要求的价格是7美元/件，这在印度尼西亚是可以做的，在越南是7.1美元/件，而我们要求7.2美元/件。客户用其他厂商的价格来压我们的价，但是其实我们报的这个价已经很低了。我们就谈自己公司生产的优势来提高价格，我们在品质、交货期这些方面都是有优势的，中国在出货赶货这方面的能力都很强大，这点国际上都是知道的。另外在品质方面，东南亚产的和在中国产的不一样。中国产的在商标上都注明"中国制造"，拿到美国去卖，在中国产的就是比在东南亚产的要好卖，我们有一个销售优势在里面。但是××品牌公司说现在美国销售市场不景气，仍然不肯退让。我们就提到了我公司的工厂优势，因为我们是一个集团企业，有印花厂、绣花厂、水洗厂等，我们是一条龙生产的，印度尼西亚等厂家有印花厂但是没有水洗厂，我们在一体化管理以及品质方面都是大大优于它们的。根据这个订单，我们公司可以按照客户衣服的款式和要求配备一整套针对性的设备和人员，因为我们不是几百人的小企业，我们有实力这么做。这点他们也承认，最后我们退一步，客户退一步，是以7.1美元/件成交的。

在这次谈判中，把价格从7.5美元/件降到7.1美元/件这样大的让步也是有原因的，因为××品牌公司订单是80万件，折合人民币是3000多万元。这个订单大，对公司有一个连续生产提高产能的效应。服装行业与其他行业不同，它是一个劳动密集型制造行业，不需要像重工业一样有精确的数据去提高精密度。服装行业主要讲究品质和产量，凭借公司规范化、目标管理、经验积累来提高产量。对于80万件的订单，工人第一个星期学，第二个星期就熟练了，效率就能提上去，技术也能提上去，就能带动产量的提高了。因为我们谈的是一个大的系列的订单而不是一个款，这样我们能够弥补价格上的退让。另外，××品牌在美国是非常知名的，特别是它的少女装，在美国基本上就是服装的风向标。我们接下这个单子，非常有利于我们公司提高自己的知名度，同时大笔订单有利于带动公司其他产业的运转，保证工人的工作。就像我们现在和优衣库合作，它的规模产能都是很大的，有利于我们了解市场需求。所以说，我们的这次谈判以及交易从长远看有比较大的利益，因此是比较成功的。

我们把大的方面——价格谈下来之后，整个谈判基本上就已经谈成了。价格没有定下来就什么都不用谈。之后再一款一款把客户下单日期、交货日期等谈下来。因为在报价前客户就有一个大体的时间信息在邮件里发给我们，所以在时间上不会产生太大的分歧。如果有争议，都是长期合作的客户，双方之间也都是可以沟通的。这次我们最后商量的是 80 万件分批走货，11 月初走 30 万件，11 月中旬、下旬分别走 20 万件、30 万件，采用一个滚动式走货的方式。国外是非常注重诚信的，对于到期来不及生产是没有协商余地的，要自己承担。一般服装从中国到美国都是采用海运的，大概花费 20 到 30 天的时间。空运成本太高，但是如果来不及就只能用空运，一星期时间就够了，运费就要我们承担。但是对于客户来说，这方面中国厂商本来就比东南亚厂商有保证，一般在交货日期上不会出太大问题。这样谈成之后，客户下订单，我们做好样衣，客人提出修正意见后确认，就开始生产了。

问：在这次谈判之前，贵公司是否做了大量的谈判前准备工作？

答：是的。在谈判之前，我们首先要去了解客户的订单、交货日期、可操作日期，以及服装的款型、制造难度，还要了解客户要求产品的面料，具体包括面料的质地成分和特殊性能等。因为同样一件衣服，客户要求服装有快干、防臭、阻燃等功能时，面料的价格有很大差异，会造成衣服成本的不同，所以这些都是要提前掌握的。另外，要了解客户的验货要求，因为我们要以客户查货验货的标准来生产。这之中生产的难易程度也会对成本造成一定的影响。还有，在谈判之前也要了解以怎样的方式出货，如客户是不是做 FOB（离岸价）的。FOB 是指我们把货做好送到港口，货离港我们的任务结束，之后运输的风险我们就不承担了。我们是做 FOB 的，把货送到宁波港就行。但有些客户会要求把货送到美国，这个要了解清楚。最后最重要的是了解清楚付款方式。付款方式有许多种类，如前 T/T（货前付款，即收到 T/T 后或确认货款到账后才发货）和后 T/T（货后付款，即发货后要求客户电汇付款）。做前 T/T 是风险最小的，如果是做后 T/T 的，那就要对客户的信用进行评定。如果一笔几百万元几千万元的款拿不到，那企业肯定就会倒闭。

问：您能否告诉我们一些谈判的专业技能技巧？我们在谈判前后和谈判过程中需要注意哪些事项？

答：在谈判过程中确实有许多我们需要注意的地方。首先，和客户约定了时间谈，要先看是哪个国家的客户，因为日本、美国、欧洲的客户特点都是不一样的，语言、时间、礼仪各方面都要注意。有的客户习惯在谈之前坐下来喝喝咖啡，聊聊天。现在一般约了两点，就是两点准时开始。我们都是去接客户的单子的，我们必须等客户，不能让客户等我们，那样是没有礼貌的，但是不用去太早。另外，在谈判时，我们肯定有一个心理价位，但是不能一下子把底线放出去，一开始要听听客户怎么说，看看客户的反应。在谈判之前要多了解整个大市场里各个商家的价格，因为客人也是货比三家，他们会利用其他商家的价格来压我们，比如印度尼西亚的劳动力成本低，一般报价会较低，但是我们不能完全相信客户所说的其他商家的价格，因为他的目的是压价，所以我们只能参考，要自己分析市场。

访谈心得感悟

通过对宁波新明达针织（集团）有限公司副总经理夏武平先生的深度访谈，我们学到了许多国际货物买卖谈判的相关知识：第一，在与客户谈判之前，要做好充分的准备，准备好谈判时可能用到的资料。第二，谈判之前要对客户做基本的了解，了解客户的习惯、当地的风俗，这有利于之后的谈判。例如，货物买卖谈判之前要了解客户的订量、交货日期、可操作日期、服装的款型、制造难度，还要了解客户要求产品的面料（包括面料的质地成分和特殊性能），另外要了解客户的验货要求、出货方式和付款方式等诸多方面，同时对客户的信用进行评定，以防交易后期的风险。第三，谈判过程中要保留心理价位，但是不能一下子把底线放出去，一开始要听听客户怎么说，要根据客户的反应调整价格。第四，谈判时也不要一味死抓价格、斤斤计较，要结合客户订单数量，考虑公司的长远利益，适时合理地降低价格。

启发思考题目

1. 国际商务谈判在哪些方面不同于国内商务谈判？
2. 在商务谈判中，文字沟通与面对面沟通存在哪些不同？

（访谈及资料整理：周沂、杨婷婷、夏琪巧、王建明）

3.4 "谈判只是一种'术'"
——对电气公司副总经理的深度访谈

访谈情况概要

受访者：H×。
个人简介：1996 年在 J 省经商，做电力电气产品；2003 年至 2013 年合资创办 S

市××投资集团,担任变压器公司总经理;2013年至今担任××电气有限公司副总经理,具有资深的商务谈判与企业经营管理经验。

公司背景: S市××投资集团有限公司是集科、工、贸、实业投资于一体的全国大型无区域企业集团,旗下拥有多个全资公司,涉及电子、房地产、信息技术、国际贸易等多个领域,在全国各大中城市设有600多家办事处、销售公司,拥有控股生产企业81家,对外加工合作公司300多家。××电气有限公司是该集团旗下一家具有现代化生产规模的专业生产制造高压输配电电器的骨干企业,主导产品有高压隔离开关、高压真空断路器、高压电力计量箱、组合式互感器、氧化锌避雷器(出口型)、过电压保护器、阻容吸收器、跌落式熔断器(含出口型)、柱上多油断路器、负荷开关、六氟化硫断路器等。

访谈时间: 2019年6月8日。

访谈形式: 面对面访谈。

访谈地点: 受访人办公室。

访谈内容记录

问: 您能做一个简单的自我介绍吗?

答: 好的。1996年我在J省经商,做电力电气产品,后来合资创办S市××投资集团,现在担任××电气有限公司副总经理,兼互感器公司总经理。

问: 请问您是怎么看待商务谈判的?您在工作中运用得多吗?

答: 我们每天都在进行商务谈判,销售产品时要谈判,采购材料时要谈判,和客户技术核对时要谈判,包括和公司员工签订劳动合同时也要谈判。还有企业里面的改革、公司的兼并等,只要有涉及利益和争端的都要通过谈判来解决,因此谈判是非常重要且无所不在的。

举几个小的例子吧,比如上面说的销售产品,我想要和客户签订一份合同拿下这个项目,首先我要去了解对方的需求,知己知彼才能百战百胜。了解清楚对方的需求后那就要准备好我的产品资料,还有要明确我的谈判优势等,做完这些工作,并摸清楚对方的底线后就要和对方进行商务谈判了。谈判开始后要向对方介绍企业、产品、品牌等,介绍的时间不要太长,也不要说得太高大上,只要让对方认可就可以了。重点要介绍我方的优势在哪里,如何能满足对方的需求,让对方能把项目放心地交给我方。谈判时一般双方最关心的问题是价格、交期、质量、服务、付款方式等,那么就在这几点上重点谈判。

问: 您对商务谈判有很深的见解,那请问您有印象比较深刻的谈判案例吗?

答: 企业经营都是在谈判中度过的,要说比较满意的是在2008年时的一次谈判。上海一家企业经营不善面临着倒闭的风险,对方主要是没有好的销售团队和网络,老板又是很谨慎小心的人,不敢在销售上投资,但他们的技术又是很好的,特别是他们手上还有一种生产原材料的进货渠道。而我们有很好的销售网络,但是没有技术，也没有这种原材料的进货渠道。我们在拿到这种产品的订单后到处找这种产品的供应商，一次偶然的机会了解了他们公司，起先也和他们合作一两次，在合作的过程中更深入地了解了他们公司的情况，他们有意和我们合作。当时我们三个合伙人就和对方约定好时间，然后开始了谈判。第一次只是谈些意向性的东西，也谈一些这个产品的趋势，先说动对方让他觉得这个产品还是可以做的，再介绍我们的优势，但我们就是故意不说和他们合作。接下来在他们那采购产品时，他们主动提出来是不是可以和我们合作兼并，这时我们掌握了主动权。当然，当时我们还是开玩笑地说你们不是技术很好吗？他们却摇摇头说他们以为只要把产品做好就不怕没人买了，哪知道现在生意惨淡。后来就再次约定时间，大家一起谈谈。这时我们还是三个合伙人一起，在谈的过程中一个人唱红脸说这样的合作一定会有很好的结果，一个人唱白脸说他们的公司这里差、那里差，搞不好会影响我们公司的运营。最后我们不出一分钱，把他们兼并在我们公司名下，成了我们公司的分公司。当然他们因为我们的销量，最后得到了更多的业务与利润，同时我们也得到了分公司的产品技术，也得到了利益。

失败的经历也很多，印象深刻的一次是想兼并上海一家知名国企。他们是我国第一家生产某种电气的企业，当时因为各种原因已申请破产，员工还有200多人。我们只是个知名度很小的民营企业，如果兼并成功对我们来说那是上了好几个台阶。前期我们进行了三个多月的准备工作，但后来在谈判的过程中出了差错，最后导致失败的后果。当时我应该只有二十五六岁吧，没能沉得住气，对方提出了非常苛刻的要求，要求解决他们所有员工的工作、养老保险还有住房等问题，并且提出要马上付2000万元到他们账上，而当时他们的净资产只有700多万元，所以我直接在谈判桌上坚决反对，最后是不欢而散。后来他们另外参加谈判的人说当时他们也是故意提高了条件，好在后期进行讨价还价。那次之后我也总结了教训，不能相信对方第一次所说的，有时他们只是为了试探你的底线而已。

另外还有一次是销售的谈判，当时是江苏的一家供电局，需要采购一个项目上的产品，产品的总金额300多万元。使用方指定用我们品牌的产品，得知这个信息后，我们就过去和供电局物资部去谈判，价格和交期方面对方没有意见，但是付款上对方提出要留10%的质量保证金。当时我们想的是使用方指定用我们的产品了，为什么还要留这个保证金，就算是不给他们留，他们也要采购我们的产品。所以当时我们的态度非常强硬，一点质量保证金不留，最后沟通到下班时对方还是没有同意，我们就回去了。在回去的路上，对方打电话说和领导沟通了，只留5%的保证金。但是我们还是坚持不退步。后来这个项目他们通过说服使用方而不和我们合作了。这次失败给了我们一次深刻的教训：谈判时也不能一味地强势，必须要相互让步，最后才达成双方的共赢。

问： 我发现在刚才成功的案例中您会使用红白脸的技巧，请问您在谈判中还会运用哪些技巧？或者说在上面的谈判经历中您收获了什么经验？

答： 商务谈判其实是一种艺术，每个人都有不同的技巧，每个人在使用这些技巧上的效果也是不同的，要顺势而为。我觉得谈判时：

一是要了解谈判主体的情况。对所在的行业要了解，必须要先把功课做足，对要谈的产品要了解。比如：要找供货方，那要先对该产品所在行业了解清楚，这个产品是不是要被淘汰的产品，或者说这款产品是不是发展潜力很大，技术含量有多少？市面上生产这种产品的厂家有多少？他们的价格是多少？他们要求的付款方式是什么？

二是要了解谈判的对手的情况。谈判对手在这家企业是什么职务？他能不能拍板？如果跟一个不能拍板的谈，那就成了闲谈了。还有对方是不是也有意向合作？当然一味地想是无用的，还要做公关工作。这个人的性格和工作方式也非常重要，他是小心谨慎的人还是一个豪爽开明的人？这些都很重要。除了谈判的人员以外，还有对方的企业情况，他们最急需的是什么？他们在经营中有什么问题等。有时一个细节就能决定成败。谈判时还要学会察言观色，注意对方的反应。

三是要共赢。对方愿意坐下来和你谈也是想要得到利益的，所以在得到利益时要充分考虑到对方的利益，要是对方没有得到利益，谈判绝对就会失败。

四是谈判时给自己和对手都留有余地，不可咄咄逼人。谈判前要有方案，而且是几套共赢方案，一旦对手否决你的一套方案时必须还有备用方案。要充分分析各种的可能性，别到时措手不及。

五是尊重对手。尊重对手的同时也尊重自己，谈判前不要因为对方的穿衣打扮、动作而讥讽，也不要流露出对他的不屑。谈判中不要随意打断对方的发言，不要咄咄逼人。谈判后不要以为自己是胜利者，不要有嘲笑对方的言语和动作。

六是做决定要慎重。不要当面就做决定，除非对方的方案在你预期之内。你可以说回去考虑一下再电话联系，但不能当对方的面打电话。

七是谈判时要运用好技巧。要横向商议和纵向商议相结合，先把我们打算要谈的条目列出来，然后再横向一条条地谈。开始时最好先谈最容易达成共识的条款，让对方觉得和我方谈判是件很愉快的事，不要一开始就剑拔弩张地对抗。当谈到一条谈不下去时，可以先谈下面一条，在可以让步的前提下让步一点，再回过头来谈上面一条，这也是避重就轻、声东击西的方式。在谈判中可以适时提出一两个很高的要求，对方必然无法同意，我们在经历一番讨价还价后可以进行让步，把要求降低或改为其他要求。我们本来就没打算能以这么高的要求达成协议，即使让步也没损失，但是却可以让对方有一种成就感，觉得自己占得了便宜。

问：请问您对商务谈判有什么感受或体悟？您认为商务谈判在公司治理中占什么位置？

答：最好的商务谈判就是无须谈判，我方占有绝对的主动权，对方无法讨价还价。比如说今年三月份，我们接到了马来西亚碧桂园项目里用的一款互感器产品的订单。能生产这款产品的公司国内只有两家，我们是其中一家，另一家因债务问题无法和马来西亚方进行合作，他们只能找到我们。当时他们以现金交易做条件要求我们低价并在短期内交货，要求跟我们合作。我们没有马上回复，说商量一下再答复。然后我们进行了解，在得知我们在技术上占有绝对的主动权后，我方给出的答复是，价格是原先他们采购价的两倍，交货期无法按他们的要求来，但我们可以分批发货。对方再和我们沟通谈判，我方的回复就是这个条件，无法让步，能合作最好，不能合作以后再说。最后对方还是签订了合同。所以，拥有先进的技术，做别人做不了的产品，我们就拥有绝对的谈判优势。没有世界先进的技术，我们的民族工业永远没有话语权，落后只能挨打。除了拥有先进、独一的技术外，你还要得到客户对你产品的认可，以及第三方机构对你的认可。比如我们研发的一款线路上的真空预付费计量产品，去年二月份研发成功后先不急着投放到市场，而是先在云南的一家供电局进行试用，派去五名技术人员对供电局的施工人员进行长达三四个月的培训，让当地的施工方都了解并习惯使用我们的产品。同时我们将该产品送到中国电力科学研究院进行测试并取得了第三方的认可后，再和供电局沟通长期合作的事宜。这时我们的产品才开始投入市场，在当地供电局指定使用我们的产品、客户需要采购该产品时，我们已有了绝对的话语权，付款方式、价格、交货期都是我们来决定，这样我们就可以做到无须谈判。

商务谈判是在平等基础上进行的一种沟通和协商，当一方占有绝对话语权时那就不再是商务谈判了。我们必须跳出商务谈判的眼光和思路来看待商务谈判，不能只是为了谈判而谈判，而是要看长远的合作和企业的发展，谈判只是一种"术"，这"术"要结合的是"道"，是企业的发展之道、经营之道。就像管理一样，不能为了管理而管理，人是最难管的，最亲的人可能都不好管。只有把利益进行挂钩，把管理思路改成经营，才能有好的效果。一个子公司、一个部门、一个小组都可以变成独立的经营团队，团队内的队员大家一起合作，创造的利润大家一起分享。这也就是阿米巴管理模式。

问： 请问对我们学习商务谈判课程或是大学生在商务方面的成长，您有什么建议吗？

答： 商务谈判这课程非常重要，对同学们成长的帮助也是很大的。商务谈判其实也是一个人对待人生和家庭还有待人接物的一个态度。不要单纯地以为商务谈判只是在商务中才用到，其实你和别人沟通也都是在谈判。

商务谈判无处不在，商务谈判的共赢理念应该是你和别人相处的心态，一个只为自己不管别人的人，我想他的人际交往一定是很糟糕的。只有在得到利益的同时让别人也能受益的人才受欢迎。这也是我们的人生价值，我们的价值不是得到了多少东西，而是奉献了多少，让多少人因我们而收获。这才是我们的价值，这样的人才是别人生命中的贵人。

取舍也是人一生中所要去思考的。大学里所学习的都是知识和技巧，这些知识有多少对人生有用现在不得而知。每个人都有梦想，每个人都有人生的规划，离开校园的那一天要走向何方？如何去实现自己的理想？想得到什么那必定要舍弃些什么。世界是公平的，舍弃越多得到越多。希望你们为了心中的梦想都能成为你想要变成的那个人吧。

商务谈判 实战案例和经验解析

愿所有的同学都有一个好的心态，不卑不亢。人来到这个世界时大家都是平等的，正如坐在谈判桌上时你和对手也是平等的一样。你不比任何人差，但也不必骄傲，拥有一颗平常心，谈好人生这场大的商务谈判吧。

谈判经验解析

H总对商务谈判这一概念理解深刻。可以说，商务谈判是在商务关系中协调双方利益、寻求双方共识、实现经济利益最大化的一种活动。通过这次访谈，可以总结出以下几点：第一，要深入理解商务谈判的内涵。商务谈判应当以共赢为最终目的、以自己的长久利益为目的而展开，还要拿捏好谈判时的尺度，过于贪心会导致谈判的失败，应秉持共赢的原则。第二，恰当运用技巧。这个过程中不可避免地要利用一些沟通上的技巧，如惯用的"红白脸"、世人皆知的"知己知彼"等，但它们的效用都应当是协调谈判双方的利益关系、追求双方的经济共识，从而达到互利互惠。第三，摆正心态。商务谈判也并非总是要以和谐或者说是共赢收场，当一方通过技术或者市场认可而掌握绝对话语权时，谈判也就到了最高境界——"无须谈判"而取得谈判的胜利。在守住底线的前提下，保持谈判桌前的冷静，切忌冲动与莽撞。谈判是一个相互试探的过程，比的是谁更能沉得住气。第四，术道结合。正如H总访谈的精髓所在——"谈判只是一种'术'，这'术'要结合的是'道'，是企业的发展之道、经营之道"。不论谈判的技术有多高超，每一个谈判人员都应该清楚地认识到，商务谈判应为商务服务，为一个企业的长远发展而服务。在谈判的利益权衡中，宁可吃一时的亏，也不能让企业失去长远的商业机遇。谈判不是辩论，要懂得换位思考，在为自己争取利益的同时，也要适当让对方有利可得，同时也要坚定自己的目标，不能被对方绕晕。在谈判中最好能够掌握主动权，但是也不能太过强硬，要视当时的具体情况而定，最好的结果就是两边都觉得自己占了便宜。在谈判过程中，一定要视实际情况有所取舍，这个不仅在谈判中适用，在生活中也很适用。

启发思考题目

1. 谈判无处不在。你能举一些生活中谈判的例子吗？你是如何取得谈判的成功的？

2. 访谈中提到"最好的商务谈判就是无须谈判，我方占有绝对的主动权，对方无法和你讨价还价"，对此你有什么看法？

3. 谈判中如何做到避重就轻、声东击西？

（访谈及资料整理：陈佳炫、徐凯玥、马溶璐、黄昊佐）

3.5 "你得找地方跑,把这些话题扯开"
——对安保押运公司副总经理的深度访谈

访谈情况概要

受访人:陈×。

个人简介:男,45 岁,浙江××人,(Z 省)××护卫集团有限公司副总经理。

公司背景:(Z 省)××护卫集团有限公司是 Z 省唯一一家具有武装守护押运资质的省属国有企业。2006 年,Z 省公安厅报经省政府、省委政法委批准,成立了该护卫公司;2013 年,组建了该护卫集团有限公司。2015 年 7 月,经省委、省政府批准,该公司成为省国资委监管、省政府直属的国有企业。

访谈时间:2018 年 6 月 3 日。

访谈形式:面对面访谈。

访谈地点:茶艺馆。

访谈内容记录

问:陈先生你好,感谢您接受我们的访谈,首先我们想了解一下您的工作经历和现在从事的工作。

答:从整个工作经历来说,应该是从事安保工作吧。先是在公安局当警察,到现在从事安保护卫,给银行押运,相当于从事社会公共安全方面的工作。

问:那您从事安保工作有多少年了?

答:已经 16 年了吧。

问:那对谈判这方面也有所接触吧?

答:嗯,是的。

问:安保公司的谈判跟纯商业型的谈判有没有一些不同?

答:有很大的不同,因为我本身对安保这块业务相当熟悉,熟悉之后对有些沟通对象很了解,对本地的市场也会很清楚,所以商业型的谈判其实不多。不多的意思是在这个市场里面,价格不用多谈,因为我熟悉市场,整个 Z 省都是差不多这样的价格。

问:就是说在价格方面不用多谈,那一般要谈什么方面?比如时间方面,或者如果出问题的后续保障这些要谈吗?

答:这个合同里面都有。

问:可不可以谈一下具体的谈判一般是什么样的?

答：我有一个记忆是最深的，2007 年我们的业务刚做起来的时候，我们整整谈了一年，这一年是一个从无到有的过程，一切都要谈判，都要摸索。我们前期做了很多调研，包括价格方面，我们需要了解银行方面有多少预算，我们押运需要多少成本；还有安全方面，我们要对风险进行评估，我们的配备能否让对方放心。这一轮谈判过之后就相当于建模建好了，后面都是通过同城同价这样的一个商业模式出去的，包括价格、时间约定、服务内容都是一样的。所以第一轮的内容会谈得比较艰苦，但后面就会比较轻松，按照要求落实执行就行了。

问：一开始建模的时候在价格方面是怎么跟银行谈的？

答：主要是涉及成本核算的问题，因为 2008 年整个人工工资我们是按照 2.8 万元的基数去谈的，这是我们测算的成本，现在已经到 8 万多元了。我们合同上都是按照第一轮、第二轮、第三轮这样三年一轮谈过来的。第一轮的时候，谈下来的价格跟我们做的测算是一致的。因为我们这块业务是按照省委省政府的要求承担的社会责任，对于银行，它要付比之前相对而言更高的成本去做这个事情。因为我们更专业，我们更安全，所以在这个过程中就会存在银行要把它原先的财务成本打破的情况，我们报给银行的财务成本他们能否认可，这中间磨的时间就会比较长。当时也主要是谈这方面的事情。

问：有没有和你们竞争的对手？

答：这是没有的。

问：就是说这一块就是交给你们负责的？

答：对，所以说这个和纯商务谈判不一样就不一样在这里。第一轮谈好之后，就是说建模建好之后，就可以这样延续下去了。

问：除了要跟银行有这种商业关系之外，有没有比如说个人，或者是小的集体来找你们，让你们来押运的情况？

答：有的，我们不光负责银行押运业务。涉及公共安全保障这一块的业务我们都在做，比如公务员考试、司法考试的试卷押运，为企事业单位和个人提供大额现金、贵重物品武装押运，ATM 机的运营维护，还有像一些随身护卫，我们会提供一些专业的人员对需要护卫的对象进行警戒、保护，保障其人身和财产安全，等等。

问：那您觉得有没有什么前期需要准备的？

答：前期准备都会有，方案也好，成本测算也好，谈判最关键的核心问题是他们在想什么，我们需要什么，尽量在这个过程当中寻找结合点。

问：那一般你们会谈得比较久、会有很多问题的是哪些方面？

答：其实说到底就是价格问题，其他一般都不会有太多问题。其实对于我们而言，是承担社会责任，价格只要能够抵掉成本就行，这块我们基本是不盈利的，所以我们的谈判相对而言就比较简单。我们是国有企业，不完全以盈利为目的，更多的是承担社会责任。

问：那您有没有谈判失败的案例？

答：谈判失败有啊，我们第一年有一个谈判一直拖，后面就谈不下去了。

问：是因为价格问题？

答：对。但我们的谈判价格是基于事实的。其实是跟银行的联合体谈，一家谈好后，其他就都谈好了。

问：那你们这样的工作有什么时间上的要求吗？

答：有的。比如银行，我们要在他们上班之前把钱押运到，不是只有一家银行，可能一条线出去，有将近八九家。那么从他第一家开始运送，大概需要一个小时左右，这些我们在合同里都会涉及。

问：具体是怎么涉及的？

答：我们会有时间段的规定，一般来讲不会有很大的差错，但是"天有不测风云"，总会遇到一些小事故，这个也是我们无法控制的事情，只要不给银行造成重大损失，他们也不会来追究我们的责任，大家也都是相互理解相互包容的。

问：那在安全方面呢？您作为科技公司的副总，可能在这方面涉及的更加多一些吧？

答：我们安全这方面主要是公安局里的项目，也不适宜对外过多讨论。现今科技不断发展，安保工作也需要与时俱进，否则也是会被市场淘汰的。像视频监控技术就属于比较基本的技术，很早就开始应用于安保工作了，不过如今的视频监控更为先进，不光可以做到动态人脸识别，还可以跟踪捕捉。除此之外，其他信息技术的应用也很广泛。利用物联网、大数据及地理信息等技术，得出大型活动安保态势感知、预警、监测及海量数据分析的解决方案，解决大型活动安保中的人员管理、交通组织和指挥调度三大难题。

问：您有什么谈判的经验建议吗？

答：谈判经验主要还是要坦诚相待吧。你坦诚地对别人，别人才会坦诚地对你，你要老是想勾心斗角贪小便宜，那是很难得到他人信任的。还有就是要尊重他人吧，尊重别人的习惯，尊重别人的想法，不要只管自己讲，不听别人说的，多沟通多交流。谈判也是一个双方相互认识的过程，你要是真诚的、坦诚的，那会让谈判更加顺利；要是老是耍小伎俩、言而无信，那是很难成功的。因为人都是聪明的嘛，没有人会无缘无故被你戏耍，大家对那种小伎俩其实清楚得很。尊重是指你要尊重每一个谈判对象，不能疏忽。

像上面说的，有时候我们一直拖延，后来就谈判失败了。事实上我们那时候业务比较多，再加上双方都僵持不下，时间一长便都有些失去耐心了，最后也不了了之。事实上这也是公司的一个失误，就是没有尊重每一个谈判对象。再比如说我们刚起步的时候和银行谈，在财务成本上有一些小纠纷，我们就积极与银行方面沟通，调集各种数据，让对方去认可我们的数据。中间整个核算过程也持续了很久，就是不断沟通、不断交流。这中间当然不能伪造数据。你真实地呈现情况，呈现数据，坦诚地去做，最后肯定也能得到别人的认可。我们这行也好，做其他生意也好，不能总想着走捷径，耍小聪明，这样容易误入歧途。要堂堂正正地去做，用心去对待工作，对待别人，最后达到一个共赢的结果。在谈判过程中保持沟通，保持交流，把自己能做的做到最好，至于能不能成，那还有多方面的因素，但至少自己做得要问心无愧，剩下那就尽人事听天命吧。

问：像您刚刚说的，你们有个谈判谈了一年，那应该会有很多次的谈判，一般谈判地点会选在哪里？

答：都可以啊，有时候我们上门，有时候他们过来。

问：您觉得这其中有没有不一样，比如在主场的时候有主场优势？

答：其实还好，这个差别体现得并不明显，因为我们的谈判并不是非常激烈，一定要争一个你死我活。我们不管是在哪里，都是希望能把上次遗留下来的问题解决掉。

问：那会不会到一些轻松一点的地方，比如茶馆去谈？

答：这个是不会的，因为我们是比较正规的谈判。虽然说有所谓的"酒桌文化"，也的确是熟悉了之后交流更加顺畅，但我们更多的是强调国有企业的正规性。我们双方牵扯到的利益往来其实不多，一般而言在会议桌上进行谈判。

问：那你们的谈判一般是几个人组成？

答：正确情况下双方都是三四个人。主要是听领导谈，谈之前我们一般会把争议点理出来，手下和工作人员围绕这些争议点去把工作都做好，然后方案一抛，双方开始交互。其实你去看好了，一般90%发言都是集中在两个人身上，尤其是工作人员，一般不会多插手的，最多记录一下内容。

问：那您觉得怎样的人适合谈判，怎样的人不适合？

答：就像我刚刚说的，第一，要是个会沟通的人。你不沟通根本摸不清对方的底线，结合点找不到；第二，要是个真诚的人，表现出真诚没有坏处；第三，要掌握一些谈判技巧。比如避实就虚，他围着你这方面堵上来了，你得找地方跑，把这些话题扯开，回过头来再来考虑他这个话题怎么接。因为有些问题不是现场能作答的，掌握谈判技巧和真诚是不冲突的，不是让你去骗人，而是学会做人。

问：那您对我们在校大学生有什么建议吗？

答：学会做一条杂鱼，学得越杂越好，什么都要会一点，有时候一个兴趣点会引起很多共鸣。大学里面学得比较杂一点，专业的东西呢，要学得比较深入一些，说白了就是你大学里学的不一定有用，但学专了就一定有用。现在所谓的T型人才，就是既要有一方面的深度，又要有很多方面的广度。交友也好，社团活动也好，多去尝试一下，这也算是一个小社会吧，只有你去接触了各方面的知识之后，你才会有一个全面的认知。谈判技巧一方面是短期训练的，另一方面我觉得更多的是长期培养的，是整个环境给了你这样一个机会，而你也正好抓住了这样的机会去表达自己，去锻炼自己，慢慢你就会发现，自己的交际能力得到了很大的提升，这对于谈判来说是关键。

谈判经验解析

通过本次访谈，我们深刻体会到成功谈判有以下几点经验：第一，在谈判之前要做好充分准备，了解对方的喜好、背景、年龄、性格，越详细越好，知己知彼方能百战百胜，在了解对方的前提下制订好谈判计划，并对对方弱点进行针对性的布置。谈判前的准备对谈判过程及其结果的影响十分大。第二，谈判时要坚定自己的立场。谈判过程中会遇到形形色色的人，在与不同的人交往时都要处变不惊，树立信心，对产品有信心，循序渐进，不被对方牵着鼻子走。第三，谈判时要懂得让步。一味倔强意气之争反而显得不近人情，也许博得短期利益却难以真正收获对方好感，要在博得利益和适当让步中获得一个平衡，适当让步以获得更长远的利益。第四，谈判遇到僵局要巧妙转移话题。不要一味钻牛角尖进死胡同，转移矛盾主要方面，缓解气氛，从其他角度入手，慢慢诱导客户，或许会有不一样的收获。第五，要懂得站在对方角度思考。不要一味从自己的角度出发。从对方角度出发能获得对方的真实想法和逐利点，再结合自身利益，有利于做出对双方都有利的决定，从而促进谈判进行。多听对方的意见，了解对方真实需求。只有双方获利，合作关系才会长远持久。第六，要真诚待人。不要精于勾心斗角，要以德服人。对方并不傻，只有让对方看到自己的诚意，才能真正获得对方的信任，否则即使侥幸成功也必不长久。用自己的真心去打动他人，方为取胜之匙。

启发思考题目

1. "换位思考"在商务谈判中发挥着什么样的作用？
2. 在商务谈判中如何做到"以退为进"？
3. 如何给谈判对手留下良好的第一印象？

（访谈及资料整理：丁梦钦、黄一杰、马佳琪）

3.6 "用感同身受的一些方式方法去化解"
——对制药公司销售总监的深度访谈

访谈情况概要

受访人：张××。

个人简介：××大学临床医学学士，××大学MBA硕士，2002年到2018年5

月期间担任××制药有限公司南中国区销售总监，2018年5月至今担任××（S市）生物医药技术公司销售总监。

公司背景：××（S市）生物医药技术公司2009年成立，经营范围包括生物医药技术领域内的技术开发、技术转让、技术咨询、技术服务（人体干细胞、基因诊断与治疗技术开发和应用除外），医药信息咨询及相关技术咨询（医疗除外）、市场营销策划咨询（广告除外）、企业管理咨询。该公司具有强大的高管和科研团队，并于2018年8月8日在港股上市。

访谈时间：2019年5月29日。

访谈形式：电话访谈。

访谈内容记录

问：张总监您好，首先非常感谢您能够在百忙之中抽出时间来接受我们的访谈。我们想就商务谈判的一些问题对您进行采访。基于您的情况，您平常涉及的业务是哪些？可否简单地介绍一下？

答：好，我简单介绍一下我的工作。我主要是在一家制药公司任职，这是一家在肿瘤药领域开发产品的一家公司。我的主要工作是负责销售管理，最终的职责是帮助公司宣传并通过一些专业的推广公司来将产品推广给客户；还有就是制定整个公司销售团队的一些策略方向，包括整体市场的推广、管理并提升整个团队的销售能力，完成公司给予的销售目标。在这个过程中整个工作会分成三块，一块是团队的管理、绩效的管理、财务的管理；另一块是对重要的客户的联系，了解他们想法，对一些特别重要的客户做拜访等；还有一块就是跟第三方的一些供应商以及其他部门做一些常规的沟通和合作。

问：那您一般都参与什么类型的谈判呢？

答：谈判的内容会很多。谈判是一个相对比较专业的名词，但其实工作和生活中的很多沟通场景都相当于谈判，但是一般来说不会叫谈判，可能会说成沟通等。对我们来说相对比较重要的，就是我们整个药品在推广过程中与药店、医院或者招标机构进行一些价格和利润的谈判。再就是我们跟相关的供应商，我们的一些合作伙伴等，和这些与我们有业务往来的相关部门进行谈判。

问：您会在非正式场合与客户进行沟通吗？

答：沟通的方式和方法比较多样化。一般来说如果谈判的内容比较复杂，我们一般会在会议室、咖啡厅、办公室这些相对比较安静的场合进行谈判。在这种场合沟通起来会更深入，相对容易达成共识。而一些比较轻松的、相对容易解决的问题可能会在饭桌上谈。会根据具体情况来定。

问：您在每次与客户沟通之前都会做哪些准备？比如说目标、策略、人员安排、时间、地点？

答：这就要取决于你的谈判内容了。有些内容是比较简单的，可能就是脑袋里想一想，跟几位同事大概沟通一下就完成了。但如果说涉及一些重大的谈判，我简单举个例子，如果我要去跟政府的招标部门去谈判，如果价格没谈妥，那我可能在这一个省一年的几千万甚至一个亿的生意就没有了，这样的谈判对我们是非常重要的，所以这个过程中我们会做非常充分的准备，可能会准备 1~2 个月时间，做大量的信息收集，了解政府这次谈判的目标在哪里、大概的方向是什么。在这过程中，我们同时要去做评估，去收集同类产品的信息，了解竞争对手的资金情况、竞争产品价格等，就是说我们前面会做非常多的沟通和策划。除了去了解以外，还要去传递我们想要展现的，比如和一些专家、权威人士沟通，展现我们的优势。我们可能在这个阶段制定一个相对有利于公司的招标方案，这个事情是所有部门协调的一个过程，部门间会做前期的沟通、汇报，然后我们会定期跟进每一个部门并了解信息，然后沟通商量对策。在谈判的时间确认以后，我们会做模拟演练，在这个过程中演练谈判中可能遇到的问题。通过整个模拟的流程，我们可以把可能遇到的问题做一个大致的预判。分析在谈判过程中如果遇到这些问题我们大概要怎么回答，这个回答是不是恰当的、合理的。所以前期的准备对我们来讲是非常重要的。

问：在双方开始正式谈判的时候会以怎样的方式开局呢？

答：谈判之前的沟通会比较多样化，如果是涉及政府层面的谈判，基本上就会直接进入正题，不会有简单的寒暄。但如果是涉及一些客户的非特别郑重的谈判，那我们开始之前就会有一些寒暄、聊天，做一些情绪的铺垫以后才开始慢慢进入正题。所以也是根据谈判对象和实际情况、内容、方向来定我们是不是会很快就进入正题，要不要在前面花 10 分钟甚至半个小时来谈一些包括行业的方向等其他问题。

问：您谈判的时候会不会非常讲究技巧，会不会用到一些特殊的谈判策略呢？

答：技巧肯定会用的。谈判的原则一定是要共赢，如果说你所有的谈判目标只是自己盈利，而让对方没有商业利润，这样的合作肯定是不持久的，所以首先是共赢的原则；第二个就是要差异化，你要差异化你的产品或者你提供的资料——按你的解决方案能不能给客户带来不一样的价值，能不能给客户带来不一样的一些体验，这些必须要有一定的差异性。还有就是你要特别清晰地洞察到客户的需求，因为如果不了解客户的需求，那你所做的东西肯定不能满足客户的需求。还有就是你要有很好的聆听技巧。

问：除了态度方面要好，了解对方的信息之外，您能不能谈一下您是如何应对谈判中的突发状况的，或者说当谈判陷入僵局的时候是如何去处理的呢？

答：谈判肯定不是一帆风顺的，很多谈判第一轮可能不会有结果，甚至在谈判过程中会产生很明显的冲突，或者你提的条件和要求是让客户非常不满意的，或者达不到期望值。冲突是正常的，但要用适当的技巧去处理。当客户对这个价格或者你提供的解决方案不满意时，每个人的表现是不一样的。有些客户很善意，他会表达出不满，把一些原因说出来；而有些客户相对来讲可能性格会比较暴躁，可能会发怒或生气，所以在这过程中可能要用一个很好的沟通技巧或者是同理心去感受对方，用感同身受的一些方式方法去化解，让客户把这些可能的不愉快先放下。

问：能和我们分享一下您到现在遇到的印象最深刻的谈判案例吗？

答：好，我简单地分享一个招标案例吧。有一次我们去参加一个地级市的定价谈判，这个对我们很重要，因为在这个地级市，我们一个产品一年差不多就有800万元左右的生意。如果我们这一轮谈判没有达成，那我们800万元的生意就没有了。两个月前我们了解到，整个价格谈判的一些细则对我们相对不利。他要求整体的价格要下降15%，我们非常难接受。因为如果我在这个地方把价格降下来，会影响到整个省，乃至全国。在价格方面，我们只能适当让步，我们心里的底线是最多只能让3个点，而对方的整个方向是15个点，所以这个谈判非常有挑战性。在这个过程中，基于这样的现状，我们做了一些方向性的策略，去拜访了一些重要的专家，介绍了公司这个产品的优势、跟其他产品不一样的地方，给患者和医生能带来的不一样的治疗价值，是不可替代的，等等。我们前期做了大概4~5轮的不同途径、不同方式的沟通，让更多的人充分了解这个产品，它的价格、质量和价值所在。在这个过程中，他们也发现，我们公司在价格方面是不可以让步的，但是我们可以帮助医院或政府部门做一些公司能做的额外市场推广活动，帮助医生和患者团体提高诊疗和康复水平。在谈判前，我们也在内部做了模拟演练，问题可能会是什么？它的挑战是什么？我们如何应对？怎么去解决？在这些方面做了一些准备。经历了前期两个月的充分准备以后，我们再到现场进行谈判。整个谈判只给了我们15分钟时间，在大概前10分钟谈得还是非常艰难的，因为我们的报价跟他的期望值实在差太多。15分钟时间里，我们通过三轮沟通反馈，先让了1%，再让到2.5%，最后就按照我们的心理底线3%的价格让步完成了整个产品的最后的价格中标。

问：您工作到现在有过谈判失败的经历吗？

答：肯定会有很多，要每一次谈判都成功基本上不可能的。失败是正常的，只是在这个过程中，你要学会如何去做准备才能更了解客户的需要，怎么能把整个谈判的成功概率往上提，这个是最重要的。

问：您觉得在平时的销售过程中最考验您的是什么？

答：第一，我们公司的销售目标还是挺高的。因为在这个领域里，每家公司都希望能够快速成长，而销售是承担实现这个目标责任的主体部门，这个过程也需要其他部门的配合和支持。公司每周会看到进度是不是与目标一致，如果不一致，那就要分析问题，找到解决的方法，这会是一个持续的压力。第二，因为整个市场很复杂，产品同质化，所以竞争非常激烈。在这个过程中，刚刚提到的我的产品是不是能够打造出差异化非常重要。有可能我这两个产品跟其他产品没有差异，但是通过市场营销，例如可以通过一些差异化的策略来做销售推广，那也可以在客户的心目中产生差异。所以在这个过程中，整个团队的市场推广能力是不是足够就很关键。

光靠勤奋努力，这样的有效性是很低的，在市场上赢的可能性相对就会比较低。第三，销售团队需要有特别强大的抗压能力和耐性。因为在这个过程中遇到的挑战和障碍还是挺多的，所以这个过程中，你本人、你的团队，是不是非常有耐性地去面对挫折和困难，不断地去克服、去改变，尤为重要。整体来讲，销售肯定不是一帆风顺的。当你所做的跟公司的期望值差挺多的时候，你如何打破僵局，克服困难、改变现状很重要。

问：您能否简要地总结一下您谈判取得成功的关键因素？

答：谈判成功的最重要因素，第一个还是共赢原则，就是说任何一次谈判（包括沟通），首先要达成共赢。商务谈判一定是要共赢的。第二个就是产品能不能满足客户的需求，在客户心里，我的产品是不是能够差异化，是不是能够解决客户想要解决的一些问题。

问：您现在的客户是老客户比较多还是新客户比较多？

答：还是新客户比较多，这是因为产品的特性。卖了五年十年的老产品肯定是老客户比较多，但如果是新产品，我就会进入一个全新的领域。比如我们卖一种肿瘤药，如果计划年底上市这个新产品，我们现在要做新产品上市前的准备。我们前期要做很多的市场调研，也要组建团队。虽然很多客户都是全新的，但跟老产品、既往的工作背景还是会有一定的关系，因为在这个行业里面，有些同事可能会在这个公司做几年，又到另外的公司做几年。

问：还有最后一个问题，对于我们正在修读商务谈判的在校大学生，您有什么建议或者意见吗？

答：我觉得很重要的一点是要专业。专业性要特别好，你跟对方谈判，你的专业能力很重要，你的专业能力决定了你在这里头赢的概率有多大。很多大学生在毕业以后，会从事与自己所学专业相关的行业，也有很多人进入与自己所学专业背景不一样的行业，但是这也没关系，你只要有好的学习意愿、好的学习能力，也可以让自己在进入那个行业以后变得非常专业。

然后，我觉得商务谈判是一个大概念，其实在很多的场合也可以作为沟通的一些技巧和能力来讲。正式的商务谈判毕竟只有少数人会参与，大部分人未来接触的机会相对比较少，但沟通无处不在，所以沟通要特别好。谈判其实是一种沟通，沟通里一个最难的地方就是聆听。有的人沟通和谈判能力差，但还是爱去说，为什么呢？他是想把自己的东西告诉别人，把自己的想法强加给别人。但谈判里最重要的一个原则是要了解客户的需求，了解客户需求最重要的途径是聆听。所以要做到高效地聆听、同理性地聆听，就是说你要通过聆听来感受客户内心的想法，感受到客户到底在想什么、要什么。通过聆听，再通过一些恰当的、开放式的提问来锁定客户的问题所在，搞清楚他的需求究竟是什么，再结合你的产品、服务来判断你是不是能够满足客户需求。

问：好的，今天的访谈到此结束，谢谢您抽空配合我们的访谈。再次感谢您今天的精彩分享，谢谢！

答：好，希望对你们有帮助。

谈判经验解析

这次访谈让我们受益匪浅，我们体会到了商务谈判的技巧性与艺术性。可以总结出以下几点经验：第一，了解客户需求。谈判之前一定要充分了解客户，做好充分的准备。要学会聆听，不能一味地发表自己的观点，只有通过聆听才能了解客户的需求，这是谈判成功的前提。知道客户要什么，才能针对性、有差异性地提出己方的优势，而不是在谈判时一味地推销自己。正式谈判前进行模拟演练也能够很好地帮助我们应对谈判时的突发情况。第二，谈判追求的是双赢。在谈判时，我们不仅要充分考虑到自身的利益，还要为对方的利益着想，让双方都有利可获，这样才能够有长远的发展合作。如果只追求自己的利益，而使得对手的利益很小甚至没有利益，这样的谈判是注定无法成功的。第三，要有临场应对能力和良好的态度，明确自身立场。保持清醒的头脑，别在无谓争论中乱了方寸，要有敏捷的思维。谈判时要沉得住气，要有耐心，能和对方磨。谈判技巧也就是沟通技巧，良好的沟通能力可以为谈判增加成功的概率。第四，谈判一定要有充足的专业知识储备，这样向客户介绍产品的时候才能说服客户，让客户知道你是可靠、可信赖的，没有专业知识打底的谈判推销都只是空说泛谈。谈判过程中，在关键谈判点无法退让的情况下可以在其他谈判点上适当退让，送出额外福利，让对方感受到你的诚意。比如，价格问题一直都是一个特别敏感的问题，当双方就这个问题争执不下、互不退让时，我们可以从其他方面击破，用额外服务的提供来增加价格谈判中自己的筹码。有时输就是赢，适当地做出一些退让也是必要的，但当对方提出的价格还是远远大于我方底线价格时，我们也不能一味地退让，毕竟合作的目的是盈利。为了促进双方合作，我们应加大对于产品的宣传，让对方知道我方的优势，从而说服对方做出一些让步。

启发思考题目

1. 如何利用产品差异化取得谈判优势？
2. 访谈中提到聆听的重要性，怎样做才能实现高效聆听？
3. 被访谈者认为专业性对一个谈判人员来说是非常重要的，那么大学生应该怎样培养自己的专业能力？

（访谈及资料整理：金冰蕾、李慧、郭梁、叶雨恬）

3.7 "不要始终在僵局里面绕"
——对健康公司销售副总和市场部总经理的深度访谈

访谈情况概要

受访人1：陈××。
个人简介：××健康科技股份有限公司销售副总，具有丰富的市场销售经验。
受访人2：周××。
个人简介：××健康科技股份有限公司市场部总经理，具有丰富的市场管理经验。
公司背景：××健康科技股份有限公司是一家从事保健品销售的公司，主导产品为海参，经营范围涉及健康产品、保健品、医疗器械的技术开发，非医疗性健康管理咨询等服务，以及第一类和第二类医疗器械、健身器材、电子产品的零售服务。
访谈时间：2019年5月27日。
访谈形式：面对面访谈。
访谈地点：被访者办公室。

访谈内容记录

问：陈总、周总，二位好！我们是浙江财经大学的学生，十分感谢二位能抽空接受我们的访谈。

答：好的。

问：二位在销售行业中的工作经历可以给我们分享一下吗？平时的工作内容主要是什么呢？

答（陈）：其实，我42岁之前一直在做销售，之前做家电、做酒水，现在做高端保健品，都是在负责销售。每天在做的工作就是跟人聊天，聊共同的话题。如果谈到生意，我们就是点对点了。比如说我们产品的价格、功效，然后售后的一些服务，让对方全方位地信任我们公司、信任我们的产品、信任我，也会聊到长期服务、具体细节，比如进货、价格、折扣、售后服务等。这十几年来我一直在做销售的工作，只是做的行业和品牌不太一样。我也在做销售管理，所以对我来说，除了自己要把产品销售出去之外，还要监管一个销售团队。其实团队也是一样的，他们也是跟我在做同样的工作，只是他们负责的区域不太一样。比方说我是负责全国的，另一个同事可能就定点负责北京和天津这两个区域，他需要把这些区域里面代理商的一些工作包括终端的服务工作做好，虽然工作的性质不太一样。但目的都是一样的。我们的目的就是：第一，完成公司下达的销售指标；第二，维护我们公司在当地的品牌形象；第三，能够把整个售后服务做好。我们除了自己要获利，也要维护代理商的利益，帮助他们销售、维护他们的正常权益，因为生意是要做长期的嘛，不是一天两天的。包括销售人员自己在这个行业中的口碑，我觉得也要很好地树立。

答（周）：我的工作经历可能涉及的面比较广了，现在主要是从事市场部的工作，以前也有涉及品牌企业化。当然，我们最终的目的就是和销售一起把市场做起来。我们的职责就是给销售做支持的，不论是品牌支持还是市场支持，最终目的还是把销售做起来，所以我的工作可能和陈总稍微有点差异，更多的是策略的提供、活动的配合等，做各种销售支持和配合。

问：市场部和销售部的区别在哪里？

答（周）：销售部直接涉及渠道和人员的管理，渠道和销量的承担，它是有销量要求的；但作为市场部来说，大部分公司的市场部是没有做硬性的销售量考核的，而且它不直接管售货渠道，渠道是由销售部来管的，它只是配合渠道，配合销售人员，做一些促销活动。比如说国庆、五一做一些广告，把我们的产品包装得更能被人接受一点，还有销售中碰到的各种问题的解答，策略性的解答等都属于配合销售人员的工作范围。

问：那你们在平时工作中一般面对的客户是怎么样的，喜欢什么样的客户？面对不同性别、年龄段的客户又会有怎样的切入点？如何给客户留下好印象？

答（陈）：这个问题我觉得提得非常好，就拿我现在的工作来说好了，我一般面对的客户都是以私营老板、个体经营户为主。因为我们产品终端的销售对象以35~55岁的中年男性为主，这个客户群体首先有消费能力，然后有客户资源，应该说有些人的人生经历和阅历都是在我之上的，收入也比我高。

喜欢怎样的客户……其实我个人没有什么喜欢或者讨厌的客户，只要他能够买我的产品，我就喜欢他，没有所谓不喜欢。当然了，有些客户不是说一开始就成交的。很多客户，我觉得，不是说今天见一次面、聊一次天、微信说几句好话就能达成交易的。这种客户也有，但是占比很少，可能只有10%是一次就成单的，更多的客户都要经过两三轮见面，反复地博弈。他会对我的产品、公司进行背景调查，可能需要一点时间，一般来说半个月差不多会成交。总的来说基本都是要经过反复不断沟通以后才成交的。

对于不同性别和年龄的客户，切入点是不一样的。稍微年轻一点的，跟我年纪比较相仿的一些客户，我可能说话就会比较直爽一点。现在的人都很忙，我跟他聊天的时候就很直接，他跟我讲话也很直接。因为他的目的是拿我的产品去赚钱，那我的目的是把我的产品卖给他，完成销售业绩。他问我什么价格，我就能够把公司基本上一切到底的价格透露给他，当然我手上可能还会"藏"一点东西，比如说一些赠品。他如果也是在这个行业中，也对这个行业很了解，还可以更直白。对于一些年纪大一点的人，那可能就要慢慢"养"了，因为年纪大的人可能城府更深，你一次性跟他说太直白，一次性到底了，他仍然会觉得可能还有利可图。所以这个要慢慢地来，比方说先给他发公司简历，发客户的一些销售案例给他，甚至是邀请他来我们公司坐坐，到我们的门店去看看，循序渐进。年纪大的人他可能整个思想的过程会慢一点。所以说，对待年纪大的和年轻的客户是有差异的。

  还有一个不同就是性别。女性相对来说会更婉转一点，就要慢慢地、逐步地沟通。如果你太心急，她会觉得你这个人太势利了，所以对于一些女性客户，我是喜欢慢慢磨，磨到后面，有个词叫"水到渠成"。尤其是一些年纪大的女性客户，平时多主动去关心她，不要让她认为你只是个卖货的人。比方说，到了什么节日，祝福客户节日快乐（如三八妇女节快乐），不要老是谈钱或者产品的事。我们会聊点别的，比方说前段时间的中秋节，还有二十四节气的时候给她说一些养生的知识。因为我要让她觉得我是养生方面的专家，我们这个是高端滋补品行业，卖的是一些很高端的滋补产品。但我不想让别人觉得我是一个生意人，我更多地把自己定位成一个健康顾问。她个人如果有一些小病，我就可以提供一些相关的小知识，让她觉得我这个人蛮专业的，不唯利是图，平时都还蛮关心她的。我也会从侧面了解一些信息，比如她的生日。因为我觉得人本身就是需要别人关心的，除了家人、朋友以外，哪怕是个陌生人，我说句"早上好"，他都会觉得蛮开心的。但这个又是有技巧的，不要老是发，也不要重复，主要是她生日、店庆日、一些重要的节假日，给她一些温馨的文字或者图片。我觉得这样就会给客户留下一个好印象，觉得你就像家人一样。因为我们公司的核心口号就是"爱自己，爱家人"，就是把客户也当成家人来对待，这样以后大家像家人一样，哪怕在整个销售过程当中有什么问题，大家也会心平气和地像家人一样把问题处理好。我们现在整个销售，应该说还是比较顺利的，而且老客户复购率很高，人与人之间的关系也都是不错的。所以我觉得还是要让客户认为我不仅仅是一个卖产品的人，更多的是能够帮助他解决问题的人，这也是我的一个目标。

  答（周）：可能实践这方面陈总涉及的多一点，我从理论上来跟你们说一下这个问题。我们公司这样的产业涉及两种客户。一种客户叫合作伙伴，也就是我们的销售伙伴，比如我们的代理商、经销商。他们也是我们的客户，他们和我们是合作关系。对于这种客户，因为他们做我们的生意，我们能给他们带来什么要给他描绘得很清楚，让他觉得这个有钱赚，他就会和我们合作。这方面不需要太多的其他技巧。当然，一般人际关系层面上的东西也要讲究的，就是大家理念上的认同、价值观上的认同，在对企业产品认同的前提下，再谈合作模式。基本上做到这几点就能产生一定的合作关系。

  还有一种客户就是终端客户。你们都去逛过商场，比如在一个化妆品柜台，有一个小姑娘，你去柜台那里的时候，她就会过来向你推销，你就相当于她的终端客户，也就是消费者。终端销售中有个艾达法则，这个法则讲的是首先要引起终端客户的注意,通过引起注意激发他的兴趣,然后使其产生购买欲望,最后是产生消费行为。一般的终端销售都遵循这样一个法则,通过这样一个简单的法则来促成销售。具体到应用上,首先顾客来我们的柜台看,他肯定是对我们的产品有一定的兴趣度,或者他想引起我们的关注,我们要注意他,给他一种被关注到的感觉。当然在语言表达上也有很多方式,要看不同的客户,男性和女性的表达方式是不一样的,老年人和小孩的表达又是不一样的,我们要选择他们能接受的语言方式,这个就需要在未来工作中多加培训,还要有一定的社会阅历,这样才能跟他们保持同步。我们还要通过简单的聊天很快速地判断出他是一个什么性格的人,在销售上有很多种不同的判断法,有七八种吧,至少不同性格的人群要用不同的解答方式。你们以后如果学到销售学,会得到一些理论上的指导,这个我就不展开了。

问:感觉都要上心理课了。

答(周):哈哈,对,包括营销学里面也有涉及消费心理学的。

答(陈):首先实践,实践得多了就可能会慢慢形成自己的一套风格。我觉得每个人的风格都是不一样的。

问:谈判之前一般会做哪些准备?

答(陈):我觉得主要分成三块。第一块是个人的准备。比如说我们销售人员出去时一般都要拿销售工具。销售工具包括很多,细到名片、单页、百问百答这些文字资料,"软"的东西就是对产品的了解。我们是有培训师的,他们会经常给我们培训、考试,如产品的规格、价格、功效、面对的人群,以及销售话术。还有就是谈判桌前你要展示的成交案例。你的成交案例越多,越容易说服客户。因为客户要拿你的产品去赚钱,他们就在乎能否盈利,所以要听你的销售案例。这种销售案例可以准备2~3个不同的,有大有小。还要站在对方的立场上给出模块化、数据化的分析。比如,我们的产品很简单,代理商拿着我们的首提款去进货然后开店销售给他的客户,那我们就给他构想,第一年他完成100万元进货合同,成交额是300万元,这300万元中有200万元的毛利,除去店面、雇店员等费用他一年能赚多少。如果能投100万元赚到150万元那就是很优秀了,他的销售是能稳定增长的。要给他一个数据化的模块能让他感觉到花这个钱是值得的,我们公司也是值得信任的。这三个结合起来可以构成个人的准备。

第二块是对方公司的背调(背景调查),看对方到底是一个怎样的公司。因为公司不一样,人不一样,需要准备的销售话术是不同的。背调包括对方企业、员工、门店、销售、产品情况等内容。比如杭州有个代理商,他的主营业务就不是我们这块。如果我们能把对方的情况摸透了,对方就会觉得我们在来之前做了很多准备,是认真来谈的。背调一方面能够让我们的话术融会贯通,另一个方面也能彰显我们对对方的尊重。现在做背调也挺简单的,可以先网上查一查,然后去他们的门店看看,了解他们的大致情况是怎样的,这样会对准备谈判有很大帮助。

第三块,我喜欢有一个失败的准备。不一定每次谈判都会成功,万一今天谈失败了,我结束时的话应该怎样说?至少是有一个补救的方法或是为下次做铺垫,不要把事情彻底做死了。因为今天不成功，不代表我明天不成功。所以做好失败的准备也是一个很关键的点。我觉得把个人准备、对方背调和失败准备这三点准备工作做好，事情也差不多成功 50% 了。

答（周）：对的，我觉得陈总关于谈判的准备已经谈得比较充分了。中国有句古话：知己知彼，百战不殆。谈判之前我们首先要对对方有一个大致了解，就像陈总说的背调，你可以通过这些信息粗略地判断出对方想在哪些方面取得突破。然后观察也是很重要的，要善于通过谈判中的细节了解他真实的需求。因为在有些谈判里对方是故弄玄虚，绕来绕去的。要通过言语准确把握对方的真实想法，所以洞察能力要很强，这也是要长时间磨炼才能锻炼出来的。还有就是我们要对谈判项目所在的行业非常了解，这样谈起来才言之有物，不至于太空洞，对方也会觉得我们很专业，愿意与我们深入交流。

问：能和我们分享几个真实的谈判案例吗？

答（陈）：其实我觉得"谈判"这个说法太正式了，我每天更多的都是与客户沟通。曾经有个 Z 市的客户，他是做极草的，我也是做极草的，而且他那个人爱面子，我想在微信上谈成的概率会很低，于是针对他的个性，主动邀请他到 H 市来，跟我们董事长见了个面。其实我们给他的价格和给别人的一样，但就是这么一招：邀请他到 H 市、安排专门驾驶员接他、到公司和董事长见面。所谓的高层在碰撞，其实实质都一样。我是在借力来满足他在形象上的需求。这个案例还是蛮成功的，本来他只是签 20 万元的合同，后来又多签了。当然我在之前都和董事长说好了，告诉董事长这个人有什么个性、他有多少资本，我们董事长人也是很好的，采纳了我的建议。

你们访谈肯定都喜欢听失败的例子嘛，那我就再讲一个。这个客户去年还从我们公司进过货，后来就没有。他也是山高路远，而且我们都是在网上认识的，他是通过别人的微信加我的。刚开始他很小额地进货，我一直想让他成为我们的正式客户，但没成功。后来我反思为什么：这个人有很多产业，但每个产业都不是很认真，我还是应该把介绍人的关系用上，因为我说一万句还不如介绍人说一句。我觉得那次我的借力还是没做够。我现在认识到要把事情考虑得更周全一点，要有发散性的思维，因为各种人都有。我们要从失败中总结教训，不断总结、不断进步。

我们现在的产品太定向了，你以后进入社会工作其实也是面对一小撮人，怎么将这一小撮人扩大是很重要的。我每天都会分析这些人，重点的做标记，标出哪些人需要我后期跟进，做好销售日记。勤快一点、客户多一点，成功的机会就多一点。我现在对重点的客户早上发 10 遍"早上好"，但不每天发。也有客户给我发的，客户也想做我的生意，他们也是这样。现在行业竞争很激烈，要认真专注。专注很重要，一天就这么几个小时，上午做什么下午做什么要罗列一下。我们上学的时候还有礼仪课，这个也是蛮重要的。周总讲一下呢？

答（周）：谈判还有一个技巧就是不要轻易亮自己的底牌，可以通过迂回的方式测探对方的需求点，比如价格，我们可以旁敲侧击地问一下。陈总说得很详细了，

商务谈判 实战案例和经验解析

我这边谈判案例比较少，就不多补充了。

问：谈判中碰到僵局会怎么办？

答（陈）：僵局的话我前段时间还真的碰到一个。这个僵局是怎么回事呢，这个人原来买过我们的产品，也是我们忠实的客户，但后来很长时间他都不再用我们的产品了。他是在外地，原来来过一次H市。我也很佩服自己，整整半年一直在联系，给他发过微信，还打过电话。我觉得他的微信号是没有在用了，但我始终编写一些我们的好产品、对客户养生的提醒、公司的战略变化等小文案发给他，坚持发。

谈判过程中如果客户提的要求超过了你的底线，你是没办法的。公司定的价格你不可能自己补贴给他，你只有旁敲侧击地不断地跟他强调，或者抛开这个问题，不要始终在僵局里面绕，也不要再做过多的解释，因为你的底线就是这个，再怎么说也没有用。可以说一些其他的话题，把品牌的性价比拿出来向他阐明为什么是这个价格，理由是什么，慢慢去感化这个客户。

这个客户我谈了整整半年，最后我觉得不行了，但是我觉得这个客户是个好客户。后来我通过一个店员知道他在哪里，当然还不能保证他一定在那里，于是开了两个多小时的车去那里等他。真的是天道酬勤，还真被我遇到了。然后我们就当面沟通了一下，我说"这也半年了，我们公司的情况您也都了解，但是这次来呢，我也不是来和您做生意的，公司出了新产品，我是主动来给您用一下的。生意做不做没关系，反正大家还是朋友嘛。"我这么一说他就感动了，当场就要进点货。总的来说我处理僵局的办法就是绕开困惑，坚持不断努力。当然，在化解僵局之前，要认定这个客户是可以花力气来达成合作的人——有些客户追了半天也没用——在认定的基础上坚持，只要做到位了，所有的扶持政策都给他了，也不藏着掖着，每天也都关心他问候他，不订货没关系，坚持发一些好的政策福利给他，他咨询的时候还是热心地帮他解惑，那最后客户会被诚意打动的。用真诚感化客户，我觉得是打破僵局很好的办法。

我上次有一单是做极草，我知道客户要货了但是没有联系我们。我知道他很忙，我就在他的办公司门口等着，等了很长时间。有些高端的客户，他不在乎价格，在乎的是你尊重他。那个老板出来后就很惊讶，然后也就对我们的产品表示了认同。

答（周）：对，主要就是诚意。僵局也需要一定方法指导来破解。一般主要有三种常用的处理方式。第一就是换位思考，多讲一点对对方好的东西，让他觉得占便宜了；第二是回避矛盾的焦点，这个问题谈僵了，那就先谈其他旁枝末节的东西，大家心情都安抚下来了再回到这个问题上；第三，谈判是妥协的艺术，当然这种妥协不是说光我妥协他们不让步，妥协也是要有条件的。比如说我们这几个点让一点，那他们接下来也让一点，尽量找到让双方都满意的方案。

问：在谈判中，一般用到什么技巧？像"红白脸"和"上下级"的方法在现实中会运用到吗？

答（陈）：这个"红白脸"是什么意思？

问：就是在谈判中一个唱红脸一个唱白脸。

答（周）：这个就不太用得到了，我觉得在处理家庭纠纷中倒是会用这个。因为商务谈判你不可能一个公司出去两个声音，这是很忌讳的。团队内部达成共识后才会出去沟通。

答（陈）：一个小组里，除了谈的人，另外的人一般都是在旁边服务的，倒倒水递递东西，不会来插嘴。因为就像周总说的，我们出去是统一的声音，出去之前都已经说好的，这个事情该怎么做。不同的人有不同的意见，反而会让对方有种错觉，觉得你们公司自己的意见都没有统一，怎么来做这个事情？他们会更不放心。上司呢，我倒是会借力。就像我之前说的"我们董事长亲自和您见面"，这个底要最后放上去，说"我们也希望您能够把生意做好，为此我们董事长个人——我只是说个人，因为公司是公司，个人是个人，董事长个人给您20个赠品"。这是他个人的行为，不能说是公司的，因为公司这样的话他下次还会再要赠品。借力是可以的，但是不要把它和公司的政策混淆了，最好以个人名义。因为人是追求利益的，这样做一是他得到利益了，二是他面子上也过得去，三是我以后的工作也好继续开展，就是这么回事。

问：请问谈判地点一般选在哪里，比方说双方的会议室或者饭桌？

答（陈）：我个人反正是绝对不会在饭桌上做生意的。饭桌上讲出来的话都是没有根没有据的。我也很忌讳去什么星巴克、茶吧做生意。既然你要做生意，那就在办公室里面好好地把这个问题定下来，在对方也愿意的情况下最好白纸黑字把合同签好。所以这也是为什么我们出去都会带着正规的协议。因为友情归友情，生意归生意，要给对方一个仪式感，让对方认识到我们公司是一家正规的公司。像什么酒喝得好生意就跟你做这种事，我觉得不太流行了。但是也不能说所有人都是和我一样的想法，还是有一些地方的客户相信酒品好代表人品好。有些客户今天谈了明天就变卦，所以当天谈的事情当天就执行，这也是技巧，执行不了就白纸黑字。周总对这个问题怎么看？

答（周）：对，这个问题我也倾向于正式场合。因为现在随着人们素质的提高，不像早期谈生意靠什么吃饭唱歌了。现在都是签完合同后再吃个工作餐，在达成意向前是没有的。

问：在实际谈判中有哪些忌讳的地方？

答（陈）：这个和个人素质有很大关系。首先就是守时、衣着得体、语言得体。最好不要在谈判过程中轻易打断对方的话。因为谈判是种交流，我谈判时很喜欢对方多说几句，让他们觉得占了上风。他说话时千万不要去打断他，也不要反对他，你把你的观点说出来就行了，而且说得要有艺术。比如说："哎，你的观点是在某些行业对的，合理的，我也比较赞同，但是我们的一些要求也是我们公司正常的规定，这个希望你理解。"然后就是不要太着急，如果他提出了反对的意见，不要去驳斥他，你要为下一次谈判做准备。比如说："哦，周总，您有这样的要求，那我记下来"，拿笔拿纸是尊重他的一种表现。"您的要求我记下来，回去我也和我们老板商量一下，回头再给您一个方案，我会在三天之内给您个回复"。回复是一定要给的，

商务谈判 实战案例和经验解析

即使这个生意不成,回复也要给到,好为下一次谈判做准备。周总怎么看这个问题?

答(周):陈总也说得差不多了,反正就是倾听的艺术吧,不要轻易打断他人的话。

问:对于谈判人员的能力素质、礼仪礼节有什么要求吗?

答(陈):这个就要求到平时工作的点点滴滴了。首先是专业的东西要掌握得多一点。像你们是学金融的,国内国外的知识要能够融会贯通。以后你们和一些金融界的大佬交谈,你们专业性强,他们是摸爬滚打,实战性强。刚开始时你们要把自己的专业素质充分展现出来,这个是你们的强项。还有就是一些天南地北的知识,关于生活的沉淀,这也很关键。个人的素养很重要,有些人别看名片上写着什么总监,如果他连基础知识都不会,连业务员都不如,别人会小看他的。在礼仪礼节方面,站在我们卖方的立场上,要主动、乐观、大方,不要靠对方来提点你。只有双方至少有一方是大方的,这个生意才好做下去。你也不能因为你是买方,就强势压榨对方,现在都是平等互惠。除此之外,衣着得体、守时、尊重对方等,都是基本的礼仪礼节。

问:最后一个问题,对于大学生商务谈判的学习有什么建议吗?

答(陈):就是要多练!批发市场是锻炼你们讨价还价能力和技术最好的地方,这个时候就可以用你们说的"红白脸"了。你看他们卖衣服,明明只值100元他们报200元。这就是考验你们的地方了,要多练、多观察。当然还要站在他人的立场上考虑问题,这也是很重要的。

问:好,谢谢二位今天抽空配合我们的访谈!

答:没事,不客气!

谈判经验解析

从两位受访者的谈话中,我们深刻体会到以下几点对于商务谈判的成功非常重要:第一,真诚为本,天道酬勤。谈判不是见一次面就能谈成的,它的时间跨度很大,常常需要有关人员的跟进与坚持,用真诚感化客户,给他们好的感官体验,即使这次买卖不成,也可以为以后的谈判做准备。第二,在谈判技巧上,很忌讳一个公司出去有两种声音。一个团队都是内部达成共识以后才会出去沟通。这时就不太适合使用"红白脸"技巧。在谈判过程中,一个小组内部出现不和谐的声音对于谈判是不利的,会让客户产生错觉,让人不敢相信这家公司。但是作为顾客,在这方面就没有过多的忌讳。顾客可以在谈判中用"红白脸"技巧,例如将两家公司进行比较等。毕竟客户方可选择的余地很多,自由度也相对较大。第三,不在饭桌上谈生意。饭桌不是正式场合,双方口头承诺的话没有法律保障。白纸黑字的签字合同保障本方的利益,而且给对方一种仪式感,让对方感到被尊重。第四,实践大于理论。只有通过日复一日的实践,才能在取舍和融合理论的基础上,总结出实用有效并且适合自己的方法。第五,谈判不仅是行业专业知识和个人经验的应用,更是全方位知识储备的考验。所以，我们不光要学好专业技能，还要关心时政，涉猎各个学科和领域，从而更好地与对方沟通，增强亲切感和认同感。

启发思考题目

1. 你喜欢与"慢慢磨"的人进行谈判吗？请给出你的理由。
2. 陈总说"我喜欢有一个失败的准备。不一定每次谈判都会成功……做好失败的准备也是一个很关键的点"。你赞同这种做法吗？
3. "谈判是妥协的艺术"，请谈谈你对这句话的理解。

（访谈及资料整理：魏惟、黄雨辰、陶杨、徐林涛）

第 4 篇

对管理人员、中层干部的深度访谈

4.1 "市场专业人员要会唱红脸"
——对证券公司债券销售交易部副总经理的深度访谈

访谈情况概要

受访人：Z××。

个人简介：32岁，毕业于加拿大×××大学，曾任金融公司固定收益部副总经理，现任××证券债券销售交易部副总经理。

访谈时间：2014年5月29日。

访谈形式：电话访谈。

访谈内容记录

问：您好，我们想就商务谈判中的一些问题对您进行访谈，可以吗？

答：好的，没问题。

问：您在什么公司担任什么职位，可以讲一下吗？

答：我在一家金融公司担任固定收益部（债券销售交易部）副总经理。

问：您觉得您的工作中哪些部分是需要谈判的？

答：首先你知道我们固定收益部是做什么的吗？

问：您讲一下吧，我不是特别了解，因为不是这个专业的……

答：就是发行债券。发行债券就是相当于让企业通过发行债券的这种方式……企业股票上市你肯定知道的。

问：嗯，我知道的。

答：股票上市是一种融资手段，发行债券也是一种融资手段。我们相当于中介服务机构，给企业发行债券，相当于让企业向全社会借钱。举个例子，企业发行10亿元的债券，这样就形成了10亿元的负债，企业每年需要向债券的持有人付利息。如果利息率是一年7%，你要是买了1000万元债券，那一年就可以拿到70万元的利息。我们做的就是帮企业完成向全社会发行债券这个过程。这就涉及和企业的谈判，就是我怎么样让企业以一个市场化的行为去发行债券。

问：嗯。

答：你跟别人借钱，你给别人利息，对吧？向其他人借钱，你付的利息越少，收益就越好，对吧？

问：嗯，是的。

答：同时你跟别人借钱，一次性借越多越好，对吧？

问：嗯，是的，付的利息越少越好。

答：对，所以我们跟企业谈判的时候就要做到：第一，说服企业不要去做股票，或者是除了股票之外也要考虑用债券来融资，这是一种融资手段；第二，融资的时候，企业肯定是想成本越低越好（当然不要钱是最好的，但这是不可能的），但市场有个接受度，所以我们还得把他的利率适当地抬升，抬升到符合市场水平才可以；第三，我们对发行债券要收费用，那收多少、怎么个收法、是分阶段收还是怎么收，另外有什么销售奖励？这里面掺杂着各种因素，这些都是需要通过谈判来议定的。所以我们这种谈判和贸易类的谈判是不太一样的。

问：嗯，主要还涉及利息问题，对吧？

答：利息、发行条款、发行费用、发行期限、发行时点和发行规模，所有这些要素都需要谈判。

问：您觉得谈判技巧对您的工作是不是挺重要的？

答：那当然了。

问：您可以列举一个印象深刻的成功的谈判经历吗？

答：我举个很简单的例子吧，因为一个复杂的案例说下来估计一个小时也说不完。就像我刚刚说的，任何一个融资的企业，他们都希望自己的融资成本低，对吧？

问：嗯，是的。

答：但是我们希望发行的债券（对我来说相当于金融产品），也就是我们这个产品是拿到市场上去卖的，卖给各个银行。卖的时候，这个东西好不好卖，就涉及利率，利率越高越好卖。所以对于我们来说，我们希望把利率发行得越来越高，这样对于我们自己来说销售风险是最低的。所以，我们在引导他了解发行利率等条款的时候，就会用非常市场化和横向比较的各种案例和各种条款分析来让他接受这个利率。我举个很简单的例子，就拿 Z 省来说，H 市有个 Y 区，对吧？

问：嗯，是的。

答：前段时间我们刚刚给他们发行过债券。Y 区发行债券要求的成本是 8% 以下，我们希望他发行的利率是 8.5% 以上，所以我们在跟他谈判的时候，会以他们企业及 Y 区的 GDP、财政收入、一般性预算收入、在全国位置的比较以及他们地方政府还款的意愿、还款的能力来进行横向比较。同时，在发行的当天跟他们和其他地方政府发行的债券进行纵向比较，然后跟他们谈定一个发行的利率区间。企业一开始一般都是不接受我们提出的利率的。他们总是会说，"这个利率太高了。你们能做就做吧，不能做我们换另外一家"。如果我们说"我们不能做"，那是不是这单生意就黄了？

问：对。

答：所以一般我们的策略就是："好，你说的条件我们可以考虑"。我们会给他一个非常宽泛的区间。比如说他要求6%的利率,那我们就给他一个6%~8%的区间,因为从决定发行到最终发行一般有半年的时间。如果是经常发行的企业,他就了解里面的门道。但是一般对于第一次发行的企业,虽然说我们跟他说是6%~8%的区间,但真正以什么利率发行一定是在发行当时根据市场情况最终由我们来决定的。所以在谈判的时候就需要很强的谈判技巧,让客户既承认我们的专业性,又认可我们给他说的那些东西,即为什么我们要定在6%~8%的区间。一般情况下,我们给客户描述的时候,都是基于过去的经验,也就是以过去的案例来给他定利率。但是真正发行债券是未来才会发生的。所以其实过去的利率只是一个定价参考,最终能发行到什么利率一定是根据未来某一个时点的情况来确定的。所以我们要是想把客户争取下来,那首先要他认同我们的专业性,认同我们对宏观利率、宏观经济的分析,以及我们企业在整个行业中的排名,我们Z省在全国的位置、地位,Y区在所有同等级别行政区县里面财政收入的位置,最后一项是企业的能力。他认可这些东西之后,我们才能让他接受我们给他的定价。如果我们上来就说,"你这个东西,我们做不了",或者说"你这个利率太低了,我们是发行不了的",这是不专业的做法。为什么这么说?因为客户不了解我们的专业性,像现在跟我做访谈一样,我说的这些东西你可能都是听得云里雾里的,那我们跟客户谈判,前期他跟你感觉其实是一模一样的。基本上我们的谈判都要持续进行1~3个月。

问:谈判周期会比较长,是吧?

答:对,因为我们这种谈判和一般商务谈判不太一样。我们这个谈判是有几个环节的,第一个环节是投资者教育,就是我们的客户教育,我要让他知道什么是债券,为什么要发行债券,好处是什么;第二个环节我再给他讲整个发行债券的流程;第三个环节才涉及选不选我做这个事情;第四个环节是告诉他当他选我做这件事情的时候,我以什么样的条件去给他做这件事情。所以我们的这种谈判不是一次性谈成的,每一个时点都有小的谈判在里面,最终汇成一个大的谈判流程。我们不可能把第四环节的东西搬到第一环节跟客户去说。

问:就是要分阶段来让他认可我们,对吧?

答:对。每个阶段有个阶段目标,而不是一步达成最终目标。

问:一般在谈判之前,你们会做哪些准备?

答:文本的准备会非常多。每一个行业的谈判在资料的收集方面是不一样的,对于我们金融方面的谈判,那就是对手的基本情况我们都会详细了解。比如对手的财务状况、公司金融情况、地方政府的财务状况,以及谈判对手之前有没有做过相关的工作、有没有发行过相关的债券、和我们的竞争对手是否有接触过,竞争对手的专业水平到底如何,谈判是采取循序渐进的方式还是开门见山的方式、是先教育再入门再逐步沟通、还是上来就直接切入?他们如果进行了充分的准备就直接谈判,如果和别人已经进行了沟通,那我们就要知道在什么关键时点、在什么要素上是可以打败别人、打败竞争对手的。基础的信息收集工作不是为了和某个谈判单独准备的,而是一个一直持续的实践。我的一个客户经理要盯着十家企业,他会一直把这十家企业的情况向我持续汇报,在我认为成熟的时候,我会挑其中几家去进行谈判。

问:你们去谈判的时候是几个人一起去还是一个人过去?

答:谈判分非正式谈判和正式谈判。每次跟他们的接触在我们看来都是谈判的一部分,哪怕是我今天过去跟他喝个下午茶,其实也是试探他底线的过程,这个不叫谈判也不正确。我认为这种是正式谈判,非正式谈判就是要摸清谈判对手的底线、他们的想法。正式谈判就是要签署合同了,我们把之前非正式谈判时确认过的点在桌面上、文件上落实。所以说,基本上正式谈判里面的条款都是在前面非正式谈判中谈成的,比如说在6个星期里,我每个星期跟对方谈一个点,谈一个小细节,6个星期6个小细节。我们私下沟通好了,都没问题了,大家都接受了,那最后一次大的正式的谈判就把这6个小细节在桌面上当着所有领导的面确认下来,签字。

问:会不会有谈判双方都有很多人去谈判这样的情况?

答:会的。

问:出现这种情况时,你们会不会有一些人员上的特别安排?

答:那当然了。像我刚刚说的,我们在非正式谈判阶段会派不同的人去跟客户接触。比如第一阶段派做市场的人,是做前期工作促进双方友好的。他不需要给客户很专业的东西,不需要讲债券的知识,只要让客户知道有我们这么一家机构可以做这个事情就行了。第二个阶段由我们市场部的人带一个专业的会计师或者专业同行人员,再去跟客户的领导(下面带一个财务部的人)去谈,了解客户企业财务的情况。第三个阶段我要带我们的领导和客户最终的大领导来谈一谈,聊双方合作的东西,有什么合作前景、为什么很好,我们未来除了在这个方面给对方提供服务,其他方面我们会提供什么样的服务。这就是往高层方向走了。前三个阶段之后我们都已经熟悉了,那么第四个阶段是具体的办事人员跟他们的相应人员进行项目对接,研究一些具体的东西。所以在每个阶段我们会派不同类型的员工去做不同的事情,但最终到谈判阶段的时候基本上不需要非常明确的分工,因为对方已经不需要谈很多了。

问:嗯,了解了。在你们的谈判中会不会一部分人唱白脸一部分人唱红脸?

答:会有的。一般情况下市场专业人员会唱红脸,而我唱白脸。因为我和对方领导不认识,平时除了做项目也不联系,我只是以我的专业性告诉他这些东西应该怎么做、可以怎么做、我们能怎么做。而市场部或资本市场部的人就会在中间起一个缓和的作用,告诉对方"这个东西我们肯定会更努力去怎么做,但是需要你们企业配合我们"。如果企业提一个非常强硬的条件,"不行,这个就要这么做",那中间市场部的人就会很圆滑地说"我们当然更希望站在投资人的角度,或者是客户的角度去做这个事情,但是我们做这个事情不能违反市场规律,不能违反证监会的要求,不能违反某个东西"。这是一个把双方往一起拉的过程。而且有些时候不能自己跟客户说"不",而要让别人来说。因为客户发行的债券对于我们来说相当于是个产品,我们要卖给我们的投资人,对吧?谁是我们的投资人?是基金保险公司和银行。那我就会带着这些投资人和客户去谈判,我不会说这个东西不好,我让我的投

商务谈判 实战案例和经验解析

资人去跟客户说他的东西不好，这样就会大大降低客户的预期，而且我们又不会得罪客户。

问：你们的谈判地点一般会选择在什么地方？是怎么样确定的？

答：一般都是在客户公司或者我们公司。

问：您之前说过有正式的和非正式的谈判，非正式谈判会选择什么地方？

答：非正式谈判一般选择茶馆、餐厅这种非正式的场合，也可以到双方的办公室去谈，或者到某个关键人物的办公室去谈。

问：可以说说您对饭桌谈判的看法吗？

答：可以先交朋友，再做生意。如果一开始就是很正式的场合，双方都会很拘谨，说话也是很有保留的，所以前期接触最好是在非正式场合。在大家都不紧张、没有压力的情况之下，可以看这个人是怎样的，大家互相了解、对这个事产生了解。可以适当以饭桌形式增进了解，目的是为了顺利完成商务谈判。

问：我觉得这也是摸清楚一个人性格的过程吧。

答：对。不光是个人，也有对方一个小组三五个人、我们这边三五个人一起吃饭的情况。我们可以不谈业务，可以谈谈新闻等其他话题。在谈这些时，其实你对这个人的秉性、为人、品质都会有大致的判断。这是谈判中很重要的东西。

问：您在接触谈判对手的时候，比较喜欢什么样的谈判对手？最不喜欢碰到什么样的谈判对手？

答：当然还是喜欢说话很明晰、性格很鲜明的谈判对手。我不喜欢那种左也可以右也可以，性格很圆滑，从他的嘴里得不到任何信息，把自己伪装得很严密的人。

问：您有没有和外国人进行谈判的经历？

答：以前有的。

问：您觉得和外国人谈判的时候自己有哪些需要注意的地方？

答：文化差异和思维方式。这是中西文化的不同，对外国人，你要是跟他很含蓄或者是拐弯抹角，他会一头雾水。

问：就是他们会喜欢比较直接一点的谈判方式，是吧？

答：对。和中国人谈判你一定要委婉，因为有些话，中文的语言表达和英文的语言表达不太一样。其实从表达角度来说，中文一句话的意思可以有十种八种的表达，英文就那么一两种。

问：您在谈判中有没有碰到过僵局，就是双方互不相让的时候，您一般是如何处理的？

答：遇到僵局的时候，基本上就是转移话题喽。能谈的我们谈，不能谈的我们留到以后去谈。

问：就是要给一个缓冲的时间，对吗？

答：对，给双方一个缓冲的台阶、缓冲的时间。当然这个是有策略的，应变性要非常高，有些时候我的强硬可以是装出来的。

问：您可以举一个具体的例子吗？

答：比如这个企业的资质还可以，但是它在某个方面有一点点瑕疵，那我就可以把这一点点的瑕疵放得非常大，利用我的专业知识来达成我跟他谈判时的一个有利地位。他自己的这些瑕疵，其实我知道很小，但他不知道是大是小。如果他这一个小小的瑕疵影响到整个业务的进度，他就会在其他方面放弃他的某些要求。

问：也就是说还是要抓住对方的一个弱点。

答：对。

问：您有过失败的谈判经历吗？就是最后没有达成一致的谈判？

答：很多，非常多。关于失败的案例，一般很少有现场失败的，大部分的失败都是现场讲的时候讲得非常好，但是在最终落实的时候双方有很大的分歧。一般很明确地说谈判失败的情况极少，大家都会尊重对方。

问：对于失败的谈判经历，有什么经验和教训吗？

答：这个问题就有点太大了。

问：您可以讲一个具体的例子吗？

答：让我想一下。我遇到的所谓的失败往往不是因为我们不够好，可能是竞争对手等其他原因导致的，直接因为我们个人原因失败的情况比较少。

问：就是说外部原因占的比重比较大？

答：对。如果是内部原因，例如企业资质不够，我可能就不会去找他了。我企业资质不够，我也不会给他发行债券。如果我能找上他，说明我的资质还差不多，具备发行的资质，但我们在沟通的时候，客户可能会选择一个他认为比我实力更强的证券公司。

问：您觉得要取得谈判的成功，最关键的是什么？

答：最关键的还是专业性加谈判经验。从我自己刚工作到现在的经历来说，刚工作的时候进行的谈判是很一厢情愿的，急于求成，斗志激昂，但这些对谈判其实是很负面的东西。就谈判做项目来说，这个项目能做，我有八成的把握这个项目能做，但我也要说这个项目可能还有很多问题。永远要把不足想到前面，把可能出现的问题放在前面去想，放慢脚步，放慢进程，然后更多地思考这个里面还会出现什么样的问题。

问：您想的问题比较多，算是如此多的谈判经历积累的谈判经验吧。

答：一个谈判出现一个小失误，那下次就会避免这种失误。哪句话说得太早了、这句话应该在什么时候去说、这件事情应该什么阶段去办、这个谈判表态应该什么时候去做，这些都是经验的积累。

问：您觉得作为谈判人员，应该具备哪些基本素质？

答：我觉得首先情商要非常高，这是必然的。所谓情商，就是对情绪的控制。还有一点就是口才，表达能力一定要好。

问：还有其他的吗？

答：还有就是性格。要沉着冷静，一定要有这种性格，还要外向，这对谈判来说是有帮助的。

问：您觉得作为谈判人员，比较忌讳什么？或者说什么人、什么性格不适合谈判？

答：特别内向的人肯定不适合谈判，因为他对自己的想法表达和反应都不够迅速。特别直接的人也不太理想。也不是说特别直接的人绝对不适合谈判，因为有些时候面对不同的竞争对手，我们需要派不同类型的人去跟他谈判，所以也不能说直接的人不好……我感觉思维、思路上面不够清晰的人是一定不行的，内向的人是一定不行的，口语表达不清楚的人是肯定不行的。

但是这些都可以培养。包括外在形象、谈吐、待人接物，整个气质都是需要培养的。哪怕你口语表达能力特别好，说话特别快，思路特别清晰敏捷，但是如果你的外在形象不是很好，也不太有利。你去和工程队谈判或者是和"煤老板"谈判可能没问题，但是你要和世界500强的大企业去谈判，那你的个人形象、外在气质、整个团队的外在形象都是非常重要的。

问：还是要有一个很全面的素质……

答：综合素质，包括各方面的知识。所谓各方面的知识，上到天文地理，下至各种娱乐消息，包括笑话、时尚、收藏，各种各样的信息你都要接触，才能做到至少能够跟你的客户沟通某一方面的东西。

问：对，至少要可以聊得来。

答：对，这样的话，在做任何谈判之前你都会有切入点。

问：嗯，那好的，我今天的问题都问完了，很感谢您能够配合我们。谢谢，再见！

答：好的，再见。

谈判经验解析

通过本次访谈，我们了解到金融机构和客户的债券发行谈判中需要考虑的因素更多，更复杂，体现在以下几个方面：第一，在谈判之前需要做很多文本准备和资料收集工作。包括对手的财务状况、公司金融情况、地方政府的财务状况，以及谈判对手之前是否发行过相关的债券，和竞争对手是否有接触过等。第二，在谈判中，不能刚开始就给一个确定的利率，而要给定一个对方可以接受的利率范围。当对方无法接受这样的区间时，可以根据对方要求给出一个更加宽泛的区间来看是否可以接受，而不能直接拒绝交易。第三，谈判分为正式谈判和非正式谈判两种。两者在谈判地点选择和人员安排上会根据谈判性质和内容的不同有所区别。在人员配合方面，有时也会采取红白脸策略，例如让专业性较强的技术人员充当红脸，而让市场部人员充当白脸来缓和谈判的气氛。第四，可以选择带着投资人去和客户谈判，投资人可以以专业的角度指出客户的劣势，降低客户的预期，让客户做出让步。这次访谈让我们充分体会到了金融市场中存在的独特谈判技巧，同时也极大地扩展了我们的知识面。

启发思考题目

1. 债券发行谈判与一般商务谈判在哪些方面存在不同？
2. 受访者提出，一般市场专业人员会唱红脸，市场部人员则起一个缓和的作用。你是否认同这一观点？为什么？
3. 如何才能把握好谈判的切入点？

（访谈及资料整理：袁帅、闫静、陈丁玲、张凌翔、尚修智、王建明）

4.2 "知己知彼方能百战百胜"
——对水泥公司生产供应部部长的深度访谈

访谈情况概要

受访人：郑建平。
个人简介：桐庐红狮水泥有限公司生产供应部部长。
公司背景：桐庐红狮水泥有限公司是由红狮控股集团为主体出资设立的大型企业，主要生产和销售水泥及相关制品。
访谈时间：2010 年 4 月 24 日。
访谈形式：面对面访谈。
访谈地点：受访人办公室。

访谈内容记录

问：郑先生您好！今天我们很高兴能够与您坐在一起。之前我们了解到红狮控股集团有限公司是浙江省一家专业生产高标号水泥的大型企业，是国家重点支持的 12 家全国性大型水泥企业之一。而您所在的桐庐红狮水泥有限公司是红狮控股集团的下属公司，是属于一家规模相当大的分公司了，目前公司发展态势也都相当不错。您作为红狮企业桐庐分公司生产供应部的部长，我们也了解到您在这里工作 13 年了，可以说见证了红狮由小到大、由弱到强的成长历程，对公司的生产原料供应状

商务谈判 实战案例和经验解析

况可谓了如指掌,接下来的时间里我们将对您进行深度访谈,希望能够从中学到知识。

答:嗯,好的。

问:贵公司水泥生产的原料主要是哪些?

答:水泥生产的原料一般是大同小异的,红狮生产水泥的原料是石灰石、砂岩、铁质原料、煤。我们红狮在桐庐设立分公司也是充分利用桐庐以丘陵山区为主的地形地貌特征,发挥原料优势,依山而建,直接开采矿山得到石灰石和砂岩。铁质原料和煤是通过与其他厂商的合作供应的。

问:红狮在与原料供应商的合作中,相信一定会进行谈判及签署相关合同,您能就此选择一个具体谈判案例向我们详细地介绍一下吗?

答:可以的。就以今年3月份我们与煤的供货商的一次谈判为例吧。当时我作为生产部长和下面的两名员工组成一个谈判小组与对方进行谈判,供货厂商老板和专门的谈判人员作为对方代表参加谈判,双方相当重视那次谈判的结果。因为,对我们来说这个谈判关乎以后很长时间内煤原料的供应,对于对方来说这也是关于和红狮这个长期大客户合作与否的问题。

问:那次谈判如此重要,谈判时双方应该会有相当大的较量吧?

答:是的。煤的品质是毋庸谈判的,对方必须严格按照我们红狮生产水泥的标准提供煤,一般我们要求是5800大卡⊖的煤。双方关于煤品质的需求与供给方面的相关事宜协商后,首先出现的矛盾就是煤的价格问题。对方开出的煤价是800~1000元/t,包括船费、车费等运输费,及装卸费等其他相关费用。他们认为11月份、12月份、1月份、2月份的煤价应该是1000元/t左右,其余月份在800元/t左右。但根据我们之前对市场行情的了解,我们的心理价位是700~900元/t,包括其他一切费用,11月份、12月份、1月份、2月份的煤价应该在900元/t左右,其他月份在700元/t左右。当时我们就一再强调我们每天生产水泥的用煤量是700t,且生产的设备是全年不停工的,因此对煤的需求是相当大的,我们希望对方考虑到我们是大客户的因素能够将价格降低。不过现在回想起来,当时对方也是有备而来的,对于我们的讨价还价,他们没有太多理会,而是一直在强调国内煤炭紧缺,煤价不断上涨,加之煤炭设备的购进导致他们内部煤炭成本上升,企图从内外两个方面来达到不降价的目的。谈判在这一部分僵持了很久。最后,我就拿出撒手锏,假装有点生气,打过招呼后去了一趟洗手间。回来的时候我就表态如果双方谈判在价格方面不能达成一致意见,我们红狮可以另觅供货商,毕竟我们红狮选择原料供应商是公开招标的,中标的往往有两三家企业,因此我们还是有选择余地的。对方老板听到这个信息后,显然有点慌张,于是很快在价格这一块我们就占了优势。

问:郑先生,我们有一点不明白,供应商的煤价为什么在11月份、12月份、1

⊖ 1大卡 =4.184kJ,全书同。

月份、2月份会高一些呢？而你们在讨价还价的时候也相应地在这一范围出高一些的价格呢？

答：哦，这个主要是受市场影响的——冬季煤的开采量少一些，供给相对减少；而冬季煤的需求量又相当大，其中北方居民用煤量的大幅度提高也在很大程度上提高了煤的价格。在这点上我们也不会故意刁难他们而要求实行全年一个价，毕竟市场价格是不断波动的，不同时段煤的差价是相当大的。

问：除了价格这一块双方有过大的分歧，其他的谈判项目还算顺利吗？

答：其实关于价格这个方面的谈判还没有彻底结束，在我们谈判之前，经理就曾经指示合同中我们一定要分期付款。所以我们在谈判时就明确地提出对方先送货，我们月底付款，这个他们相当爽快地答应了。但当我们提出月底红狮只支付80%的款项，并不完全结清，等到年底统一结算的时候，他们就表示这个方案不妥当，月底应该将款项结清，对于此我们也是很直截了当地告诉他们原因，主要是为了防范煤的质量问题导致水泥生产不合格所带来的风险，并且红狮这么大的企业，以品牌和信誉可以担保年底一定会付清款项。最后他们经过讨论接受我们的方案。

问：红狮每天的用煤量就达到700t，一个月就有21000t。那么供应商多久供应一次？每次供应的数量又是多少？

答：的确，当时谈判的时候针对这个问题双方也是有过一点小分歧。我们觉得供货商应该每隔3天给我们供货一次，一次2000t左右，这样有利于我们更好地生产，保证煤原料的充分供应。但是对方认为他们只能每隔6天提供一次煤，一次提供4000~5000t。因为他们的煤船从宁波的北仑港出发，一次供应煤的船只是40~50只，按照一只船运输500~800t计算，大约有20000~40000t，而他们在桐庐还有其他客户，例如三狮水泥、桐君水泥、子陵水泥。全部的需求量6天大约是20000~40000t。对于他们而言，他们需要调剂在桐庐整个区域的客户。在这个问题上他们老板态度相对比较坚决，显然他是站在大的角度来看我们红狮的，而实际上这个问题对于我们也不是非常重要，只要他确保不会因为煤的供应不足耽误我们的生产就可以了。所以最后双方就在合同上对煤的保证供应做了说明并确立了违约责任，我们红狮也同意6天供应一次。

问：双方在煤的检验与交接方面的谈判怎么样呢？

答：这个方面的谈判挺顺利的。首先我们红狮生产供应部和化验部人员在码头对煤进行取样，按照标准对煤进行化验分析，并检验杂质成分是否符合标准，比如煤矸石、鹅卵石的成分评估。低于标准一定范围内的货可以扣钱折算，如果与标准相差很远可以要求退货。煤运到公司后，公司大门口将会有相关人员对其过磅称重，完成之后就算是交接成功。如果检验取样发现过多鹅卵石、煤矸石或其他石块导致不合格的煤投入生产，影响磨机产量，减产或者停产，对方应该负违约责任。这方面的事项双方都是接受的。

问：有时候会出现一些不可抗力事件，比如地震、台风等自然灾害。如果这些事件导致煤延期或无法到，损失由谁承担呢？

答：这方面的问题我们也有过谈判。如果不可抗力事件发生了，对方必须及时通知我们，让我们有充分的准备。同时供应商有能力的，必须通过其他渠道运输货物；如果不可以，则供货商之间要寻求相互合作、相互调剂，最坏的打算就是停产，造成的损失根据实际情况我们双方共同承担。

这个方案的结果是"双方共同承担"，但是法律中有相关不可抗力事件免责条款的规定。对方之前就企图借这个理由，达到不可抗力事件造成的后果由我们全权承担和负责的目的，这对于红狮来说是不公平的，因此我们也是绝不让步。我就很明确并且很强硬地指出如果损失由红狮全权承担，那么对方老板岂不是完全没有营业风险，红狮就相当于是保险公司？而我们是生产性机构，绝对不会扮演"不收保险费的保险公司"的角色，如果对方想要对风险有所保障，可以去投保。我们态度坚决，和对方讨论了相当长的时间，最后对方同意双方共同承担，但是具体的比例还要进一步协商。

问：整个谈判还是很激烈的，您从中有什么体会吗？

答：谈判、谈判，谈的就是一个字——钱。整个谈判中我们始终围绕各自的经济利益与对方进行交涉，为公司谋求最大利益是我们的工作。在这个谈判中，我们是大客户，相对比较主动，对方则要被动一些，但是我们也并不会因为这样就一味地压制对手，我们也是在合理公平的立场上来寻求双方的长期合作。总的来说，我们对原则性的内容绝对不做让步，比如上面所说的关于价格问题和不可抗力事件的解决，这样的问题上我们的态度可以强硬一些。同时，在一些问题上我们可以有一些退让以达到合作目的，比如供应的次数。其次，我认为市场调查还是相当重要的，知己知彼方能百战百胜，要充分掌握市场信息，这样谈判才有主动权，而不是人云亦云。在这个谈判中我们也是充分了解市场行情价格才敢和他们讨价还价的。同时，适当的谈判策略也是相当重要的，我在价格项目的谈判中就假装生气，其实这样也是为了让对方心急，他们为了牵住客户很快就接受了我们的价格。

问：好的，谢谢您！郑先生，今天您举的谈判案例非常精彩，您的谈话让我们了解到很多的谈判知识，我们受益匪浅。祝您工作顺利，同时也祝福红狮水泥能够越做越好！再次谢谢您接受我们的访谈！

谈判经验解析

根据商务谈判的相关理论知识，货物买卖谈判的主要内容一般包括标的、品质、数量、包装、价格、交货、支付、检验、不可抗力、索赔与仲裁等十个方面。上述十个方面分别属于货物买卖谈判中货物（标的、品质、数量、包装）、商务（价格、交货、支付、检验）、法律（不可抗力、索赔与仲裁）三个部分。在本次访谈中，红狮生产供应部部长郑建平以采购煤这一具体的货物买卖谈判为例，向我们生动地讲述了货物买卖谈判涉及的主要内容。这使我们对课本中的商务谈判知识（特别是货物买卖谈判的主要内容）有了更加深刻的理解。另外，在货物买卖谈判的十方面内容中，哪些可以让步、哪些不能让步，郑建平先生也通过煤炭采购这一具体的谈判案例向我们做了精彩的叙述，这让我们受益匪浅。再次感谢郑建平先生！

启发思考题目

1. 货物买卖谈判的主要谈判内容（或谈判条款）有哪些？
2. 如何有效地与谈判对手磋商这些谈判内容（或谈判条款）？
3. 对具体的货物买卖谈判来说，在其谈判内容（或谈判条款）中哪些可以让步，哪些不能让步？

（访谈及资料整理：孔依、张瑜英、戚晨晨、张明良、陈瑶、赵英豪、王建明）

4.3 "让时间飞一会儿，冷静一下"
——对电气集团企管部经理的深度访谈

访谈情况概要

受访人：陈可乐。

个人简介：男，34岁，××集团企管部经理，拥有15年工作经历，历经生产、质量、行政、综合管理、秘书助理、企管等岗位，对企业管理体系建设以及相关的商务谈判业务有独到见解。

公司背景：××集团是国内电气行业龙头企业之一，市场占有率连续12年位居全国第一，年主业销售收入达15亿元。旗下拥有全资子公司10家，1家成员企业，1200多家合作企业及60家驻外销售机构，员工3000人，在国内若干地区分别建立了高科技工业园区。

访谈时间：2014年5月20日。

访谈形式：电话访谈。

访谈内容记录

问：陈经理，不好意思打扰啦，十分感谢您能抽空接受访谈，我们现在可以开始吗？

答：好的。

问：您平时参与谈判吗？

答：当然呀，经常谈判的。

问：您一般都参与什么类型的谈判呢？

答：因为我的工作是企业战略、文化宣传，所以主要的谈判都是和传媒公司、文化公司、广告公司进行的。

问：哦，那您觉得谈判对您日常工作是否重要呢？

答：当然重要，企业管理有一个共识——沟通是最重要的，谈判就是另一种形式的沟通，目的是让谈判双方达成共识。所以假如没有谈判，很多合作都是无法达成的。谈判作为一种特殊的沟通方式，双方从不同立场、不同角度达成彼此都能接受并且认可的最终结果。

问：一般谈判前，您会做什么准备？

答：在谈判之前，要做的准备工作其实很多，但可以概括为几个"谈"：谈什么、和谁谈、谁来谈、怎么谈、谈判要达到的目的是什么。所以要确定谈判的人员以及谈判的策略，也要了解谈判对手，人家手里的筹码是什么，对方谈判人员的性格，对方的优势和劣势都要进行分析定位。比如我们这次要和台塑集团合作，就是与被誉为"经营之神"的王永庆所在的公司合作，他们要采购我们的货，我们的销售经理要接待对方人员，他（销售经理）就来问我应该做什么准备。我先是给了他一本关于王永庆的书，通过这本书先了解台塑、了解他们的企业文化。另外我建议他把所有准备的文件都转换成繁体版，其实这么个小细节刚好就能体现出我们对人家的尊重，也能让人家看到我们的诚意。所以准备工作真的是特别多的，大的方面要做好，细节更不能忘，细节决定成败嘛。

问：说到了解谈判对手，你们一般会通过什么方式了解谈判对手呢？

答：了解谈判对手的方式其实很多，但一般分为以下四种。现在是互联网时代，最直接的一个办法是我们上网搜索。一般来说，不管公司规模如何，网上都能搜到其相应的信息。如果要了解谈判对手所在公司的产品质量如何，我们会通过用户评论来了解。比较大的公司其实有很多新闻报告，通过浏览新闻报告就能了解到谈判对手的信息。第二种方式，我们可以寻找到与谈判对手已经合作过的公司或者客户，了解他们对谈判对手的意见和建议，了解谈判对手在业内的口碑，以及他们公司的优劣势，甚至可以了解他们的谈判风格，由此可以准备相应的谈判策略。第三种，实践出真知，我们可以实地考察谈判对手所在公司，实地考察其实有意想不到的效果。最后一种，谈判对手可能是我们已经合作过的公司。对于合作过的公司，我们多少都有些了解，对谈判对手的谈判风格和公司状况都了然于胸，而且也可以结合政府对该谈判对手的公证信息，综合各方面信息源，就能比较全面地了解谈判对手。哦，对了，我们还应该多多了解谈判人员的喜好、宗教信仰等个人因素，避开忌讳，给双方营造良好的谈判氛围。

问：刚刚您提到根据谈判人员和谈判对象制定相关的谈判策略和谈判技巧，您能分享一下吗？

答：我们跟人家合作考虑的无非是产品、价格、服务、质量这四个因素，要根据自身情况，明确哪个因素对于我们来说是最重要的，明确底线。同样我们也要了解对方这几个因素的状况。在掌握对方的基本信息后，在谈判时我们首先要做的就是避开对方的锋芒。在和对方谈判的时候，我们得避开谈对方已经掌握主动权的因素，从对方的弱势下手。比如对方的产品很好，我们就不能在产品上挑刺，但它价格太高，我们在前期就可以在价格上多花精力（可以了解同类生产商的价格，进行对比）。第二，要明确谈判小组的"红白脸"，明确分工。"红脸"坚持立场，"白脸"则在气氛僵持的时候缓和气氛，使得谈判得以继续。最后，我们得明确自己的立场，是卖方姿态掌握主动权还是买方姿态比较主动。如若我们是卖方，保持姿态。不过实际谈判中我们都十分尊重谈判双方，提倡平等。遇到难缠的对手，就要强调卖方姿态了。

问：谈判小组一般由几人组成？

答：一般是3个人。等谈判进行得差不多了，合作即将达成的时候，则有后台老板过来签署文件，分工十分明确。

问：其实我觉得很多谈判失败都是因为价格谈崩了，价格是很敏感的因素，您怎么看待价格这个因素？

答：这得看买卖方立场。在每次谈判前，我们都要确定自己能接受的价格区间。你知道谈判最主要的部分就是双方互相在价格上让步、妥协，最后达成共识。在我所参与的谈判中，通常我们都是作为买方。一开始我们都会把价格压低，卖方肯定会往上提，我们就得让步，让到我们的心理价位就得据理力争了，最糟的结果就是不能超过我们设定的价格区间最高值。卖方则反之。这时候我们就可以利用避开锋芒的策略了，要从影响价格的因素下手，让对方做出让步。你肯定有过上街买衣服的经验，明明很喜欢但因为价格过高买不了，一般来说肯定不会直接放弃吧，你会挑衣服的瑕疵，以此让卖方放弃在价格上的僵持，给你折扣，不管折扣力度如何，你最后买下这件衣服的心情跟没有谈判前是全然不同的吧。可见，谈判是体现在生活的方方面面的。另外，切记不要给点甜头就叫好。如果对方在价格上稍微做了让步，但仍未达到你们心理预期的价格，如果你表现得非常欣喜，点头答应，你就掉进对方设的套里了。因为你答应之后再想让他降价几乎不可能了。

问：双方因为价格僵持不下，您是会直接放弃谈判还是会迂回？

答：肯定是迂回的，如果直接放弃谈判，很多合作就夭折了。我们通常是买方，当然希望价格越低越好，可对方基于利益也不让步，这时候就出现僵持了。一般来说我们会采用三种策略应对：第一，我们会提出长期合作，让对方明白一时的让步可以换来未来的合作机会，这应该会让对方看到希望吧。第二，化用一部电影的名称就是"让时间飞一会儿，冷静一下"，并亮出手里其他的牌，告诉对方我们也有其他可选择的供应商，并给出价格列表，让对方明白他们的价格在这次合作中不具备竞争力。如果对方很有诚意合作，这时候应该会着急。这时候也许会有意想不到的结果。第三，做适当的让步，告诉对方这是价格底线了，不可能再低。也可以向公司高层汇报，再做回应。

问：这时候送礼合适么？会不会对僵局有所缓和？

答：比起送礼，倒不如我们根据事前搜集到的谈判人员信息，在谈判现场照顾谈判人员的喜好来得贴心和显得有诚意。送礼是不推荐的，因为这可能会影响谈判立场和触及相关法律。

问：您如何看待圆桌谈判和饭桌谈判？

答：圆桌谈判是主要的，因为圆桌谈判比较正式。一般都是快要达成合作但某些方面尚未十分明朗的时候，可以一起吃个工作餐，能加速谈判的完成。

问：您刚才提到主要是跟服务型公司合作，那您跟广告公司谈判一般要涉及哪些事宜？我知道价格一般来说比较难让步，相对价格来说，哪些因素可以做出一定的让步呢？

答：一般是产品、价格、服务、质量这四个谈判事宜。这主要是根据合作项目的性质以及对于我们来说什么最重要决定的。世博的时候，我们跟上海一家公司合作，要建一个展厅。对方的产品质量很棒，设计也很优秀，价格上最后也达成了共识。我们唯一的要求就是在我们公司20周年前就要把这个展厅建好，在交期服务上就不能做让步。相反，我们跟另外一家公司合作，时间宽裕，那我们会给他一定的时间区间，甚至我们可以等他们提供高质量的产品。所以谈判前要明确最重要的事宜。

问：刚才您提到了您经历过的谈判，那有没有让您印象最深刻的谈判？可以跟我分享一下吗？

答：让我印象深刻的谈判其实挺多的，我这里跟你分享其中一个好了。我们有个广告推广的项目，当时竞标的公司主要有两家。一家来自温州，在温州名气很大，是温州文化传媒行业的佼佼者，业内口碑好。另外一家来自杭州，知名度较低，但产品和服务也都是十分优秀和规范的。温州这家公司因为之前有合作，关系自然更好，各方面了解得更多，加上温州公司的谈判人员和我们公司高层是好朋友，优势明显。但他们价格过高，并且递交的方案差强人意。相反，杭州公司价格较低，且方案设计符合我们的要求，比起温州公司的高调拉关系，杭州公司可以说得上是默默无闻，除了工作之外，私下也没有过多地跟我们交流，没送礼，管理十分规范，很好地表达了他们想要合作的诚意。

问：一般来说肯定会选择杭州公司吧？因为物美价廉啊。

答：事情比想象中复杂多了。我们先是向公司高层递交了两家公司的价格收取标准，并附上两家的方案，应该说谈判小组都是倾向于杭州公司的。但是这个时候温州公司动用了其他力量，向公司高层施加压力。在这样的情况下，公司高层倾向于温州公司，毕竟已经是合作伙伴而且名气大。

问：出现严重的分歧了，那你们谈判小组有让步吗？

答：没有。基于公司利益的考虑，我们谈判小组没有让步。

问：那怎么说服公司高层？毕竟决定权在他们手上。

答：我们和高层的利益立场其实是一样的。我们从公司利益出发，开了一次会议，经过系统分析，让公司高层认识到选择杭州公司对我们更有利。高层做任何决定肯定首先要考虑公司利益，所以最后我们跟杭州公司合作了。

问：真是够曲折的！为什么这次谈判让您印象最深刻？是因为出现了两家极端的竞标者吗？

答：你看温州那个公司的社会力量多强大，但最终还是输给了另一家公司。最重要的原因是因为温州那个公司的产品质量一般而且叫价太高，相反，另一家公司勤勤恳恳、踏踏实实做事，凭着优秀的方案和合理的价格取胜。其实这就告诉我们，在竞争中产品还是最重要的，不能弄错重点。

问：假设两家公司价格一样，温州公司方案略差于杭州公司，你们也会选择杭州公司吧？

答：对的，因为我们很清楚我们要的是什么，我们要的就是高质量的产品和服务，谁的质量更好，在招标方心中就更有优势，本末倒置就不好了。

问：我对谈判对象也很感兴趣，您的谈判对象一般分为哪几类？不同类型的人对待方式应该不同吧？

答：谈判对象无非分为两大类，男性和女性。性别在谈判中的影响还是有的。一般来说我们在谈判人员性别的安排上会和谈判对手的安排一致，但一般来说都会安排女性。女性更具有亲和力、更感性，比如出现僵局，女性所能带来的调解效果远胜于男性。男性其实是比较直奔主题的，他们的目标很明确，就是要利益。另外，如果谈判对手里年轻人和中年人都有，我们也会做出相应的人员安排。因为同一年龄段沟通更有共同话题，我们的目的是为了能达到更好的沟通。

问：哦，如果对方是女性居多，那你们会不会相对"温柔"点、"怜香惜玉"啊？

答：是的，我们对女性是会稍微仁慈一点的，但是我们很清楚对女性的温柔仁慈将会给我们的利益带来损失，所以我们语气上会十分温柔绅士，但立场不会动摇。我还得提一下，学好心理学对谈判十分重要。女性一般更敏感，如果被女性对手洞悉了弱点，她就会抓住不放，所以要更加警觉。

问：所以说谈判对手是女性会更加麻烦，成功率也不会更高？

答：其实可以这么说。对于我而言，我更愿意和男性谈判。从社会分工上来看，男性确实应该多照顾女性。所以对谈判来说，女性往往更能掌握主动权，女性不让步，男的也不能太过坚持，毕竟绅士更受欢迎。

问：您喜欢什么样的谈判对手呢？

答：我更喜欢率直、正直、先小人后君子的谈判对手。先把丑话说在前头，先把大家最关注的利益点说清楚，不需要先慈眉善目后因利益而翻脸。这样的人很率直，谈判起来也简单一些。先君子后小人会让事情变得复杂，不断在变。另外，我

商务谈判 实战案例和经验解析

觉得谈判人员要有素质，要懂得互相尊重。不管谈判是否成功，都应该保持对对方的尊重，要有职业素养。有素质的人更容易引发人的好感，谈崩了就破口大骂这样太糟糕了。其实我们都会观察谈判对手的，如一个谈判对象进电梯会不会看到人点头微笑，跟前台交涉的时候态度如何。在走上谈判桌前他的言谈举止我们都会注意，通过这些细节就能对这个人有所了解了。高素质者我们十分欢迎，素质低下的人我们则要做好相应的准备。

问：您觉得作为一名谈判人员，应该具备怎样的素质？

答：首先，肯定要做到不卑不亢。这样往往更能赢得谈判成功。其次，要十分有原则，立场坚定，人家吹捧几句就忘记自己的立场带来的就是利益的损失。再次，要有优秀的沟通能力，谈判中往往话中有话，所以要有沟通技巧和策略，话不在多，贵在精。最后，要有很强的判断能力和洞察能力，能够从人家的言语中看出其心理和态度，这一点十分重要。

问：相反，什么样的人不适合当谈判人员？

答：虽然我是很喜欢率直的谈判对象，但是太率直也不好，过犹不及。换句话说，藏不住事、沉不住气、快人快语、所有的喜怒哀乐都表现在脸上，这样的人根本就不需要洞察，一眼就能看透。当然比较木讷、不善言辞的人也不适合，这样的人参与谈判通常会以失败收场。

问：最后一个问题，对于我们正在修读"商务谈判"课程的在校大学生，您有什么建议或意见吗？

答：首先，我觉得最重要的是要多参加社会实践，提高自己的沟通交流能力，在实践中不断提升洞察分析能力。其次，丰富自己的社会阅历，你的客户跟你谈红酒、谈高尔夫、谈旅行，你要是没有一定的阅历根本回答不上来。所以书面理论知识不够，阅历是对书面知识的拓展，当你的阅历眼界高于他人时，你的沟通能力、洞察能力也会比别人好。另外，要多参加学校组织的各种谈判比赛，在锻炼中积累经验，有自己的心得和体会。还有要多多学习心理学，这真的十分重要。能够知道人家在想什么，你往往是战无不胜啊。最后，最基本的就是要让自己变优秀，要有能力坐在圆桌前跟人家谈判，要能够赢得人家的尊重。

问：跟您学到很多东西，十分感谢您的分享。

答：没事。

问：祝您生活愉快！再见。

答：再见。

谈判经验解析

这次访谈的收获是出乎意料的。陈经理在谈判上很有自己的想法，从和他一个多小时的访谈中我学到了很多。比如，当他提到快人快语的人不适合担任谈判人员的时候，我的第一反应就是，"啊，我是快人快语，不适合谈判呢，以后得沉得住气"。又如，陈经理提出，率直、正直、先小人后君子的谈判对手更受人欢迎。当然，谈判人员太率直也不好，过犹不及。在碰到谈判僵局时，我们当然不能直接放弃，而是要采用迂回策略以努力走出僵局。陈经理甚至化用了一句电影台词："让时间飞一会儿，冷静一下"，这让我印象非常深刻。陈经理十分幽默，同时也十分具有人文气息，从访谈中可以看出他具有浓浓的书卷气，但他说在谈判的时候，他会隐藏自己文艺青年的属性，做到果断干练。通过这次访谈，我更清楚地意识到沟通能力的重要性，以及讲话要体现艺术性。当然正如陈经理所说，纯理论的东西不是万能的，更重要的是实践。谈判真的是门艺术，越是研究越会发现谈判的美妙。

启发思考题目

1. 被访谈者认为，当出现价格僵持时，我方可以"让时间飞一会儿，冷静一下"。你如何理解这句话？
2. 当谈判陷入僵局时，如何把握好冷静的"度"？
3. 被访谈者提到，"我更喜欢率直、正直、先小人后君子的谈判对手"。你是否也这样？为什么？

（访谈及资料整理：蓝小芳、王建明）

4.4 "中间性格的人比较适合参加谈判"
——对制造公司采购部经理的深度访谈

访谈情况概要

受访人：吴××。
个人简介：Z省××制药集团股份有限公司采购部经理。
公司背景：Z省××制药集团股份有限公司是一家以化工为基础、制药为龙头的现代化综合企业，成立于1994年2月，其前身是J市××制药厂，创建于1965年8月。公司主要经营范围有：化学原料药、化学药制剂、中成药、生物制品制造和销售。目前公司有职工380人。
访谈时间：2018年6月7日。

商务谈判 实战案例和经验解析

访谈形式： 微信访谈。

访谈内容记录

问： 您好，我们想就商务谈判的一些问题访谈一下您可以吗？

答： 好的。

问： 您在公司担任什么样的工作可以给我们介绍一下吗？

答： 我介绍一下我们公司的情况，我们公司是一家国有制药企业，已经有五十几年的历史了，主要是生产西药制剂和原料药。

问： 嗯，好的。

答： 我主要负责公司所有物料的采购，包括原辅料、包装材料和其他一些零星的物品。我在公司里工作已经二十几年了，分管采购也已经有十几年了。目前是分管采购的经营班子，主要是对采购进行监管和审核。

问： 嗯嗯，那关于您的工作，您觉得哪些部分需要用到谈判呢？

答： 在采购过程中很多方面都是需要和供应商进行谈判的。像主要的原辅料采购、包装材料采购、办公用品采购、五金配件采购和劳保用品采购等，都需要和对方进行谈判。谈判主要的目的是选择最适合我们的供应商，包括物料的价格、售后服务等。通过和供应商谈判，选择最适合我们企业的供应商来维护我们企业的利益。

问： 也就是说你们的谈判侧重于物料价格和售后服务上？

答： 价格和售后服务，是谈判的两项最主要的内容。我们的目的就是选择价格比较低、质量比较好、售后服务比较到位的供应商。当然，还有对方的供货能力以及在行业里面的影响力等，都是需要我们考虑的。

问： 那您一般会和什么样的客户打交道？

答： 根据我们制药行业的特点，我们的供应商分布比较广，国内大部分地方都有我们的供应商。原料供应商主要分布在北方，而包装材料考虑到运输成本和服务，距离比较近的比较适合我们，选择省内的包装材料供应商比较多。

问： 那就是你们还是比较多地选择省内的供应商是吗？

答： 是的，原则上我们是就近选择。除非省内无法供应，我们才选择省外。

问： 那除了运输成本，在选择谈判对象的时候还需要考虑什么其他因素？比如这个企业在行业的地位之类的？

答： 我们选的时候就要充分考虑供应商的情况，最主要是适合我们企业的实际情况。摆在第一位的，就是对方供货的质量和对供货的保证。在质量和供货能力都满足我公司需要的情况下，我们再考虑它的价格和售后服务。就目前的情况来讲，供应商的售后服务基本上都会做得比较好。

问： 那您遇到的谈判对象一般都是比较单一相似的还是比较不同的？

答： 我们的供应商千差万别，对方的谈判人员也不一样。对我们来说就要采取不同的策略，对于不同的供应商、不同的业务人员和谈判人员，分别去对待。

问：那您有什么印象比较深刻的谈判案例吗？

答：有的。我曾经碰到一家原料国内独家供应商，我们需要的原料，国内只有他一家能供应。我们在和供应商谈判的时候，对方提出的要求就比较高，因为国内只有他一家能供应，所以他的价格、售后服务等相对来说处于主导地位。我们邀请他到我们公司来进行谈判，强调我们公司大企业发展未来前景好。我们需要的东西其实也是对方需要卖出的东西，双方的合作是一种既有利于我们，也有利于对方的发展。在价格上，通过不断的沟通和协调，对方最终让步，以低于市场的价格和我们达成了协议。

问：那您还记得一些细节的地方、有运用谈判技巧的地方吗？

答：谈判一定要注意技巧。在谈判之前，我们要了解对方人员的性格特点、年龄、性别，等等。不同的人，我们应该采取不同的策略。在谈判过程中，我们既要从我们企业的利益点出发，也要充分考虑对方的诉求，把自己的态度放低点，在维护自己利益的时候，尽量从对方的角度考虑，尊重对方的利益诉求，在尊重对方的同时划定我们自己企业的底线。通过这种谈判的技巧，让对方也尽量把他的底线放低。我方参加谈判的人员事先要确定好不同的分工，每个人的讲话和交流都要有目的，也就是说我们要分工明确。

问：那也就是说其实我方要比较弱势？

答：也不能这么说，合作的双方地位是平等的。我们有需求，对方也有这种需求。我们要抱着一种平和的心态去谈判，谈判成功了，对双方都有利。对方也肯定很期待谈判成功，我们在谈判过程中要充分把握对方这种心理。

问：价格怎么谈？一般都是谁先开口报价呢？

答：在价格谈判时尽量让对方把他的底价说出来，这样我们会主动很多。然后我们根据市场行情把价格尽量往下压。如果对方不提价格，那么我们就根据我们企业的需求把目前的市场供应情况给对方进行分析，提出我们的心理价位，这个心理价位是在市场价格的基础上，适当往下调。

问：如果碰到他们的心理价位让我方获得不了利益的情况，要怎么继续这个谈判呢？

答：价格是很敏感的东西，也是谈判一个很关键的因素。在价格上，首先我们自己要做充分的调研，把握市场行情，这样子心里才有底。如果对方是独家供应的，我们非得从对方单位购买，那就要把我们企业的优势充分向对方说明，让对方看到我们企业未来发展前景，让对方看到与我们企业合作的优势，并从长远角度考虑获得的利益，如此对方也会让步的。

问：谈判前也是需要做好调研。

答：任何一次谈判的前期工作都非常必要，包括市场调研、对对方企业的了解、对对方谈判人员的了解、对对方的期待的了解，这些我们心里都要非常有底。我们自己要做一个谈判的预案，里面包括谈判的步骤、参与人员市场调研情况、我们可接受的程度、我们的参与人员、我们参与人员的分工等，我们都是要做好的。

商务谈判 实战案例和经验解析

问：那你们前期调研的时间大概是多长？也就是你们开始一个谈判时大概会从多久之前开始准备呢？

答：做好这些工作需要一个比较长的时间，一般在15天左右，市场调研可能会需要更长的时间。

问：那你们谈判的时候是一人前往还是多人前往或者两种情况都有？

答：因为我们是国有企业，按照我们的管理规定，一个人去谈判是不允许的，一定要有多人去参加谈判。

问：那你们一般都是几个人去？怎么分工的？

答：我们一般是三个人去参加谈判。如果对方到我们公司来，参加的人员会更加多一点。三个人主要分工是：一个人记录，一个人主谈判，一个在边上协调。以带队的主谈判人为主，带队的主谈判人确定好主要方面的谈判，协调人进行配合，记录人把谈判的过程记录下来。

问：那会用到那种一人唱白脸一人唱红脸的技巧吗？

答：有时候需要，这也是一种谈判的技巧。主谈判一般就是唱白脸的，边上协作的人，他就是唱红脸的。主谈判在遇到双方难以沟通的时候，边上协助的谈判人员要适时地站出来调节气氛。

问：那你们在红白脸的分配上有没有男女或者上下级的讲究？

答：这种情况可以适当考虑。一般来说参加谈判的时候在人员的选择上要充分考虑到这种情况。一般男的会比较强势一些，女的由于性格可能会柔软一些，那么她在边上可以起一种协调作用。上级起主导作用，定原则，下级按照上级的原则和立场再进行分解。

问：嗯，那关于谈判的地点你们是如何选择的？

答：谈判地点没有具体的要求，看需求。如果这种物料的市场供应情况是独家供应的，或者是垄断供应的，那么我们出去的情况比较多。其他情况我们尽量邀请对方到我公司进行谈判，在我方公司谈判我们的主动性会更强一些。谈判的场所尽量选择轻松的环境，沟通起来比较方便。

问：您对饭桌谈判有什么看法？

答：在饭桌上的谈判要非常慎重，保持头脑清醒。饭桌上的谈判多是没有文字记录的，都是口头表述。如果双方不承认，是无效的。如果在吃饭的过程中，双方定了一些细节问题，事后一定要签订书面的协议。我本人对饭桌上的谈判其实持一种反对的态度，你们在以后的工作当中尽量不要在饭桌上进行谈判，这样容易误事。

问：好的，那您在谈判中比较喜欢什么样的谈判对手，比较不喜欢什么谈判对手？

答：我们没有选择谈判对手的权利，我们最主要的原则就是真诚信任。只要双方有需求，双方各让一步，谈判一般来说都会成功的。

问：那比较不喜欢什么对手呢？

答：夸夸其谈，没有决策权，谈判过程中什么东西都要请示的。

问：嗯嗯，您在谈判过程中有没有碰到什么僵局？您是怎么解决的？

答：谈判过程中碰到僵局是很正常的，这个时候就需要双方冷静下来，适当调整自己的诉求，在满足双方的需要下进行适当的调整。可以暂时中断谈判，给予双方适当的考虑时间，等双方都冷静了以后再进行谈判。休息时可以带对方参观一下，介绍企业的相关情况，可以谈一些业务之外的东西，比如说对方家庭之类的，进行一些调整。

问：那您有什么具体的例子吗？

答：在去年下半年的时候，我们和包装材料供应商进行谈判，双方在供应的价格上一直无法达成共识。对方一直强调它的质量、售后服务、行业的影响力，而我们考虑到我们的生产成本，希望对方给我们一个合理的价格。在这种情况下，一时无法达成协议，我们就暂时中断了谈判，带对方的谈判人员参观了我们的厂房、办公设施、生产车间，等等。我们和对方的主要谈判人进行了很多沟通，让对方看到我们企业未来的发展前景。通过一系列的工作，对方也认可我们的诉求，后面的谈判当中对方放低了他的目标，最后我们达成了一致的意见。

问：您有过什么失败的谈判经历吗？能给我们举个例子吗？

答：这种情况我们也会经常碰到。去年我们想要和一家包装材料供应商进行合作，对方过来与我们谈判价格。由于对方的诉求一直不肯放低，无论我们怎么做工作，对方都坚持他的底线，最终谈判没有成功。当然，最后也没有影响我们的生产，我们还是有很多其他的选择余地的，不和他合作，我们还可以与其他供应商合作。

问：你们一般会在价格上比较坚持，还是在售后或是什么其他方面是完全不能退让的？

答：前期的调研和准备工作很重要。我们在选择供应商的时候一定要有充分的考虑余地，不能让一家供应商给"吊死"。在价格上，如果对方是垄断或者独家供应的，我们不买他的材料就会影响我们企业生产，这种情况下，我们的选择余地比较小，在价格上只能尽量向对方让步，不能让谈判破裂。

问：对于那次的失败经历有什么可以吸取的教训吗？

答：每一次的谈判都有很多经验与教训，关键在于我们怎么样选择最适合我们企业实际情况的供应商。除了与对方谈判人员直接沟通以外，在我们的工作当中还应该与对方的高层管理人员保持一些沟通，因为高层管理人员具有决策权，这样对我们企业会更加有利。

问：那您觉得成功的谈判需要什么经验？

答：一是要对行业进行充分了解，二是前期的调研工作要做到非常充分，三是要随机应变，四是要以真诚的心态去对待，最后参与谈判人员的配合也非常重要。

问：您觉得作为谈判人员需要什么样的素质？

答：对于谈判人员，首先企业要充分信任，第二要对行业非常了解，对市场价格把握非常准确。在谈判过程中，谈判人员的语言组织能力要非常强，要求语言简练，要把自己的意图表达得非常清楚，有声有词，能够充分调动谈判的气氛，在表达自己诉求的同时也能让对方接受自己的观点。在着装上要得体,与对方沟通过程中在不同的时间段要表现出自己不同的心理态度,比如严肃、轻松、面带笑容等。

问: 那相反的,什么样的人是不适合谈判的,是谈判比较忌讳的?

答: 业务不精、对行业不了解、语言组织能力比较差、脾气暴躁的人不太适合参加谈判。

问: 那你觉得性格内向的人能做好谈判人员吗?

答: 我觉得内向的人参加谈判或者做谈判这个工作难度会比较大,因为他很难把企业的理念很好地表达出来,当然这需要他进行适当的调节,在工作当中不断的磨炼自己,在和同事的交往当中进行适当的锻炼。谈判首先就在于语言组织和企业的内心诉求,如果有想法当时不敢表露出来,对企业是没有好处的。

问: 嗯嗯,有道理。

答: 我觉得中间性格的人比较适合参加谈判,很外向的人不一定是非常好的选择。

问: 那外向的人缺点在哪儿呢?

答: 外向的人他可能语言组织能力很强,但是他一定要抓住工作的重点,而不是夸夸其谈。在谈判过程中有些想法是不能表露出来的,也就是哪些该说、哪些不该说要进行充分的考虑。

问: 那还有最后的问题,就是我们大学开了商务谈判的课,您对大学生学习谈判技巧有什么看法?

答: 谈判是一种比较深的学问,你们现在在学校学习期间,学校是一个很好的学习环境,你们要充分把握这个机会,将理论知识学扎实,包括礼仪、语言组织能力、与人交往的学问等,这些在学习期间都是要考虑的。谈判说到底也就是怎么与人交往的问题,怎么表达自己的利益需求的问题,掌握了这些,对以后的工作很有帮助。怎么与人交往、怎么与人交谈、怎么理解对方的意图,这是在以后的工作当中需要不断磨炼、不断学习的。最后,也希望你们在学校里充分把握在校时间,不要浪费时间,多学一些对以后的工作肯定是有益的,工作以后就可能没这个机会了。

问: 嗯,您说的有道理。那我们的访谈也差不多结束了,特别感谢您的配合。

答: 好,希望以后有机会能继续进行交流。

问: 好的,再见。

答: 再见。

谈判经验解析

本次访谈的对象吴先生在公司主要分管物料采购,他的谈判对象主要是各种各样的供应商。通过对吴先生的深度访谈,我们深刻体会到以下几点关于商务谈判的策略和知识:第一,在选择合作商(供应商)的时候,首先要考虑对方产品的质量和供货能力是否满足我方公司的情况,其次是售后服务、行业影响力以及运输成本等，选择合适的谈判对象，是谈判成功的第一步。第二，对待不同的供应商，需要采取不同的策略。当遇到独家供应商这种处于主导地位、主动权较大的谈判对象时，我方可以通过摆出友好的姿态，向对方阐明我方公司产品的质量和品牌、良好的发展前景，用独到的沟通交流技巧以及在价格上的部分退让等方法促成谈判。第三，在价格谈判方面，首先我们需要做好充足的市场调研和前期准备，此外着重展现我方企业的优势以及合作的长远利益，让对方先报价也有利于我方掌握主动权。第四，时刻保持头脑清醒，谨慎处理饭桌上的口头协议。吴先生对于饭桌上的谈判其实持一种反对的态度，认为在饭桌上主要是为了保持双方感情联络，在涉及谈判问题时需要非常慎重，保持清醒的头脑，不能冲动地去谈判。而且，饭桌上的谈判大多是没有文字记录的，都是口头表述，如果双方不承认，是无效的。如果在饭桌上谈了一些细节问题，事后一定要签订书面的协议。第五，谈判中还需注意与对方拥有决策权的高层管理人员保持沟通，以促成谈判，对企业会更加有利。第六，关于谈判人员的素质要求，谈判人员应对行业非常了解，对价格把握准确，同时要具备良好的语言组织能力和团队配合能力，能够充分调动谈判的气氛，具备基本的礼貌和礼仪知识。

启发思考题目

1. 商务谈判前应如何做好细节准备工作？
2. 商务谈判中应注意哪些细节问题？
3. 被访谈者指出，"中间性格的人比较适合参加谈判，很外向的人不一定是非常好的选择"。你是否认同这一观点？为什么？

（访谈及资料整理：杨星儿、倪丁悦、张琦）

4.5 "技术是基础，商谈是核心，德行更得人心"
——对科技公司投资运营管理人员的深度访谈

访谈情况概要

受访人：廖××。

商务谈判 实战案例和经验解析

个人简介：廖××曾从事过推销产品的工作，后来转向太阳能电池板方面的工作，目前在一家科技公司做投资运营管理，拥有开店、业务谈判的丰富经历。

访谈时间：2018年6月8日。

访谈形式：网络访谈。

访谈内容记录

问：您好。

答：您好。

问：廖先生，请问您之前都从事过哪些行业呢？

答：我之前主要从事的是有关工程的行业，做过暖冬工程、管道施工之类的工作，后来做太阳能光伏发电行业的工作。

问：之前的工作经历会涉及谈判这一项内容吗？

答：这肯定是会涉及一点的。

问：那您目前的工作会涉及谈判吗？

答：我目前是在一家科技公司做投资运营管理工作，就是做投资运营的软件集成还有能源改造，也会涉及谈判。

问：这方面是不是有国家政策之类的？

答：这个范围比较广，有些是申请过国家政策的，比如说有的能源部会有些项目，会有专项资金，还有一种是企业来投资，通过后期节省费用获得收益。

问：您在谈判前会做哪些准备呢？

答：谈判前肯定是要做些准备的。首先要了解谈判对象的情况，看他有什么需求。有了这些相关的信息以后，要去了解这个企业各方面的情况，包括企业法人、企业负责人的信息，能掌握的尽量掌握。再一个是对自己公司项目的掌握，看看我们是否有合适的产品或方案去做这个事，然后我们再去和他们进行沟通。知己知彼，百战不殆。

问：嗯，知己知彼，百战不殆。那您进行谈判的时候一般会有几个人去呢？

答：谈判是分为几个方面的。我们一开始接触对方的时候，不太可能涉及很深入的问题。首先要和对方接触，要和对方做一个相互深入的了解。然后你要让对方知道我们公司是做什么的，才能让对方接受我们，谈判是相互的，就是让双方相互了解。

具体而言，对方如果对我们也感兴趣，他会要求我们对他的需求做一个方案或者报价，这个时候他可能会进行一个更深入的谈判。具体牵扯到几个人，一般我们都是这样的：一个技术层面的，一个商务的，一个财务的，还有一个法律顾问，因为合同这一块要符合规范。正规的程序是这样的，但是一般的时候，我们不太按程序走。

问：大多时候都是熟人参与吗？

答：基本上是这样的，但是有些项目，比如说有些公司在整个行业里是能力很强的，就是靠实力竞争，也能凭实力要到这个项目。

问：那如果实力特别强的话，会不会对方主动来找您做啊？

答：有的时候一个品牌在一个地方做得久了，各个方面做得特别好，名声也会传播出去。人家也会打听，当他们了解到我的实力，了解到我做得比较好时，也会比较放心。尤其是像那种私人企业，他们的人情关系就会少一些，他们就希望能够找到价格合适、做得又好的合作对象。

问：外地企业和本地企业，谈判的时候会不一样吧？

答：这也要具体情况具体分析。有些项目，本地企业的本地服务是做得比较好的，但是可能有的外地企业的技术要比本地企业要强，这就要看甲方，也就是看谈判对象的需求了。

问：好的。那谈判的地点有什么讲究吗？选到自己的地盘会更有谈判的气势吗？

答：这个也要看谈判人员自身的素质。我们去谈判的时候要对自己的产品、自己的优势了解得很清楚，之后再去谈判，无论是去对方那里还是来我们自己这里，影响就都还小。就大的方面来说，选一个适合自己的地方总还是有利的。但实际上谈判的时候，由于甲方和乙方的关系，一般都是甲方选定，乙方是没有发言权的。

一般来说，甲方乙方都是平等互利的，但是其实不是，大多时候甲方是要强势一点的。因为是甲方出钱让我们为其服务，所以你刚才说的对于时间地点的选择，大多数时候我们是没有发言权的，我们对这方面也不在意。

问：那一般您去谈判的时候是作为什么角色呢？是主谈判人吗？

答：这个是不一定的，要根据谈判的内容结合自身的技术知识来定位自己的角色，如果谈的东西正好是你的强项，或者你比较擅长，那就做主谈。

问：听您刚才说好像是有类似招标的项目？

答：对，有的项目通过招标，有的不通过招标，但是一般国家的项目，达到一定的金额都是要招标的。私人企业的招标有的时候是议标，找几家公司看一下方案、配置还有报价，一般都会比较注重报价。但是国有企业的招标注重整体方案的合理性，一般来说他们的项目是要达到提升他们企业功能的效果。

问：您觉得谈判的时候谋略重要吗？比如红脸白脸？

答：有时候需要这么做，如果一个人可以搞定，那一个人去也没问题。但是一个团队人员配置更齐全当然最好，我们一般至少要去三个人，这是对对方的尊重，毕竟人少会让别人觉得你小看了他们公司。

问：那三个人是各有各的分工吗？

答：是的，比如说你刚刚说的红脸白脸，就应用在讨价还价的时候。如果开始的时候比较强硬，坚决不退让，到后面谈判不顺利的时候，就需要一个人站出来做出让步，要把事情搅和一下，不让对方觉得很容易，那他坚持的立场也会改变。让步是双方的让步，不是单方面的让步，对方肯定也是这种想法，他们也不会一直咬着一个价格不放，他们也有他们的底线，他们会找一个恰当的时候做出一个让步。谈判中间各种妥协和退让也会使双方交流更加有趣，关系更加亲密。

问：那谈判中有没有把话说绝了的策略，比如"我今天就这个价，要不要你自己看着办"？

答：这个也是根据项目情况不同的。通过几次谈判和了解，发现对方的想法和自己有很大的出入时，如果想一次性解决，就可以这样。如果同意就这个价，不同意就终止交易也无妨。所以一般说出这种话，有两种情况：第一是我们不是很想谈判了，觉得对方真的很难适应我们的要求；第二就是我们想开拓一个新项目，只是想去学习一些经验，多去了解这个新行业的报价水平，处于探索阶段，所以对于报价被接受的可能性很小也是有提前的心理准备的。

问：请您概括一下谈判的一般流程好吗？

答：一般来说，有一个开局，相当于是导入，是一个接洽点，比如第一次见面。一般谈判不可能一次就谈成的，要很多次谈判。开局前我们也掌握了一些信息，看对方有需求，然后我们开始谈这个事情，要不然也不可能去找他们。后面就是互相认识，介绍寒暄一下，这个时候一般都不谈主要内容，而是谈谈公司主要是做什么的，有什么优势，曾经做过什么项目，有哪些成功案例，给他讲一讲。最主要的一点就是，对话的过程中首先要让对方对你有一个初步认识，其实就是自我介绍，同时也可以问一下对方的情况，确认一下自己的信息是否准确。为什么要谈判呢？就是你跟对方在沟通的时候要注意去听他说什么，因为面对面跟对方直接沟通，他的意图有时候会通过话语表达出来。

问：那你们会通过观察对方的面部表情、行为动作去发现或者掌握一些信息吗？

答：表情动作方面不太会去注意，这牵扯到心理学，我们也没有去了解过，我们的原则是坦诚和信誉。但是谈判中人家肯定会有东西隐瞒你、诱导你。商务谈判牵扯到经济利益，谁都想把自己的利益最大化，通过谈判多挣点钱，或者减少投入成本，所以说双方在谈判过程中有共同点也有对立的地方。谈判的目的就是把这些冲突的地方尽量减少，让双方尽量找到一个平衡点，即双方都能接受的地方，尽量达成双方合作的意向。谈判是斗智斗勇，毅力、耐心和心态都很重要。

问：嗯，一般谈判的话，要谈多久呢？

答：针对一件事情，一次两次肯定不能搞定，开局之后要逐渐切入主题。比方说供应设备就牵扯到价格、型号、参数，还有供货时间、数量和地点。如果施工类的就要根据对方的需求，进行实地考察，根据自己的经验给他做合理的方案。如果对方认可我方的方案，我方再根据这个方案进行报价，就直接进入议价的环节。或者对方已经做了一个方案，让我方按照他的方案进行报价，如果我方对方案有疑义，就进行一个洽谈，确定了以后再针对这方案进行报价。或者对方报一个价，要求用这个价格达到一个什么效果。报价的时候是直接报价还是先报高一点之后逐渐让步，这要看具体情况。因为谈判的时候不可能十分强硬，一步不让，那就比较难谈。一般的情况下我们先把价格调高一点，给人家一个讨价还价的余地，谈的时候再让步。

不要一次让到底，可以通过多次谈判进行让步，但是这样的次数太多也不行，要根据情况掌握一个度。一般在双方谈判前内部都会统一一个底线，突破底线就没法谈了。要通过对方说的内容找一个切入点去说服对方。有的时候我们要在谈的过程中根据实际情况进行调整，比如说这次谈得有点僵了，这种时候就不适合继续谈下去，我们可以缓和一下，让各自都回去考虑调节一下，换位思考一下，再约时间继续谈。一般在僵局的时候，双方内心都还是希望能够合作，但是最主要没有达到双方各自的需求点，所以就出现了僵局。如果通过几次谈判之后能够找到一个平衡点，双方觉得不错，就会达成成交意向，就可以立合同明确双方的权利和义务。签合同就牵扯到很多方面了，比如货物的供货时间、基础参数、安装的规范，还有双方的义务和责任，或者说违约责任等。谈判的流程就是从开局到切入主题聊一些需求，然后进行方案协商以及报价，再进行磋商，最后就是成交阶段了。其实这里面能说的话有很多，谈的时候需要坚持以退为进，或者说有的时候需要以进为退。很多时候考验一个人的随机应变能力，这个能力也往往在于一个人的知识与经验的积累。平时没有被发现的潜能可能在那种情况下被激发出来，也有可能忽然有一个妙计或者灵光一闪，这些情况都可能出现。

问：您能举一个成功谈判的案例吗？

答：我跟你说一个热水供应的案例吧，这是一家酒店的老板（个人老板），我是怎么促成这件事的？是这样的，也是机缘巧合，我正好在他们酒店入住，他们酒店在装修，我就去找他们的老板交流了一下，了解了他的个人信息，然后发现是同乡人，他就比我大几岁。一交流发现我们正好有一个都认识的人，瞬间就感觉很亲近，然后问起了他做生意的路子，了解到他初中毕业就没读书了，在外地闯荡，从售卖羊毛起家，也在外地，比如北京做过生意，后来回到家乡进入餐饮行业，于是我就猜测他是比较能接受新事物、比较认可产品品质的人。然后我又问他想要把酒店做成什么样子，他说想要做到本地酒店的行业标杆，那就需要比较高配置的房间。根据这些信息，我就推荐给他一个美国的比较高新的模块机组，产品价格肯定贵，比国内价格高出两三倍。但我没有马上报给他价格，而是先给他说明了这款产品的优点，比如后期的维修少、占地面积小、使用周期长等。那时候我还没有在我们这个地方做过这种样板工程，所以跟他说了最近一个城市兰州的成功案例，然后问他是否一起过去看看。通过前期的交流，他很感兴趣但也没有马上接受。几天后，我们一起去兰州看了一下，反馈很好，发现质量和我说的一样好。然后又和他去旅游景点玩一玩，一起吃饭，也没有讲生意的事，大家玩得很开心。第二天他就打电话来，说很信任我和我的产品，就拍定了这个事。总结来讲，成功原因就是之前确立了很好的关系，双方之间互相信任，对产品了解比较深入，产品质量有保证。

还有一个项目和这个有点不同。那次的项目其实对方已经和另一家公司谈定了，是一个房地产项目，甲方有两个负责人，一个是甘肃的，一个是青海的。甘肃的负责人已经和别人达成了口头协议，是一款韩国产品。我了解这个情况之后，就去找甘肃的负责人谈，聊的过程中间，我们发现甘肃的负责人和青海的负责人虽然共同做一个项目，但是他们之间也有矛盾。我就通过这个点切入，提出了建议，因为这个项目很大，可以把这个项目分成两块来做，一部分由他们来负责，另一部分由我们来负责，因为我的产品质量有保证，而且我可以给价格优惠，毕竟我们在中国影响力更大。他们韩国的产品虽然也不错，但是毕竟价格高。甘肃的负责人比较豪爽，觉得我人也不错，就约了他们老板跟我们见面，他们老板对我们的样板还是满意的，说他们在兰州这边项目的投入更多一些，现在也不用跟另一边的负责人商量了，直接把一半多的项目给了我们。

问：从这些成功案例中能总结出什么经验呢？

答：第一点，了解合作伙伴的个人信息和喜好，了解他的生意经历，以明确他的性格和对产品的见解，还要了解他的需求；第二点，主要分析自己产品的优势，可以举出成功的案例；第三点，提前和供货商打好招呼，做好充分的准备，因为有些人要进一步了解，肯定需要实地看看产品，所以这些前期工作都要准备好；第四点，商务谈判毕竟不像平常聊天，是有目的性的，在聊天的过程中要了解对方的实际情况，引导性地进行聊天，但引导性也不能太明显。对聊天的内容可以慢慢思考，要做出决断的话也不一定当时就做出决断，可以先缓一缓，晚上好好想想，第二天再做出更好的决策。

问：请问您对饭桌谈判有什么看法吗？

答：饭桌上主要是能多了解一些情况，比如项目公司的、负责人的、项目的、施工管理方的情况。饭桌上有些正规场合不会说的东西这个时候就可以说出来，然后能从中掌握更多的信息。而且通过吃饭，可以近距离观察对方，摸对方特点。要注重礼仪，饭桌上宾客是有主次的，心里是要有数的。另外也要注意遵守国家和公司的规定。

问：嗯，那您觉得作为一个谈判人，应该具备哪些素质？您跟学校有过合作，您觉得与学校进行业务交流谈判需要具备什么样的能力和素质呢，或者说和学校里的人进行业务谈判会有什么不一样呢（比如说跟一些老师和包工头谈判有什么区别）？

答：这个区别肯定是有的，因为文化层次不一样，打交道的方式也不一样的。跟学校老师打交道，因为学校老师都是受过高等教育的，比较讲究程序，说话礼仪等各方面，怎么说呢，会比较斯文。对于包工头，我们谈一般会开门见山地谈，直来直去。跟老师谈有时候会好谈，有时候也不好谈。有些老师就喜欢刨根问底，不是谈判主要的问题，他有时候也会跟你搅，人家毕竟这方面知道得多，我在这方面了解得没有他们深入。他们有时候围绕一些问题谈古论今，就容易把人搅晕。我曾经经历过一个谈判，就是一位民族大学的老师，他跟我谈的时候从很久以前说到今天，从国内说到国外。其实我觉得我跟他讲得挺明白的，我们的产品，这个软件、设备，包括末端的设置，其实已经达到他们合同提出的要求了，但他还是跟我们讲，为什么别人能做你们就做不到。当然了，也有的老师是比较爽快、直接的，我觉得跟他们还是挺好打交道的。总之，我觉得跟老师谈，他们一般都是比较有礼貌的，双方之间存在什么问题,他们也会跟我们一起商量,好好地解决。

问: 嗯,好的。还有请问您比较喜欢和什么样的谈判对象谈判,为什么?

答: 这个要看人,我比较喜欢品德高尚的对象。我是比较注重一个人的人品这一点的。人品你可以通过认识和交往逐步有所了解,也可以通过他对家人的态度了解到,通过细节方面去观察。如果一个人的人品好,他是不会去坑害别人的。

问: 如果您遇到咄咄逼人的谈判对象,您会怎么应对?

答: 按我的性格,我是不太喜欢这种谈判的,但是为了项目,很多时候是无法避免的。这其实涉及一些东西,就是谈判人的耐心、毅力和宽容度。不管你喜欢不喜欢,为了这个项目,你必须去跟他谈,不管他怎么磨,你都得陪着他,跟他不断地交流。有的人往往就是这样的,你跟他相处久了,通过不断地交流,一次两次他跟你咄咄逼人,三次四次他咄咄逼人的气势在你身上是会慢慢弱下去的。因为人毕竟是有性情的,讲感情嘛,两个人在一起,哪怕老是争,可是争论的时间久了,双方间还是会产生一些认可的,也会去替对方想一下,有的时候他想通了,也就不跟你搅了。还有,很多时候对方跟你搅,你也不能烦,如果心里烦,也不能表现出来,还是要耐心地继续跟他讲。如果实在谈不下去了,可以回避一下,但是千万不能发火,或者顶撞对方。你可以暂时停下来,他哪怕说你,那也没关系,因为我们是对事不对人。同样的话,如果是针对别人说的不太好的话,比如说有些人比较瞧不起人,针对你的人格会说一些侮辱的话,这个时候你也不能忍,人是不能把自己的地位放得太低的,你自己也是有尊严的。跟对方在一起的时候你要让对方感受到,不该说的话,他也不能跟你说。这个社会上,有些人为了自己的利益、达到自己的目的,是会不择手段的,这种人是存在的,他们是没有道德观念可讲的。我刚才跟你讲我喜欢和什么样的人谈判,我说我最看重人品、品德,我曾经就遇到过那种可以说是"小人"的人,可能是我运气不太好吧,但也还是有好人在的,我也遇到了一些人诚心帮助我。所以说在这个过程中,还是要对自己进行保护,你不能把自己的一切都交给对方。你把自己的信任全都交给对方,人家就有可能利用你的信任。所以你们以后工作,做事情要想到对自己做一个保护,尤其是牵扯到经济利益时,你说你想要信任对方的时候,你得有底线,有保护自己的意识。比如说你们要合作开一个公司,你们得有一个规则,一个书面上的规则,一旦脱离了这规则你就得注意了。我们当时谈的时候,也有规则,但对方逐步地开始破坏规则,我一直选择忍让,一再的忍让,还为对方着想,最后对方设了一个陷阱。所以说,底线一定是要有的,但发生了的事情既然发生了,那也就结束了,人还是要向前看的,以后要记住这个教训,避免再陷入同样的困境。

问: 您对学校开设"商务谈判艺术与沟通智慧"课程有什么样的看法?请您给一些意见,好吧?

答: 我觉得学校开这个课是很有必要的。因为这个社会上需要各种各样的人才,很多企业和单位是离不开商务谈判的,对这方面的人才需要还是挺多的。接受过这些知识的人,今后到了企业实践,肯定会成长得更快。建议学校可以和企业等单位

商务谈判 实战案例和经验解析

做一些合作,让你们这些学生——学习相关专业的学生——去进行实践,或者跟着一起去谈判。谈判的时候旁听一下,看看正式的谈判是怎么谈的,了解一些谈项目的实质性的东西。学校也可以请一些比较成功的企业家,让他们给你们讲一些谈判的实际案例,这样会比较好一些,因为这些东西最终是要用到实践中去的。所以说你们从书本中学到的东西还是纸上谈兵,最主要的是接触实际的商务谈判,你们才能学到许多书本上学不到的东西,才能把从书本上学到的东西贯穿到实际应用当中去。

问: 还有一个我们自己加的问题,就是一个小故事,清朝康熙年间有位官员叫张英,有天家里人寄来一封家书,书信里说:他们家打算修一堵墙,但是邻居家把修墙的地占了,不肯让出来,让张英帮忙摆平这件事情。张英看了以后回了一封家书,书信里有一首诗:"千里家书只为墙,让他三尺又何妨。万里长城今犹在,不见当年秦始皇。"就这个故事和商务谈判结合起来,请问您有什么感想吗?

答: 这个故事,我觉得跟"肚量"这个词蛮有关系的。你看,人家占地,都是邻里之间,而且可能祖祖辈辈相处了很多年。如今为了争这三尺地,就闹得不可开交,肯定是不划算的一笔买卖,对吧?其实少了三尺地应该也没什么大的影响,说到底其实就是为了争一口气,得不偿失。你刚才讲了,这个人是做大官的,学过很多知识,见过、经历过、处理过许多事情,像这样经过许多历练的人的心胸、肚量就会比较宽广,知道退让,明白退让的真正意义。过去一家人很多都是祖祖辈辈生活在一个地方的,为了三尺地,闹得水火不容,得不偿失。要知道,三尺地是小事,可伤了和气就是大事,忍一忍,退一步又何妨呢?如果不好理解,我可以这样解释一下,他们之间是邻居,肯定是相处了很多年,这是可以推断的,因为过去的人往往是祖祖辈辈都在一个地方生活,邻居也是几代人在这里居住,所以可以说是世代相交,如果双方之间为一点小事结了仇,得不偿失。你说让你选邻居,一个仇家,一个朋友,你会选谁。再退一步说,哪怕你们做不了朋友,不要有矛盾,和平相处还是更好的。国家和国家之间也是这样的,你说国家和国家之间老是打仗,那是不是会影响到国内经济的发展、人民的生活水平呢?就像那些饱受战争疾苦的国家,是不是因为战争,国家的经济、人民生活水平受到了影响?以和为贵,咱们中国人就讲究以和为贵,退一步海阔天空,忍一忍风平浪静。

问: 廖先生,我的问题问完了,谢谢您今天接受我们的访谈,并给我们分享了这么多真实宝贵的经验。

答: 今天跟你们聊一聊,也是挺开心的。那今天就说这些吧,再见。

谈判经验解析

听访谈嘉宾给我们讲课上接触不到的东西时,会有不一样的感触,对老师和廖先生都强调的"商务谈判学习,最主要的还是要在实践中切身体会"有了进一步的感悟,"纸上得来终觉浅,绝知此事要躬行"。可以总结出以下几点谈判经验:第一，磨炼性格。无论是从访谈中，还是从廖先生讲述的谈判经历中，都可以发现廖先生是一位很有耐心、和蔼、认真的人。他不仅有丰富的知识和专业的谈判技巧，还很包容，温和，能够恰当地缓解尴尬。第二，恰当利用非正式谈判。谈判对象咄咄逼人这些情况很多时候是无法避免的，因此要学会忍耐，懂得退让，保持宽容。还要适时恰当地利用饭桌这种非正式谈判场合进行情感沟通，建立情感联结，以促成谈判。第三，谈判"技术是基础，商谈是核心，德行更得人心"。谈判的时候，技术是基础，没有硬性的技术和实力，别人是不会找你的，即便通过关系找项目，做业务，真的做出来后，也往往很难满足对方需求或者难以达到标准。商务谈判往往靠的是谈判人员在亲身经历中积累的经验，谈判时采用的各种策略都是在不断的尝试中总结出的一套方法，因此实践很重要。而德行是一个贯穿始终的东西，就像老师说的"小胜靠智，中胜靠情，大胜靠德"，在谈判中也要做到以德服人。

启发思考题目

1. 如何看待谈判人员的德行对商务谈判成败的影响？
2. 如何在谈判中迅速取得对方的信任？
3. 在商业谈判中要不要有"让他三尺又何妨"的心态？请说明理由。

（访谈及资料整理：巩耀琦、周翔、秦心园、张丽璐）

4.6 "'急'证明这个人在某种程度上水平还不够"
——对大学人事处副处长的深度访谈

访谈情况概要

受访人：童夏雨。

个人简介：男，35岁，浙江财经大学人事处副处长。2001年毕业于浙江财经大学市场营销专业，2010年前为浙江财经大学人事处人事调配岗位干部，2010年1月起担任人事处副处长。

访谈时间：2013年11月22日。

访谈形式：面对面访谈。

访谈地点：受访人办公室。

访谈内容记录

问：请问您平时的工作内容主要有哪些？

答：高校的人事工作主要内容有人才招聘引进、师资队伍培养、工资福利保险管理、人员奖惩、岗位聘任、人事调配、日常人事管理工作等。人才引进包括教师队伍和管理服务队伍人员的招聘录用；师资队伍培养包括教师的进修培训、职称评审；工资福利保险管理包括全体职工的工资福利发放，缴纳各种社会保险、公积金等；人员奖惩主要是指根据教职工表现好坏给予奖励或惩罚；岗位聘任主要包括各类岗位的定岗、聘任，以岗位聘任达到激励的目的；人事调配主要包括教职工进校报到、辞职、解除合同离校等各类手续的办理等；日常人事管理工作包含的内容就很多了，如计划制定、工作总结、人事信息库管理、教职工考勤、体检等工作。我主要负责除人才引进和师资队伍培养外的其他几方面工作。

问：我们这次主要是商务谈判的访谈，请问您在平时工作中有没有一些谈判的经历？比如与保险公司接洽，或者代表学校与外界进行一些谈判？

答：非常正式的谈判经历可能不一定，但是我个人总结，人事工作事实上就是一个包含众多非正式谈判的一个过程。比如有很多老师来向我反映一些问题，我要怎么样去接待他，去解决他们提出的问题，某种程度上，这也属于谈判。下午我就约了一个做人力资源管理系统的公司人员来谈判，我们想购买他们的系统，谈我们要付多少钱。

我原来也上过商务谈判这门课，对谈判这个词还是有一些认识的。我们看"谈判"这两个字，"谈"是一个"言"加两个"火"，可以理解为当两团火相对的时候，我们通过语言去化解，而"判"是一个"半"加一个"刀"，就是一刀下去切成两半，而且是双方都可以接受的两半，所以说中国的文字是很有内涵的。谈判也就是要在两团火对立的时候，通过语言来谈成双方都可以接受的一个局面，达到双赢。我这里最难的工作就是接触不同的老师，用不同的方法解决不同的事，并且让他们都接受。做人的工作是最难的，如果人的工作你能做得很好，那我相信其他工作都不会有太大的问题，因为人是世界上最复杂的动物。就像你们几位同学，每个人的心理状态都不一样，你们的需求都不一样，就同一个问题诉求的角度也会不一样，所以人事工作的灵活性是最强的。

问：请问您谈判开始的时候怎样控制气氛？

答：事实上，不同的谈判，我们接触到的问题和对方的情绪都是不一样的，比如说我平时和老师的谈判，就与和人力资源公司人员的交流肯定不一样。我跟他们（人力资源公司）是处于一种公平竞争的状态，我们把问题都搬出来，然后达成共识，在这里面开始的时候并不需要太多的控制。关键是在哪个地方需要控制呢？当涉及双方利益交叉，交锋比较激烈的时候。比如说他想要什么，你认为这是不行的，在这种情况下，你需要去控制。我们说在整个谈判的过程中，在谈判之前，心里要有个数，包括对对方、对这件事情，心里都要大致有个数。

还要了解自己的情况。你的底线在哪个地方？比如谈到价格，也就是说报价，人家要一万块钱，你到底多少钱能够接受？假如说你自己的底是6000块钱，你在跟人家谈的时候，你不能直接把自己的底露出来。谈判中最宝贵的是什么？千万不要让对方发现你的底！为什么要打什么情报战、信息战？就无非是希望去摸到对方的底线在哪里。所以说底线是最宝贵的，你是绝对不能透露出去的。很多谈判案例中往往都有这样的情节：谁谁代表要来谈判，在谈判之前，先让对方吃好喝好，等对方喝高了，把对方的底线摸出来，谈判问题就解决了。所以我们说谈判中底线最重要，在谈判前要先了解情况。还有一种情况就是我刚刚说到的有利益交锋的时候，这个时候你怎么样去解决？像来我这里的老师，一般都是带着很大情绪来的，来了以后就像机关枪一样先扫射一圈，来发泄自己心中的不满，说学校哪个地方对他不公平了什么的，这个时候你怎么去搞？他急你不能急，如果两个人都急了，那这个事情就没法谈了。面对这种情况的时候，你要倾听，让他发泄。我们也要理解人家，他心里有冤屈，来了之后，他也就通过这种方式说，说完了以后可能就好了。如果你不让他说，他急你也急，最后的结果就是两个人打起来。所以当面对这种情况，特别是平时谈判出现利益交锋的时候，也是一样的，你不能急。"急"证明这个人在某种程度上水平还不够。有的时候你内心急，你要让自己表面看起来不急，他们来了，带着情绪来，你也不要先去解释政策，你先转移注意力，和他聊聊他最近的情况，聊聊天气，如果你知道他的情况，可以聊聊他的小孩、他家里面最近的喜事。我们每个人的情绪呈现一种状态时，他都需要发泄出来。我们要给他引导出来，站在他的角度，肯定他的说法，给以一些同情，然后接下去再分析问题，给他把不清楚的解释清楚。有时候可能是他自己理解错误了，这样就可能接受了。有些可能真的不能接受的，不要当场说行还是不行，先暂且搁置，说我们今天就谈到这个地方，都回去再考虑考虑。谈判为什么需要很多轮啊？就是说谈判你不能把它谈崩，谈崩对双方都没有好处。先缓和一下，下次再谈，如果下次还不行，你的底线就在这里，那你就要想方设法让他接受你的底线。商务谈判很多时候代表的是公司的利益，不是个人的利益。

问：请问您认为谈判人员应该具备哪些素质？

答：这个就个人经验来谈，不一定讲得全。首先，你要有对大局的驾驭能力，知道整个过程是怎样的，在哪些地方交锋比较密集。如果你没有这种能力，当事情到达一个程度的时候，你就没有能力去把这个事情转化。第二，要沉着冷静。在谈判的过程中，要让自己静下来。人不理智的时候，很可能说一些不合适的话，要先让自己静下来。第三，你要有好的表达能力和逻辑思维能力。在谈判过程中，你要讲出一个明确的问题，你怎样把这个问题讲清楚，言简意赅，不要人家听得云里雾里，讲完了人家还不知道你在讲什么。在大学里面，有很多可以锻炼这些能力的这种机会，关键看你怎么把握。

商务谈判 实战案例和经验解析

问：可以举一个您印象比较深刻的谈判经历吗？成功或者失败的都可以。

答：我处理日常的这种事情比较多，很多老师来我这里的时候都是怒气冲冲，最后走的时候都是握着我的手说谢谢。如果一定要举一个规范一点的谈判例子，那就说说我今天下午约的这个谈判吧。我们购买了他们的一个人力资源管理系统，今天我们约谈的是后续的一些事情。这个交易谈判，我觉得对学校来讲还是算成功的。这个公司原来是不做人力资源管理系统的，而是做工资管理系统的，包括各级政府的工资发放系统，但他们被我说服，做了一个人力资源管理系统，而且这个系统算是专门为我们定制的。我跟他们买来是×万多，但是一般高校的这种人力资源管理系统一般价格都在20万元以上，最后我们是×万多拿下的。其实一开始，他们对这个行业还不是很了解，就被我们说服了来做。2010年我接手这个（人事处副处长）工作的时候，当时我们也有一个人事资源管理系统，但是那个系统已满足不了正常工作的需要，为此，我们就在物色一家合适的公司，准备重新设计制作一套管理系统。当时就找到现在的这家公司。为什么我觉得这个谈判是成功的呢？因为我们花一个比较低的价格，买了一个我觉得实用性还是比较强的一个系统。他们为什么会专门为了我们来做，而且还是以这么低的一个价格来做呢？主要就是：第一，我让他们看到做这个的前景。他开始的时候也比较犹豫到底要不要做这个系统，我就跟他们说，"你们原来做的工资系统，主要面对一些政府机关，这些单位其实还有一个潜在的需求，就是人员管理。他们的人员管理不是太完善，现在的单位对于员工的详细信息管理需求也非常强烈"。第二，"我有了解到一些兄弟高校用的这种人事资源管理系统都不太好，都是一些通用的（不是针对高校的），你们公司来做，在这些高校中也会有一个很大的市场"。第三，"如果我花20万元去买一个这样的系统，我拿过来就可以直接用了，但是你们系统还不完善，我现在用你们的系统，我可以把高校对这种系统的需求告诉你，方便你改进，我等于为你免费提供一种信息资源，你就可以免去前期的一些调研成本，某种程度上来说我们是合作的关系"。在现在的经济社会下，我们要做的就是达到双方共赢。就像你们做市场营销，你千万不要想着要你的消费者买了你的产品之后都是后悔的。你在谈判中也要让双方共赢，这样才能做到长期合作。所以我们和那个公司的谈判，他们可以获取信息，我们可以把价格压下来，我和对方谈判人员也建立了一个很好的合作关系。后来有很多学校说，"你们为什么那么便宜？"我说"你们不能和我们比，我们是有提供给他们信息的，我们前期花的精力也很大，你们现在这个系统拿来就能用了。"

问：请问您认为商务谈判这门课程理论和实践哪个比较重要？

答：假如说一定要选一个，我会选后面的（实践）。你了解了理论能知道从哪些点来谈，但是我靠的更多的是我多年工作积累下来的经验。你现在问我课本里有哪些知识，我印象就没有那么深刻了。

问：就是说先了解一些理论，再从事相关工作比较好？

答：对，我刚才是说一定要选就选后者，但是理论还是很重要的，最好能把两者结合起来，就像我对一些理论知识印象都不是很深刻，但是还是有学习过，也是有一定的了解。

问：最后问一个题外话，您有没有什么面试方面的建议给我们？

答：现在都说就业难，不管我们是继续深造还是就业，希望你们在大学的时候不要虚度。现在有的大学生有一种在混大学的感觉，就拿一个毕业证，但是只要你不是太差，毕业证都能拿到。你们现在还是大三，还有一个大学的尾巴，希望你们给自己一个目标，不管是具体的还是不具体的。现在的机关事业单位，决定是否用你主要还是看你面试表现。在面试中，你怎么打动你的面试官？你在面试中怎么面对黑压压的一片面试官？就像刚才谈的商务谈判，你怎么让自己不紧张？第一，就是要有足够强的胆魄。大学的课堂上是很好的练习胆量的地方，你平时如果抓住了机会，相信就算一时紧张也很快就可以平复。第二，就是你的反应能力。面试官会不断给你施压，即使你可能觉得他问的问题逻辑不对，但是他还是会不断地给你施压，看你的反应能力。第三，就是思维和思路。你面试的时候不要思维太跳跃，如果评委听不懂你在说什么，那就不可能给你高分。第四，就是交流能力。要想找一个很好的工作，怎么和你的面试官交流是一个很重要的问题。你们可以跟同学多交流，还要学会和陌生人交流。

谈判经验解析

通过本次访谈，我们深刻体会到商务谈判要特别注意以下几点：

第一，带着双赢的理念进行谈判。童老师如此形象地解读"谈判"二字："谈"就是一个言两个火，就是说两团火相对的时候，你通过语言去化解；"判"就是一刀下去切成两半，双方都可以接受的两半。我们谈判也就是要在两团火对立的时候，通过语言来谈成双方都可以接受的一个局面，达到双赢。双赢的谈判结果有利于维持长久的合作关系，更为下一次谈判奠定良好的基础。就如与IT公司的采购谈判中，童老师让对方发现了一个巨大的潜在市场，而且还为该公司提供了许多信息资源，让他们省去了许多市场调查的费用。通过这样的利益交换，双方实现了共赢，这是成就这次谈判的重要因素。谈判是双方的利益拉锯，只有达到一个双方都觉得合适的点才能够成功，如果开始就带着想要占巨大便宜的心态，让对方毫无好处可得，那谈判成功的概率会非常低。

第二，充分的前期准备是谈判成功的基础。做好充分的前期谈判准备有利于我们提高对局势的操控能力。对对方有充分了解，这更有助于促使我们成为谈判过程中主动的一方。从其与IT公司的谈判经历中我们可以看出，童老师谈判之前了解到该公司存在着不了解人事管理系统这块行情的弱点，并利用这个弱点展开谈判，而不了解行情的对方公司处于较弱的一方，不得不做出一些让步。另外，在前期的谈判准备过程中，必须清楚地了解自己的底线是什么。

第三，谈判要注意探测对方的需求。在谈判前和谈判中都要注意探测对方的需求，了解对方的需求，在自己可接受范围内顺应对方的需求，从而使谈判获得成功。

商务谈判 实战案例和经验解析

就像童老师与老师的各种小谈判中，了解老师们的需求是真正解决问题的关键，根据对方的需求站在对方的角度考虑，让老师们明白己方的诚意，这样就算己方能力达不到对方的要求，就算问题得不到解决，对方也不会心生抱怨。

第四，潜在利益诱使对方接受己方的目标。在进行商务谈判时让对方看到潜在利益，以此为诱惑，这样他们会考虑接受本来不愿接受的条件。就像童老师与信息系统公司的谈判，为什么能低价买到一套定制的系统呢？童老师在谈判中就是不断地告诉他们为我们定制这套系统可以为他们带来巨额的潜在利益。首先，他们为学校专门做的系统其实跟他们为企业做的系统差不多，只需要稍做修改就变成了学校要的系统，在这方面他们可以省掉许多新工序，成本也不会高，不会亏。另一方面，这个系统做出来以后，在高校中也会有一个很大的市场，而我们首先使用，可以给他们反馈一些信息，可以把高校对这种系统的需求告诉他们，方便他们改进，我们等于为他们免费提供一种信息资源，他们可以免去前期的一大笔调研成本。像这样不断以潜在利益来诱使对方来接受己方的报价，使得谈判结果对己方有利。

第五，谈判是一个心理博弈的过程。在谈判中遇到问题时不可急躁，要保持心平气和。如果你急躁了，那么可能失去对事情的控制力，慢慢地会在谈判过程中处于下风。如果双方都急，那事情就没法谈了，这样不仅影响着谈判的进程，双方的关系也可能受到损害。此外，谈判前要在自己心里设定目标：最优目标和最低限度目标。要清楚自己的底线在哪，以免谈判结果对己方不利。在谈判过程中要谨慎，不要轻易泄露谈判底线，以免使己方陷入被动。

第六，谈判要注意察言观色。童老师提到做人事方面的工作经常要面对许多突发的谈判。比如，当有人带着怒气来与你谈判时，不要与其正面交锋，要先分散对方的注意力，等对方情绪稍微平复一些以后再进行解释和劝说。当谈判出现僵局时，可以通过转移注意力，或者抛出"自己无法马上给予回答""自己没有权利做决定"等挡箭牌来打破谈判僵局，让谈判暂停，等双方回去冷静思考之后再继续。

第七，谈判人员的素质。谈判人员应当冷静淡定，淡定从容的表现让对方不容易猜透你的底线，而且给对方一种我方自信满满的感觉。还有就是良好的表达能力和较强的逻辑能力，谈判中不可思维太跳跃，太跳跃对方很难理解你的意思。同时，谈判人员应该了解一定的谈判专业知识，在这基础上与实践相结合。理论和实践相结合不仅在学习谈判中是好的方法，在许多其他方面的学习中都是好的方法。

启发思考题目

1. 作为企业内部管理者（如人事处副处长这样的职位），商务谈判技能是否重要？

2. 面对气势汹汹、火气很大的员工，企业管理者如何用言语来化解对方的火气？

3. 与企业内部的人谈判和与企业外部的人谈判有哪些差异？

（访谈及资料整理：赵小云、孙枫、王之艺、黄雨）

4.7 "经常给自己按一下暂停键"
——对银行品牌宣传部总经理的深度访谈

访谈情况概要

受访人：管××。

个人简介：曾在 T 银行总行任办公室主任，现担任 T 银行总行品牌宣传部总经理。

公司背景：T 银行，始建于 1988 年 6 月 6 日，由城市信用社发展而来，总行坐落 Z 省××市；2002 年 3 月，以市场化方式发起成立首家政府不控股的城市商业银行——T 市商业银行，2010 年 9 月更名为 T 银行；注册资金 18 亿元人民币，现有员工 5300 多名。

访谈时间：2018 年 12 月 13 日。

访谈形式：电话访谈。

访谈内容记录

问：管总您好，首先十分感谢您能在百忙之中抽空接受我们的访谈，我想就商务谈判中的一些问题访谈您一下，主要为了了解各行业实践工作者亲身经历的谈判案例及工作经验、教训、心得体会等，以便于我们学习商务谈判这门课。首先能请您自我介绍一下吗？

答：你好，我是 T 银行总行品牌宣传部总经理管××，我在 T 银行已经工作了 14 年，前 5 年是在总行办公室主任的职位上，现在负责品牌宣传部的工作。

问：您觉得谈判技能对于你的工作是否重要？

答：非常重要。我想不管是业务部门主管还是行政部门主管，在工作上都会或多或少地面临商务谈判，例如采购的谈判、合作的谈判或者直接与对手的谈判。我就拿采购型谈判举一个简单的例子。比如说我们银行需要第三方合作，那么势必要和对方进行谈判，邀请几家公司来进行项目比较，来寻找到各方面（比如做法、条件）都最适合我们的，接着再在适合的公司中选择价位最低的。还有一种是和对手谈判。什么叫"对手"呢？当对方有侵犯到你的时候，你会为了自己的利益，向对方提出谈判，然后尽最大能力维护自己的权利。这些都是我们平时工作中会遇到的谈判，所以我认为谈判的技能对工作是非常重要的，尤其像我所属的部门，谈判技能应该说是必须具备的。

问：您可以讲一个印象较深的成功谈判的经历吗？

答：我参与过几百上千场的谈判，有打得漂亮的，也有打得不好的，如果一定要讲出某个印象很深的谈判经历，我倒是很难举出具体的例子。不过我可以说一个就发生在昨天的简单的谈判案例。我们银行接下来要举办一年一度的"十大人物"的评比，评出全行一万名员工中各个岗位里最出色、为银行做出最大贡献的十名员工，评为T银行年度"十大人物"，这是T银行的年度最高奖项。作为品牌部门，我们要对评选出的十大人物进行包装，起到榜样的作用。我们的计划是用视频片段来作为宣传包装的媒介，针对每一个人物都拍摄一条短片。但要把这个宣传片做得更专业更到位，我们银行内部肯定实现不了，就需要找第三方来进行合作，因此就牵涉到一场商务合作谈判。我会把几家有意向合作的公司邀请到行里进行谈判，除了我们部门之外还有财务部门的人员在场，因为牵涉到报价问题。这样的一个谈判，我们持续了两轮。第一轮我们要做的是对对方的思路和人员配置进行基本的了解，包括他们公司曾经做过的类似片子样例和对我方的要求。

问：是同时与多家公司谈判，还是逐一谈判呢？

答：同时跟多家公司谈判。通常会选择3~4家公司来进行比较，包括公司实力、硬件设施、人员投入、时间安排。第二轮谈判之前，我们会做一些准备工作，就是必须要把这轮谈判涉及的关键事项列一个清单出来，然后告知对方。告知对方之后，我们对每个事项就有了基本的把握，然后在第二轮谈判中，我们就可以把这几个问题抛给对方。昨天在谈判过程中，我抛给他们五个问题。第一，你们的编导怎么安排，这个很重要；第二，我们的宣传片需要到外地去拍摄，你们的人员配置是怎样的；第三，你们的设备设施如何，设备的水平直接关系到价格；第四，你们的拍摄时间是怎么安排的，因为我们对"十大人物"的表彰要放在元宵晚会上，时间还是比较紧张的，还要配合我们的工作时间以及预留修改的时间；第五，你们的报价如何，这个也是最核心的部分。之后对方会对这五个问题进行回复，我们再根据他们的回复综合考虑，选出其中最合理的。最后谈判结束我们选择了其中一家公司，虽然他的专业能力不是几家公司中最优秀的，但他的报价、各方面的安排都是最符合我们的预期的。

问：一般在谈判之前，您会做哪些准备？

答：不同的谈判有不同的要求，要根据具体的场景来做准备。一般来说，一要掌握一个项目周边化信息，二要理解相关的专业信息或者安排好相关专业人员在现场来解答专业问题，三要明确自己的底价和底线，四要对对方的公司有基本的了解。

最后最重要的是要做到"胸有成竹，心里有底"，这8个字其实囊括了很多细节上的东西。

问：谈判地点一般定在什么地方？如何确定的？

答：一般情况下，如果你想争取主动，就会选择自己熟悉的环境。熟悉的环境才会让自己更有把握和底气，因为不需要考虑周边的因素。这其实往往是一种心理暗示，如果是在一个陌生的环境，人很容易感觉拘束和胆怯，气场上都会低对方一等。

问：你们一般会安排多少人去参加一次谈判？人员内部有没有分工？

答：我一般会安排四个人。其中，我是作为一个决策者，有一个是联络员，就是前期跟对方对接的工作人员，另一个就是项目涉及的专业领域的人员，除此之外还会安排一个财务人员。

问：谈判中，您会不会运用到一些谈判技巧或策略？能否举个例子？

答：会有，一般价格上面我们以财务方面为主，然后我们通过前面专业性的了解对他进行价格上的要求。比方说，对方公司用的是这么一个设备，用的是这么一个技能，如果我们觉得你这个技能不够，那么一个是要求对方换技能，另外一个是要求对方降低价格。这个其实也是谈判的技巧之一，就像我们去市场上去买菜，他们的鱼明明看着还好，但是你说"这个鱼好像已经死了，这个鱼好像已经不新鲜了"，其实目的就是压低他的价格，或者说"你给我换个新鲜的鱼，看上去价格差不多的。你价格怎么高那么多，便宜点嘛"。道理其实是一样的。就是在讨价还价过程中，一个是需要专业的支撑，另一个是需要对这个问题的把控，这样才能够为我们企业谋求更多的利益。

问：谈判中有没有碰到过僵局（即双方互不相让），您一般是如何处理的？能否举个例子？

答：这个事情碰到挺多的，处理方法一般就是休会。

问：休会？

答：让大家先冷静一下。因为当时大家可能会在一些细节上面咬得很紧，你想驾驭对方，对方其实也想驾驭你。对方知道你的底线，你也知道他的实力。可能他觉得他们是最好的，没必要向你让步，那么在这样的情况下我采取的方法一般是休会，比如让大家休息一下，喝个茶，或者上点水果，大家先放松下心情。往往你表示一些好意，对方心理会产生一些变化，对吧？这些其实也是商务谈判之外的一些技巧，所以你刚才问我选择去哪里谈判，一般情况下我尽量选择自己的公司，为什么？因为很多的行为我可以主动地去操作，比方说上个水果、上一些茶，或者发布指令让工作人员上些水果茶稍微休闲一下。如果在其他公司我就没办法操作这一层，会很被动，我不可能说"你们公司给我上点茶来"，对吧？在我自己公司里面我们可以先缓一缓，我可以坐到办公室，让自己先冷静一下，再把这个问题全面梳理一下，考虑我该不该退步，也想一下我可以攻击他的方面还有没有，或者找专业人士再商量一下。既然他们提出这样的要求，我们看看是不是合理合法。如果合理合法，我们是不是应该让步。如果不合理合法，我们有什么样的方式能够说服他，如果确实想找这家公司合作。

问：也就是说，你们在碰到僵局的时候，一般选择休会，上点茶水，缓和一下气氛，也给大家一些重新考虑的时间，对吗？

答：对，大家可能一时在一个细节问题上针锋相对，双方各有理由，其实这时候谈判人员的脑袋是比较热的，在脑袋发热的情况下你的经验和理论发挥的作用往往都会偏弱。麦肯锡有一个原理，叫"经常给自己按一下暂停键"。在想发火的时候、比较急躁的时候或者跟别人着急的时候，你能不能给自己按一下暂停键？按下去说不定这个事情就缓和了；不按下去，说不定两个人就闹掰了。往往谈判也是这样，如果说你不按暂停键，极有可能在这个问题上谈不下来。你坚持自己的理论，觉得自己没有错，你觉得这个利益是必须要争取的，那对方也觉得他是不应该让步的，因为他给了最好的技术、最好的人力物力，他觉得已经为你们考虑得最好了。大家都觉得自己已经倾心付出或者处在积极的状态下，如果谈不成项目，是比较可惜。所以一旦闹僵了，大家把话说出去了，那就可能无法收场，以后可能会后悔。为了让自己不至于会后悔，或者让自己考虑得更成熟，我觉得最好的方法就是暂停。

问：所以您是比较主张以温和点的方式来促成谈判的达成？

答：是的。但如果说你暂停了以后，还是觉得对方这个道理是不合理的，你已经冷静下来了，那你可以明确地跟对方提出你的主张。其实有时候谈判也是讲技巧的，有时候对方也就是拿捏住某一个小细节，他想能牢牢地控制住自己的价格。但是如果你冷静下来觉得他不合理，你完全可以把他推翻，说不定你那时候提出的要求对方就同意了呢？

问：嗯嗯，这种情况还比较常见的。

答：蛮多的，很多时候我们也觉得这个价格我们肯定是不会给的，你多个20万元我们肯定不会给，你必须把20万元降下来。但人家觉得这个20万元是不能降的，我给你提供了这么多，毕竟人家也是带了团队来的，他的决策也要考虑到他们团队中自己人的感受。但是一旦当冷静下来之后，他们内部商量之后，他把自己的想法思路跟队友交流了以后，说不定这20万元他又会降下来。

问：嗯。

答：所以是有可能会柳暗花明又一村的，会出现转机的。

问：可以说说您对饭桌上谈判的看法吗？

答：我不赞成饭桌谈判。中国人的饭桌文化，讲亲情讲感情，但是可能有些人会认为，大家饭桌上称兄弟、搂肩膀，这个事情就好办了，什么问题都会迎刃而解。但是我认为，这不是一个正常的商务交往。我认为大家还是私下里做朋友比较好，我们可以谈完以后吃饭庆功，但是我不支持用这种方式解决一些正面谈判过程中发生的问题，这个不可以。

问：您比较喜欢的是什么样的谈判对手呢？比如倾向于和女性谈判还是男性谈判？为什么？

答：假如这个选择题一定要做，那我倾向和男性（谈判）。但说句实话，在我心里感觉男女都无所谓，要看你对手是做什么的。当然我不是很喜欢那种很有心机的对手，我更喜欢摆明自己的观点，讲清楚自己的理论，然后让我们做选择的人，不是纠缠不清的对手。有的人觉得打仗打得越激烈越好，想法越多我越激情谈判，这个我觉得也是不利的。我宁愿对手有自己非常好的想法，确确实实要把这个事情做好，那我们更愿意跟他谈。他的价格、他的东西拿出来，有一定的位置，让我来接受他的位置，我倒是希望他用他的专业能力能说服我。

问：就是您喜欢正面的，在明面上能跟您对峙的对手。

答：对，他要有那种想把这个项目拿走的意愿，而不是谈谈看，谈不好就拉倒。他的意愿一定要强。

问：您有过失败的谈判案例吗？就是最后没有达成一致的谈判。

答：有，在和一家知名广告公司的合作过程中，由于对方定位较高，我虽作为甲方却处处被压制。例如，该公司中有多种不同阶层的设计师，低级、中级、高级或者实习生，我们不知道对方会给自己委派怎样的设计师。同时，由于对方名气过大，架子较大，进行二次三次修改有可能不耐烦，认为我们质疑他们的专业性。和该类公司合作，虽然层次较高，但并不是最适合的，更不是性价比最高的，选择不适合的公司进行合作就是谈判过程中的一项失误。

问：对于以上失败的谈判经历，您有什么教训？

答：第一个教训是要跟对方打一场非常严格的心理战，任何谈判都一样，关键是如何站在比对方高一个层面去控制局面，如果被别人牵着走就是失败的，要看谈判双方主将的能力。第二个是把握细节，一旦对整个谈判过程中的细节不了解，就会打乱仗，乱了阵脚。第三个是要做好充分的准备，要了解对方所拥有的一切谈资武器，了解对方的底线和诉求，掌握自己的底线和诉求，知己知彼，才能百战百胜。比方说在谈判中，一次我最多只能给出10万元，再多也不可能给了，这就是在控制自己的底线。

问：您觉得谈判人员应该具备哪些基本素质？

答：第一就是要心细，第二是临场应变能力，以及口头表达的能力。

问：您觉得谈判人员比较忌讳的是什么？或者说什么性格的人不适合谈判？

答：毛里毛糙、不够沉着冷静的人不适合。不能动不动就发火，这样是谈不成项目的。

问：对于在校大学生更好地学习商务谈判这门课程，以更好地适应谈判实践需要，您能否提一些建议？

答：谈判不单是一门书面的知识，最好的学习方式是实践，通过不同类型的实践来积累实战经验，不然都是纸上谈兵。谈判场上的各种情况是千变万化的，包括场景、内容等，光凭书本知识是远远不够的。想要把这个技能学好，就要积极向上地面对僵局和失败，要站在比别人高半截的制高点上，牢牢地控制住对方，保证谈判在向一个良好的方向和结果发展，不能被对方牵着鼻子走。

问：好，谢谢您今天抽空配合我们的访谈！
答：没事，不客气！

谈判经验解析

通过本次访谈我们了解到许多鲜活的谈判实战经验与技巧：第一，老师在课上讲过的以及书上的一些知识点在实际情况中起着重要的作用。在聆听管总给我们讲述谈判要点的时候，我们找到了很多的共鸣点，理论与实际的契合让我们更加笃定了打好理论知识基础的决心，因为真实的谈判是需要有根基的。第二，谈判前做好充足的准备。除了了解谈判对手信息等内容之外，谈判人员还要提前预想谈判中可能的突发情况及应对策略。因为真实的谈判不会完全按照理想规划发展，而是千变万化的。第三，谈判的过程是有方法有套路的，很多书本上有所介绍，但是管总他们实际运用起来是站在一个全局角度，统筹运用各种方法策略，来达到最优效果。第四，我们从管总在商务谈判中的所见所闻所感中总结出，作为谈判者，一定要处变不惊，要有能掌控全局的能力和胆识，不单单是靠理论知识，还要通过实践总结经验，从而出真知，不怕失败，迎难而上。这是这一门艺术最大的魅力。

启发思考题目

1. 如何理解"以温和的方式"促成商务谈判？
2. 如何在谈判中做到处变不惊？
3. 商务谈判过程中如何把握谈判的节奏和速度，以较好地控制全局？

（访谈及资料整理：胡若水、束海倩、叶伊琦）

第 5 篇

对销售经理、业务经理的深度访谈

5.1 "案场经理先把关,先跟他谈,先跟他磨"
——对房地产公司销售经理的深度访谈

访谈情况概要

受访人:S××。

个人简介:女,30岁,××房地产集团有限公司销售部经理;2006年毕业于浙江××大学,毕业后在校任职一年;之后就职于J房产公司,现就职于××房地产集团有限公司总部营销中心。

公司背景:××房地产集团有限公司专注于开发高品质物业,经10多年的发展,目前辖有50多家成员企业,拥有员工1600多人,房产开发足迹遍布北京、上海、杭州、长沙、合肥、郑州、青岛、乌鲁木齐等20多个城市。

访谈时间:2013年12月6日。

访谈形式:电话访谈。

访谈内容记录

问:S经理,您好!打扰您了,感谢您抽出时间接受我们的访谈,现在开始可以吗?

答:好的,我知道的。

问:首先,我们想先了解一下您的工作经历。

答:关于我的工作经历,我是2006年的时候毕业的。

问:您现在所做的工作是销售这一块是吗?

答:嗯嗯,是的。

问:您现在是销售部经理,从您工作到现在经过了哪几个阶段呢?

答:毕业后留校任教一年,然后到房产公司,先是到J房产,后是到××。在××的时候,先是到××总部营销中心,然后到S项目,在S项目待了一年,后来就到F项目,一直到现在。

问:在您的工作过程当中,我相信您应该有很多销售谈判的经验,能不能简单介绍您在这方面的工作?

答:工作的内容啊,我之前留校的时候是做班主任,就是管学生,学生出入境什么的都管。然后到房产公司做销售,销售是从内务开始做,最开始就管合同、档案,慢慢到前台销售,然后到案场主管、副经理,然后到部门经理,这样一步步上来，主要就是销售这一块。

问：销售当中肯定是有谈判的，您能不能介绍一下您所参与的谈判的真实经历呢？

答：销售谈判……其实任何一场谈判，说到底首先还是要有一个谈判前提，双方各有所需，才会坐下来进行一个谈判。其次，谈判的过程就是双方心理上的一种博弈吧。

问：请问一下，您在谈判之前有没有所需要做的准备？

答：一般来说肯定要的，不会贸然、一无所知地去谈。

问：您能举一个例子来详细说明一下吗？

答：首先第一点，你想要跟人家谈，你要知道人家想要的是什么。

问：就是了解客户的需求，对吗？

答：对的，包括客户需求和目的这些。

问：您会不会在谈判之前先去了解一下客户的背景、喜好这些呢？

答：你可以了解一下客户生活情况背景，谈起来的时候比较容易建立起一种亲切感，有共同话题。面对女性客户和男性客户的谈判可能不一样，女性在意的是同理心。像很多女客户，她有过什么样的人生经历、阅历，我觉得了解这点非常重要。女性会希望别人对她的经历也好、阅历也好、感受也好、能有共同感受，这就是同理心。如果是和女性谈判，要非常清楚地了解。比如说她曾经婚姻家庭有过失败，或者在子女教育上小孩成绩非常好，取得了很大成就，你跟她谈的时候能取得共鸣、得到认可，那你跟她的谈判就会顺利很多。因为女人相对来说比较感性嘛。而男性不需要这个同理心，也不会把个人感受告诉你希望得到你的认可。如果和男性谈判，他的目的一般都很明确，你一定要知道他最终想要什么。他可能跟你说这个房子这里不好那里不好，他会提很多东西，他会拐着弯跟你谈，他可能会跟你谈了一堆各方面情况，房子也好、价值也好，但他的最终目的可能只为了这个房子的价格。就是说很多客户在和你谈之前，"为什么他会来找你谈"你要很清楚。

问：也就是他可能用很多种方式来批判这个东西，贬低它最终以达到他自己的目标，而我们要做的是找到他的真正目标，是吗？

答：是的。如果你能从刚开始就清楚明白他的真正目标意图是什么，即使他会给你设置很多业务障碍，扯来扯去，你也不会被他带着走、被他绕进去。比如说他跟你谈房子质量，跟你说这个设计者怎么怎么样，扯很多其他方面，他本身的意图为了跟你谈价格。约好是谈价格的，但是他不会跟你直接谈价格。你如果不清楚他的目标，就很容易被他绕进去，跟他谈质量、谈设计、谈产品、谈规划，就很容易吃亏。

问：您认为在房产的销售谈判中最重要的是什么？是谈下价格还是什么？

答：有很多。像以前做销售，肯定是要说服客户。一般客户买房不可能只看我们一个楼盘，他会在很多地方进行比较，我们要谈我们产品的特点、价值点。先要摸清楚客户的诉求，客户需要的是一种什么样的房子，他能买得起的是什么样的房子，然后我们把房子推荐给他。等到客户觉得"我就要你们这个房子了"，才会谈价格、产品折扣、付款条件、付款方式。

问：S 经理您有没有那种印象非常深刻的谈判？

答：这种印象比较深的谈判还是有的，比如说跟那种 60 多岁、做了几十年生意的老板谈折扣跟付款还是很累的。我谈过一个客户，他是 S 市一家房地产的老总，大概也是 60 多岁了。当时是这样子的，他就是为了谈房子的折扣，前后谈了 7 次，而且他是一边跟我谈，一边跟我们项目老总谈，一边跟委托方的老总谈，他跟每个人都在谈。他是 S 市人，他有一个特点，就是从各个人口中来探我们的底。他觉得我们房子很贵，但是他很喜欢，他是想要买，但觉得贵。他通过跟各种人，用各种方法、各种形式谈，反正目的无非是想要价格便宜一点。他从我们好几个人入手去谈，因为我们没有相互的沟通配合，他把我们分散开来谈一个一个谈，就是要知道我们这边的底线到底是多少，究竟是九二折还是九一折还是九零折。因为开始每个人放给他的折扣都是不一样的，每个人跟他说的口径都是不一样的，所以他就这样子跟我们谈。完了以后，他就跟我们讲"谁跟我讲你们最低是怎么怎么样的"，可能我们每个人明明跟他讲的都是九二折，他却可能跟你说那个谁跟他讲的是九零折，让你感觉你们内部已经把秘密和底透露给他了，给你制造这样一种错觉。跟这个客户谈得非常累，他第一次谈了之后开了一个价，他说"我要八八折，八八折一次性付款！"我们领导跟他谈了之后同意八八折一次性付款，两套房子有一千五六百万元，是一楼的房子，最难卖的房子。然后他就跟我讲一楼的房子怎么不好，环境怎么不好，景观怎么不好，再跟我谈这个房子公司资金成本怎么样，公司运营该怎么做，从资金考虑能否把难卖的商品卖出去。因为他也是做生意的，经验非常丰富，就会像洗脑一样跟我讲，讲完之后我们也觉得他很有道理，领导也觉得"与其这样放着，1600 万元一个月这样放着就是 30 万元的利息，那还不如我给你一下子多打点折扣进行资金回笼"——这就是客户的目的。我们就跟他说八八折同意了。完了之后他第二天又来了，觉得八八折太高要八六折，八六折领导又同意了，他又说八六折太高，要八三折。

问：这个时候你们怎么办呢？

答：到这个时候是这样子的，就是我们有三个人，每个人层级和角色是不一样的，像他这种客户，他已经找到老总或者委托方老总代谈，我们就不要再跟他谈了，因为不管怎样你的权限都不会超过老总。我这边就要咬死了不谈，我的折扣就是九五折。我们就是要摸好需求，客户对于这个房子到底是可买可不买还是怎样，反正我们也跟他抛个底嘛，约他过来谈最后一次，可以就签，不可以就退掉。反正其实就是个心理博弈，抱着破釜沉舟的心理去谈反而可能会好点。要是患得患失，往往会被牵着走。

问：我很想知道最后这个单子成交了吗？签合同了吗？最后是几折卖出去的呢？

答：最终是签了，八七点五折。

问：这个还真的是让人印象非常深刻啊！

答：整个过程就是斗智斗勇，当时经纪人和经理的心理落差还是比较大的。当时说好的第二天来付款，直接签合同，因为毕竟一下子有一千五六百万元，是比较受重视的大单子，领导也很希望把这种很难卖的房子卖出去，大家都很想做成这笔生意。当你越是想成交、越是有欲望、越是想要做成这笔生意时，你在谈判中就越是会被人家牵着鼻子走。每个人都在看你的目标是什么，如果你的目标被对方摸得很准确，你在谈判中就会显得比较被动。

问：嗯，是的。

答：所以说一般谈判肯定都会了解一下彼此，比如说大家情况是怎么样的。就像对方来跟我们谈，他们也会来了解一下我们公司最近资金情况怎么样，我们这个房子卖得好不好，到底我们资金紧不紧张。如果碰到他了解到我们资金很紧张，领导急需卖房，销售又不好，他们就会底气很足地说，"我可以满足你们资金链的需求，全款付清"，但价格会压得很低。他就是采取这样一种方式。

问：是不是可以理解为探究对方的信息，保护自己的信息？

答：对啊。比如说我们知道有个重要的客户来谈判，这个客户大致的情况我们会做一个调查。这客户靠不靠谱，他的经济能力是否能支持买这个房子，比如说他所说的2000万元一次性付清，是否真的可以兑现。如果他今天跟我说"你折扣给我，我资金给你"，等明天领导走之后，他又和我说他钱没到位、他先付多少，这也是一种很正常的情况。所以说在谈判之前我们要对客户深度了解，他对房子的购买欲到底是多少，他的还款情况、口碑、信用各方面都要了解，这样在谈判的时候心里相对有把握一些，而且知道怎么和他谈、从哪些方面入手。有些客户特别爱听好话，有些客户特别喜欢贪小便宜，人的性格不一样，我们可以根据每个人的特性与他们谈判，而且现场需要进行一些配合。客户来谈无非是来谈折扣，如果我们卖得不好，客户来买房，他们会觉得是给我们人情，在折扣方面会压得比较多；反过来，若是我们卖得很好，客户来谈也是没有底气的。我和他讲，"房子卖得很好，你要就要，不要拉倒，这个时候只有九五折"，客户就会很被动。所以我们在和客户谈判的时候，在现场大家都会做一些配合，把氛围搞得好一点，比如说把一些零零散散的客户聚集在一起谈，这样氛围会比较好，对谈判也会比较有利。

问：刚刚提到要制造一个氛围，在制造氛围时需要有人配合，你们一般是选择几个人谈判呢？还是一对一谈判呢？

答：我们一般是这样子的，我们在谈判的时候首先要想好这个客户的最终需求是什么，他最看重的是什么，那肯定是一步步谈的。比如这个客户我们了解到他是比较不爽快的人，做事情向来不干脆、不爽气，那一开始我不可能给他一个满意的折扣，也不可能一开始的时候让他去跟领导见面，肯定是让案场经理先把关，先跟他谈，先跟他磨。磨得差不多了，比如说他觉得还是不行，差临门一脚，以我对这个客户的分析与把握，知道再下两个点这个客户就能成交了，但是这个工作就不是我来做了，到时候我会把项目总经理找出来，找个说辞，让他（项目总经理）和客户谈。但是在和每个客户谈之前，我们都要做好沟通，比如我会对项目总经理说这个客户是怎么样一个人，有没有买过我们公司的房子，收入情况，他的需求是什么、目的是什么、心理需求是什么。像这些一定要提前做好沟通，这样项目总经理和他谈，心里也有个底。

问："有底"就是两边交接的时候信息能够一致，是吗？

答：对啊。所以说谈判首先必须要知己知彼，这个是最起码的。同时，我们要尽量从我们的目的出发，尽量去做一些氛围的营造、渲染。比如说客户和我谈，他一定要九二折，但我的心理预期是九三折成交，那他和我谈要九二折的时候，我可能要通过谈判逼他付全款之类。这种方面技巧会很多，比如对我们了解到付款方面有问题的人，他一定要九二折，我们可以跟他谈，鉴于他的付款条件不是很好，如果按照他的按揭方式，我们就给他九三折或者九四折。如果他愿意一次性付款，那么给他九二折，这也是一种方式。还有一种方式，比如说我和他在谈，他一定要九二折，这个时候我旁边也许会有个同事过来说她有个客户要成交，问九五折、九六折行不行，或者打电话过来，让顾客听到我们讨论这样一个情况，这样顾客的心理预期也会有一个提高。

问：这也是一种很好的办法。

答：我们×总最擅长就是这块了，这些东西很多是×总教我们的。他最擅长的就是做气场氛围、团队合作这方面。其实有些时候表面上看是一个人和客户谈，但旁边有很多人会做一些辅助工作。

问：嗯。我想问一下一般谈判的地点是不是由你们来主导呢？或者说你们会选一个怎么样的地点呢？

答：谈判的地点选择非常重要，一般来说，不管我们是谈客户还是催款，都不建议到客户方去。因为是这样，比如我们到客户那里，会发现客户的气场明显会非常强，尤其是到他的办公室这种地方。他本身就是老总级的，他的主场是办公室，他又坐在办公室中间，我们坐在旁边一个小小的角落，我们的气场会特别弱，很被动，整个场面都会被压住。所以还是不建议到客户那边去谈。比如说谈折扣，我们肯定会把客户约到我们这里来谈。其一，我们现场氛围容易营造，自己容易把控。其二，我们气场会相对比较强。相当于一个"主"、一个"客"，主客方气场的差别还是挺大的。谈判气场是很重要的。

问：一般你们是在会议室进行谈判呢，还是在放有模型盘的地方？

答：一般像这种折扣，都是每个单子每个客户私密地谈。谈折扣是比较隐蔽的一个过程。就像开发方卖房子一样，可能每套房子都是一个秘密。所以一般都会把客户约过来，约到领导的会议室或者领导办公室进行谈判。所以说，每一个售楼处，它案场设置都会有专门的一个洽谈区，一般我们会把客户约到洽谈区谈。而且有些时候客户比较多，像这个星期，我一共有三组客户要谈，我们会把这三组客户约到同一天，搞得好像领导很忙。这种情况下我就给你一个价格，就这个价格，你爱买不买。还有很多其他客户等着我——要制造一种开场氛围。

问：嗯，是的。这是不是属于一种谈判策略呢？

答：对，尤其是谈折扣这方面，还是比较讲究这种策略的。

问：在谈判中，会有意识地去使用其他一些谈判策略吗？像我们上课时学的红脸白脸策略，有在谈判前去计划吗？

答：有的，这个是要看客户的。比如说这个客户，跟我们项目总经理是比较要好的朋友，这个折扣的权限必须要总经理以上才能给，但是总经理又担心折扣给他后又出现这样那样的问题，这个时候总经理就会把销售经理给拉上，一个唱红脸一个唱白脸，两个人一起和他谈。

问：当双方都达成一个满意的价格后，对方又提出对物业、停车位等的要求时，你们有没有其他的应对方法呢？

答：比如说这个客户合同已经签成了，那基本上这种要求是不会答应的。如果说合同还没签，价格已经谈好了，他也已经把钱带来了坐在案场了，一般物业费这类还是不怎么会谈的，因为额度比较大，但客户也许会对折扣后的一些零头，比如几千块钱，一万元或两万元进行谈判。就像之前说好的这个房子的折扣价格是702.5万元，客户也许会在签合同的时候，捧着一张卡说他要刷卡，但是2.5万元的零头想要抹掉，这种客户会比较多。

问：嗯，那这个时候你们会怎么处理呢？

答：如果我们比较忙，没时间和他磨，就会和领导请示一下，总价700多万的，万把块钱的零头能给他抹掉就抹掉，赶紧把合同签掉。但数量要是多了肯定是不能同意的。不过像签合同当天再来讲这个问题的肯定都是些小零头了，几千几百块的零头我们一般都会给抹掉。

问：就像刚才提到的签合同，我们××有自己的标准合同吗？是否还有需要另外加的内容？

答：都是依据商品的买卖合同为基础的，有模板的，都是有附件的，很详尽的，基本上比较细的一些约定事项也在附件里说明了。我们的合同确定前都需要去工商局、房管局进行备案，里面任何条款都是不允许修改的。我们也不会和客户有额外的协议，因为现在的合同都是罗列得比较详细的，各种细节都请法律部参考过，合同的格式和模板都是比较成熟的。

问：如果谈判中出现僵局，你们会怎么样打破呢？是主动让步还是怎样？

答：到现在似乎还没出现过大的僵局，因为谈判本身就是双方协商的，绝大多数不会出现（大的僵局）。价格我们可以谈，房子设计不满意也是可以改的，比如说这个窗户不行，想变成门，这种都是可以商量的。我们的谈判利益相对还是比较狭隘的，无非是围绕房子和价格，客户来和我们谈之前都是对我们房子格局等了解过的，是确定要买后才来谈的。要是他对格局有部分不满意需要修改，我们也是会同意的，但是他必须要出工作联系单，比如说相关费用客户需要承担，因为别墅比较特殊。如果是公寓类的，打个比方，××的精装修公寓几千套房子都是统一的，这个时候有客户说他就是不喜欢这个地板，不喜欢这个颜色，如果我们碰到这样的客户，也不会存在卡死的情况，因为这个是没办法改变的。有些客户对合同条款不满意，我们也会对客户讲，这是硬性的，你要买就得按照这个程序走，不买就算了。我们的姿态会摆得比较高，让他们回去想一想，一般他们考虑过后还是会回来的，为一些很小的细节放弃一套很中意的房子，这个可能性也是比较小的。

问：可见，我们××的房子还是足够有吸引力的。

答：所以我们在谈判之前会了解客户对房子的认可度，购买的可能性（比如70%、80%甚至100%）。一般我们和顾客坐下来谈折扣的时候，客户的购买意向基本是90%以上了。若是客户购买意向只有45%左右，我们是不谈的，因为这种客户连买不买都还没考虑清楚，我们说什么都是空的。就是说谈判的前提是很重要的。

问：就是说需求度的问题，是吗？

答：对，就是说我知道客户对这套房子是一定要的，家里所有人都要的，或是他答应家里人要买这套房子的，那么谈判过程中，我们的态度会强硬一点。

问：若是遇到还在犹豫买不买的客户，是直接拒绝谈判呢还是怎样？

答：如果是这种情况，我们是不谈的，但我们会继续跟进，做好维护，比如有什么活动会继续邀约。

问：就是让其他人跟进，和他们交流吗？

答：对，肯定是不会到领导这里的。到领导这里的客户一般都是有95%以上的意愿了，才会谈到价格的折扣问题。一般到我们这边就是折扣和付款方式的协调了。

问：有没有到了这阶段还不成功的呢？

答：也是有的，也是折扣的问题，有的客户对价格的心理预期比较低，谈完之后发现我们的价格降不下来，最后还是选择放弃。保证每一个谈完都成交也是不现实的，客户意向比较明确了过来谈，谈完后意向改了、不想买了也是正常的。

问：能不能介绍个例子呢？

答：就像前两天我们谈的一个客户，他是团购客户，团购客户是最累的一种客户。比如说他们是四个人，也是一起出谋划策的，他们派一个客户代表来和我们谈，他会和你磨到最低折扣，又找关系什么的。比如说达到了九四折，而他的心理预期是九二折，这时候就谈不下去了，说价格不满意；到九三折，价格满意了，但又说他们还没商量好，还要回去协商……像这种也是很多的。最麻烦就是谈判这种团购单，这是最累的。

问：请问您如何看待饭桌谈判？

答：因为我们××的房子比较贵，买这类房子的人一般都是一个圈子的人，若是一个客户买得起，那这个客户周围一定也是有好几个人买得起的。你看，人都是有自己的圈子的。我们是很注重圈层关系的，所以我们有个特殊的营销就是圈层营销。像我们这边吃饭还是比较少的，毕竟没有跨省，他们来案场还是很方便的。绝大多数的折扣我们都会在案场谈，饭桌上一般都是大家做做情感维系（当然，中央八项规定这个高压线不能碰）。饭桌上一般我们不会去主动谈折扣、价格，除非有客户提出来，那么我们可以谈。

问：嗯，那我能问一下吗，您最喜欢的是怎样的谈判对手？是那种特别爽快的吗？

答：肯定是爽快点的，还有就是说话算话的。很多客户今天跟你说一套，明天做另一套，像这种就是很没意思的，所以说对顾客性格的了解还是很重要的。谈之前要清楚你这个客户是怎么样一个人，你跟他谈，看他是只是说说呢，还是诚心跟你谈。

问：您还是特别喜欢那种有诚信的，性格又很好的？

答：爽不爽气与他的经济实力和性格都是有关系的。像有些经济实力强的，他为了几块钱也就不来跟你磨了。有些客户他不管你怎么样，他都要跟你纠结半天，这种人谈一次肯定谈不下来，肯定要进行多次。

问：咱们公司的客户当中除了中国人，有没有外国人呢？有没有和外国人的谈判经历呢？

答：外国客户不多，但是各个国家的人都有接触过。

问：外国人会不会和我们有不一样的地方？

答：我接触过的每个国家商人的性格我还是有所了解的。如果是日本商人，他们是很讲究原则的，如果你跟他说这是我们公司的规定，是多少就是多少，他是不会跟你讨价还价的。日本商人的原则性跟规矩感是很强的，规定就是这样的，他就会"OK"没问题。但如果是韩国商人，他就不会这样。韩国商人跟中国商人差不多，他会跟你磨，今天谈好这样，明天说再减两万；两万减好了，后天再来磨一点。中东商人不太喜欢和下面的人谈，都是喜欢跟领导谈，谈的时候面子上会表现得比较大气，等到真的让他付钱，有可能会出现问题。

问：从您的经验来说，谈判人员最需要什么样的素质呢？

答：泰然自若。任何突发状况，客户的任何说辞，都不要太在意，我们要清楚的一点就是他跟我们说这些东西，他的目的是什么，我们要冷静。还有就是自身要有一定的气场。客户说我们好也好，说我们不好也好，我们都可以跟他有一个往来的交锋。

问：谈判中有什么忌讳吗？在谈判往来过程中，有没有什么是不该说、不该做的？

答：谈判过程中话不能太多，说清为止。因为像我们的谈判，都是客户来找我们谈折扣、价格、付款，等等。客户来找我们，那肯定以他们的需求为主，他会说得比较多，各种各样让价格便宜的理由，我们就听，听完之后可以适当地做一些解释。我们很多谈判不是当面给他们答复的，很多都是会采取一种迂回的策略。比如说，他们会跟我们说得很凄惨，说他们白手起家，创业到现在，生活很拮据等，好不容易存下买房子的钱，希望可以给他们优惠。很多客户都会给我们讲很多故事的，但是无论他们讲什么样的故事，他们的目的只有一个，那就是让我们把价格再优惠一点。当然我们可以跟他们讲我们对他们勤俭节约的生活习惯很认可，对他们奋发向上的工作状态很认可，他们的情况我们都已经了解了，这些情况我们也会去跟领导反映，但因为这些也确实超过了我们的权限，我们现在也没法给他们答复，所以请他们等消息。我们不会因为这个故事很感人，就以超低价格卖给他。那是不明智的。

问：还是要坚持自己的原则的。

答：对，说到底，这就是一个博弈。价格低了会让客户怀疑怎么会这么好、价格高了客户又会被吓跑，所以谈折扣其实是一个很微妙的过程。比如说，我觉得我对这个客户的性格还没有摸透，虽然他跟我讲了很多他的故事，但是在还没有很了解的时候，我们不会表态，而是会说，"好，这些情况我们都清楚了，我们可以把你的情况写成报告，交到领导那里去"。这既是一种缓兵之计，也是一种心理上的博弈。或者我们会跟他们说"我已经跟领导谈过了，领导还没给我批，但是我一直在等"。等到客户等得很焦急很紧张的时候我们再把他约过来谈，这个时候交谈，成功的概率会高很多。一般如果在第一次谈的时候就把价格放到底，第二次他们还是会再要求的，这样成功的概率是很低的。

问：就是不会把底价一下子抛给他，而是一步一步地进行，让他们觉得自己占到便宜了。

答：对的，就是这样。

问：我想问一下，如果客户跟你们买房，最少能几次谈判达成，最多又是几次呢？

答：一般情况是两到三次，多的时候也会谈到五六次。

问：好的，非常感谢您抽出时间来进行我们的访谈，最后还请您为像我们这样只能在课堂上学习谈判知识的在校大学生们提一点建议，好吗？

答：谈判是对一个人心理素质的考验，无论你心里是怎么想的，觉得很开心或是很痛苦，都要注意几点：第一，不要在言语和神情上流露出来，不管是喜还是悲；第二，无论客户说些什么，不管是恋爱史还是创业史，让你感动的故事，你可以感动得流泪，但是你不要表态，就是不要轻易下一个决定性的结论。因为无论他说什么，他的最终目的就只有一个，就是降价。有些客户是很会演戏的。有时候还会出现一种情况，就是你知道他是在说谎，他也知道你知道他说谎，但你也还是不得不听下去，这才能有一个谈判的沟通。在我看来，你就当谈判是一个普通的聊天，在没有完全把握时，不要说什么决定性的言论，这样不至于犯错。

问：对于我们大学生您有没有什么人生上的建议呢？

答：因为我也是从大学出来的，我觉得无论你是什么专业、什么学校，都不是什么决定性的因素，在大学里你们还是要以锻炼自己的能力为主，有机会可以多参加一些学生会的活动、社团的活动，提高一些个人能力和素质。大学生知识面一定要广，因为像我们这样与客户沟通，如果你没有一个很广的知识面，你也很难真正去跟客户沟通什么。所以大学生在学校里面,首先,你一定要拓宽自己的知识面;其次,你的能力一定要好好地锻炼,因为到了社会上你很难有这样一段时间去锻炼。社会上需要的都是现成的,如果你没有这样的能力,你就很可能会面临一个需要换工作、换岗位的问题,现在社会上竞争还是比较惨烈的。像现在我们同样招大学生进来,一开始区别不大,前 6 个月可能区别还不是很大,无论你是什么学校的。可是 6 个月以后,你在大学期间形成的思维能力、逻辑能力、工作能力、品行等就会呈现出来了。所以希望大家在大学里有时间多锻炼自己、拓宽自己的知识面,现在这个社会的信息量、更新速度都是非常快的,关于国际政治、世界金融等方面的知识都可以了解一下。

问:好的,真是谢谢您了。
答:不客气的。那再见了。
问:嗯嗯,再见。

谈判经验解析

在这次深度访谈中,××房地产集团有限公司销售部经理 S×× 毫不吝啬地与我们分享了她的真实谈判经历和多年谈判中积累下来的主要经验,让我们受益良多。且 S 经理描述得非常生动、非常精彩,简直令我们拍案叫绝。从 S 经理的讲话中,我们特别体会到以下几点对成功的商务谈判非常重要:第一,谈判前要多方面了解谈判对手的情况,如口碑、信用等,准确把握对方诉求和真实目标,知己知彼,百战不殆。第二,谈判时可以营造对己方有利的谈判氛围,好的氛围能削弱对手的气场。例如,几个同事之间可以紧密配合,有意地向谈判对手传达我们想要表现给他们看的东西(如多方抢购的压力)。第三,谈判的地点选择非常重要,这可能影响谈判双方的气势或气场。例如,S×× 认为主客方气场的差别还是挺大的,她建议一般不要到客户方去谈判。因为这可能导致客户的气场非常强,我方的气场特别弱,场面上会被客户震住。第四,培养良好的心理素质。谈判是对一个人心理素质的考验,强大的心理素质能够增加谈判博弈时的筹码。此外,S 经理对于我们学习谈判和人生发展的建议也让我们深有感悟。在谈判中我们固然要注重技巧,但是比技巧更重要的是我们本身的综合素质。我们的能力修养、人格魅力、道德品行和知识面等综合素质,不仅在谈判中重要,在整个人生中都是至关重要的。

启发思考题目

1. 在房地产销售谈判中,"案场经理先把关,先跟他谈,先跟他磨"有什么好处?这一策略具体该如何应用?
2. 遇到慢慢磨的谈判对手,该如何制胜?

3. "权力有限策略"是商务谈判中的一个常用策略，在你看来，应如何在商务谈判中应用"权力有限策略"？

（访谈及资料整理：张春勤、许慧敏、林星希、王晶、王建明）

5.2 "冷场是因为之前的破冰没有破好"
——对汽车销售公司销售经理的深度访谈

访谈情况概要

受访人：鲍××。
个人简介：（J市）××奔驰销售服务有限责任公司销售经理。
公司背景：（J市）××奔驰销售服务有限责任公司，位于（J市）××路汽车商贸园，是经营新E级（进口）、奔驰C级、奔驰E级品牌的公司，主要以销售新车为主，同时也为用户提供配件、维修等服务。
访谈时间：2018年6月3日。
访谈形式：电话访谈。

访谈内容记录

问：鲍经理您好！很感谢您能帮助我们完成这次访谈。
答：没事，刚好我也有时间。
问：鲍经理，您作为J市××奔驰公司的销售经理有没有什么印象深刻的谈判经历？
答：你指的是卖车的经历是吧？
问：对，大概就是这方面的经历，有没有印象比较深刻的？
答：比较深刻就是，有个客户第一次过来给我的印象比较普通，这个客户大概五六十岁，因为是来买奔驰车嘛，相对来说应该是在收入等各方面都很不错的，但是他穿得很普通，走路过来的，没开车，拿着一个矿泉水瓶过来跟我谈。进来之后他跟我说要买S600，那个车大概是270万元。刚开始我觉得有可能这个客户是随便看看，经过了解才发现，他不是随便看看，所以就和他深聊。后来发现他确实是要买，但是我那时候没有这款车，所以从300推到400推到500，最后他还是决定要买S600，最后他这个车等了大概有一年多才拿到。而且这个客户比较随意，他不是特别讲究。如果说只用眼睛来看客户，这个客户就被筛选掉了，但刚好整个过程中我觉得他心态还是比较好的，我就和他聊了很多，然后发现他确实是一个真正来买车的人。一般人要买一辆200多万元的车，你好歹总有辆车吧，他那天刚好是没有开车，然后随便叫了个出租车开到店前面走进来的。

问：那的确很令人印象深刻，这个对比确实非常强烈。

答：对，他刚拿到车的第二天就打电话和我说车子撞坏了，第二天他送来，连车门都没了，他说是他朋友看了这个车非常喜欢，然后就试驾，一不小心就被撞了，新车刚拿到，他都没看一眼就撞坏了。

问：那真的是更加印象深刻了。我能问您一下，谈判过程中如果出现冷场和僵局您会怎么处理？

答：我觉得冷场是我们的一种技巧，有一句话叫"沉默是金"，就是说在销售的概念里不会存在冷场，只不过这个冷场是我刻意制造的。

问：那冷场要怎么解决呢？总不能一直冷下去吧。

答：通常有两种情况，冷场了我看他反应，如果客户服软了，动摇了，特别是他眼神有变化了，那么就说明我的冷场是有效果的，那我就主动出击，坚持我之前的价格。而如果客户意向比较坚决，然后要走，可能我的冷场就失败了，那么我就要改变策略。其实冷场是因为之前的破冰没有破好，如果破冰破得好就不会出现这种冷场。因为你和客户认识时间短，他不可能跟你很熟，只不过在之前的破冰阶段，他对你放下了戒备和对你的不理解，通过沟通，至少会对你有一点信任，这个时候就不会存在冷场了。如果你前面工夫都不下，和客户也不交流，那肯定很容易出现冷场，是吧？

问：那您是如何做到破冰的呢？

答：破冰是这样的……有一个冰山理论你知道吧？

问：嗯？

答：冰山上面是很小一块，下面是很大一块，你深度挖掘冰山藏在水面下的那一大块。这要通过什么啊？比如买车子，你会问是谁要驾驶，那他说他来驾驶；你再问他是从事什么行业的，他就会告诉你他是从事什么行业的。他会告诉你买这个车子是干什么用的，是上下班开，还是长途，还是商用，还是以家用为主。他会提到他的旧车，那你就问他买这个新车他追求的是什么。如果你问题问得很好，客户也会欣然接受你。如果你沟通清楚了，就会发现相互之间没有界限了，这时就可以把他需求的根本抓出来，这个是有一定逻辑的。比如说我的车子有什么好，你首先要说亮点是什么、优势是什么、能给你带来什么好处，这样客户就会很信服。当他信服的时候他的话就会多，这时候你就可以把他隐性的需求给挖出来。然后你就会知道，原来他希望他的车有一个好牌子，原来他希望他的车很舒服，原来他希望他的车很安全……你把他的这些需求抓住，再和他谈，那成功率就会高很多。

问：那如果说这个客户一直强调这款车的劣势，希望降低价格该怎么办？比如说这款车的油耗比较高，他就抓住这一点来和您谈。

答：这个问题太方便回答了，就是嫌贵嘛，是吧？我想问，顾客嫌贵的情况下，如果说你是销售者，你怎么回答？

问：我会说这是奔驰的车，和别的车是不一样的。

答：不不不，宝马、奥迪都跟奔驰差不多的，为什么他们便宜20个点，你便宜10个点？这个问题其实很简单，物有所值。贵，没问题，这个世界上贵东西很多，但是这个东西一定要有价值，你要告诉我为什么贵。如果你能说出来为什么贵，那这个事情就好办。

问：如果客户已经告诉你要买这款车了，但是他在买的时候他又犹豫了，怎么办？

答：很简单，就是要挖掘他为什么犹豫，是价格？是赠品？还是服务？你得挖掘啊，对不对？知道原因就没问题。这个世界上就没有不能成交的车。如果他有问题，你就跟他分析、比较、再解决，这就是一个认同、提升、比较的方法。

问：那我问一下您要怎样最大化您的优势，会如何针对对方的偏好呢？

答：买车有八大流程，其中有个需求分析。你买车肯定有个需求，比如有些人说我买奔驰、宝马，因为这些是一线品牌；有些人他买车是希望能省油一点；还有人说我买车想买个大一点的、坐得舒服一点的；还有人说我家里有个小孩，我想买个开起来安全一点的。不同的人他们的需求是不一样的，要分析，需要问出来，对不对？问出来之后，如果他希望车子安全一点，你就要把车子有关安全的性能罗列出来。如果他希望车子大一点，你把车内空间、轴内空间、轴距还有转弯半径这些空间方面的数据罗列出来就好了。有些客户说"我要省油啊"，九速变速箱特别省油，那要让客户了解到你的车特别省油。如果客户了解到这些优点不仅你有，别人也有，奔驰有这样的优点，别的车也有这样的优点，那么你要让他知道奔驰比别的车好，这个东西是有鉴定标准的。如果客户先到你这里来，他先看奔驰，这个时候你要跟别的车做精品比较。打个比方，别的车天窗是整块的，奔驰天窗是中间有横杠的，这个东西你就需要分析。

问：在买车的过程中如果客户态度很强硬您怎么办呢？

答：这要分情况的。如果是价格方面很强硬，他说他买这个车必须要这个价，当然因为我想把这辆车卖出去，在合理的价格范围内我会同意。因为我也是帮老板打工的，我肯定只能卖合理的价格。这种情况下，我们一般会询问一下客户这个价格是哪里来的。他坚持这么一个价格，就说明这个价格是有的，或者朋友跟他说的，或者其他店里说的，或者网上报价，不同的来源我给他做不同的分析。如果是同层次的店，价格也许会有一点差距，一般不会差很多，那我就要问清楚是不是别的店给你这个价格是要你做一点附加的东西？如果是的，那么很简单，对方能做，我也能做。如果是朋友曾经买过，那也很简单，不同的时期价格不一样。这要跟客户解释。你说房子在一年半前一个平方卖五六千块，现在一个平方卖一两万，肯定不能比的呀，对不对？这是第二种情况。还有一种情况是网上报价，网上价格首先不是实体店给的，网上报价他有没有核实过？而且这个车是不是真的能提到？有没有限制？客户给你一个价格，你不能立马拒绝客户，说卖不了。要先了解一下他的价格是怎么来的，然后通过不同的前提给他出一些方案，这样就能成交。我一直认为世界上没有免费的午餐，不管怎么便宜，总是有代价的。所以说不用怕，别人能做，你也一定能做，就是话不一样，给客户造成了一定的错觉。

问：那如果客户来的不是一个人，而是很多人一起来，怎么办呢？

答：这个就更方便了，买任何东西，都会有一个人决策，对吧？打个比方，今天你们全家人去买衣服，这件衣服可能比较贵，你把握不住，然后你母亲说"好，就这一件了"。也许最后是你在穿这个衣服，可是做这个决定的人是你母亲。所以一般我会找这种决策人，能理解吗？一家子来，一大群人来，总有一个决策人，决策人有可能不是购买者。还有一种情况是，也许买车的人是能做决策的，但是他摇摆不定，这时候旁边有个朋友、亲戚会给他意见，这种人叫决策关键人。只要这两种人确定了，你就能把这单生意做好，来再多人都没关系。

问：如果这些人数较多的客户达成了一种联盟，他们可能不是一家人，但是他们有一定的谈判知识，是过来联合压价的，那您该怎么办？

答：首先这种性质在我们汽车行业里称作团购。团购有两种情况：第一个，我可以拒绝，有时候我不想做团购我会拒绝。第二个，如果我想做团购会怎么办，我先每一个车单独分析，他们是分散的个体，最终每个车价格都不一样，不可能都是同一价格，哪怕他们是买同一类车，有可能颜色不一样、车型不一样，对不对？不同颜色，价格都不一样的，稀缺原则嘛，白色的就比黑色的紧俏啊。比如奔驰，白色的就比黑色的好卖。他要便宜是吧，便宜就让你买黑色车，黑色不仅价格可以便宜，而且我给他优惠。团购我们可以解决，叫条件换条件。团购时他提出要求，我可以接受，但是他提出要求的时候我也提出要求。其实做交易的时候大家很平等，不存在你很强势或我很强势，就像谈恋爱，就像面试一份工作。比如说面试工作，首先我要有自信，可能五百强的企业我很喜欢，能被录取我很高兴，但是我也要自信，因为我对于对方也是一个不可多得的人才。

问：哦，其实就是一种双赢的局面。

答：对呀，你面试的时候不要唯唯诺诺，你自己自信都没有，怎么说服企业来录取你呢？难道我们之间一定我强势你弱势吗？不，我觉得我们都是平等的关系。一样的道理，买卖你情我愿，如果你想买，我不愿意卖给你，也是有可能的。所以说买卖双方是平等的，你要不卑不亢，自信满满。就像买"LV"的包，你说要便宜点，售货员会和你唯唯诺诺吗？不会的，他只会会心一笑，因为他做的就是这种高格调、标准化的服务。很多时候价格不是真正决定购买的因素，至少不是第一要素。我打个比方，你去买iPhone，有一家是iPhone专卖店，一家是路边摊，还有一家是小型手机店。你问了三家店的价格，三个价格不同，当然是路边摊最便宜，其次是小型手机店，专卖店最贵。但是最终百分之七八十的人都会去买专卖店的，为什么？

东西是一样的，都是真货。

问：可能是觉得专卖店更有保障吧。

答：它解决了你内心真正的需求。你的需求是安全，对不对？因为你买个东西宁愿多花点钱也不想买到假货，或者是买的东西出了问题可以第一时间找到对方帮自己解决。所以很多时候不一定是买最便宜的，关键是能解决你心中的疑问，是销售顾问能不能把你想知道的东西告诉你，如产品的优势、使用方法、对你的好处，等等。iPhone 的面部识别到底对你有什么好处，广告打得很好，但是说不出这个好处，我拿什么相信你呢。销售顾问要有帮人解决问题的能力，哪怕价格比人家贵。很多 4S 店卖得比人家贵但是生意比人家好，就是因为服务和答疑解惑的能力比其他人要强。我不知道这样讲你能不能理解。

问：能，iPhone 我肯定也是到专卖店买的。

答：那为什么我们汽车销售要穿西装呢？为什么汽车要擦得干干净净呢？不然你放在大卖场上卖就可以了，店面钱都不用花，你说是不是？销售理念不单单是产品本身，不单单是价格问题，它里面有很多决定购买的因素。其实不用担心价格联盟，也不存在价格联盟，很多时候客户不了解行情。他为什么选择你，他只是觉得你很专业，仅此而已。

问：嗯，了解了。

答：你去路边买个 iPhone，卖的人一问三不知。但你去专卖店买的话，你问啥售货员都会告诉你，这就是专业。所以你不用担心团购，别说几个人，哪怕来一百个客户也是一个人一个人地谈。你去"LV"的专卖店，店外面都排长队的，你们也是五个人一组地进去，而且专卖店的人告诉你，那是因为他们只有五个顾问，希望每个客户都能够得到专业的服务。

问：那您最喜欢什么样的客户呢？是比较干脆的，还是那种虽然比较磨价格，但是最后买的时候很坚定的？

答：我喜欢比较磨价格的。

问：这样不会很辛苦吗？

答：不辛苦。我告诉你为什么。其实我看中的不是他要买的这台车，我看中的是他身后无数的车。你能理解吗？

问：哦，这种客户身后有很多潜在客户？

答：因为磨价格的时候我会把我的专业性全部体现出来。打个比方，需求分析、报价议价，这个过程会很艰难，因为什么都要谈，但这样我跟对方的关系会更加深，如果成交过程和结果完美，他会记忆犹新。这种客户一般很关注车本身，是我们所谓理性的人。相对于感性的人，理性的人一旦从内心与你成了好朋友，他一定就会帮你介绍很多客户，这是我的经验。因为新客户就这么多，而且新客户不好做。也许这个客户第一次跟他谈很累，可是之后会很轻松，因为有这个老客户帮我。所以说，我最怕进来什么都不问，然后一问价格，可以，拍板成交。我不喜欢这样的，因为客户对整个车不了解，说不定他问过了五六家的价格，专业方面没办法跟他谈。

客户不知道你是否专业,将来朋友买车是否要选择你就不好说,那还不如费一点心思。我做两三年销售之后多了很多忠诚客户,忠诚客户越多,那卖车就越简单,坐着卖车都可以,不用去拉客户了。

问:这个我倒是没有想到,我问过很多人,都是喜欢果断的客户。

答:我喜欢磨叽的,喜欢理性的,喜欢问我很多问题的客户,喜欢很热情的客户。他难搞一点我就不怕,如果是不说话的客户就比较难。

问:那您跟进一位客户时间大概是多久?最短和最长的时间是多久?

答:跟进客户是分等级的,有 A、B、C、D 类客户。A 类客户是一周之内买车的,B 类客户是半个月的,C 类客户是一到三个月的,D 类客户是半年的。

问:原来如此,是有分等级的啊。那我能问一下您觉得您谈判的风格是怎么样的啊?

答:谈判风格啊……

问:是比较雷厉果断、开场就直奔主题的,还是会层层推进的?

答:你得分客户,理性的客户不喜欢很直接的,他喜欢把他想了解的都了解到。你直接报价议价,他并不舒服,因为他不想知道价格,他想知道他到底要不要买这辆车,而你能不能说服他买这辆车。但有些感性的客户,车的外观很漂亮,给他价格,他就买这辆车。所以不同的客户我采取不同的方式,因为人的性格不一样,不能拿一种方法对付所有的客户,对吧?

问:的确。

答:你得想一想理性的客户会怎么样、感性的客户会怎么样,女性客户会怎么样、男性客户会怎么样,年轻的客户会怎么样、老人给小孩买车会怎么样。不同的人,他们的性格和想法都不一样。

问:那您对大客户和小客户在谈判策略上有什么区别吗?

答:什么叫大客户和小客户?

问:就是在价格方面,一个是买高档车的,一个是买低档车的。

答:买高档车的客户其实比较简单,越贵越简单。

问:是因为同等价格上的竞争比较少吗?

答:我给你打个比方,你要买一套房子,一套房子 100 万元,你手头上有 200 万元,那你买这套房子的时候是不是要思考一下?买完就只剩 100 万元了。另外一个客户他有 2000 万元,他要买 100 万元的房子,他用掉 100 万元,还有 1900 万元。那我想问你,是手上 200 万元的客户对这套房子的关注度高呢,还是有 2000 万元的客户对这套房子的关注度高?

问:应该是 200 万元的吧,毕竟对有 2000 万元的人来说 100 万元不多。

答:对,一般买高档车的客户手上资金很多,买 100 万元奔驰的客户手上至少有 2000 万元的资产,1/20。一般买 30 万元的车,手上资金差不多也就在百八十万元左右,1/3。花 1/3 去买一台车和只花 1/20 去买一台车的关注度谁高?肯定是花 1/3 资产的客户关注度高。而且很多人本来还不一定拿出 1/3 的钱去买,他原先只愿意拿出 1/4、1/5 的钱去买。但是他觉得奔驰挺好，要买一台奔驰，愿意多拿出 10 万元去买，这个时候他的要求更高了，因为买车的钱占的比例增加了。这跟人使用资产总额的比例有关系。我觉得小客户一定要做好，但很难做，因为他的期望值高。花 30 万元买车的客户希望享受到与买 100 万元车的客户同样的服务，我买了同一个品牌，你不能因为我买的车便宜就对我不好，是不是？所以他的要求是很高的。而大客户买的 100 万元车可能只是他众多车里的一台，他没什么感觉。客户的期望值不一样，我们做销售时候要在不同方面进行服务。不是说我不需要很关心大客户，我们的标准是一样的，但是要特别关注小客户的感受。这个是关乎口碑的事情，毕竟小客户和大客户的数量是呈金字塔形的，你能理解吗？人最多的地方在哪里？在金字塔的底部，那些就是小客户，金字塔顶部是大客户。大部分的客户是集中在金字塔底部。我要使金字塔更稳定，是不是要把底部做得更大？因为这些金字塔底部的人随着他们年龄的增长、资金的增长，他们会从底部变成中部，从中部变到顶部。这叫什么？这叫客户培养。

问：嗯嗯，我是第一次听到这种说法。

答：打个比方，你母亲是开奔驰的，奔驰公司会办一些活动，比如一些亲子活动，让你母亲带着你来感受。那你从小就觉得奔驰这个车蛮好，就有思想导入。我通过这个活动，通过你母亲对你的影响，让你觉得奔驰车是这个世界上最好的车，你的孩子、你孩子的孩子，将来有可能都买奔驰，这个就是客户培养。我可以培养出我想要的客户。很多奔驰客户一家有三辆奔驰车甚至四辆都是在我这里买的。我甚至可以把客户捆绑起来，让他永远都买我的奔驰。

问：原来如此。那我再问您一下，在买车卖车谈判中最重要的一点是什么呢？

答：谈判中最重要的一点我觉得是放平心态，从内心深处去跟进客户。其实客户是千姿百态的，有些客户彬彬有礼，有些客户大言不惭，有些客户会看人高低，这些都无所谓。心态放平就好，每个客户都是我尊贵的客户，我以我专业的态度去接待就可以了，因为你我都是平等的。你是我的客户，我选择你，你也可以选择我作为销售顾问，选择是双向的。把我最专业的知识给客户，这就可以了。不管外面风雨飘摇，我只要心如止水，无招胜有招。其实做销售到最后就没招了。过去有很多招数，但到最后就一招，就是拿我们最专业的服务态度去服务就可以了，客户会相信我的。他最终会买我的产品，只要我够专业。毕竟销售还是一个服务类行业，服务类行业是存在客户满意度这个东西的。不能说我很牛，我是销售经理，我就随便报价，不是我卖得好就一定找我买，而是因为我能让客户找到特殊的感受，所以他才找我买，在我这里买车他会觉得值。

问：理解了，非常感谢您百忙之中能参与我们的访谈。

答：没关系。有机会你可以到我们店里亲身感受销售的过程，我说得再多也不如你自己过来看看。销售顾问有时候不会觉得自己有问题，因为"当局者迷，旁观者清"。你可以作为客户来感受一下这个销售顾问好不好、专业不专业。

问：好的。再次感谢！

谈判经验解析

从与鲍经理的谈话中，我们深刻体会到以下几点对于成功商务谈判非常重要：

第一，不要用外貌品评客户。对于销售人员来说，鉴别真正的客户确实是一种必需的技巧，毕竟能将有限的精力投入到最能带来产出的地方，以提高经济效益；但是代价是可能的商誉损失。对于大企业来说，商誉是品牌的立足之本，是盈利能力的重要补充，往往比狭义的产出更加珍贵。因此，用外貌来品评客户会付出高昂的代价。同时，用最专业的技能服务每一个客户，这个观念贯穿于我们的访谈始终。这是一种职业态度，更是一种修养。

第二，冷场也是一种谈判技巧。冷场是一种谈判技巧，提供双方平复心情、思考对策的时机；反过来说，能掌握好冷场的时机正是谈判者能力的体现。

第三，信任，才是破除隔阂的根本。冷场——如果是出乎销售人员意料的情况——会造成尴尬，造成客户的不愉快，容易导致谈判的僵局与破裂，是一种危险的情况。为了防止冷场的出现，必须做好破冰，消除双方因为陌生产生的不信任。

第四，破冰只是程序，目的是服务后续谈判。谈判人员务必铭记，谈判的核心是为了达成交易，因此破冰不是漫无边际的聊天，更多的是了解对方的背景，通过一系列有逻辑、有针对、有渐进的提问引导客户说出更多信息，挖掘隐形需求。

第五，对方压价，你要告诉他我们为什么可以卖到这个价。市场是多元的，有不同价格很正常，我们没有理由必须要被更低的价格压价，毕竟情况不同。我们能做的，一方面是告诉客户，他这个价格，在现在的条件下是不成立的；另一方面更要告诉客户，我们更专业、信誉更好、更有保障，我们的产品就值这个价格。

第六，对于团体购买者，抓核心决策人。销售人员精力有限，同时顾及所有人显然不可能，也没有意义，那么就抓住对决策有控制权的关键人。

第七，对于团体压价者，化整为零。对于购车来说，即使他们是一个团体，但是需求显然是不同的，比如价位、车型、配置、颜色、优惠条件等，不妨将他们视作个体，分别安排谈判，针对不同人的需求分别提供相应的产品，既是回避团购压价的策略，同时也是给顾客提供更好的服务。

第八，如果对方的价格无法接受，不妨试试"交换条件"。"你提出要求，我可以接受，但是你提出要求的时候我也提出要求"。条件换条件的优势在于，实际上是拒绝了对方的出价，但是却以一种建议的方式提出，不仅避免了直接强硬拒绝客户带来的负面影响，还使客户产生"销售人员在为我贴心服务"的良好感觉，从商业上更是保障了利润率。

第九，作为卖方，请抬起头来。"买卖，你情我愿，如果你想买，我不愿意卖给你，也有这种情况的"。买卖双方是平等的，卖方也要不卑不亢，自信满满。交易的本质，正是在双方平等自愿的基础上进行的交换。然而现在，确实大量存在销售人员谄媚客户、委曲求全促成交易的情形（一般为小型商业，如保健品、健身产品推销等）。当然不可否认，这能起到促进销售的作用，但是这大多是因为产品本身同质化严重、无核心竞争力而被迫采取的手段。对于有实力、有信心依靠质量来获得消费者青睐的企业，请抬起头。不过请铭记，企业自信永远只能建立在能力的基础上。

第十，"专业"本身就是一种卖点。《创新者的窘境》一书有提到，竞争要素首先是产品能否满足需求，其次是服务，最后才是价格。在产品没有压倒性优势时，首先考虑的应该是服务。能够回答顾客的疑问，给予意见并加以指导，这就是专业的销售人员所提供的优质消费服务。某些行业从业人员必须穿着西装领带，也是在外表上创造出"专业"的印象。

第十一，不要害怕磨价格，这或许是一种机遇。"磨价格"的人或许是非常精明的人，但是从另一个角度来说，他愿意与你一点一点地磨价格，也说明他对你的产品有异常浓厚的兴趣，因此是黏性非常强的客户。在遇到这类客户时便可将你的专业技能全部展现出来，彻底说服他。对于这样的顾客，虽然在短期内投入巨大，但是会带来长期的客户人脉资源回报，整体来看这笔投资是划算的。

第十二，小客户反而需要特殊的关注。小客户由于将更高比例的资金投入消费中，因此会对产品、服务特别敏感；同时小客户也是客户的主体，因此处理好小客户的情感是影响到品牌形象的关键问题。这牵扯到情感营销、产品文化等销售策略。确实，如果客户主体为年轻人，随着客户年龄的成长其消费能力也会逐渐上升，客户培养同样能带来远期收益。但是请铭记：第一，这条策略相当程度上取决于客户的年龄层次；第二，这条策略偏向于营销战略，适用于高级营销人员，对于初级营销人员是没有必要也没有精力采用的。

第十三，"其实销售做到最后就一招"。我们总是认为，销售人员要"油嘴滑舌"，然而却时常忘记，无论客户性格如何，其想要"获得优质的产品与服务"的愿望永远不会改变。永远保持专业技能，永远保持专业服务态度，永远保持勤勉义务，放平心态，平和待人，对每一个顾客都展示最高规格的职业能力——销售做到最后，也就这一招。

启发思考题目

1. 你认为谈判人员应该具备什么样的心理素质？
2. 如何评价一次商务谈判是否成功？一次商务谈判结束后，可以从哪些方面来总结此次谈判的经验和教训？
3. 如何将"冰山理论"运用到商务谈判中？

（访谈及资料整理：王雨晴、马铮妮、曹静、孟孝轲）

5.3 "要降价也要过两天再降"
——对纸业包装公司销售经理的深度访谈

访谈情况概要

受访人：李×。
个人简介：男，30岁，Z省××纸业包装有限公司销售经理，从事销售工作7年。
公司背景：Z省××纸业包装有限公司成立于1992年，有多年生产经验，设备齐全，实力雄厚，是专业生产瓦楞纸板、纸箱的大型生产企业。
访谈时间：2015年5月16日。
访谈形式：微信访谈。

访谈内容记录

问：李经理，您好！打扰您了，感谢您能抽出宝贵的时间接受我们的访谈。
答：没关系，帮助学生学习也是应该的嘛。
问：那我们现在开始访谈可以吗？
答：可以。
问：请问您在贵公司担任什么职位，主要负责什么工作？
答：我在公司里担任销售部经理一职，主要负责公司在全国各地的业务开发、开发新客户、新市场，帮助客户处理一些日常细节的问题等。
问：那您觉得谈判技巧对您的工作重要吗？
答：当然重要。掌握谈判技巧是对一个销售人员做好业务的基本要求，也是业务能力的体现。平时我的工作就是到各地和客户进行产品购买的谈判。
问：每次谈判前，您一般会做哪些准备？
答：首先要做好一般市场调查，对市场的分布情况、产品需求情况和产品有哪些竞争对手有个大概的了解和分析。然后对要去谈的客户有一个侧面的了解，具体主要是搞清客户的用量大不大、付款情况是否准时、在当地的评价怎么样；再了解一下企业的性质，弄清是个人还是多人股份性质企业，是国内企业还是外资企业，如果是外资企业，要了解是美资、日资还是韩资等等，了解到是什么性质企业，那么去谈时自己心里就有个底。还有一点是了解好客户产品的结构、品质的高低，自己针对性地准备好产品的样品和公司的简介。最后是对当地市场的价格有个初步的了解。对客户了解得越多，我们在谈判时就越有优势，对客户的需求把握得也就越准，成功率就越高。这是不管什么谈判都必须要做的工作。

问：那对于谈判地点，您一般是如何选择的，是根据什么原则来选择的？

答：我们这个行业，谈判地点一般都是去客户那里。不过，我们会邀请客户来我们公司参观指导，了解我们的生产线、生产实力和产品质量，这样客户才会对我们公司有一个直观的印象，俗话说"眼见为实"。具体原则嘛，主要是和客户沟通，听客户意见，客户喜欢到哪里就到哪里。

问：您面对的客户有哪些类型，对方一般是派哪些人员来与您进行谈判的？

答：我们面对的客户主要有纸箱厂，就是三级厂，终端客户就是纸箱的直接使用者，比如贸易公司，也有一部分二级厂，就是能生产纸板的厂。这里有些专业，你有可能不太清楚。谁来谈判这个说不准，谈判时先确认接待我的是什么级别的人物。比如对方是老板亲自接待，那么我要安排相对应的人一同前去。和老板直接谈是最好的，但是确认一些具体事情时我不能说不知道、回去问问什么的，要找一个可以拍板的人一起去。或者我自己在公司先确认好底价和各方面的底线，这样在谈判时才可以当机立断，对方对我感觉也会很好。大概就是这样。

问：您谈判时一般会安排多少人员？人员之间有工作分配吗？

答：谈判时我们一般安排业务员、销售总经理、生产部长、计划部长、物流部长，还有内勤。业务员记录总的谈判内容，生产部向客户汇报公司的生产情况和一些技术上的问题。计划部汇报生产周期和交货周期，还有一些下单的具体规定。物流部汇报公司实际的物流送货情况和一些送货时间的协调，比如客户几点开始收货、几点下班之类。销售总经理最后拍板。

问：这就是说不同人员负责不同的工作内容，各司其职。

答：是这么个道理。

问：针对不同类型的谈判对手，比如男性和女性，中国人和外国人等，您的谈判方法是否会有所不同？可以举个例子吗？

答：当然不同，要考虑每个人的性格、性别、国籍。大概说几个例子吧，比如男性老板可能会抽烟，但大多数女性不喜欢，会反感。即使都是男性老板，性格也不一样，有些老板喜欢我们听他讲，有些老板喜欢听我们汇报。这些都要用不同的方式去应对。国籍方面，比如日本人，他们很守信用，和他们谈判一定不要迟到，只能提前。还有他们很讲究细节问题，要注意把握。中国人也不一样，各个地方有各个地方的习惯，我们要充分了解好各国、各地的习惯，采取合理的谈判技巧，才不会使客户感到唐突。

问：您每次谈判的周期是多久，一般是一次性谈妥还是分几次谈妥？

答：在我们这个行业，基本上一次谈成的也有，分几次的也有，这个不一定。要看谈判的条款，各方面综合来看。

问：针对贵公司的业务，谈判时主要考虑哪些方面？

答：我们业务谈判考虑的方面很多，就说几条主要的吧。首先要看客户需要的产品是否和我们提供的产品一致。还有就是在价格制定方面，价格上是否能够达成

第 5 篇
对销售经理、业务经理的深度访谈

一致。客户需要的服务能否跟得上，账期是否合适，质量上要达到怎么样的水平，能向客户承诺我们所能负责的问题。大概就是这些了吧。

问：在谈判过程中，您是否有一些方法来判断对方的心理活动或者意向？

答：要说方法嘛，主要还是观察对方的言行和举动。有时也会特意提一些小问题来增加对对方的了解。比如说问一下对方平时喜欢做什么，年龄大的话可以问一下儿女怎么样了、结婚了没，等等。和对方唠些家常，增进彼此的亲切感，同时缓和一下谈判的气氛。

问：您说到缓和气氛，那是否表示谈判有时也会陷入一种僵局？

答：嗯，谈判陷入僵局是常有的事。

问：陷入僵局，您一般是怎么处理的？能否举个例子？

答：我们谈判有时双方难以达成一致，就会陷入僵局。那么我们心理上要往好的方面想。这么说吧，能陷入僵局也说明双方都有合作的意愿，只是暂时遇到了小问题，只要想办法解决就好。简单举个例子吧，我们谈判时价格也谈好了，对方也相信我们有能力把这个事情做好，但是谈到账期时，客户要求我们票后 90 天，但是我们公司经济困难接受不了这个账期，就在这个事情上僵住了。对方一定要票后 90 天，我们的竞争对手也可以给到 90 天而我们给不了，那怎么办？这时候我们就要考虑我们是不是很想做这个单子，如果很想做，但我们的极限是 60 天这个不能变，那么我们会在价格上比竞争对手优惠一点，或者说多一些别人没有的更好的服务。一般这样客户都会接受的。

问：那如果是在价格这种核心问题上僵住了，您又是如何处理的？

答：遇到这个问题很正常，我们卖纸箱纸板的本来竞争对手就多，价格和服务肯定是第一位。如果客户说我们价格贵，我一般会马上和他讲我们产品的优势，千万不要说我们的不贵，因为贵不贵只有客户心里最清楚，你再便宜他也不会说你便宜。要努力地介绍自己产品的优势所在，和别人比服务质量和自己做事的诚心，等等。如果到最后还是要求降价，那么我会根据情况给他一个我准备好的价格，也不能说是底线价，如果他接受最好，如果不接受，那就和他说"您先考虑看看，今天就这样了，公司还有事我先回去了，回头再联系，今天打扰了"，来结束谈判。

问：价格谈不拢您直接结束谈判，难道不担心对方会放弃这次合作吗？

答：谈判不能急于求成。本来价格谈不拢也不会合作，还不如高姿态中断，可能再谈几次能最后成功的。

问：那一般是客户联系你们的概率大还是放弃合作的概率大？

答：不联系的很多，不过我们过两天就会主动联系他们的。

问：再次联系的话是在价格上做一些让步吗？

答：要降价也要过两天再降。先问客户的意见。如果客户的意见还是降价，又实在无法以其他条件说服客户，而自己又想做成这个单子，几番衡量后可以适当在价格上做出一些让步，能成就成。如果客户要求的价格始终对于我们来说不合理，我们也只能放弃这个单子了。

问：谈判过程中，对方如果以贵公司竞争对手来作为筹码，您是如何应对的？

答：这种情况也很常见，我们首先对自己公司要有信心，不要去说竞争对手的坏话，努力介绍自己公司优势所在和对产品质量服务的保证，让客户自己考虑考虑。客户搬出我们竞争对手，其目的就是希望我们在一些条款上做一些让步，我们也要适当地找出自己的优势，不能长他人志气，要让客户把心偏向我们。

问：您能谈谈对饭桌文化的看法吗？

答：我认为饭桌上主要体现的是主人的待客之道，也能展现大家对这场生意的重视度。有些谈判是在饭桌上完成的，大家聚在一起，其实无形中这场生意已经开始酝酿了，当然，吃饭肯定必须严格遵守中央八项规定。另外，新时代的商务谈判还是以正式谈判为主，饭桌上只是体现一种礼仪。

问：谈判有得有失，可以举个谈判失败的例子吗？

答：有一次和北京某公司谈判，我明明价格比竞争对手便宜，质量也没问题，但是人家就是不用我。原因是总部指定了那家做，因为那家是外资企业办厂，时间久、名气大，指定要用他们，那我也实在没办法。

问：对于以上谈判失败的教训，您有什么体会吗？

答：这次失败的教训，使我亲身体会到一个企业做出名气、做出档次的重要性。对一个公司的销售人员来说，有一个好的平台也非常重要。销售员再有能力，平台不行，也没你发挥的机会。

问：从您的故事中，我也的确感受到了这一点。那作为谈判人员，您觉得需要具备什么素质？

答：谈判员首先需要非常精通业务知识。半懂不懂的没用，是要全懂，只有这样才可以在谈判时很好地向客户阐述我们的优势，并给客户提供最优的方案。然后是对市场的分析和理解能力，掌握市场才能有全局观。谈判是一场人与人之间的较量，所以良好的表达能力必不可少，让客户尽可能了解到我们产品的好处，掌握说话方法，怎么介绍才能使客户觉得中听，这些都是有讲究的。最后就是一个人的礼节和形象吧，毕竟出去谈判代表的是企业的形象嘛。

问：您觉得谈判人员比较忌讳什么？或者说什么性格的人不适合谈判？

答：形象不良、不懂礼节礼仪、语言表达不清、狂妄自大不懂得低调，这些人不适合做谈判人员。谈判人员最好是多懂一点人情世故，这点很重要。不管做什么事，都讲究一个"情"字，做生意也一样。

问：对于在校大学生更好地学习商务谈判这门课，您有什么建议吗？

答：我认为学好这门课并不是说学好这门课的理论知识就好了，而是要实践。当然在校学生没有很多时间和机会参与到这个实践中去，那么只有在平时多看看一些真人真事自己总结人家成功的经验，假期可以尝试着做一些这方面的工作以增加自己的实践。当今社会网络发达，也要充分利用网络等各种手段学习，并尽可能地去多多实践。这样今后走上工作岗位，才能如鱼得水，发挥自己的才能。

问：感谢您为我们提供了宝贵的意见，也感谢您特地腾出时间接受我的访谈，真心地感谢您！

答：不客气不客气，那再见了。

问：嗯嗯，再见，今天打扰您了。

谈判经验解析

李总用自己的实战经历向我们细致描绘了他所参与的商业谈判。李总在全国各地的业务开发和市场开拓中经历大大小小的各种谈判，具有丰富的谈判经验。他的经验可以总结为以下几点：第一，谈判者要具备良好的心理素质。当遇到僵局时要有良好的心态，尽量做到放松，在心理上往好的方面想，以双方合作为出发点考虑解决办法。第二，谈判者应做好谈判前的充分准备。在谈判场上有可能会突发各种状况，因此谈判前做好充足的准备显得十分必要，充足的准备能增加谈判者的信心，为沉着应对谈判对手的提问打好基础。第三，谈判者平时需要提高自身综合素质。谈判场十分考验谈判者的综合素质，谈判者不仅要有丰富的专业知识，也要掌握多种谈判技巧，还要有清晰的思路和较强的理解分析能力。

启发思考题目

1. 如何灵活应对谈判僵局？
2. 价格谈判时，价格解释的主要技巧是什么？
3. 在商务谈判中，谈判人员应该在哪些方面"表现出能让客户看得见的诚意和诚信"？

（访谈及资料整理：冯斌英、徐日萌、马佳琪、房邑昭）

5.4 "你要去和他沟通，和他谈心"
——对电信分公司大客户经理的深度访谈

访谈情况概要

受访人：张亚鑫。

个人简介：女，49 岁，中国电信毕节分公司大客户经理，毕业于贵州大学工商管理专业。

公司背景：中国电信股份有限公司毕节分公司成立于 2000 年 8 月，主营项目为电信业务；受集团公司委托，经营由国家投资形成的资产，经营与通信及业务相关的技术开发、技术服务、设计施工、设备生产与销售、信息咨询。

访谈时间：2013 年 11 月 27 日。

访谈形式：面对面访谈。

访谈地点：受访人公司。

访谈内容记录

问：一般在谈判之前，您会做哪些准备？谈判大概是怎样的？

答：要先看一下客户的需求。我们就拿金融系统的客户来说一下吧。客户需要租用我们的线路用来拨打固定电话、宽带上网，那我们需要把这些功能打成一个包，做方案给客户看一下，然后报个价。客户方的高层领导和他的技术人员看到我们做的方案以后就和我们谈判，谈价格和服务，达成一致以后，要签合同。大概是这样。

问：你们具体谈价格的时候是如何谈判的？

答：客户如果和我们讲价格……比如说 L 公司（竞争对手）给他们的价格是 4.5 万元，我们的价格是 5 万元，那我们就要谈我们用的是名牌产品，我们的光纤是名牌产品，比较稳定，不掉线、不卡。我们要用我们的实力证明我们的价格是不能降的。还有我们的服务是 24 小时服务，客户任何时候需要，我们技术人员都会为客户排除障碍、解决问题，这就是我们中国电信的优势。客户要看到我们的优势，才会选择我们的业务，而不选择其他公司。

问：如果对方觉得价格高了，你们就会用自身的优势来说服他们，是吗？

答：对，就是这样。用自身的优势来说服他使用我们的业务。

问：您和客户谈判的时候，客户承认你们的优势，但如果还是会说"觉得你们的价格过高"等类似的话，您会如何处理？

答：他说我们的价格太高了，我们也会多少给他降一点，但是会有一个底线。那个底线就是要考虑到我们不会亏本，要多少有一点赚的，那我们就适当考虑一下价格降低的事情。

问：谈判时一般几个人参加？

答：有一个技术经理，就是做方案的、特别懂技术的；还有一个客户经理，比如说像我就是客户经理；还有部门的主要领导。一般就是三个人。

问：有没有你扮红脸、我扮白脸，用这种方法来进行谈判？

答：会的。比如说客户单位有很刁钻的客户，他对我们几家运营商比较了解，就会刁难我们。用我们的行话来说，他们属于"狐狸精"这样的人。那我们谈判的时候，有扮白脸有扮红脸的。客户方他们也有领导参加嘛，也有他的主管领导，还有主管业务的，有四五位参加和我们的谈判。这样谈的时候，我们会分配主要由谁和客户谈判，或者是由领导主要谈，我们在旁边在必要的时候介绍一下我们的优势。

问：如果双方谈到对方不接受你们的条件，你们也不接受对方的条件，遇到僵局，会怎么处理？

答：那就找高层领导，找一把手，比如说这个单位的老总。

问：您如何看待饭桌谈判？

答：谈判往往不是一次就谈成的，至少要谈 1~5 次才能谈成一笔生意，那就要看怎么去处理这样的关系。比如说我们下午谈到快五点或六点的时候，就要和客户讲："那我们是不是要一起吃个便饭呢？一起交流一下，我们单位和你们单位是友好合作的嘛"。在吃饭的时候要根据具体情况行动，客户不愿意听就只吃饭，谈一些其他的问题，比如个人生活、家庭问题等。不要着急进入主题，先把饭吃完，第二天再定一次谈判。要把我们的诚意体现出来，让他们感觉我们确实服务很到位，售后也到位，我们是真诚的，我们是有能力的，让他们放心用我们的产品、服务。

问：所有您谈判接触的客户中，有没有印象特别深刻的，比如说特别刁钻的人，或者是特别友好的？

答：有这样子（特别刁钻）的客户，需要多谈几次。比如说有一次我到××医院见他们院长，我和他谈让医院用我们中国电信的固定电话、宽带还有光纤，他原来用的是 T 公司的。院长一直把我拒之门外，不让我们进他办公室。这个时候虽然觉得委屈，但我还是必须要跟他谈，我做的是这种工作嘛，要去面对。后来我们改过时间又再去，找机会和他谈，还是没谈成。但我们仍然坚持，多方努力，最后终于让他被我们的诚意所感动，也觉得我们的光纤、宽带这一块硬件设施很不错，所以终止了 T 公司的业务，和我们签订协议。

问：有没有失败的经历？

答：有啊！××大酒店，他们一直认为我们不好，收费太高、收费不明确。不是什么单位都搞得定的。

问：你们会比较喜欢什么样的客户？

答：当然是喜欢好相处的。因人而异，有些领导、干部很亲切、很和蔼，对人很好，也有很少的一些领导（那种人是很少的）不是那么通情达理，不太理解别人干的这个工作，很刻薄。有这样的客户。那就看你自己怎么样去对待这种客户了。

问：您觉得取得谈判成功最关键的是什么？

答：最关键的有几点：第一个就是你的产品，需要是非常非常好的。第二个就是你的服务，一定要到位，随叫随到。第三个就是你的人脉。这三个是一定要做到的。

问：您认为谈判人员应该具备哪些基本素质？

答：谈判人员去谈判，首先自己要穿戴整齐，表示你对客户很尊重，这是第一点。去谈判的时候要注意谈判技巧，首先客户和你谈的时候，他在介绍要使用哪些业务的时候，你要聚精会神，眼睛要注视着对方的眼睛，表示你在认真地听他在讲，这是第二点。第三点就是，谈的时候态度要真诚，做方案的时候，要面面俱到，优惠幅度要大一点，让客户感觉到有非常大的实惠，通过这样的方式来打动他。

问：谈判人员比较忌讳或避讳的是什么？要注意哪些方面？

答：要讲究礼仪。比如坐姿，要是穿裙子了就不能跷二郎腿。不要抽烟，注意自己的形象。你今天去谈判，最好化个淡妆，准备一下着装，给客户一个好的印象。你到客户的办公室，你得先敲门，客户说"请进"，你再把门轻轻推开，转身把门关好，然后亲切地说"某某领导，您好"。首先要自我介绍，"我是某某单位的某某某"，把自己的名片给客户看。假如他很欣赏、很尊重你，会把你的名片放到最好的地方，如放到他的皮夹里面，或者书桌、办公桌的重要位置；假如说他对你这个人不是很感兴趣，他会随意把你的名片乱丢，从这一点能观察到他对你是怎么样的感觉、怎样的评价、是不是很友好。

问：是不是在和客户谈的时候要控制自己的情绪？

答：客户对你的产品、服务不满意，对你的个人形象不满意，这些都有可能。他不喜欢你这个人，刁难你，不管他用什么语气、什么手段对你，你都要很热情、很耐心地面带微笑介绍你的产品。注意你谈判的语气，就这样和他谈判、沟通，一定会感动他的。

问：反过来说脾气不好、没耐心的人不适合去谈判，不适合做这样的工作，是吧？

答：对啊，这个是要锻炼的，需要历练。在工作中什么人都会遇见，遇到不友好的人，你就需要有一个很好的心态去面对。面对任何一件事和任何一个人，都千万不要急躁，无论他说出什么伤害人的话你都不要计较，都要用好的心态向他解释，让他认可你。

问：你们谈判的地点通常选在哪里？是在客户那边吗？

答：谈判就是这个样子的，人家是客户，你要主动到人家那儿去和他谈判。和他约定时间，首先电话预约，说"某某领导，您在办公室吗？"自我介绍"我是某某，我现在把策划方案拿过来给您看一下，怎么样？您有时间看一下我们的方案吗，我马上就过来"。你自己要主动，一定要和他谈，把自己的方案给他。假如他没时间，他就会说"你把方案放在那里，我有空会去看，看过之后，再跟你们联系好吗？"那你只好说"好的，请您抽空看一下，有什么异议请提出来，我们一定及时反馈做出修改，直到您满意。"这样之后，过个两三天或者一个星期，再跟他联系，预约他，问他在不在办公室、那个方案看过吗。假如说他看了感觉特别好，要跟我进行进一步谈判，说"把你们领导和技术人员叫过来，我们一起谈。"这说明他已经认可我们的方案了，基本上要使用我们的业务了。

问：我们有门课程叫"商务谈判"，对于在校大学生更好地学习这门课，以适应商务谈判实际的需要，您有什么建议？

答：你们大学生有这么一门课程，要学习的东西是很多很多的，建议你们今后要学好老师教给你们的书本上的知识。你踏入社会以后，社会应用这一块是很难学的一门学问，要与人沟通、与人交流，那就要面对大大小小的一些事，难免要受一些歧视，自己要学会面对，不要抱怨别人，学会去协调、学会去处理，调整好自己的心态。还有一点很重要，多向其他好的同学学一些优点，取长补短，自己不懂的东西要多观察、多留意。

谈判经验解析

通过这次访谈，我们体会较深的有以下几点：第一，我方的产品要过硬，要非常好。这是销售谈判成功的前提。这就要求我们不断地提高产品或服务的品质，使我们的产品或服务品牌在消费者心目中成为首选品牌或第一品牌。第二，销售人员或推销人员一定要调整好心态，即便面对一些拒绝、白眼乃至歧视，也不能轻言放弃，更不能怨天尤人。这是销售谈判成功的基础。第三，服务一定要真诚，一定要细致，一定要贴心，一定要到位。这是销售谈判成功的关键。中国电信毕节分公司与××银行的谈判就很好地说明了这一点。

启发思考题目

1. 销售谈判时"先谈心后谈事"是否有必要？
2. 谈判沟通时如何拉近双方心与心的距离？
3. 情感桥梁在谈判中发挥着什么样的作用？

（访谈及资料整理：王潘杰、曹泽能、刘锋萱、廖涵璐、金鹏、马筱云、王建明）

5.5 "陌生人之间肯定有一个暖场的过程"
——对培训机构市场主管和专员的深度访谈

访谈情况概要

受访人1：黄力唱。

商务谈判 实战案例和经验解析

个人简介：瑞思学科英语市场主管，曾担任杂志主编。
受访人2：吴圣城。
个人简介：瑞思学科英语市场专员。
公司背景：依托霍顿·米夫林·哈考特集团（HMHG）丰富的全球教育行业经验和优质教育产品资源，2007年瑞思英语正式成立，为中国中小学生提供原汁原味的美国幼儿园至高中（K-12）全英文完整学科体系教育。杭州瑞思学科英语目前在杭州建立有武林校区、新城时代广场校区、西湖国际校区三个校区。
访谈时间：2013年5月25日。
访谈形式：面对面访谈。
访谈地点：杭州瑞思学科英语9号教室。

访谈内容记录

受访人1：黄力唱

问：黄经理，您好！我还记得当初您主讲的兼职培训，相当精彩。今天我希望能再次聆听您的教诲，了解您在谈判桌上的故事，并学习您与客户谈判的技巧。首先，谈判是不是非常讲究技巧？

答：谈判其实很简单，我以前做的工作现场谈判比较多，到瑞思以后，谈判更多。我做了这么多年的谈判工作，基本上在跟对方客户合作的时候都涉及谈判。谈判这个词说起来比较大，其实归结起来就是两个字——沟通。跟任何一个人、任何一个机构沟通，我们肯定都要先做好前期的准备。第一个是要端正好自己的态度，态度非常重要。像可晗在我们这做过兼职，她的主要工作就是跟家长去沟通，在我们给她做培训时就一直强调，态度很重要，包括你与人说话的态度、你自己的态度。与人说话的态度要体现出我们中国五千年文化传承下来的一个优良传统，即中国传统文化的礼仪礼节，你说的话、你的风度以及你的表情和肢体语言，各个方面都很重要，这就是我们说的态度。另外一个方面是心态，心态也很重要，当你在与别人谈判的时候你是以一个怎么样的心态与他在交流，这对事态的发展有很大的影响。我到瑞思以后谈过的合作项目比较多，前期会与对方机构先去建立一定的联系。

问：您是凭借什么与对方取得联系呢？

答：凭我们在谈判前给自己的定位。举例来说，有一次我在和某个博物馆谈判的时候，首先明确自己是以什么心态来办这件事的。我给他们带来某样东西，帮助他丰富了博物馆的活动内容，这个时候我的心态是求着别人办事情呢，还是以平等的态度去谈这个事情呢？当然是后者。我能给你带来点什么、我帮助你的时候你能给我带来什么，这就是相互间的关系，它决定了我们的态度，态度是第一位的。第二个非常重要的一点是了解对方，知己知彼，百战百胜。包括我们在和家长沟通的时候也需要去了解家长是否有这个需求、是否他孩子的各个方面都适合参加我们的课程。

问：嗯嗯，探测需求。

答：对，这就是我们所说的前期需要去了解家长的情况。像大的方面，我在和一些公司谈判的时候就需要了解他们的实力与规模、之前做过什么活动、可否提供一些详细信息给我们，以及是否有与我们合作的可能。当你们以后走上工作岗位去面对公司之外的一些客户时，想要与他们达成合作关系，首先要了解他们。了解对方是非常重要的，看看他们各个方面的信息你能否搜集得很全。因为了解只是第一步嘛，你了解完以后需要分析对方何处有优势、何处有劣势。优势让他们去发挥，针对他们的劣势我们可以给出一些建议，帮助他们做得更好。

问：我想问一下，除了态度方面要好、了解对方信息之外，您能不能谈一下您如何应对谈判中的突发状况呢？

答：这就是我要说的第三项，要准备多个方案。许多事串起来就是一个流程，你不能忽略某一项，包括你与对方沟通的内容。比方说我跟对方办一个活动，首先我必须要非常熟悉这个活动，万一这个活动被他 pass（筛选）掉了，我肯定要有下一个备选方案，还要有第三个备选方案。也就是说你应该尽可能地想到为对方带去什么东西。如果你只准备一种方案，万一被人 pass（筛选）掉了，你临场去想是来不及的。在你去广场上做兼职的时候，家长也会问到各种各样的问题，是不是？

问：嗯嗯，对。

答：比如说他们会问我们机构的规模、老师的配置、路程的远近、对外的影响力、教学的理念，等等。如果前期我们不准备这些东西，不把它们变成自己的内部储备，万一家长问到其中任何一项我们不知道的东西，我们当场就要懵掉了。一样的道理，当我们走向一个更高的层次，与很多大公司去谈判的时候，我们也要准备多个方案。

问：谈判前您会不会设定一个目标？

答：谈判其实分为两种，一种是带有强烈目的性的，另一种是含有隐性目的性的。这是我多年总结出来的一个经验，有时候带着很强目的性去谈判反而不是很好，当你不带目的性地、很友好地和他沟通交朋友时，事情反而会办得很顺利。像之前我们谈的那个博物馆，浙江省内最大的一家博物馆，高峰期时每天的客流量达到 1 万多人。有很多教育机构从两三年前就和他们谈，但都没有成功。而我们成立还没有半年时间就和他们接触并很快就开始合作了，这是为什么呢？其实我做事情有个人的风格，当然你们有你们的风格，我的风格就是办事不带很强的目的性。

问：在价格上呢？

答：我和博物馆从来都没有谈过价格问题。举个例子，某个教育机构在他们的场地做活动一天是 5000 块钱，但是我们和他们合作到现在都没有付过一分钱。

问：靠的是情谊吗？

答：情谊是一方面，第二个是看实力，第三个是看态度，看你们拿出的东西是否是他们需要的。之前很多人去跟他们谈的时候，上去就提钱。谈钱不伤感情，不谈钱反而伤感情，但是得看你什么时候去谈钱，时间、地点很关键。如果你第一次见面就和我谈钱，明显你就是把钱放在第一位，我们之间不存在其他任何关系。如果第一次去只是一个初步的认识接触，聊一聊将来的发展前景，那个时候钱已经不是关键了。

问：就是先谈感情再谈钱，增加对方对我们的信任，是吧？具体的方法呢？

答：嗯，是的。具体的方法有很多，第一个就是尽可能地为对方去想很多事情，多沟通就有感情。比如我们两个人认识了两年，但是说的话不超过20句，那不能说我们有感情。又比如我们只认识两天，但是这两天我们每天都聊很多，那我们之间也是有感情的。其实关键就是加强沟通，人毕竟是很感性的动物，有的时候会带一点理性，但是感性一定是处于主要地位的。

问：吃饭会不会是感性沟通的一个很重要的方式？会在饭桌上谈条件吗？

答：很多事情确实是在饭桌上谈起来的，这个是放在生意场上面的事情。但是在双方以一份真诚的态度去合作的时候，无论是钱也好还是饭桌文化也罢，都可以放在一边。

这种举动还要分人、分场合。有些客户觉得你目的明确直接吃饭交流没有问题，有些客户就会觉得我们又不熟，还没合作就在吃饭时谈条件让人反感。所以说人的偏好很重要。当你们工作久了以后，会练就敏锐的眼光，一眼就能判断出他/她适合哪种方式去沟通。

问：您在谈判前会不会对对方做一些了解？

答：这是不可能的，因为根本就不认识，怎么了解？你需要在和他交流的这段短短的时间内看出这个人的性格。

问：靠经验？

答：对，这完全是靠经验的积累，不是书本上能教的东西，也不是我几句话你们就能了解的。现在的人和以前相比，说好听点是有内涵一点，说难听点是更精明一些。

问：你们在谈判时会以怎样的方式去开局呢？

答：关于开局，举个例子，像我们在给孩子上课前会有一个暖场，就是花三五分钟的时间与孩子进行一个小互动，先不涉及上课的内容，只是玩玩游戏，调动他们的积极性，这个方法在任何时候都是适用的。在和客户接触的时候开门见山的第一句话非常关键，第一需要做一下自我介绍，第二是确认下之前是否有电话联系过，第三说说对方环境怎么样之类的话，开门见山地对对方进行赞美。再说到博物馆那个项目，我第一次去的时候，因为在杭州很多年都没进过一次博物馆，去的时候发现博物馆确实规模很大，让我震惊了。开场的第一步，我就是先做下自我介绍，然后我赞美他们的场地、设施、规模各个方面都很棒，下一句就是他们的地方这么大、这么好如果不利用起来非常可惜。其实对方在听到这个的时候一定是非常开心的，尽管他一定听过很多次。有些东西虽然他自己清楚，但是从别人口中说出来这种感觉又是不一样的。

问：当谈判陷入僵局的时候您又会如何处理呢？

答：针对谈不拢的情况，我总结出的经验就是两个字——沉默。沉默是一个方法，它不是万能的，但是没有它又是万万不能的。你说了很多话，如果对方只听进去一句话，你说了也是白说；你沉默的时候，其实对方也是在揣测你的心思。有些时候你时间把握得比较好，比如在关键时候沉默个几十秒、一分钟，反而能够打开另外一个话题。

问：如果最后谈拢了，您觉得在合同签订方面有哪些值得注意的问题呢？

答：关于合同签订，我不知道你们以后的就业方向是什么，因为不同的行业有不同的注意点。

问：就教育服务这一块呢？

答：教育这块，对外合作要注意合同的形式、时间、地点、双方的责任以及一些明确的指标，等等。因为合作无异于双方共同去分担任务，就是要白纸黑字。特别是在金融、房产等大项目里，合同是非常重要的东西。在其他一些合作深度比较浅的项目中，合同有时候只是一个形式，因为合同能够约束君子但不能约束小人。合同中非常重要的一点是，写明当双方产生分歧的时候提交仲裁委员会仲裁或者是双方协商解决。这个条款很多时候都被人利用起来，比如说我和你合作得不是很好，这个合同我不执行，国家也只是要求人民法院或仲裁委员会来协调一下。你们如果关注新闻就知道，商场上一些比较重大的合同双方都可以毁约，而且法院对此也没有很好的办法。

问：嗯，还有最后一个问题，您之前应该有和外国人谈判过吧？

答：对，我们这边会牵扯到一些。

问：您觉得和不同国家的外国人谈判，这个过程有什么不同吗？

答：我对两个国家的外国人比较有印象，第一个是美国，第二个是德国。先说德国吧，德国人严谨只是表面，其实他们是非常爽快、做事干净利索的，他们不注重形式，而是非常在乎双方能不能达到意见上的完全一致。双方如果能有90%的一致，那合作是完全可以的。美国人就完全不一样，他们会很拘泥于形式，对时间、地点、人员各个方面会非常抠细节。这是我个人感觉到的他们之间最大的区别。

问：原来如此。谢谢您抽出宝贵的时间，给我们上了一堂这么好的课。

答：不客气。

受访人2：吴圣城

问：吴老师，您今天能成为一名优秀的带队人，想必在基层拉业务的过程中积累了不少经验吧！

答：这份工作的确是得依靠经验的积累。

问：像平时你们在广场上拉单，用什么方法能够吸引到路人，留住他们的脚步呢？

答：最简单的一个方法就是必须微笑着跟他们主动去打招呼。因为如果你想留住一个陌生人的脚步，最起码的一点就是你必须保持微笑，以随和的态度与他亲近，拉近双方的距离。如果他带着小朋友，你就要跟小朋友沟通，比如说亲切地问"小朋友你几岁了？""现在在哪个学校读书？"

问：除了微笑，还有其他的宣传措施吗？

答：关于宣传措施，第一点，你肯定要与家长拉近距离，要跟家长说"你好，我们是瑞思学科英语的"，这是最起码的一个准则。你和他交谈要直接切入主题，不要跟他扯太多别的东西。因为我们去找他们最主要目的是推荐小朋友参加我们的免费活动课，然后以活动课的内容为导向，向家长更加深入地介绍我们。

问：拉一笔单子需要控制在几分钟以内？

答：两分钟以内。你听一遍家长的话，如果两分钟还不能解决这个事情，那么这就意味着他根本不愿意跟着你的思维走，这时候你就可以找另外的家长了。因为毕竟我们的时间也有限，跟他说太多也是耽误了我们自己的时间。

问：那么在短短的两分钟之内，您需要如何介绍产品使他印象深刻呢？

答：图文并茂。

问：图是怎么样的呢？

答：图就是我们的三折页。我们的三折页中很详细地介绍了我们的公司体系，我们是美国×××集团在华的旗舰项目，里面有我们公司投资项目的介绍。我们这边可以给他们原汁原味的美国课堂。还有我们这边的学习方法是切入式的学习环境再加上学科式的教学。我们最主要的目的是培养小孩子未来的领导力，这是许多其他教育机构所没有的，对吧？

问：领导力，对吧？

答：对，是未来的领导力。我们主要就是为小孩子未来的能力培养打下坚实的基础，并不是只学好美式英语那么简单。我们的美式英语学习课堂中包含了美国学生日常学习中所有的东西，语文、数学、英语、科学……就是照搬了美国课堂。

问：您要怎样在这两分钟内让顾客信任您，让不了解情况的人相信你们是正规的？

答：这个其实很简单。就像做人一样，只要你挺着身板跟别人讲，别人就会相信、信任你，对吧？尽管别人不了解你背后是怎样的，但是有一点，就是你所树立的正面价值观是非常重要的。你必须要让他知道，你和他讲的东西并不是在搞推销、传销，用另外的词来形容，就是我们校长经常讲的"科教兴国"。你今天做的是教育，你跟家长宣传的也是教育。你不需要让自己显得很专业，家长只是家长，不能把他看成是顾客或是客人。他只是学生的家长，而我们的目的就是把针对小孩子的学科课程完完整整地推荐给他，让他了解美式教育与我们中国相对封闭的教育环境有一些不同之处，正是在这个契机之下我们才成立了瑞思学科英语。

问：家长有时候是爸爸或者妈妈，有时候是爷爷或者奶奶。那跟爸爸妈妈谈和跟爷爷奶奶谈有什么区别吗？

答：最大的区别就是，爸爸妈妈可以确定对孩子的未来导向，他们能拿定主意。爷爷奶奶他们就只能把这件事情传达给孩子的爸爸妈妈，让他们考虑。也许你也会遇到一些家长说"哦，我孙子/孙女可以学这个，我说了算"，但最后你会发现事情并不是这样的。就像是小孩子想要气球,爷爷奶奶就认为自己能够拿定主意,给小孩子拿了个气球,结果回家后却被孩子的父母反对了。在这种情境下,你不知道家长的电话号码,你就要对他们千叮咛万嘱咐,嘱咐他们将单子交给孩子父母,这样才能使我们获得家长的反馈。如果是和爸爸妈妈谈,主要是要和他们讲清楚我们瑞思学科英语的品牌和在这边的项目,不管他将来会不会选择成为这里的一员。因为他也许会向别人介绍"对了,当年有个小伙子向我介绍过瑞思学科英语"。

问:如果在您介绍时,对方完全没有反应,这个场面冷下来时,您会怎么应对?

答:这种情况是很多的。我们这有个专业术语叫"破冰"。陌生人和陌生人之间肯定有一个暖场的过程,就比如现在有一个家长来我们这边听体验课,他为什么会来听课?就是因为我们的工作做足了——我们课程顾问打电话过去联系,很详尽、系统地介绍我们瑞思,减少家长内心的戒备心理。而他们来到了这里,这时眼对眼的接触是心灵交流的最好方式。通过这样进一步的了解,家长也许就会发现瑞思学科可能就是他们想为自己孩子找的学校。

问:如果话题打开之后,突然在某个问题上卡住了怎么办?

答:作为一个推广人员,如果真的发生了这样的情况,比如被提了一个比较刁钻的问题,你不知道怎么回答时,我个人建议,你倒不如诚恳地告诉他自己不是太清楚,"我们只是做市场推广,但我们这边有课程顾问,更加详细具体的问题,课程顾问会给您一一解答"。所以这时你可以回避这个问题,自己不会回答的问题千万不要勉强应答,因为这也许会让他们认为你很不专业。

问:您能简要地总结一下一场谈判取得成功的关键因素是什么吗?

答:我的个人意见是:第一是态度,其次是看准备工作做得充不充分,还有一点就要看你的临场应变能力。

问:谢谢您今天这席精彩的谈话!

答:不客气,希望能对大家有所帮助吧!

谈判经验解析

通过对黄老师和吴老师的访谈,我们知道谈判对象可分为两类:一类是你可以在与对方谈判前获得其相关信息,与他进行一场有准备之战;另一类是你在和对方谈判前对其一无所知,只能在谈判时凭借察言观色来随机应变。对于第一类谈判对手,我们要做到三点:第一点是摆正心态,对自己在谈判中的定位要清楚;第二点是搜集对方的相关信息,探测其真实需求;第三点是在谈判前要准备好多个备选方案以应对不同状况。对于第二类谈判对手,我们在自我介绍的同时要察言观色,随时根据对方的反应调整自己的谈判策略。

从谈判双方目的性的强弱来分类,谈判过程可以分为两类:第一类是某一方甚至双方的谈判目标都非常明确,在谈判时把己方的意图表现得比较明显,会在谈判中较快地切入主题；第二类是某一方或者双方的谈判目标都比较隐晦，双方谈判的过程类似于打太极，使得谈判周期非常长。这两种情况没有好坏之分，它的效果是因谈判方的个人特点而异的。对于谈判对象，需要通过日积月累的实战经验所练就的察言观色的本领来挖掘出对方的谈判偏好。对于与外国人的谈判，就首先要熟知对方的民族特性。此外，黄老师还给我们介绍了很多其他谈判知识：一般双方在开始谈判前都要"暖场"——先谈感情再讲事情；谈判时可以使用沉默来应对僵局，从而打开另一个话题。经过这次访谈，我们对商务谈判有了更感性的认识，不但加深了对课本知识的记忆与理解，还了解了一些课本上学不到的谈判实践知识。

启发思考题目

1. 同陌生人谈判和同熟人谈判有哪些不同？
2. 刚开始同陌生人谈判时，可以采用哪些途径来"暖场"？
3. 商务谈判过程中如何察言观色、随机应变？

（访谈及资料整理：沃可晗、童一飞、詹莜、周佳佳）

5.6 "巧妙抓住优势，逆风翻盘"
——对保险公司业务经理的深度访谈

访谈情况概要

受访人：李×。

个人简介：曾在 B 市××信息有限公司任职，现为 B 市××保险业务经理，达成总经理荣誉宴，入选首批"PL 高端人才计划"。

公司背景：××保险有限公司（简称"××保险"）是××国际集团的全资附属公司，该公司及其附属公司是全球最大的泛亚地区独立上市人寿保险集团之一，业务遍布亚太区。

访谈时间：2019 年 5 月 26 日。

访谈形式：网络访谈。

访谈内容记录

问：您好，李女士。非常荣幸能得到这次访谈机会，我们想就商务谈判中的一些问题访谈您一下，主要了解一下各行业职场人士亲身经历的谈判工作及心得体会，以便为我们学习和了解商务谈判的理论和实践提供借鉴。

答：好的。

问：作为你们公司的业务经理，您觉得谈判对您日常工作是否重要？

答：很重要。因为我主要负责市场营销这一块，对我来说，谈判已经是家常便饭了。

问：那您一般都参与什么谈判呢？

答：现在主要参与一些市场营销的谈判吧，先前在科技公司任职时也参与过一些科技产品的谈判。

问：您可以举一个印象较深的成功谈判经历么？

答：当然可以。我在科技公司任职期间，有一次谈了一个软件行业的金额大概200多万元的项目，经历了前期的调研、设计、投标过程，最终中标，需要去客户方签商务合同，到那里才知道需要再次谈判。当时年仅26岁的我只带了两个技术工程师，提前一天知道了这个消息，第二天干脆只身一人，坐在一个大的会议室，对方各个部门科室大概40余人参会。当时我先发制人，第一句话就是："人生首次谈这么大的项目，从来没想到会是这么大的阵仗。现在我很紧张，希望各位前辈能够多给我的工作提出指导和建议，不胜感激。另外这次谈判成败也对我以后的工作甚至人生都有很多的影响，希望诸位手下留情。"说完这段话，他们才知道我只有一个人，大概他们也没见过这个场景，都有点不好意思。接下来就进入了正式商务谈判环节。对两个场景印象最深刻。一是对方直接砍价30万元，非常强势。这个价格我先前已经请示过领导，领导的意思是降20万元是我们的底线。因为我们在价格上没有回旋余地，在谈判将要结束的时候，我直接说："你看你们这么多人，我一介弱女子，这个项目无论能否合作，我都很感谢诸位，因为这算是我活到今天见过的最大的世面了。诸位全是大人物，小人物有个不情之请，能不能在你们说的这个合同价格的基础上，再多加10万块钱？毕竟成本压得太低，也直接关系到我们最终工程师开发的水平。我很希望咱们这个项目成为我们公司的一个标杆项目。"这个时候有两位领导很不高兴，但是下边一个商务经理觉得我说得很有道理，向大领导请示，大领导就点了点头，说这10万块钱你就给我们买几块硬盘吧（硬盘成本也就几千，但领导一言九鼎，必须有个说法）。最后任务圆满完成。场景二就是商务经理后续在签订合同时给了很多方便，帮了很多忙。熟悉以后他说我开场那几句话特别有气势，一个人面对那么多人也不紧张，而且谈判过程不卑不亢，所以他乐意帮我。

问：那您当时为什么选择一个人去，这也是种力挽狂澜的策略吗？

答：力挽狂澜倒谈不上，但那俩技术工程师一问三不知，带了也不起作用，反倒不如不带，还能激发对方部分人的同情心。我们也要善于运用自己的优势。比如我当时就是一个年轻的小姑娘，对方都是三四十岁的男士，如果太咄咄逼人他们也难免会觉得胜之不武。

问： 在以上的价格谈判中您强调了产品的质量。您一般是怎么讨价还价的，或者您认为应该怎么讨价还价？

答： 一分价钱一分货，很多人都懂，但是还是有很多人都愿意使劲砍一砍。就之前的项目而言，其实我没有太多选择权，因为对方很强势几乎想一锤定音。我能做的也就是在那个基础上先妥协，然后再示弱一下让对方多加点。然后说说我现在的这份保险的工作，经常会遇到想优惠、想打折之类的要求。因为整个保险的大行业前些年已经被国内公司做烂了，为了业绩私下承诺把自己的佣金返给对方几乎成了行规。对于对方的这种要求，我一般都会直接说"No"。

问： 说"No"？

答： 我的服务价值千金万金，不打折。而且这是一个长期行为。要想在这个行业长期发展下去，就要让客户得到他想得到的很好的服务，这样我们就会有几十年的缘分。那么这样算下来谁会在乎那万八千的佣金呢？这也是筛选高净值客户的好办法，给自己设一个底线，然后按着这个底线走下去，邪不压正。太廉价的服务一定不会是最好的，客户其实也清楚。奔驰、宝马比夏利贵，但是还是很多人不买夏利，所以这点就是把握住自己心中那根线就好，做好自己的产品和服务才是根本。

问： 也就是说您十分强调产品质量和服务？

答： 嗯，口碑是自己建立起来的，每个人在谈判和服务中都会积累自己的信誉，对于品牌来说也是一样。

问： 嗯，这就是所说的小胜靠智，中胜靠情，大胜靠德。

答： 是的，其实我们每个人都是一个独立的个体，别人对我们都会有个评判。所以首先做好自己，本着一颗善良的心，然后不管是何种行业的销售，在制定方案和商务谈判的时候都设身处地为对方着想，多从对方的角度出发，如果靠小聪明玩弄对方，只不过是拣点小便宜罢了，也就一两次。想要长期发展，在根本上还是要做好自己产品的质量，做好服务，然后多设身处地地为对方着想，别贪小便宜。其实这样做你并没有损失什么，而对方会觉得你是一个很可靠的人，在无形中你也积累了一些人脉资源。

问： 客户关系或者说人缘对谈判很重要吧？

答： 时间久了别人心中都有一杆秤，但比如有些大的项目跟对方完全不相识的，就得想一些技巧和办法。

问： 跟对方完全不相识的谈判，您会用哪些技巧呢？能否举个例子？

答： 目前工作中有很多是转介绍的客户，双方都是完全不相识的。我一般见面会开门见山地做个自我介绍，多问问题让对方多说，自己多听。然后会有一个大概的判断，再从专业角度出发给对方方案。不过这个也看具体情况，比如对不同职业、不同性格、不同性别的人采取的方法也有所不同。如果是女同志可能会聊聊孩子，聊聊健身，聊聊烘焙，聊聊旅游；如果男同志照样可以聊孩子，之后可能就是聊聊事业、金融、股票，说说时事，说说华为，等等。这样先拉近距离，有利于后续的接触和谈判吧。

问：嗯嗯，那您一定是个很厉害的人，懂烘焙，也懂股票等。

答：这是另外一个话题，要想让自己活成一个有趣的人，就得变成杂家，技多不压身。现在你们有大把的大好时光，多读书、多泡图书馆、多挖掘自己的兴趣爱好，总有一天能有用武之地。

问：谢谢您的指点。

答：不客气。

问：销售人员除了有专业的技能，广阔的知识面也很重要啊，这样才能聊开，方便找到共鸣。

答：成功的大销售都是知识面极广，所以多学习绝对没坏处。

问：您还会用一些其他的技巧和策略吗？能否举个例子？

答：谈判中的技巧肯定很需要。上面讲的案例是我年轻时候谈的一个大项目的谈判案例。我再举个目前这份保险营销员工作的案例：有个大客户想给自己规划一份高额寿险作为资产传承。他的亲小姨在友商的另外一家保险公司。一开始他就告诉我了这个事情。我首先问的就是：既然您小姨在那边，为什么还要咨询我们呢？他的回答是想比较一下，毕竟是关乎一生的大事情。我就以自己举例子，为什么我会选择现在这家国内唯一的纯外资企业，我们面对的客户都是什么群体，我们这款寿险是专门给高净值客户设计的，它的特点是什么。最终这个客户成交，其实主要就是拿自己举例和反对问题前置这类小技巧。

问：拿自己举例子能拉近关系产生亲切感对吧？

答：不光拉近亲切感，对方也会觉得他自己都这样，那我还有什么不放心的呢？会有这种代入感。

问：哦，代入感，这也是抓住客户心理吧。

答：对。

问：反对问题前置，是防止谈到最后因为反对问题作废，白谈了对吧？

答：是的。

问：您上面这个案例也就是先开门见山，搞清客户的目的吧？

答：是的，其实见面客户都知道是这么个目的，我一般会说大家时间都紧张，咱们直接进入主题。客户也会理解，同时觉得你这么忙还来见他是重视他。

问：那么请问您在谈判过程中有没有遇到过双方僵持不下的情景？您是怎么处理这种情况呢？

答：碰到僵局还是需要我们这方想办法主动化解。比如在保险销售过程中，卡壳的话可以找找相互认识的中间人，最好此人也有很好的保险理念，让他来帮忙促进一下。或者直接开诚布公，比如对方说回去考虑考虑，很多这种就没有下文了，那么我会直接问："您方便告诉我您需要考虑的事情是什么吗？因为我也遇到过类似的客户,以后我也还会遇到,所以请您帮忙回答一下这个问题,这在我将来工作中也能起个指导性的作用,同时如果我能回答,也能给您节约时间。"这样的话既可以促成谈判,又不失礼貌,不会让对方觉得难堪。既然这么问了,客户一般也都愿意回答自己迟疑的点,僵局也就破了。

问:我们感受到您谈判一般都是坦诚直接的。

答:是的,其实实情也是我们没有太多的时间磨叽,坦诚是必需的。前期铺垫太多有的客户也不见得买账,但是后续还是需要长期的关系维护。

问:那您一般会怎么维护客户关系呢?

答:比如我经常出去玩,会寄一些当地的明信片。有心之人做的事情,大家都会感受到。

问:嗯嗯,还想向您请教一下关于谈判选址的问题,您一般会怎么选取谈判地点?

答:谈判地点如果能选择,首选是自己的办公室,折中方案是两方都不熟悉的空间;最下策就是客户办公室。

问:那么您一般安排多少人谈判?各团队成员有分工吗?

答:安排多少人也是具体情况具体分析。如果一个人能搞定就不出动一个团队。如果有技术类问题需要技术上的谈判,那肯定需要分工,有负责商务的,有负责技术的,有个主要负责人,其余人见机行事。

问:您怎么看待饭桌上的谈判?

答:作为有"先天优势"的女士,我一般都说自己不会喝酒,坚守底线。喝酒可以拉近感情,但并不是非喝不可。

问:您比较喜欢什么样的谈判对手?

答:比较喜欢有涵养、文化层次略高、理解能力强的客户。这样的客户一点就透,说话不费劲,容易引起共鸣。

问:那么您不喜欢什么样的谈判对手?为什么?

答:不喜欢优越感十足其实什么都不懂、目标感又不强的客户,因为这类客户很难沟通清楚。

问:我们谈了一些成功的谈判案例,谈判肯定也会有失败的,您能谈一个失败的案例吗?

答:没问题。还是之前的工作,有一次投标,忙活了一年各种铺垫、调研。投标的时候由于助理疏忽,把公司的一部分资质和介绍忘了装订,直接失败!

问:那么您认为谈判成功最重要的因素是什么?

答:谈判成功最主要的是稳,不急躁,胸有成竹,不抢话,多听多问,多让对方说。

问:您认为谈判人员应该具备哪些基本素质?

答:谈判人员首先应给人落落大方的第一印象,衣着得体、彬彬有礼,表现出良好的素质和专业;比较忌讳的则是急躁、咄咄逼人、说话语速过快、抢话。

问：好的，最后一个问题，那对于我们正在学习商务谈判的在校大学生，您有什么建议或是意见么？

答：对于在校大学生，最好的学习方式就是实践。书本的学习都是纸上谈兵，实战最重要。

问：谢谢您百忙之中的参与！

答：不客气！

谈判经验解析

经过这次深度访谈，我们深深地被李女士所介绍的商务谈判的智慧所折服，她分享的商务谈判的独到见解值得我们细细揣摩，好好领悟。从中我们可以总结出以下几点值得学习的经验：第一，在谈判中要充分地抓住我方优势，特别是让对方难以回绝的优势，必须要牢牢抓住，这是商务谈判中逆风翻盘的法宝。如李女士在开场所举的谈判例子当中，充分利用了自身的性别优势，加上恰到好处的示弱，巧妙地将原先以为的"劣势"转换成对方碍于面子难以回绝的优势，化腐朽为神奇，逆风翻盘。第二，小胜靠智，中胜靠情，大胜靠德。面对商务谈判，对待客户要真诚，不能贪图小利，应着眼于长期利益，"打铁还需自身硬"，应实实在在地提升自身的产品质量和服务。多站在客户的角度换位思考，做良心事，不坑蒙拐骗，本着别人赚十分我们赚七分的原则，搞好客户关系，积累人脉资源，着眼于长期的发展。第三，面对不同的客户，要采取不同的谈判方式和方法，因此一个优秀的谈判者需要有非常广泛的知识面，因为在正式谈判开始前进行的看似毫无意义的"闲聊"往往能拉近与对方的距离，从而在正式谈判过程中起到催化剂的作用。李女士和女同志可以聊孩子、聊健康、聊烘焙、聊旅游，和男同志可以聊事业、金融、股票，说说时事等。由此可以看出，销售人员除了拥有职业知识，拥有广阔的知识面也是自身修养的一种体现。有了广阔的知识面，观点态度在某方面与客户达成共鸣，进而和客户拉近关系。第四，谈判的过程中，尤其是在销售的过程中，"举自己的例子"是一个非常有效的方法，不仅能拉近与对方的距离，还能让客户产生一种代入感，使得客户更容易被说服。第五，在谈判开始之前分配好谈判选手各自的任务、职责以达到相互配合、相互协调的目的，从而提高谈判成功率。谈判是一个团队协作的结果，尽管并不是每个人都到场，但每个人都会对谈判结果产生或多或少的影响，甚至小到一个整理、装订公司介绍资料的助理，都会影响整场谈判的最终结果。因此每个成员都要尽心尽力。没有不重要的角色。第六，每一次谈判都是和对方利益的一次博弈，谈判并非张牙舞爪、气势夺人就会占据主动，只有情绪不被对方所引导，心思不被对方所洞悉才会取得胜利。第七，商务谈判中不要在立场上争执不休，这样会降低谈判的效率，要协调谈判双方的利益。要站在对方的角度，多为对方考虑，在保证自己利益的同时尽量为对方的利益考虑，然后在共赢的基础上提出自己的看法。不要因为自己的原因去责怪对方，要有良好的谈判情绪，有良好的沟通，使对方了解自己的谈判是诚心的而不是虚情假意。当然,谈判的人要言而有信,说话要留有余地,多听少讲。

启发思考题目

1. "拿自己举例会让客户有一种代入感",你如何看待这种做法?
2. 有人认为谈判要先谈感情,而本文的被访谈者认为谈判应该开门见山、直入主题,对此你有什么想法?
3. 如何在谈判中巧妙抓住优势以赢得谈判?

(访谈及资料整理:夏玉凤、年一豪、毛思洁、万灵灵)

5.7 "要把仪式感做足"
——对地产公司置业顾问的深度访谈

访谈情况概要

受访人:黄××。
个人职业:××集团有限公司置业顾问。
公司简介:××集团股份有限公司(以下简称"××公司")成立于2000年,是一家以开发中高端精品住宅为主营业务的全国性房地产开发企业。××公司总部设在中国S市,集房地产开发、建筑施工、物业管理于一体,开发项目覆盖北京、上海、嘉兴、苏州、重庆、长沙、合肥、廊坊、福州、厦门、镇江等多个地区,涵盖普通住宅、高层公寓、花园洋房、别墅、写字楼、商业综合体等多种业态。
访谈时间:2018年12月5日。
谈判方式:微信访谈。

访谈内容记录

问:您觉得谈判技能对于您的工作是否重要?如果是,请说明一下原因。
答:谈判技巧对于房地产置业顾问的重要性是不言而喻的。因为作为房地产置业顾问,尽管出售的是一个大众商品,但是基本上都是几百万的房子,所以说在这时候谈判技巧就显得非常重要。另外,一个好的员工可以通过他的谈判技巧将房子卖给需要的客户。

很多房子的成交,并不是水到渠成的事,而是需要通过置业顾问和消费者的博弈谈判实现。经过多次博弈、多次谈判,最后客户才会决定在我们这边购买房子。因为说实话,任何一个楼盘,它所处的位置周边不会只有这一个楼盘。怎么让消费者信任你,这就需要通过各种谈判技巧,引导他去选择我们的项目、我们的产品,认可我们的价格、我们销售员本身。

问:一般在谈判之前,您会做哪些准备?

答:我们在房子买卖和介绍的时候需要做一些准备工作,比如说我所在的楼盘,我不仅要对我们楼盘很清楚,还要对于周边的一些竞争性的楼盘情况都要有非常清楚的了解,分析竞争产品也能达到像在介绍自己项目一样的熟练程度,这是合格的销售人员所必须具备的一个能力。

要了解的情况主要方面有几个:一个是从户型方面来说,要知道这个竞品项目户型的优劣势在哪里,特别是他们的劣势在哪里。第二个就是整个小区环境来说,要考虑它是大社区还是小社区,因为大社区和小社区各自各有它自己的利弊。第三个就是从整个小区外部来说,它周边有没有什么不利因素。比如说小区旁边是否挨着主干道、大马路,或者说旁边是否有高压线、高铁站和垃圾场等不利因素,如果有就是一定要加以运用,这样和客户在讲到这些楼盘的时候可以很自信的去告诉客户这个项目周边有这些不利因素,你还会考虑去买吗?

然后,制定谈判目标时要做到对自己项目和对其他的竞品项目非常熟悉。特别是对自己项目的一些基础性数据,如小区里面一共有多少户、各种户型的数量。比如说 $100m^2$ 的房子有多少户,$120m^2$ 的有多少户,$130m^2$ 的有多少户;还有高层有多少户,叠墅或者别墅有多少户,洋房有多少户;整个小区的地下车位有多少,这些基本的一些信息都要了解得非常清楚。

时间的安排上,比如说在卖房的时候,我们一般会选择人比较多的时候,基本上会在周六周日这两个时间段谈判,这时候整个售楼处的人气是非常旺的。或者说选在工作日的晚上,因为工作日的晚上上班族已经下班了,会比较有时间来进行谈判。

问:您可以举印象较深的一个成功谈判经历吗?

答:比较成功的一个谈判是我之前在北京突击的时候,我的一对业主,他们从校园恋爱开始经过 9 年爱情长跑,最后在北京买了房,订了婚。他们之所以选择我们项目,其实是他们对于我们项目本身的各项配套,包括对于我们的户型都是非常喜欢的。但是有一点,就是我们这个房子的价格,首付款超出了他们的预算,大概超了 10 万元左右。他们要付的这笔首付款本来就已经是东拼西凑借来的了,多出来的 10 万元对于他们来说压力真的非常大,因为他们还要考虑到结婚、装修房子都需要用到钱。所以说这 10 万真的是很难再拿出来。当时那对业主非常纠结,好几次都想直接放弃，因为他们觉得不管怎么弄，这10万块钱都是没有办法变出来的。我当时已经知道，他们是在中国航天某院工作的。他们首先是个人征信比较好，其次他们单位跟某个银行有合作，每个职工手上都可以贷30万元的信用卡，而且其中的20万元，你去信用贷款是不会影响你的买房贷款的。（需要说明的是，当时信贷资金进入房地产在政策上尚未收紧，目前政策上已严控信贷资金违规进入房地产——编者注。）一般情况下，如果你在买房之前使用了这种信用贷款，是会影响你的贷款的，但是他们有20万元是不上征信的。所以在了解到这个信息之后我就立刻引导他们，用他们的信用卡贷10万元出来。然后给他们讲解说：因为他们的信用卡是可以先息后本的，比如说，10万块钱一年的利息，假设是1万块钱，他可以每个月先还利息，最后到一年才付本金。所以说，其实他每年的利息成本没有那么大，他只要先把每个月的利息给付了，到了年中的时候去找人借一笔钱，把这个旧信用卡里面钱还掉之后，再把它给贷出来。这样子，其实它每年的一个财务成本是比较小的，我记得应该是6个点，也就是说客户如果贷10万元出来，每个月的成本应该是600块钱。一年也就7200元的样子，所以这么一算，他们感觉其实筹钱也没有那么难。跟他们仔细讲解了这个信用卡应该怎么去还，怎么去贷，给他们再次强调了一下未来，买了我们这个小区，那他们能够享受到怎样的配套，描绘那种美好的未来生活，让他们有一个非常好的代入感，能够身临其中地体会到我多花几十万块钱买了这套房子之后，未来我的整个生活品质是非常好的。前前后后这个谈判应该是进行了5个小时才成交的。

问：在谈判中经常可能会碰到讨价还价，您是如何进行讨价还价的？

答：其实在卖房子的时候碰到讨价还价是非常正常的一个现象。比如说这套房子，你跟客户说我们是要卖100万元，但是很多客户都会问一个问题，就是能不能再便宜点？正常来说，我们一般都会有几个点的优惠，比如说有一两个点的优惠。首先我们置业顾问手上最多放0.5个点优惠，就是说在我们这一步不能多放，最多只能放0.5个点，但你会有多种选择，比如说可以分成两次放。第一次优惠放了以后，客户如果觉得你的优惠力度不够，可以再给他剩下的0.25个点。如果客户还是觉得不够，就可以说，我可以帮你去跟领导申请，但是这套房子你今天能不能定？你的定金10万块有没有带来？如果我帮你去申请这个优惠了，那你能不能把这套房子给定下来？就是要反复地问客户问题，就是要告诉他，前提是你得保证你能够定下这套房子，我才能给你去争取这个优惠，如果不能定，那就算了，毕竟他只是一般客户。但其实在问能不能便宜的时候，他是有很强的购买冲动的，但就是想再便宜点，哪怕便宜一百两百、一千两千都是好的，就是想占个便宜。如果对方说可以，你可以自己去问主管把0.5个点给要过来，一点点放，也可以直接把主管叫过来，让主管来给他释放剩下的0.5个点。就是说，这0.5个点也不会那么容易，要经过很长时间的一个谈判。因为还要问他，比如说那给你剩下的0.5个点了你的首付款能不能及时到位？我们签订好合同之后，我们三天之内是需要你付清首付款的，能不能做到？剩下的银行贷款，你一个月要放款下来能不能做到？如果能做到，好，我今天把这 0.5 个点给你。

剩下的一个点是在经理和营销总监手上，但这个点一般都不会放出来，因为对于我们来说少一点优惠，那就相当于多卖出去一点钱。所以说，剩下的点基本上只有在遇到非常非常难搞的客户的时候，才会选择性地给他一点折扣。但是这种客户基本上要让他当场定下来的，不可能说给他再考虑考虑。所以说在我们跟他们谈判时候，我们自己心里是有一个底价的，但是我们不会一下子把这个底价给亮出来。我们会一点一点地进行。首先你要让他拿出他的诚意。如果你今天都不能够定下来，那为什么要给你去申请折扣？对不对？就是他一点点退步，那我们也一点点退步，最后达到一个平衡点的时候就成交了。

问：谈判中有没有碰到过僵局（即双方互不相让），您一般是如何处理的？能否举个例子？

答：谈判中肯定是会碰到僵局的。就拿我刚才要折扣的一个例子来说好了。比如说，有时我们置业顾问和销售主管手上一个点的优惠全部放完了，可是客户还是觉得有点贵，还想要优惠。而且这时候我们会想到业绩，比如说马上到月底要清算了，这一套房子不仅对于我，对于整个案场来说也是非常重要的，但是我又不想轻易把剩下的折扣放出去，这时候就跟客户形成了一个短暂的僵持局面。这时候就需要经理和营销总监配合了。一般都是经理先过来跟客户聊：你要这个折扣也可以，但是我还是要跟你确认一下，你的资金有没有到位？你的首付款有没有问题？你的征信是不是还可以？

然后就是要把仪式感做足。比如说，我们一个点的优惠不是随随便便给的，经理会当着他的面打电话给营销总监询问这个事情。打电话时候再反复跟客户确认：钱是不是没有问题？如果折扣下来了，今天是不是一定能够定下来？反复地给他传达一个信息：只要你今天不定这个优惠肯定是没有了，只有你定了，才有可能去帮你申请，但不一定保证能申请到。要给他制造这种紧张感。再就是决定给他放折扣时候也可以弄一些有形式感、仪式感的东西。比如，经理可以说："我这边一个员工有一个点的优惠，但就是需要跟集团的人力资源部报批一下，您这边要稍等一下。"

然后就假装跟人力资源部在沟通，随便找个同事配合就可以，沟通个十几分钟，差不多就可以了，把沟通内容发给他看，让客户感觉到我们真的是在为他考虑。客户要折扣，我们就需要让他感觉自己占了便宜。但其实还是一样的，因为我们底价还是没有给他放出来。

问：您比较喜欢的是什么样的谈判对手？为什么？

答：其实作为置业顾问来说，我是比较倾向于选那些刚毕业不久的，或者说工作没有几年的谈判对手。这不是说年轻客户好忽悠，其实年轻客户懂的东西会比中年人或老年人更多。年轻客户有两个好处，一是正是因为他们看得多、懂得多，他们能够接受的东西也多，比较容易引导。另外一个就是年轻人虽然有自己的思维方式，但也正因为善于思考，所以你可以利用他这一点，用自己的一些话术慢慢引导这些客户，往你想要的方向走。

问：异性相吸引在谈判中是否发挥作用？如果是，请说明一下原因。

答：肯定是异性会更容易卖房，因为同性之间其实有一个距离感，不管是男性对男性，还是女性对女性。异性存在一个天然的异性相吸问题，就是说你跟异性可以更好地沟通。所以从成功率来说，售卖同样一套房子，在正常情况下，肯定是卖给异性成功的概率会大一些。如果遇到那种比较难缠、比较难搞的客户，这时候性别就已经不重要了，因为这跟他本身的性格有关系，但整个大环境背景之下，是卖给异性客户更加容易的，你们之间天然地会有一些亲近感。因为其实你卖房子，卖几百万元的东西，很多客户最后买下来不是因为这套房子本身，而是因为认可你这个人。说实话，同一个板块内有很多楼盘，不只有我们一个。说到底其实最后都差不多，产品差不多，价格可能也差不多，这种情况下客户为什么要买我们项目？其实是认可这个销售员，而不是说对项目有多么喜欢。房子也是一部分，但最终还是归结于信任这个销售员。异性之间天然的亲近感是可以拉近这个距离的。

问：您觉得要取得谈判的成功，最关键的是什么？为什么？

答：如果想要做好销售顾问，就要做好跟客户之间的谈判并取得成功。首先，准备工作一定要充分，也就是说，知己知彼百战不殆。对我们自己的项目一定要了解得很清楚，对于其他竞品项目也要了解得非常清楚，让客户觉得你真的是一个置业顾问，而不只是一个卖房子的。因为真正的置业顾问是能够给他一个很好的购房建议的，不仅仅是对我们自己的项目，所有的项目都可以娓娓道来，都可以站在客户的角度分析，但最后一定是慢慢地把他引导到我们项目来的。就是让客户有种感觉：我都是在为他考虑，但是比来比去，还是最适合我们这个项目。不是说其他项目不好，只是他更适合我们这个项目。

第二是一定要坚持。因为很多时候你跟客户之间的博弈，不是说一次两次就能够成功的，从最开始和客户联系上，到逐渐邀约他到售楼处来看房。有些客户从来没有跟你见过面，这时候你就需要持续邀约，因为很多客户你邀请他一次，他是不会来的，要持续邀请他到售楼处见面，给他介绍房子。这就需要你坚持回访客户。第三是接待客户的时候，要热情洋溢，因为你自己的一言一行是能够感染到客户的。

最后一个，其实也是最重要的一点，就是真诚。作为置业顾问，真诚是最重要的，只有真诚了，你才能获得客户的信任。只有设身处地地站在客户的角度替他想问题，客户才会信任这个销售员，那最后成交的概率就非常高了。

谈判经验解析

很感谢黄先生这次给我们分享自身谈判的经历和经验。通过这次访谈，我们了解到在房地产销售中，谈判对于一名置业顾问的重要性。从本案例中可以总结出以下几点经验：第一，充分掌握信息。这需要每一名置业顾问十分了解自己楼盘的各种信息，还要十分了解其他竞争者的信息，这样才能做到百战不殆。还要做好事前的许多准备工作，才能在谈判中更好地说服客户。另外，与客户谈判时要仔细聆听客户提供的信息，并将这些信息合理运用，因为这可以成为谈判成功的筹码。第二，谈判前做好心理准备，坚定信念。在和客户讨价还价时，要做好准备，不轻易给客户优惠，而是慢慢地放出自己手中的优惠，并一步步让对方坚定买房的信念。第三，将仪式感做足。在谈判中遇到僵局的时候，必要时可以寻求其他同事的帮助，制造一些假象，给对方制造紧张感，同时还要给对方做足仪式感，让对方感受到我方的真诚。第四，取得成功的关键是谈判前的准备、坚持和真诚。其中最重要的是真诚，只有真诚才能取得对方的信任，只有真诚地为对方着想，才能最大力度地说服别人接受你、认可你，这个谈判也会变得轻松简单，谈判成功的概率也就提高了。

启发思考题目

1. 如何处理客户的讨价还价？有什么谈判技巧？
2. 被访谈者指出，"要把仪式感做足"。在这里，"仪式感"具体是指什么？谈判要有仪式感吗？
3. 被访谈者认为与异性之间能更好地交流，谈判成功的概率更高，你赞同这一观点吗？

（访谈及资料整理：朱晨康、吴凌彬、夏天）

第6篇

对创业精英、个体老板的深度访谈

6.1 "之后三天我就没跟他打电话"
——对琴行负责人的深度访谈

访谈情况概要

受访人：李鹏超。
个人简介：男，27岁，河南焦作人，杭州下沙品忆琴行负责人，主管店内大小事务，主要负责招募学员、安排教习琴艺、乐器采购和销售等工作。
访谈时间：2013年11月25日。
访谈形式：面对面访谈。
访谈地点：受访人公司。

访谈内容记录

问：您好！能为我们介绍一下您的琴行吗？

答：可以可以。我从小就有的一个想法，要以我母亲的名字创办一个企业，就是无论我将来做什么，都能以我母亲的名字创办企业。后来，我遇到我这个搭档，算是巧遇吧，我们也算很有缘分的，好兄弟嘛！当时我就在想，我们两个是好兄弟、好搭档，不能这么自私地只以我自己母亲的名字来命名，是不是？所以我就问我这个搭档，"你母亲的名字叫什么？"他母亲的名字叫诗品华，我母亲的名字叫张可忆，后来就以我们双方母亲的名字来命名，就叫品忆琴行。这就是琴行名字的问题。初期的时候，这些乐器什么的都是我跑到上海等各个地方去找的客户，找的厂商。还有装修师傅，都是我亲自找的。因为大学里认识很多朋友，又通过留意和问询附近一些装修的店面，问来的装修师傅。

问：您能跟我们说说您经历过的商务谈判吗？

答：我可以给你们举一个例子，前一阵子9月份的时候我进行的一个谈判。杭州师范大学要我去赞助一个活动。他们拉一个场地在那里，帮我申请一个教室，申请一节课，我可以在那里帮他们讲吉他课什么的，时间是两个月。他们直接就问我要一节课100块钱，8节课就是800块，一个月8节课800元，两个月总共1600块钱。我心里的价位是800元，那我肯定要以低于800元的价钱跟他还价。我就以600元的价格还他，慢慢讲讲就升到800元。

像你卖个笔记本，标价是20块钱，你是一个销售者，顾客想让你给他便宜点，比如顾客的心理价位是15块钱，你肯定要报价18块钱、19块钱，顾客会自己给你磨掉的。如果你直接报15块钱卖给他，那顾客肯定还会想要更低的价格。顾客都是这个心理，知道吗？所以说你心里的价位一定要定义好，定义好以后，再去讲价还价。

我心里的价位是800块钱，我肯定会说600块钱，让他自己在我说的基础上升到800块钱。我跟他说"600"，起初他不同意，他说"最少要1000块钱，原本1600的"。我说"那不行的，这么着，700"。接着他说"900"。我说"咱俩不要讨论了，你说900，我说700，那咱就800敲定吧"。后来800块钱搞定了。赞助杭州师范大学这项活动，我最后总共赚了×××多块钱，也就是说花了800元，但获得了×××元。

问：我可以理解为在谈判价格时要报低于心理价位的价格吗？

答：嗯，对的。刚开始的时候，（作为买家）一定要按照低于你心里预期的价格谈。你不能报你的心理价位，更不能高于你的心理价位，这在谈判时是最重要的。但是你也要考虑这个市场，不是你说800元，人家就给你800元。因为这边的赞助市场普遍都是800元，所以你才能朝着这个价钱谈。你也许会问，"那你为什么不能把价格降得再低点呢？"因为我已经把这个市场普遍了解过了，赞助一个场地就是800块钱。你不可能只给600块钱，人家也已经做了很长时间，拉过很多赞助了（不会吃亏的）。所以先要了解市场、了解价格。

问：除了了解价格和市场，还要做些什么其他的准备呢？

答：首先，在谈判时要把氛围弄得好一点。比如，别人来到店里要先给人家倒点水。不过有时也要看是什么人，比如说温和亲切的人，我肯定会对他们比较客气；但是，有些人比较强势，那我也不能软。对有些人，该软的时候要软，该硬的时候要硬。比如说，他比较硬的时候，即使你内心深处很想和他谈这个单子、把生意做下来，但嘴里也要说，"那做不了了，没关系，咱们做不了"。但是有一点，你最后还要给他放一句话，就是希望还有机会再跟他谈，就说"没关系的，这个你回去好好考虑一下，如果真不行，我们还是朋友，以后还有合作机会。"不要说这个谈不成了，就完了。因为你内心深处是为了赚钱，不是为了和他赌气，所以不要直接就放出一句狠话说"那咱就不要谈了！"还是要留一点余地，让他想。

问：您当初在租房的时候，在价格上是怎么谈的？

答：这边的房子租金一年一间是38000元。我们的房子租了三间，当时和我搭档谈下来的时候是28000元，降了10000元。他们都是大人开店啊，我们小孩子，我觉得已经很不错了。这已经是最低了，房主给他亲戚朋友也是28000元，加上押金，30000元。当时谈价格的时候，他也是跟我这样说的，38000元。我就跟他说，"这个价格不行，太高了，我们是要三间的，他们都是要一间的"。我会给他讲一些租给我的好处，要让他听到好处："租给我三间，就不用一间一间地向别人收房租了，直接问我一个人要就行，少很多麻烦事。你一下子租给我了，也不用再找另外两个租客了。"然后他说"35000元"，我就没有再理他了。我心想，我等他三天，他要再不理我，我会主动找他的。其实我内心深处还是想要的，不是说真的不理他。

商务谈判 实战案例和经验解析

之后三天我就没跟他打电话，没理他。终于过了几天，他打我电话，我心里蛮开心的，但我接电话口气是"唉，老板真的，这个钱我真凑不到，你说那个价我真没有这个钱。"其实我内心深处是非常开心的。他就说"这样吧，最低28000元！"其实我心里蛮开心的，但我还是继续说"唉，25000元真不行吗？"后来才说"好吧好吧，既然你说的这个数字这么吉利那咱们就这样定吧"。但有一点要注意，如果别人一直不联系你，那你就要去联系别人了。当你再忍住不理他，等他打给你的时候，你就掌握主动权了。谈判就是这样的。我看到他租给别人的合同就是38000元的。

问：这边的房子租客很多，房子很快就会被租出去的，事先你是不是也了解这边租房的情况，做了一些准备？

答：是的，消息要灵通。我知道房子马上就要出租了，有些人不知道，如果他们知道，我再迟一点，不出一个月，房子肯定被别人租掉了。另一方面是我要抓住时机，12月31号以后房东（二房东）要去交房租，这时候他缺钱。如果他有钱，他不在乎我的，房东会觉得损失一个月无所谓，他再租高点也就赚回来了。但是我正好抓住他这个缺钱的"把柄"，就特意不给他打电话，让他主动给我打电话。但我若提前一个月，在他还不急着交房租的时候找他，他也许不会以这么低的价格租给我。

问：在谈判的过程中有没有区分对象？比如说对有些人是要建立长期合作关系的，对有些人只是追求一个短期利益？

答：这个肯定要有的，比如普通的学员能抬高价格就抬高价格，如果是在学校里的大班课，跟社团合作的，那肯定要把价格降低一点。针对大组织，有长期合作与利益的就要降低价格，能舍才有得嘛！

问：您有没有做出一些很明显的让步给顾客？这里的技巧有哪些？

答：有的。比如说卖个笛子，标价100多元，我的一个店员想留住顾客，在不知道笛子真实价格的情况下直接就打五折，结果顾客很惊讶，就感觉在欺骗他一样；第二次来的时候，我就说"打完八五折不能再少了，一分也不少"。然后他八五折就要了。就是说你一下给他便宜太多，他就会感觉你不靠谱，相反你一点一点地让步，他就会越来越有一种满足感，更容易去接受和购买它。

问：您有遇到过一口咬定一个价格不再改变还要达成目的的学员吗？您是如何处理的？

答：嗯。有个学员，他的学费是720元，他硬要把这20元给抹掉，700元成交，我就说"要不这样，我送你本书吧，这本书20元"。这样就能让他感觉赚回了20元。有的学员就是这样，他们的态度很强硬，说"你们要是不少这20元我就不学了"，而我选择送他们一本书，这本书我买的成本也就10元，他买的话15元或者20元，我送给他们，问题就解决了。双方各退一步，我们的工资保证了，他得到一本价值20元的书，僵局也算打开了，一举两得。

问：您的琴商在一开始的时候发给你们一个价格单，这都是真实的吗？不会有什么水分吗？

答：不会，都是真实的，因为他要和我们长期合作。你参观乐器馆的时候就会看到他们，他们都是一些很大的正规的乐器制造商。他们给我们的一般都是比较标准的定价。我的一些厂商，比如马可尼、达蓝，都做得非常好。

问：您的生意一般口头协议多不多？

答：这个我都是有一个具体的合同的。我的每个学员都有一个详细的单子，上面说得很清楚。这个主要还是向新东方学习的。我花了一千元去新东方学英语，结果学到一半临时有事，要去北京我姐那里参加婚礼，需要一个多月时间，当时我的卡里还有400元，我就想让新东方给我退剩下的学费，结果他们要求保留学时可以，但不退钱。所以我也就学会了这一点，你到我这里学琴，如果因为你个人原因上不了了，我可以保留课时，但不会退费。俞敏洪当初开办新东方招人的时候，起初人很少，他就在招生名单前面列了好多人，选了什么课，报什么价位的。我们也是，在卖琴的账单前面列出好多人购买C琴，价位多少，后面的顾客就会大多数选择C琴。当然我推选C琴也是因为它质量好。我的很多东西都是向新东方学习的。

问：总结一下您的谈判，您在谈判过程中的基本原则是什么？

答：第一，报价不要高出你的心理价位太多。第二，要维护双方的友谊，不论你们的生意做成还是失败，都要维护好双方的关系，买卖不成仁义在。就算别人不来你这里学琴也没关系，你们建立好关系，他还会有可能来你这里练琴，完全没必要搞得一拍两散。第三，要懂得适时地维护自己的尊严。有的人他认为自己很厉害，就故意来挑衅你，你就要适当地反击，保护自己的人格不受侵犯。最后，在谈判过程中一定保持自己的诚信，诚信不论是对做事还是对做人都非常重要，它直接决定你在别人心中的分量。

问：非常感谢！

谈判经验解析

通过此次对李总的深度访谈，我们深刻体会到以下几点对于商务谈判的成功非常重要：第一，价格是商务谈判的核心议题。对于卖方来说，刚开始的报价一定要高出心理价位，这样才有降价的空间；对于买方来说，不能直接报心理价位，更不能高于心理价位，这样也会失去讨价还价的空间。当然，报价和讨价还价都不能脱离整体的市场行情，否则对方会认为我方没有谈判的诚意。第二，谈判时要制造良好的气氛或氛围。例如，客户上门时要先给人家倒点水，请他坐下来慢慢聊。当然，也要视客户对象的不同采取不同的态度。第三，谈判中要维护好双方的关系，不论双方的生意做成还是失败，买卖不成仁义在。第四，在谈判过程中一定要注意诚信。

启发思考题目

1. 在商务谈判的开局阶段，如何制造良好的气氛？

2. 在谈判进入僵局阶段，如何制造良好的气氛？

3. 你是否认同"小胜靠智、大胜靠德才是商务谈判的最高境界"这句话？为什么？

（访谈及资料整理：范弈瑾、杨斐、王静克、郭启航、王建明）

6.2 "不能被对方给说蒙了"
——对餐饮加盟店老板的深度访谈

访谈情况概要

受访人1：F××。
个人简介：女，×××牛排馆临平分店老板，目前正在准备开第二家餐饮店。
受访人2：Y××。
个人简介：男，×××牛排馆临平分店老板，是F××的合伙人。
访谈时间：2013年5月25日。
访谈地点：受访人门店。

访谈内容记录

受访人1：F××

问：F总，您好。您这家×××牛排店是加盟店，当时加盟谈判的时候，您是主要负责人吗？

答：是的。

问：还有没有其他成员呢？

答：关于成员，还有一个股东和我一起合作的。

问：在谈判之前，您有没有做什么准备？比如说，有没有做过哪方面的调查，或者战略目标是怎么样的？

答：调查过了，当初想的是临平这边没有牛排馆，这里如果要开就是第一家。关于房子，这里北大街算是临平好一点的地段吧。综合这两个因素，决定开这家店。

问：谈判的方式是怎样的？是通过电话、网络，还是当面谈的？

答：起先是打电话过去的，细谈的时候、决定做这件事情的时候是面谈的。

问：是在什么地方面谈的？

答：是在×××的总公司，就是庆春路上的一个办公楼。后来老板带我们去了庆春店，就是总公司下设的一个店，坐下来以后品尝了一下他们的新品，边吃边谈的。

问：谈判时人员有没有什么分工？

答：基本上都是我和Y总一起去谈的，就是很平常的聚会，不是很正式的那种谈判。

问：谈判中，您有没有用到什么谈判的技巧？

答：对于我们来说，肯定是加盟价格越低越好。谈到一定程度时，陈总（对方老板）说这是全国统一价，公司内部这个价格是定死的，一直是这个价格。之后，我们自己也去做了调查，发现所有的加盟费都是20万元，所以我们也就不强求了。除了加盟费，还有3万元的保证金。后来谈合同上的事情，比如营业额的5%是管理费，或者要1%的广告费等。这些都是后来谈的。起初他们是想要拿股份的55%，但是我们没同意。

问：他们在其他的店都是拿股份的55%吗？

答：嗯，对。他有可能是看中我们这里的地段比较好。因为临平这里原来开过一家×××店，但是后来没开多久就关了。原来那家店陈总有55%的股份，还有临平这里有个老板娘，他们两个是合作的方式开的。很多店都是合作的方式。

问：原来的那家店是比较偏吧？导致没有多少人会想到去那里吃。

答：地段也还好，现在是七星天那个位置，七星天生意也还好。有可能是他后面营销没有特别认真仔细地弄吧。

问：我们先前几周写过一个商务谈判策划书，也是关于加盟方面的。我们了解到加盟谈判主要是要让自己的利益最大化。我们在访谈前也在网上了解了一下关于×××牛排店加盟方面的信息。他们政策挺多的，要求也有一些。您有没有在哪一方面给自己争取过利益？

答：就是在管理费那方面。营业额的5%是很大的一个数字。

问：后来有压低吗？

答：合同上那样写了，但没给。

问：合同上写着但没给？是以后还要给的吗？还是就不用给了？

答：说没给他。等于说是我自己管理的，他就没有拿的权利。因为他没帮我管嘛。

问：您在谈判过程中有没有碰到过僵局，就是两方互不相让的情况？

答：有。

问：是什么？

答：当初我打算这家店所有的投资都由我来投的时候，因为×××老板娘对这个地理位置实在是太喜欢了，她就一定要跟我合作，差点没有谈成。

问：后来是谁先打破僵局的？

答：是我坚持。我对他们说即使是亏了我也认，我要全额投资。后来对方拗不过我，店的所有权还是归我。

问：那个时候没有人跟你竞争吧？

答：没有。这没有竞争不竞争，因为这个房子是我先租下来的。

问：您对最后的谈判结果满意吗？

答：怎么说呢？还好吧，因为这个已经是定死在那里了。

问：在这之后您家牛排店的经营过程中还有没有需要谈判的事情？

答：谈判？举个例子，我们要搞活动，其实如果不搞活动就没有什么谈判的事情，或者说很少，但一旦有什么活动就存在谈判。例如，我们现在搞的活动需要跟××银行谈判。

问：是关于银行卡打折什么的吗？

答：是的，银行贴钱给我们，我们搞周三刷××银行卡"满100减50"的活动，这个就涉及和银行谈判。还有一个事情就是，我们最近在做团购，跟团购网也涉及一些谈判问题。这里就有很多要谈，因为这些合作方式都有扣点的问题，得把自己的利益放大到最大。

问：扣点是什么？

答：扣点就是……举个例子，这份牛排想卖48元，网上把套餐标成原价是100多元，打折降成48元。这个对外多少钱谈好以后，我跟团购网之间还存在我给它多少佣金的问题。例如，满座网、糯米网、大众点评网都要收取佣金。我现在签了3个合同，套餐价都是48元一份，但每个网站收取的利益分成是不一样的。比如这个48元一份的套餐，我给团购网的佣金是一份套餐3元，利益抽成不到10个点。但如果按他们公司规定的正常走流程，我给他们的返利就要达到10个点，一份套餐返给他们5元。这样，我就把他们的利益压缩了。

问：利益被压缩了，他们都同意吗？

答：因为我们店生意还可以吧，在他们团购网的销量一直是非常大的，我们一上线肯定是1000份、2000份起卖的，都卖得掉。所以有可能对于他们来说，我们这种客户是比较重要的，算优质客户吧，就比较容易谈得下来。

问：银行是怎么扣点的？

答：银行方面，他们在一块地域只会选择一家优质商家合作，因为他们要贴钱出来的。我们店是临平唯一一家，我们是满"100减50"，有50元是返给消费者的，这50元里面，银行承担25元，我们承担25元，这个也是跟他们谈判的结果。或者说，要参加一个（促销）活动，他们要求打五折，他们也有返点给我们的，补给我们以后是实际相当于打八五折。也就是说，其中的35%是银行给的，不用消费者给也不用我们贴。这都是促销方式，这种过程中也产生了谈判。因为这些点都可以上下浮动，都可以和对方谈。

问：你们谈判的时候，有没有什么扮红脸扮白脸之类的？

答：没有。

问：就是比较真诚地跟他们谈吗？

答：都是他们来找我谈的。甚至有的时候是他们来求我们谈的，所以他们比较被动，就没有红脸白脸之类的事情。

问：您就是坚持您自己理想的数字吗？

答：我觉得，如果差不多，我能接受的，我也不会让他们为难。我也觉得，这个价格是你们肯定可以做的。

问：就是说，有的时候也不图一次性能赚多少？

答：对团购来说，返利给消费者或者给我的顾客一些优惠政策，也不是说赚得了钱赚不了钱的问题。毕竟团购只是一种促销方式，是一种拉动人气的方式，主要目的不是为了赚钱。

问：您比较喜欢什么类型的谈判对手？也就是说比较好谈的谈判对手。

答：我觉得我还是喜欢……也不是说比较好谈的，你可以难谈，但是你得真诚。

问：也就是说，最重要的还是真诚？

答：对。

问：在平常的谈判中，有没有碰到过比较难谈的对手？

答：××团购网是比较难谈的。

问：他是一口咬定什么样的就是什么样的？

答：也不是说一口咬定。他谈的时候，一定要跟我把这个合同签下来。关于价格，他会跟我们谈他们团未来的发展趋势怎么样、多么有前景，但我始终坚持你们能做就做，不能做就算了，我也不强求。

问：会有顾客在您家店里用餐时产生不满或者和你们产生摩擦吗？

答：经常会有。

问：如果纯粹是他的错误，您怎么处理？

答：这种事情我也是遇到过的，跟我们内部是没有关系的。曾经有一个顾客喜欢没事找事，专找商家的茬，就是为了免单！他去过好多家店，因为上岛咖啡、华侨餐饮那边我们都认识其中的一些人，互通消息之后就知道这个人。他到每家店都一样，故意说你们地板滑或是怎么样。我们都告诉过他的，不要上来，他还故意自己滑一下，说要赔钱啊或者怎么样。我们实在觉得他是故意的所以也就跟他说，如果有什么损失你打消协（消费者协会），让他们评评理，这件事情究竟是怎么样的，所有顾客都在的，都看到的。就这样来处理的。

问：还有没有和他一样夸张的顾客？

答：夸张？没他这么夸张的，平时没有他这么夸张的。怎么说呢？有些时候服务员因为忙，难免有服务不周的嘛，顾客如果真的投诉，比较轻的处理方式就是打折，我们有领班主管，会去处理的。比较严重的，确实是责任在我们的，我们自己也会出面道个歉，道个歉后给他免单。

问：像您这么年轻，就在做自己想做的事情，我觉得你是很成功的。那您觉得，

商务谈判 实战案例和经验解析

要取得谈判的成功，最关键的是什么？

答：谈判的成功，我觉得第一个你要明确自己最终想达到的目的，或者最后的结果是怎么样的，你要想清楚。你每句话都是往这个目标去的。还有一点是一定要坚持，不能被对方给说蒙了。假如你现在在跟我谈判，我啪啦啪啦给你说一堆，你明明去的时候是这么想的，结果被人家忽悠以后，你就觉得好像我说的是有道理的，那个就不行了。我这个人呢，我去时候是怎么想的，最终我也是这么想的。我不会变，我会想清楚再去。

问：您觉得谈判人员应该具备哪些素质？

答：基本素质？不管是任何内容的谈判，第一个就是要真诚吧，谈判本来就是为了自己的利益最大化，这个目的基本达到就行了。

问：您觉得谈判人员比较忌讳的是什么？或者说什么样的人是不适合当谈判人员的？像我这样的？

答：害羞吧。还有，其实害羞没什么事，主要是目的不明确、优柔寡断的人比较不适合谈判。

问：对于在校大学生更好地学习"商务谈判"这门课程，您能否提出一些建议？

答：我觉得这个还是实际经验比较重要，有些东西课本上是学不来的。

受访人2：Y××

问：Y总，我了解到您这家×××牛排店是加盟店，那您是当时加盟谈判时的主要负责人吗？

答：呃，差不多，我跟F总一起去谈的。

问：就是你们两个一起去的？没有其他人？

答：对。

问：在谈判之前，您有没有做什么准备？比如说关于×××品牌的调查，还有你们的战略目标，您有没有想过？

答：我们经常去吃牛排啊，×××的牛排、豪客来的牛排我们都去品尝过。但是加盟×××最主要的原因是因为只有×××可以加盟。其实×××这个品牌的牛排属于中上的，不算是最好的。但因为只有这个唯一的选择，所以我们加入了×××。

问：好的。当时的谈判方式是怎样的？是电话、网络还是当面谈？

答：我们直接找到公司负责人——董事长。先电话联系好，电话里约好再去当面谈细节上的东西，跟他们公司董事长谈。

问：你们谈判时内部有没有分工过？

答：没有啊，就直接两个人去谈。

问：谈判中，您有没有运用到一些谈判技巧或策略？

答：应该也没有多大的技巧、策略吧。我觉得×××这个品牌好就直接跟他们去谈，问他们能不能加盟。他们觉得能加盟，看我们位置在哪里，主要就是个选址的问题，选址是比较重要的。

问：刚刚F总提到过股份的问题，开始是总公司说要55%，你们两个45%，后来是被你们完全否定了？

答：总公司是看好余杭这一块嘛！他就是想跟我们一起做，我是觉得总公司如果参与店里的管理，发展前景可能不太好，因为我觉得他们公司的管理也不见得好。

问：所以你们还是觉得自己管比较好？

答：嗯，这家店其实我们自己改了很多，除了牛排是一样的，其他的都不一样的。

问：装修一样吗？

答：装修也不一样，管理和服务也不一样，包括一些饮料、小吃等都改了。

问：我们访谈前也在网上了解了下一些关于×××牛排店加盟方面的信息，他们政策挺多，要求也有一些，您有没有在哪些方面给自己争取过利益？

答：这方面没有。因为这个公司也有自己的流程——加盟流程，我们要根据他们的加盟流程走。比如他们要求加盟费是多少，根本就不可以改变，我们也跟着政策走了。

问：在你们谈判中有没有碰到过僵局，双方互不相让的？

答：有。就是他们要入股。因为我们坚持说这是不可能的，当时他们就不想让我们加盟，他们的意思就是想自己来，这个情况就僵了。然后我们就再去争取，跟董事长再商量，因为我们当时房址已经选好了。他们看我们蛮有诚意的，后来就通过了。

问：最后的谈判结果是怎么样的？您是否满意呢？

答：行吧，还可以。

问：在这之后您家牛排店运营中，还有需要谈判的事件吗？

答：我觉得也没有什么了，运营这些方面都是我们自己在做。

问：材料采购这些呢？

答：基本上是我们自己去采购的，除了牛排的原料是公司直接供货，因为要保证我们牛排统一的口味，不能改变。其他东西几乎都是我们自己进的，这样会节省一点成本，增加我们的利润。

问：您比较喜欢的是什么样的谈判对手？如果您要去谈判，您希望对方是怎样的人？

答：最好是有诚意一点。

问：如果顾客在您家店里用餐期间有什么不满或者和你们有什么摩擦，您一般是怎么处理的呢？

答：尽量使客户满意，就是检讨我们自己错误的方面、有过失的方面、做得不好的地方，然后向客户解释一下，道歉，承认自己的错误，最后客户需要怎么样的补偿，尽量去满足他。

问：如果真的有人无理取闹，那怎么办？

答：我们也没办法，只能通过工商局、消费者协会来处理。

商务谈判 实战案例和经验解析

问：您觉得要取得谈判的成功，最关键的是什么？

答：我想应该是双方都有诚意吧。我有诚意去做这个事情，对方也有诚意，那你说这个能不能成功？对不对？因为我们谈判过很多这种加盟，接触过很多，大部分人都是很有诚意的。比如有些品牌，我跟他们联系一下，他们马上就赶过来，帮你找地方。有个做得蛮好的叫甜丫丫的，它是南京的甜品店。他们是很严谨的，营业面积多少、位置怎么样等，他们都要派专业人员到你这个地方来考察。

答（F总插话）：说到这个，我倒想起以前我们曾经还做过服装，准备加盟的是嘉耐比，孙燕姿代言的一个品牌。我们当初去开过会，东西差不多都谈好了，连房子都安置妥当了，在嘉兴那个商业中心。之后还有想过加盟什么好运来家纺、餐饮之类的，基本上杭州看得到的所有连锁店都有去看过。

答：我觉得最负责的商家就是甜丫丫，我跟甜丫丫打过电话以后，对方马上就把我们记录在案了。我们大概是三月的时候跟他们谈的，而甜丫丫五月就停止接受加盟店的申请，他们要专门走直营模式。六月我和他们谈的时候，他们就派人过来了，说我是三月就开始谈的，还是允许加盟的，所以现在来考察我选的店址，向总公司汇报相关情况。最后我找的几个地方可能不是很理想，就没开成。

问：您觉得谈判人员应该具备哪些基本素质？

答：真诚还是最重要的，还有就是头脑清晰。有些公司对加盟商有霸王条款，我们就尽量把它剔除掉。例如×××生煎就有霸王条款。×××生煎是这样的，你去加盟开店可以，但一定要按合作方式开，你出50%的钱，拿45%的股份，剩余的5%是管理费。而且他们要管理，你不得参与管理，只能监督。这就是我们当时放弃×××生煎的原因。其实我当时是很看好×××生煎的，在杭州还不错。任何一家餐饮店如果自己不去管，赚不了多少钱，漏洞很多的，特别是餐饮，隐性成本你是看不见的。

问：您觉得谈判人员比较忌讳什么？或者说您觉得什么性格的人不适合去谈判？

答：比如脾气冲动、性格暴躁，我想这样的人应该不能去跟人家谈判。

问：还有最后一个问题，对于在校大学生如何才能学好"商务谈判"这门课程，您有什么建议吗？

答：我文化水平不是很高，这个方面我不太清楚。我觉得还是要多融入社会嘛，跟有经验的生意人多沟通沟通应该会有好处，闭门造车应该是没意义的，对吧？没经验的时候，比如客人发脾气，我都不知道怎么解释，因为以前可能经常是别人来服务我们，对不对啊？现在我们去服务人家，这个角色的转变啊，是不太容易接受的。后来想想嘛，也没办法。做这个行业只能尽力去服务人家，没办法，就像我们以前被服务得不好也会发发牢骚、发发脾气。

谈判经验解析

通过对F总和Y总的访谈，了解了他们加盟×××牛排的谈判经历，让我们获益不浅，特别是对加盟谈判有了更深的了解。比如，加盟费一般都是全国统一价不是能随便还价的，所以谈判侧重点不应该在加盟费上而应该在其他细节上，从而给自己争取更多利益。又比如，在进货问题上，如果可以，尽量自己去找货源，而不是完全依赖总公司提供，这样可以降低成本。两位被访谈者对于理想的谈判对手的定义有差不多的观点，就是要真诚。他们前后也多次谈到"真诚"在谈判过程中的重要性。在平时经营中遇到顾客的不满，他们都以尊重顾客为原则，其实尊重对方也是谈判中重要的一部分。此外，通过这次访谈，我们还了解到一些经营管理知识，如F总提到的"团购扣点""银行扣点"等，Y总提到的特许方对加盟方的霸王条款等，这些都让我们耳目一新。

启发思考题目

1. 特许经营加盟谈判与通常的货物买卖谈判有什么异同？
2. 特许经营加盟谈判的主要内容有哪些？
3. 特许经营加盟谈判需要注意哪些方面的问题？

（访谈及资料整理：郭锴、陈思捷、杨玲利、吴露露、陈晓晓、杨洁）

6.3 "谈判一定是有舍有得的，要分清主次"
——对咖啡馆老板的深度访谈

访谈情况概要

受访人：吴天恩。

个人简介：杭州市江干区学源街时光小驻咖啡馆老板，同时在杭州市区经营另外两家餐厅，是年轻的大学毕业生创业者。

访谈时间：2013年11月24日。

访谈形式：面对面访谈。

访谈地点：时光小驻咖啡馆。

访谈内容记录

问：吴老板，您好！首先，能否请吴老板做个自我介绍？

答：我也是从这周围的大学毕业的，今天也是偶然的机会，有幸能够坐下来与大家交流、探讨有关谈判的技巧和经验。

问：吴老板在大学所学的专业是什么呢？

答：物流管理。

问：您觉得大学所学的专业对您现在的开店创业有哪些帮助呢？

答：物流管理专业属于管理类专业，涵盖的内容是比较多的。并且现代企业的发展也必然会涉及物流管理，原材料、人力、物流这现代企业最重要的三个成本组成部分都需要运用到管理的专业知识。对于我个人而言，大学所学的专业对开店的人员管理、物流控制、成本控制都有很大的帮助。

问：吴老板是大学期间就对创业有很大的兴趣，才会在毕业不久就选择在这里开家咖啡馆的吗？

答：可以这么说。因为自己是浙江经贸职业技术学院专科毕业的关系，起点相对本科生低，毕业后想找一份比较好的工作相对比较困难，另一方面，自己在大学时期，切身感受到适合情侣约会的地方比较少，所以我们就想要在高教东区开一家这样的店，让情侣们能够在这里听听音乐、喝喝茶、聊聊天。

问：浙江经贸职业技术学院这个学校，其实出了很多银行家之类的大人物。想请问一下吴老板，学校老师和氛围这方面是不是给了你们很大的发挥空间呢？对您的影响主要有哪些呢？

答：个人感觉学校老师和氛围并不是影响个人的最重要的因素，最重要的还是个人的诉求和心。对于我而言，因为对自家产业没有兴趣，无法对自己不感兴趣的事尽心尽力，而且就目前的个人年龄来说，没有家庭负担，可以奋力拼搏一把，所以毕业后选择和伙伴开店创业。

问：好的，我们关于老板个人的了解就先访谈到这里，接下来我们针对商务谈判的技能方面对吴老板进行访谈。首先，吴老板觉得谈判技巧对于您拿下这家店是不是有重要影响呢？

答：那肯定是的。生活中谈判无处不在，买菜也是一种谈判。对于我来说，拿下这家店有一个偶然的原因，当然也是一个必然的结果。我们双方都对这个合作有诉求。

问：您可以为我们简单地介绍一下这次的谈判吗？

答：其实我们这次的谈判是个相当简单的过程，首先我有咖啡馆的开店诉求。其次，房东也急需解决 $500m^2$ 的酒店大堂的利用问题，双方都存在这样的诉求之后，我也很直白地列出我的条件，坦诚相待。最后双方协商，在双方都可以承受的条件下进行合作。

问：吴老板在进行谈判前会做哪些前期准备呢？

答：首先，在双方都存在诉求、确定对方能够满足我要求的前提下，要货比三家，调查了解对方在市场上的口碑，选择对我最有利的商家进行谈判。

问：请问，您和对方从第一次见面到正式签约的时间大概是多久呢？

答：因为情况比较特殊，所以总共用了五天时间，进行了三次谈判。第一次，把大概的谈判范围确定下来；第二次，主要就价格和租金方面进行谈判；第三次，我们就把合同签下来了。

问：请吴老板回忆一下，你们的谈判就是在这里进行的吗？

答：是的，当时这里是杭州品江商务酒店的项目部，我联系到他们的项目负责人，把意向告诉他之后，他直接把我带到这里，针对酒店大堂的区域划分和以后的装修布置要求进行了洽谈。在把双方的损失降到最低后再接下去进行后两次的谈判，第二次主要就价格进行谈判，最后的签约还是在总公司和他们的法人代表签的。

问：对于谈判地点，吴老板是怎么考虑的呢？还是觉得谈判内容比较重要？

答：我觉得主要是双方有合作的诉求，具体的谈判地点并不是特别重要。因为我个人现在接触的谈判也都是一些比较小的项目，对于大项目不是特别了解，比如有些重要的谈判会选择高端的酒店里，要考虑到环境和排场的问题。我觉得谈判地点的选择要根据不同的谈判类型来定。

问：价格方面，对于讨价还价的技巧是怎么考虑的呢？

答：就我个人习惯而言，首先，我会先了解市场行情价格是怎么样的，在他们能够满足我诉求的情况下，考虑他们提供的服务质量、售后质量。价格方面，把自己要谈判的商家与别的商家进行对比。

问：与这家店谈判时，您把价格定在什么范围呢？您的心理价位是怎样的情况呢？

答：在这家店的价格谈判方面，品江商务酒店的态度是比较硬的，在他们提出租金后，我要结合成本和预期营业额算算他们的租金我是否能够承受得起。但是就这次的谈判而言，我们在租金价格方面并没有达成共识，我承受不起租金，所以我们改变单纯的租赁关系，变为合作方式，调整价格组合，用租金加20%～30%的营业额提成的方式来达成共识。在提成方面，重点是提成百分比的谈判，我主要是根据预测的营业额、成本推算出平衡点，得到一个自身效益及对方利益最优化的百分点。另外在装修上，因为咖啡馆是在宾馆一楼的特殊位置，所以主要的装修还是由商务酒店方面负责，自己只负责一些软装，以至于不能完全按照自身的想法布置咖啡馆。这一点也成为我谈判的一个筹码，对方也做了一定的妥协，我也得到了更多的利益，双方都退一步，使得谈判结果基本达到了双方各自的心理要求。

问：关于这次谈判，是否有出现竞争者，或者是谈判对方会用竞争者来提高价格的情况？您是怎么应对的呢？

答：在我之前，确实是有一家和他们进行谈判的，但最终也是因为租金方面不能达成共识而失败了。但我谈判的时候，宾馆方对一楼大厅的规划问题亟待解决，所以我并没有碰到太多的阻力。

问：你们在谈判中是否有出现僵持不下的局面呢？

答：我们的谈判因为租金不能达成共识而改变了合作方式，我们僵持的点出现在提成百分比的问题上。对一般餐厅来说，租金占到年收入的25%～30%是正常的水准，按这个水准我能推算出承受范围内的租金是多少，再权衡一下，推算出能给他们的最适合的营业额提成点。对于这个方面的谈判，对方对我的另外两家店的营业情况进行了解，然后我们在双方利益最大化的前提下达成了最后的一致。

问：对于饭桌谈判文化，吴老板是怎么看待的？

答：我不喜欢在饭桌上进行谈判，我觉得会影响判断。

问：吴老板，您比较喜欢怎样的谈判对手呢？

答：我个人而言，既然双方存在互惠共利的关系，我比较喜欢双方开诚布公，不喜欢拖拉、半吞半吐、不直接明了的谈判对手。在开诚布公的前提下，双方都能节约时间、加快进程，在确定大体之后就细节进行谈判。

问：吴老板认为成功谈判的关键因素是什么？

答：首先是要有双方需求的切合点；其次是要提高自己个人的素养，我认为因为个人原因导致谈崩溃是很失败的事情；最后就是双方都要有很好的信誉。

问：吴老板对于谈判有没有一些指导性的意见可以谈谈呢？

答：这个不敢说，我可能接触到的谈判会比你们多一些，但我接触的谈判都是相对小型的。我觉得谈判还是要靠经验，要不断积累经验，要留心观察对方的语言、态度、表情等细节，推断对方的想法。在抓住双方诉求、确定大体结构、敲定细节时尽可能使自己利益最大化。还有，谈判一定是有舍有得的，要分清主次，抓住主要的。最后，态度一定要端正，根据每个谈判的特殊性，做好充分的前期工作。

问：吴老板是比较喜欢专业团队的谈判还是个人谈判呢？

答：由于我对自身的规划比较清晰，个人倾向于单个或少数几个人的谈判，以防止不默契的情况。对于大型谈判，需要专业人员把关指导协助，但主心骨需要把控大局。

问：最后，吴老板对于我们这些同样学习管理的大三学生有些什么建议呢？

答：大三学生，有迷茫期是正常的，所以需要多问问自己想要什么，更了解自己的内心，要多去尝试，找到真正适合自己的路。我也尝试过不同的工作，做过商务礼品的销售，但是重要的是失败后要学会调整，告诉自己人生是很公平的，上半辈子遇到的挫折越多，下半辈子遇到的挫折就越少，会相对平坦顺利。经历是需要慢慢积累的，失败之后才会知道以后如何规避问题，年轻时多吃吃苦挺好的。每个人性格、思想、环境的不同会导致每个人的选择不同，不要总想着复制别人的成功。每个人都是独特的个体，都有自己的闪光点，所以不要感到自卑也不要觉得骄傲。山外有山、人外有人，大家都是平等的，要学会扬长避短，发挥自己的优势。

问：最后，谢谢吴老板对我们的支持，希望时光小驻能够在今后越来越好。

答：谢谢。

谈判经验解析

吴老板对我们提出的问题先从理论知识开始分析，时不时还带上一些例子，还会用自身的经历和我们细致地解说他本人对于这个问题的理解。特别是，吴老板以时光小驻这家店的店面租赁谈判为例向我们阐述了店面租赁谈判的全过程。该次谈判从初期接触开始，都是在一个比较特殊的情况下进行的，双方都是在诉求十分急切的情况下，一拍即合签下了合同。但是从这中间其实我们能看出吴老板做足了前期的调查工作，并对竞争者也有充分的了解。在吴老板看来，谈判最重要的还是实践，要不断地积累实践经验。此外，吴老板指出，谈判一定是有舍有得的，要分清主次，抓住主要的。最后吴老板还针对我们的专业特性，讲述了他的一些体会，对我们接下来的规划也有一些独特的建议。

启发思考题目

1. 租赁谈判前应该从哪些方面进行谈判准备？如何判断和评价租赁谈判的准备工作是否充分？
2. 决定租赁谈判成败的关键因素是什么？
3. 如何看待谈判中的"舍"与"得"？

（访谈及资料整理：潘天洋、汪梦潇、韦叶贝、戴鹏琳）

6.4 "你不要让客户犹犹豫豫的，要么做要么不做"
——对保险公司总经理的深度访谈

访谈情况概要

受访人：卢××。

个人简介：男，Z省××保险代理有限公司总经理。

公司背景：公司成立于2004年10月，主要经营范围：Z省行政辖区内代理销售保险产品、代理收取保险费、代理相关保险业务的损失勘查和理赔、中国保监会批准的其他业务（凭有效许可证经营）。

访谈时间：2018 年 6 月 3 日。

访谈地点：受访人办公室。

访谈内容记录

问：您在公司担任什么职位？

答：我们是 Z 省××保险代理有限公司，我在公司里面担任总经理的职位，负责公司的整体经营管理。

问：在您平时工作中，哪些方面会用到谈判？

答：用到谈判的地方多了，比如我们面对客户要谈判，对内也有谈判，也就是需要跟股东进行谈判。我们企业还有很大一部分业务在国内，也需要和政府进行谈判，比如企业怎么根据政策来争取政府的支持。

问：谈判对象基本上是什么类型？

答：从商务谈判来说，我们公司是保险代理公司，一方面要跟有客户资源的合作方谈判，另一方面跟保险公司也要进行谈判，要取得授权。

问：有没有一个印象深刻的谈判案例？

答：谈判案例很多，印象深刻的，就是我们的第一个合作伙伴，他们是一个外资公司，历史比较久远，有七八十年了。我们做保险主要是做汽车保险这方面的，它有三大品牌的特许经营权，分别是保时捷、宝马和奥迪，在国内特别是在 H 市经营得非常好。它旗下一个分公司的总经理是我以前在保险公司的一个商业伙伴，也比较熟。我们公司当时刚刚开始运营，只是有一些想法，许多东西其实还没有做到位，怎么样去取得这么大一个公司的信任，说实话，我们去谈的时候心里也没底。我们将他当朋友，围绕他需要的东西来切入。比如当时外国人开公司需要合规，合规就是要有资格，不是说随便什么人都可以卖保险。外国人还是比较看重规则的。他们如果与我们这样的公司合作就能合规。实际上"合规"这一个词涉及很多点，比如怎么样通过商业合同、法律文本，既符合国家相关部门的要求，又吻合他现有的一些特点。我们是初创公司，还不牢靠，我觉得很难抓住和这样一个大公司合作的机会。当时我已经构思好，我知道他需要什么，一是把车卖出去，二是买车的客户能回到他这里，才能进行持续的经营。通过保险这么一个好的媒介去获取客户，这一块他们也在做，但是不够稳定。我先是抓住他这个痛点，跟他谈，一局就谈下来了。当时我的观点都正确，而他有的保险摇摇摆摆不稳定，我能给他讲出一些东西来。我们是专业的，知道保险运营需要一些系统，比如核心业务管理系统，所以我从专业的角度给他做出分析，这样他就完全信任我，这是关键点。剩下其他的都比较好说，比如违约规定，要注意信息保护，等等。但是后来他提出来一个条件，来跟我商量的时候，我说了"no"。因为他这个条文是不合理的，说"no"显得自己比较专业，不能说一味听他的。在最后的合约条款中，我们本着公平的原则、实事求是的精神，有些条款还是不能漏的。即使这个公司对我们来说非常重要，我们也要有发自内心的自信。重要的是确实能够围绕着对方的需求来谈判。你不能有所隐瞒，如果你跟客户谈了半天都是一些他不需要的东西，你说得再怎么好也没用。这是我印象比较深刻的一点，这也是对我们公司来说一个比较重要的一个客户，从他们最注重的"合规"来切入，抓住他们最想要的一些东西，然后进行一些谈判。在这个过程中，我发挥了自己的一些专业优势，也得益于公司的一些实力。

问：就这么一次谈判周期会不会很长？要谈多久？

答：一个项目周期要一个月到两个月的时间。因为你先谈意向，意向大概要做一个尽职调查，可能要花半个月，要配合他们做一些审计。外国人比较讲究规则，你有没有这个实力，要通过第三方进行调查，调查以后草拟一些商务的文件，再进行谈判。

问：对，像这种比较大的谈判肯定要进行很久，要慎重。

答：现在我们温州有一个企业，前几天刚刚建立，这种我们半个月就谈好了，但其实前前后后要花一个月的时间。我们是团体对团体嘛，很多要素要进行商谈，很多细节要注意。我们现在的合作不像过去那种简单易满足，不是我卖你一个什么东西，而是很复杂，要素很多。那怎么去对接这些要素，就需要一个过程。

问：谈判有什么过程？比如一开始要了解什么？

答：了解肯定是要了解的，我们一开始采用建立目标地图的方式，考虑对方的人员安排之类的，再根据自己的要求制定一个模板，就是我们自己的目标地图。建立了之后我们会对目标客户做进一步的了解，看它的需求如何，同时也要匹配自己的能力。我们也不是无限供给，也要评估自己。万一客户给你做，你说你没有能力做这个，那不是完蛋了？如果是一些简单的要求，那我们会满足他们，如果有更深的要求那我们会看情况。其实在谈判之前要做很多准备，这是很重要的。

问：准备是书面文本多一些还是其他的多一些？

答：我们现在有一些成型的商务合作意向书，就是所谓的产品说明书。我们先用产品说明书给对方介绍一下我们的产品大致是怎样的东西、我们都有什么样的优势、能够给对方带来什么好处。实际上我们会根据对方的基础材料来给出解决方案或者计划书，如果刚开始合作得浅一点就用计划书，如果对方一开始就很配合，我们就写解决方案。基本上在解决方案中，对方已经提供了比较具体的一些数据。

问：大概是多少人出去谈判？

答：目前，比如说个别有意向的项目，我们派去一两个人，由项目经理去了解一些最基本的情况，然后分小组，一般是两个人。到后面的正式谈判，双方都有意向的时候，我们一般都是三人以上去谈，因为涉及各个部门。现在项目经理这一块还不是很专业，成熟了以后，可能项目经理两个人就可以谈好。

问：你们在谈判中会采用红白脸之类的技巧吗？

答：我们的项目实际上是价值输出，我们不做生意，我们输出的是我们的专业，不需要什么红脸白脸。技巧是一个方面，但还是以客户为中心。但是我们自己也要有底气,敢于说"no",这是很重要的,而不是什么都说"yes"。因为我们是长期合作,我们坚信自己能给别人带来好处,自信很重要。

问:谈判当中有什么礼仪要求?

答:谈判当中当然谈吐举止都要注意一点,一般来说得体就好。

问:谈判地点一般会选在哪里?

答:地点一般是在客户那边,办公室或者会议室。

问:那你们有没有出去吃饭、喝茶什么的?

答:对我们来说谈判还是要正式。饭桌只是感情联络、维护关系的,让双方有一个感情连接,比如说下次见了,我请他们吃饭,他们也可以给我们一些指导、帮助。

问:有没有什么谈判失败的经历?

答:目前来说都还可以吧。其实没有绝对的成功,也没有绝对的失败。失败的话,只能说没有达到我们的预期,有可能实际上是我们对客户的需求还不了解,或者他自己不明白自己的真正需求。一个典型的案例是有家非常大的公司,一年要卖24000台车,他们有个分管的副总,我们那天去谈,他只有一个需求,我们也满足了,很快就谈成功了。实际上我们是希望保险运营这一块也是我们来做,但他说目前先自己处理,如果做不起来再考虑我们。我看他这么坚决,我们第一目标也成功了,就算了。过几天我们和他们下面的公司对接,对接的时候就反馈说了,他们的保险运营这一块确实是自己在做,但是做得不好。当时我们了解得不够,那个副总也是刚来不久也不了解,我们对他们的一些数据没有深入分析,最终导致保险运营这一块我们没有拿下。其实没有绝对的失败,我们中国有句古话,"买卖不成仁义在",就算生意没谈成功,还是有情义在的,埋下伏笔为今后的合作发展做铺垫,只不过从时间维度来说不是今天马上就达成合作。

问:平时谈判那么多,有没有什么比较实用的技巧经验?

答:关于技巧经验,一个是要自信,自信很重要,因为我们是专业的嘛,所以你在别人面前至少要显得专业。第二就是要显得真诚。第三要注意倾听,尽量地去挖掘客户的需求。你不了解客户需求的时候就很麻烦了。去谈的时候可能对客户的需求有一定的了解,但是还没有那么清楚那么细致,在倾听的过程中就要知道客户的需求,然后在谈判的过程中再去调节。在谈判之前大家都要准备一个谈判方案,因为客户一见你,不会马上一见如故,不会马上信任你。那你只能真诚,通过一次次的交流去挖掘客户的需求。如果客户的需求你知道了,然后你提的解决方案符合他的需求,那用户就会信任你。你肯定要显得很专业,如果你什么东西都不懂那肯定是要完;如果你讲的东西是客户最想要的东西,那客户肯定信服你。有次我们有个总监去谈判,他一讲,客户眼睛都发亮了。一开始我们的店铺经理很害怕嘛,当时谈判我们有一点求客户的味道,我一直鼓励他,相信自己能给别人带来好处,然后他第二天去就显得比较强势,反而客户倒过来有点求我们。就是说,你不要让客户犹犹豫豫的,要么做,要么不做。我们是绝对可以给对方带来好处的。在这个专业上我们是远远强于对方的，我们专业强就给对方一种我能跟你合作已经给你面子的感觉，这样很快就能谈好。你底子里有料是可以由内而外体现出来的。包括你们学生也是一样的，你们真的学习了、理解了，那你肯定就自信了；你说你要是书都看不懂，怎么去跟客户谈啊？

问：关于项目预期高低方面，比如利润，会宽松一点吗？

答：关于利润这东西我们一般都是设计好的，利润点在哪里、眼前的利润点在哪里，前面我们都会涉及的。在谈的过程中，对我们的战略客户也可以让步。大家都是相互的，谈判就是这么过来的。

问：我想问一下找客户之前或平时会不会收集一些竞争对手资料？

答：会的。

问：刚才提到过合约，就是有些时候，有些行业觉得合约不是很重要，口头约定就可以了。您怎么看呢？

答：保险产品就是合约，这是没办法的，必须要有的。刚才说商务的东西，肯定还是要合约。我们公司以邮件为主，这是一种文化。我们不会只口头约定，口头讲了也会发邮件。签约比较正式。大家互相了解的阶段以邮件为主。以邮件为主相对更好，这样有个记录。

问：企业刚创建的时候不会感到处于劣势吗？

答：我们还是有自己的优势的。我们在企业起步的时候团队和资金要素是具备的，也有能力，这些前面就要设计好设想好。专利、信息技术、人脉这些方面我们也有些长处，所以一开始我们生产的要素是具备的。凭借这样一些条件，组建的时候就远远领先于一些企业了。

问：贵公司创办了多久？

答：从收购开始正好一年。

问：发展的空间很大吧？

答：发展空间目前来看不会有天花板。我们当初这样选择，就是因为在这块领域我们是独家的。

问：您觉得我们大学生到社会上去需要提前做哪些准备呢？

答：还是要学习，多学一些东西。学术上的专业的东西当然要学，这是前人的经验，是方法，另外还要开拓自己的思想，以后可以多出去看看、交流。

问：此次访谈到此结束，谢谢您的配合！

谈判经验解析

保险代理方面的商务谈判其实跟一般的价格谈判、买卖谈判是有所不同的，它更侧重于服务，是给对方带去好处的一种谈判。在这次访谈中，总经理说他对第一次谈判的印象最深刻，从中我们也学到了很多经验，主要有以下几点：第一，在谈判中，要充分认定自己的专业性，要敢于说"no"，在谈判中要使自己变得更加自信，更加有底气。第二，谈判中要切中对方的要害。跟踪调查使我方对对方更加了解，还要善于运用自己得到的数据进行分析，挖掘对方的需求，给出自己的解决方案。第三，谈判的态度要真诚。谈判最重要的是要有一颗真诚的心。双方都带有真诚的心、没有隐瞒，会使双方了解更透彻，合作更加顺利。还有一点是一句老话"买卖不成仁义在"，就是做生意不只是谈价钱、谈买卖，有时候扩宽自己的人脉也是非常重要的。第四，要有耐心，不能急于求成。另外，语言、服装得体这些也都很重要，要给对方一个好的第一印象。在生意场上，没有绝对的成功，也没有绝对的失败。或许这次谈判没有达成合作，但是拓宽了人脉，也可能下次就能达成合作意向。我们大学生在学习理论的基础上，也要学点哲学等其他知识，善于自主思考，化解矛盾，也可以提升思维创造性，将理论付诸实践。

启发思考题目

1. 如何理解"其实没有绝对的成功，也没有绝对的失败"？
2. 如何打消对方的顾虑，快速获得对方的认可？
3. 如何在谈判中展现我方的实力、展现出谈判人员的自信？

（访谈及资料整理：陈羽鸿、汤哲慧、陈柯亦、陈乐、金敏燕、方丽丹）

6.5 "找到他的需求点在哪里"
——对4S店总经理的深度访谈

访谈情况概要

受访人：H××。
个人简介：男，从事销售行业多年，有丰富的谈判经验，现任S市玛莎拉蒂4S店总经理。
访谈时间：2018年12月8日。
访谈形式：面对面访谈。
访谈地点：受访人办公室。

访谈内容记录

问：您觉得谈判技能对于您的工作（或生意）是否重要？

答：对于汽车行业来说，我们做销售其实就是扮演销售顾问的角色。什么是销售顾问？销售顾问是为了让我们与顾客有良好的沟通和交流、让客户在这么多的产品中选择我们的产品而存在的，最重要的任务就是与顾客交谈、沟通、进行一些关键的对话。尤其是像现在，互联网这么发达，客户要了解的价格是非常透明的。如果像以前我们处于比较强势的地位时，就是客户求助于我们购买商品的时候，我们不需要沟通，我们这个车很抢手，100万元他不买也得买，因为在别的地方买不到。但在竞争这么激烈的环境下，客户可以选择在杭州买也可以选择在宁波买，无非就是取决于我们和客户的关系有没有处好、给客户的解释他能不能接受、我们的交谈是否愉悦，所以谈判对于我们销售这一行业来说是非常重要的。

问：您一般涉及的是合作谈判、销售谈判、采购谈判、租赁谈判……还是什么别的谈判？

答：采购谈判涉及的比较少一点，无非就是货越精越好、越少越好。它（汽车厂）生产出来的车子，你不进货它就得放在港口，变成库存。它就希望你拿得越多越好，你拿得越多，它才能获利越多。所以说我们会在这一方面进行谈判与沟通，但是这个只占一小部分。作为销售来说，我们最主要的就是销售谈判。销售谈判也有两种：第一种是和客户谈，第二种，销售部还会和领导谈，为什么呢，销售人员给客户一个价格，他要是搞不定客户会来搞定领导，对不对？只要领导同意给他放价格，他也算成功了，至少他把这个车卖出去了。综合来讲，销售谈判是你提到的几种谈判中最重要的一个。

问：您可以总结一下这些谈判类型之间的共性吗？

答：共性无非就是在谈判过程中如何找到双方利益的共同点。和厂家谈，他希望给我们多一点，而我们想要少一点，要找一个平衡点。销售顾问和客户一样，客户买车总想便宜，销售顾问其实只是想把车卖出去。对于我们来说，其实我们只想把毛利最大化，所以要找中间的一个共同点。那我们会问销售，客户要这个价格的依据是什么，他哪里来的自信说要这个价格。客户也会说，哪些地方有这个优惠，比如在网上看到了这个，这时候销售顾问尤其重要，他要有说服顾客的能力。比如有些客户想要买便宜型的车，你这个4S店能给我这个价格，我就在你这里买，这个时候就要靠销售顾问去谈判了。怎么能把这个顾客在愿意加价情况下留在我们店里购买，这就是技巧。如果光是卖价格，那也不需要销售顾问，我找几个大学生过来介绍车子就好了，我立个牌子这个车100万元，他就没得谈，不买拉倒，何必要付这么高的薪水给销售人员呢？需要运用销售技巧的谈判至少要占销售顾问工作量的60%，后续就是一些客户的维护、服务以及他们应该做的交车等事务。

问：我们知道在一场谈判中价钱是难谈的，您如何很好地谈这一重要条件呢？

答：这需要看对客户的需求分析做得到不到位。很多客户买我们的车子，他不是刚需，不是说因为打工不容易，买一个代步车能便宜就便宜多少。比如说买10万元的大众车的人，他可能就是一个上班族，省2000块钱就是半个月的工资。但是对我们客户来说，像在S市，买100万元的车的人，他年收入至少在500万元以上，他并不差一两万。所以说你要把满足客户需求这件事做好，找到他的需求点在哪里。有些客户买这个车只是为了撑场面的，可能确实是要价格到位他才会购买。比如说像一些富二代，他纯粹就是因为这个品牌，他需要这个品牌来提升他的身价，那我们把这个品牌价值最大化给他就行了。所以谈判最重要的就是对客户的需求分析，发现客户的需求点在哪里。第二就是找准付款的人，假如使用的人是儿女，你跟他说得再好，爸妈不同意，你也没办法，所以要通过需求分析找准谁是决策人。

问：一般在谈判之前，您会做哪些准备？

答：在跟客户交谈的过程中，有一搭没一搭地聊天，找出他们买车的原因：可能他是富二代，或公司要接一些高端的客户。

问：可以举印象较深的一个成功谈判例子吗？

答：在销售这一块，有一次是这样的，那个时候我还是做销售顾问，应该是在三年前，也是差不多九十月份，有一个客户，50岁左右，开着辆奔驰S级轿车过来的。那个时候其实他已经在宝马定了台差不多100万元的车，他过来看车，说"我邻居跟我说你们这边的玛莎拉蒂只要90多万元起步就行了"，我就说"那你了解过啦"，他说他不了解，也不知道玛莎拉蒂，在他印象里玛莎拉蒂就是200多万元、300多万元的，我说"那没有，我们现在出小排量的就只要90多万元"。我问"你买车就是给你女儿的，对不对？你女儿是大学毕业吗？"他说不是，是他女儿要嫁人了。我说"我知道了，我们很多客户来买车作为嫁妆的，就是为了门面。那为什么选择宝马？"他说宝马、奔驰、奥迪差不多都是豪华品牌嘛，他觉得给女儿买一台100万元的宝马是非常合适的。我当时在想，他既然是给女儿买车，而且女儿喜欢哪个车根本就没有特别提出来，从他的角度来说，其实买什么车都一样，只要价值达到100万元就够了，他说出去的时候能说他嫁女儿用了100万元的车。然后当时我问他"为什么你的邻居和你说玛莎拉蒂90多万元你就来了？"他说是因为他定了车回去之后，他邻居问他嫁妆情况，得知他要送100万元的宝马后，邻居就说："你生意做得这么大，自己都开100万元的车，给你女儿买一台三四十万元的宝马做嫁妆，你不觉得很丢人？"他说不对啊，他买的是100万元的宝马。"问题是路上开的宝马都是三四十万元的呀，有几个人知道你这个宝马是100万元的，你做嫁妆无非是让别人看品牌。"邻居跟他这么一说，他觉得有道理，觉得宝马还是品牌力度不够。我说"这个不用担心，因为你自己都了解到玛莎拉蒂要三四百万元，恰好现在这个玛莎拉蒂只要90万元，选一台玛莎拉蒂非常合适。然后男方家也会觉得你大气，他们的邻居都会议论，某某家的老丈人真好，给女儿买了一台玛莎拉蒂作为嫁妆啊。"其实这个就是分析了他内心的需求，他只要一辆100万元的车来衬托他的身份，至于买什么车、怎么开，不是他的事情，他也就无所谓了。对那个客户分析得还是比较到位的。

问：做销售还涉及其他方面比较重要的谈判吧？

答：主要是客户的投诉问题。因为车子是一个机械品，不管是什么品牌，多多少少都会有一些质量问题，所以，尤其是面对一些投诉客户，谈判技巧是非常重要的。因为从客户的角度来说，"车子有质量问题就是你4S店的原因，因为是你卖给我车子的"；但从我们从业者来说，车子作为机械品有质量问题，我给你修好就行了，对不对？这是我应该做的，而不是满足客户一些无理的要求。所以双方就会产生矛盾。他要利益最大化，不仅要修好，还要再赔给他什么东西或者要换车退车；我们想既然他的车有质量问题，我们就帮他把车修好。这个就是双方的矛盾点。怎么跟客户沟通？首先你要认可客户，因为从客户的心里出发觉得他就是没错的，就像你自己买了个LV包一样，用了一个月发现脱胶了，你会去找人家，一个大品牌的包，脱胶了总要给我负责好，人家说"没问题我给你粘好"，你心里舒服吗？对嘛，你心里不舒服的呀。其实客户心里的想法都是一样的，比如他买了一辆100万元的车，开了两三个月发现了有一些小问题，他心里不舒服，他只能找4S店。其实不是说他一定是贪我们一点小便宜，只是他们提出来的要求恰好是我们无法满足的。比如说要求换车，我们不可能把已经开了两三个月的车子给他换成新车，如果要退车就更不可能了。当然我们可以强势一点，国家有"三包"政策，如果要退换车，按"三包"来，但是这样会导致什么？客户会找媒体，媒体宣传的话，只会说某某店卖出去的车子两三个月就坏了，商品有严重问题，这个对我们企业形象是非常不利的，因为媒体是不会考虑我们的基本诉求的，只会认为车子坏了。你说媒体偏离事实，也没有的。对做我们这一行的来说是很正常的事情——车子坏了我给修好就行了，但是如果直接这么跟客户说，客户马上就会生气。我们的客户和大众的客户不一样，我们的客户不差钱，他会找媒体、找律师，所以说针对我们这些客户，在投诉上的谈判尤为重要。我们要先认可客户，从他的心理角度出发，我们也理解客户的难处，他的想法和要求不过分，但我们要说一个"但是"。首先认同他会让他觉得我们是一条线上的。从我们店的角度出发，我们也想帮他把这个事情处理好，我们也会找我们的厂家进行沟通，因为问题不是我们人为因素造成的，我们也无法承担这个责任。我们可以帮客户和厂家沟通，这是第一点。第二点，客户的这个情况不符合国家法律规定的"三包"，到时候找律师都是没有用的，要让客户明确这一观念。也就是说，要向客户说明："第一我是帮你的，第二你这样弄也没意思，最终你还是会输的。"那我们就和他说"我们帮你和厂家沟通，有结果我们会第一时间通知你，我们再来处理这件事情。你在我们4S店买车，我们会把这一套服务做好，你可以放心。"对于客户来说，其实有时候也是为了一口气，你强硬地跟他说不行，符合"三包"再来换，马上就会把他的火气点燃。

问：面对客户投诉，你们真的要和厂家讲这件事吗？

答：有几点，第一，投诉方面主要是售后在负责，我们只是辅助安抚客户。第二，厂家有自己判定的准则，他们是不愿意进行索赔的。第三，肯定要4S店自己跟客户进行沟通，比如说我们可以修，可以出点钱送点东西给客户，当然如果厂家愿意承担是最好的。

问：在谈判之前，您会制定目标吗？

答：我们这个和其他行业可能有些不同，因为我们汽车销售主要是等客户上门看车。

问：他们会事先电话沟通之类的吗？

答：后期我们会进行电话沟通，这个涉及目前的一个销售方式。目前展厅的销售已经不能成为我们的增量了，我们销售顾问也需要与客户沟通好直接上门拜访。所以我们会先根据这个客户的特点，把客户需求点分析好，再上门和客户洽谈。上门有几点好处，一是让客户觉得自己受到尊敬，二是客户会觉得我们的服务特别好，不需要跑过来就能直接签单，三是在他的场地他会有安全感，在跟我们谈的时候，他会和我们透露一些他自己的心声。如果在展厅谈判，他会有一些戒备，因为这是我们的销售场所，说得通俗易懂一点，买方始终会把自己当成一头"猪"，就怕别人宰他，因此上门服务的谈判成功率都较高。

问：谈判地点一般定在什么地方？如何确定的？

答：大多数情况都是在我们展厅进行的，因为客户看完车，确定自己要的车以后，在洽谈区进行谈判。也有一些特殊情况，就像刚才说的客户家里、公司或者车展。

问：有没有选择在饭店进行谈判的？

答：饭店谈的不多，但是我们有些客户比较风雅，那我们一般会选择在一些茶楼，邀请客户喝茶慢慢聊。这是高端品牌。中低端品牌还没有达到这个层次，因为中低端品牌的客户一般都是打工者，不可能像老板一样想出来两个小时就慢慢聊两个小时，所以场所90%都是在展厅。

问：在谈判中经常可能会碰到讨价还价，您是如何进行讨价还价的？

答：这是100%会碰到的，没有一个客户会不讨价还价的。

问：就算是很富有的人群也会吗？

答：还是会讨价还价。有些客户觉得商场里是不能进行谈判的，其实你去一个正常的商场，你和售货员进行交流的时候，你要再便宜一点也是会有这种情况的，买卖双方都会讨价还价。没有一口价的东西的，肯定要讨价还价的。

问：你们有最大的优惠力度吗？

答：我给销售人员一个权限价格，超过这个权限价格只能通过我。我会根据这个车的实际情况、客户的需求情况来决定以什么价格卖给他。

问：您觉得商务谈判是一场心理战吗？

答：任何谈判都是心理战，客户想套我的心理价，我也想套客户的心理价。知道客户的心理价就比较好谈了，可以在他心理价周边和他谈，不满意再赠送些东西。

问：客户不一定会让您知道他心里真正的底价呀？

答：所以这就要靠交流和需求分析了呀。

问：您觉得谈判人员应该具备哪些基本素质？什么人、什么性格不适合谈判？

答：没有不适合谈判的人，只能说，任何人都适合我们去谈判，只是谈判的人有没有找准关键点和关键话题。因为客户相对来说性格也是多样的，但是成功人士有很多共性，所以我们的部门也会常常开一些战败分析及成功案例分享的会议。做高端品牌的销售就是靠积累，一是对客户资源的积累，也就是对客户心理把握的积累，需求分析是最重要的，另一个就是经验的积累。每一个客户都是不同的，和每一个客户的谈判都是一场新的心理战。

问：您比较喜欢的是什么样的谈判对手？为什么？

答：对我来说，我更喜欢和女性客户谈，不是因为我是男性，只是因为我相对来说比较感性，和女性客户有更多的共鸣。我不是汽车专业毕业的，我不会谈一些男生比较喜欢的机械理论知识，但是女孩子最喜欢我夸她。比如说，"你今天背的LV包和我们的玛莎拉蒂车非常搭"，"要不你坐在车上我给你拍几张照片发个朋友圈，问问你的朋友这个车适不适合你。"这种情况下，没有朋友会说这个车不适合、太low什么的，不可能的！客户一坐上玛莎拉蒂，朋友肯定都会说"高大上啊""买超跑啦"，肯定有很多赞美之词。因为我个人比较感性，所以女性客户的成交率会比较高。

问：买车方面不是男人更大方一点吗？

答：男人呢，他会考虑更多，因为买我们这个车的人都不会是打工的，基本上都是私营业主，开公司的、开门市部的，他一步一步自己打拼上来，很看重金钱，能优惠一点是一点。虽然他年收入500万元不在乎一万两万元，但能便宜一万是一万。他们天天也在和客户谈判，能省一点是一点，能抓回来一点是一点，所以很多男性客户很精明，尤其是自主创业的那种。

问：那面对这么强劲棘手的客户，您会怎么沟通交流？

答：自己创业的人，他赚来的每一分钱都是非常不容易的，他来谈价格，会把价格压得很低，问价格之前他是经过多方面准备的，心理底价已经十分清楚了。但对于4S店来说，我们不可能把底价全都铺给他。对我们来说产值越高越好、价格卖得越高越好，所以中间就会产生一个谈判。像现在这种寒冬行情放走一个客户多可惜，虽然这种客户就是两个字——鸡肋，不能给我产生非常大的效益，但是如果他跑了，而且跑到我竞争对手那边去了，对手是加一个，我是减一个。所以我个人认为，年龄在40岁左右的这些男性更加棘手。

问：您是否有同外国人进行谈判的经历？同外国人进行谈判是否会考虑文化差异、性格差异、行为差异？

答：外国人来买车他们都会带着中文翻译来，他们主要介意的是和国外相比车价相差比较大，因为进口税高。

问：那外国客户是由于要在中国久居而买车的吗？

答：在中国落户也不容易，他们一般都是通过公司来购买的，比如一个外国的高管，公司奖励他100万元去买车，他把支票开过来。不过这些情况很多都出现在

商务谈判 实战案例和经验解析

北上广等大城市，我们S市驻外企业很少。

问：您觉得外国人跟我们中国人买车有什么不一样？

答：他们更在乎自己喜不喜欢，就算我把车说得天花乱坠，他心里也是清楚的。我只能把我的产品优势跟他讲，怎么决定就是他的事了。有一个客户他最后没有买我家的车，但是我们现在是朋友，因为对于购买高端品牌车的人来说，换车率都是非常高的。还有一点，对于玛莎拉蒂这样的奢侈品，其实只有一个小范围的集体也就是金字塔顶端的人买得起，即所谓的有钱人，他们有自己的圈子。做销售的还是要有一些圈子里的好友，虽然可能他自己不买，但如果朋友想买，那他就会推荐朋友来这里看看。

问：谈一个您觉得比较失败的谈判经历吧？

答：有时候我们带了很多自己主观判断，会造成很大的失败。有一次因为没有做好明确的分析，主观地判断来买车的客户之间的关系，导致后面进行不下去。所以说需求分析最重要，做不好就会失败。

问：您刚才一直强调客户需求，但是在谈判中会碰到很多不愿意透露个人需求的人，他们可能就是为了套出你们的底价，并不是真正想买，这时您怎么办？

答：这种事情是经常有的。面对这种客户，如果他想要实价，可以让他下定金，只要他确定会买，定金会如数退还。一般来说，客户愿意付钱，就是真正想买我家的车子。这也就需要自身的判断能力，靠经验判断，或者通过看客户开的车和他举止言行、穿衣打扮等来判断。

问：您自己买车的时候会进行谈判吗？

答：买车只有买贵的、买错的，没有买对的，所以我自己买车前当然也会去了解一下，货比三家。市场行情始终都是在变的，比如有可能进口车在我们库里就只剩下两台，我不想卖了，我要涨价，因为顾客不在这里买其他地方就买不到。像有的品牌加价是因为它的车少，有的品牌降价是因为它的车没人喜欢，又不是宝马那些超级主流车型，只能通过降价来销售。所以讨价还价肯定是需要的，没有不讨价还价的。现在人们总想买便宜的，而我们做销售的也总想卖贵一点。

问：对于在校大学生更好地学习商务谈判这门课程，以更好地适应谈判实践需要，你可以提出一些建议吗？

答：多看看《关键对话》这本书，不管你面对是谁，说话都是门艺术。你说出口的和别人听到的可能不太一样。

谈判经验解析

通过本次访谈，我们认识到仅仅掌握在课堂上学到的知识是远远不够的，社会实践也十分重要，我们只有把理论和实践结合起来，才能理解和掌握这些技能。主要启示如下：第一，正如古话所说"隔行如隔山"，面对不同行业的商务谈判，需要做的前期准备不尽相同，但都需要一个友好的说话态度，这是谈判的基础。第二，谈判经验的积累可以为未来的谈判成功提供帮助，因此多学习借鉴成功的谈判案例、分析总结失败的谈判案例有助于提高谈判的能力。第三，谈判的性质要求谈判人员具备敏锐的思维及察言观色的应变能力，迅速捕捉并分析谈判对手透露的信息。第四，谈判就是双方的一场心理战，要弄清对手心理的谈判期望，促成"双赢"成果。第五，要找对谈判结果有决定性影响的最终决策人，判断掌握对方心理预期，这是谈判完成的关键。

启发思考题目

1. 如何在谈判中深入发掘谈判对手的需求？
2. 如何理解商务谈判中的"知己知彼，百战不殆"？
3. 碰到很难沟通的谈判对手时，如何有效调整心态？

（访谈及资料整理：李祥、阿地力、曹佳琳）

6.6 "现场、应景的幽默会让彼此之间的感觉好很多"
——对担保公司经理的深度访谈

访谈情况概要

受访人：方×。
个人简介：男，浙江杭州人，浙江世纪阳光担保有限公司经理，主管销售，并涉及外贸事务，拥有丰富的工作经验。
访谈时间：2013年5月25日。
访谈形式：面对面访谈。
访谈地点：咖啡馆。

访谈内容记录

问：您好！很高兴您能接受我们的访谈。首先，可否为我们做一下自我介绍？
答：其实一般来说，在真正的谈判桌上谈判的流程可不是这样的（不会自我介绍)。

问：应该是怎样的呢？

答：比如说，（由别人介绍）这位是翁总，这位是顾总。

问：我是汤总。

答：一般来说，相关业务员应该很早就对这个项目进行了跟进，在让本公司的顾总和对方的翁总见面之前，业务员肯定做过一部分前期工作了，就是说业务员很有可能已经认识翁总了，那在双方见面时，业务员肯定要对双方进行一下介绍，然后由业务员安排后勤。

问：一般都是由业务员来安排后勤的吗？

答：难道还要老总自己来安排吗？那这样的老总也太惨了。

问：你们一般都是在哪里进行谈判的呢？

答：那就涉及谈判的地点了。我觉得是这样，你不能主观地去判断这个客户会喜欢什么样的地方，一般都是先对客户进行一些了解。比如说，今天是两位老总对话，老总肯定会和他的秘书或者助理确认相关事宜，"翁总吃中餐还是西餐"，他们就会提供这方面的信息。对一般的谈判来说，我们肯定是在自己公司的会议室或者对方办公的地方进行谈判。当然也会有一些其他场所的活动，但那不是谈判，而是谈判之外的辅助沟通方式。谈判地点，一般来说最好还是在正式的场合。

问：是不是最终交易的确认都是在很正规的场合？

答：肯定是正规的场合，包括议价和一些相关问题的讨论，比如运费、保险等，这些都必须在一个正规的场合进行，形成一份正式的合同，才有利于大家履约。

问：当你们谈到价格的时候，会不会有一些争执，比如对方觉得你们的价格太高了，而你们却觉得对方出的价格太低了，遇到这样的情况您会怎样做来达到双方利益的平衡？

答：争执肯定是必然的，谈判的目的就是为了解决争执。就是为了让自己的利益最大化，所以我们才需要谈判。

问：就是求得双赢？

答：我记得书上说就是因为双方的利益没有达到共同的一个点，所以双方要进行谈判、协商，从而达到这个共同的点，达到双赢的局面。

问：我们就是要在谈判的过程中让这个点尽可能地靠近自己的利益？

答：对呀。如果我是卖东西的，我会让这个价格尽可能高一些；你是买东西的，那你肯定是想让价格越来越低。最后的结果往往就是谈到某一个价格区间的时候，供货方根据现在市场环境的综合评估以及公司的指导性意见，觉得这个价格是可以承受的，而顾客也觉得这个价格可以拿你的货了，这笔交易就成了。

问：我们在出价的时候，是不是要首先考虑一下对方的底线在哪里，要先考虑一下对方的承受能力？

答：你这个问题其实是谈判之前调查工作的一部分内容，一般来说，如果是在比较正式的场合谈判，首先要界定谈判的类型，这个谈判是对外的还是对内的。如果是对外的，对外的谈判一般都有一个出口可以找到的，什么叫出口呢？就是我和你谈判，谈崩了，我还可以找另外一家公司谈。

问：什么意思？

答：就是和我们谈生意的这一方不是我们内部的部门机构或个人，谈的时候谈崩了，谈不到那个共赢点，我可以撇开你，或者你撇开我，大家都可以去找另外的交易方，就是有一个出口。什么是对内呢？如果是一个公司内部的两个部门之间进行谈判，这就叫封闭性的谈判。这时谈判是没有出口的，因为你找来找去这个价格都摆在那里，没得挑。如果你是生产工厂，我这边是做销售渠道的，你工厂是不是要给我一个出厂价？比如你给我的出厂价是80元，我销售给客户的价格是100元，那你给我的出厂价能不能再低一点？这样我这个部门的效益就会更好，所以我就找你工厂方面谈。这是一个对内的谈判，对内谈判的时候往往是找不到出口的，因为找不到替代的交易方，找不到这个出口怎么办呢？只能进行很友好的商谈了，或者说请双方共同的领导来决定。一般来说我们的谈判都是对外的，能够找到出口的，那么能找到出口的谈判要注意一些什么呢？要分清自己是甲方还是乙方，因为甲方和乙方是不一样的，这就是谈判时候该做的准备。

问：是不是哪一方是主动的，哪一方就是甲方？

答：甲方就是我们俗话说的"牛哄哄"的那些人，就是被人求的那一方。

问：就是哪一方需求比较迫切哪一方就是乙方？

答：对，有需求的一方是乙方。也不一定我有东西卖给你的时候，你就是甲方我就是乙方，还得看你的需求性。我们举个例子，汽油供不应求的时候，所有汽车都在马路上排队加油，这个时候加油站肯定就是甲方。假如说国际油价下跌，这个时候大家家里所有车子都已经加满油了，还求你干什么？但是油厂里每个月卖多少油都是要达到指标的，这个时候就是卖油的去求客人了，这些情况都是可能的。在调查谈判方的情况时，我们一方面要了解对方的爱好、兴趣点，另一方面要了解它公司的背景、实力，还有就是他在和我们谈判前是否与行业内的其他公司接触过，接触的过程中有没有谈及相关价格等。这些都有助于我们判断自己在谈判中的地位。

问：这类价格信息你们能拿到吗？

答：不一定能拿到。从理论上来说，我们所了解的东西越多，根据这些东西进行一些参考和对比，那么谈判的时候我们的成功率会越高。但有的时候，这些信息还是不知道的好。

问：这是为什么呢？

答：因为你知道的一些信息可能是假的。

问：就是对方故意放出来的那种信息吗？

答：对。有可能是对方故意放出来的一个价格，这不是他真正的底价。这个时候你根据获取的这些假信息去进行谈判会自乱阵脚，报出来的价格就会被对方牵着鼻子走。还有一种情况就是大家以投标的方式去竞标，甲方会把一个假的标底透露出来，那你投标的时候这个信息就会影响你的判断。本来你出的价格是最接近的，但是被他们的标底影响之后，你很可能就会竞标失败。

问：从另一个方面来说就是信息收集得不够完全咯？

答：就是你做了背景调查，但是你调查得到的信息是不正确的。

问：您如何去判断你的调查是不是正确的？

答：这个我觉得没有一个可以量化的指标去评价它。一般来说，你调查的东西正不正确、有没有价值，你肯定有一个自己的判断："我从哪里得到的信息？""为什么我可以从这个地方拿到信息？""凭什么他把这个信息告诉我？"这些问题都有助于我们判断信息的真实性。凡事多想想，自己的判断就会更准确一些。

问：嗯，对。还有一个问题，一般安排多少人去参加一次谈判比较合适？

答：不一定，有时候两个，有时候三个，甚至十多个，都有可能。

问：有十多个的时候？

答：十多个！就是我们带样品去，有些人需要负责样品的解释或者其他事务。因为我们是做服装的，所以也可能带着设计师去讲解这件衣服为什么这样做，把我们的理念讲给他听。

问：这个设计师也算是谈判人员咯？

答：这个不算是谈判人员，但是他/她是这次谈判不可或缺的人。

问：会不会提前确定好主谈、辅谈这样的角色？

答：那肯定的，会有一个主导的人。

问：基本上是谁先开口？是主谈一上来就说，还是辅谈先去探探口风？

答：这个没有成文的规定，一般就是看团队的默契和配合。

问：你们最先开口的一般是谁啊？

答：我们去谈判的时候好像都是我先开口的。

问：这个是为什么呢？

答：我比较喜欢说。

问：原来是这样的。那要不和我分享一个成功的谈判经历吧，就是印象深刻、让您觉得很有成就感的一次。

答：好像没有。

问：不行，您一定要说一个。

答：必须要有啊？这个可以没有啊。

问：有成功过吗？您肯定成功过的呀！那现在您就稍微谈一下例子吧。

答：我到现在都还没有成功过。

问：真的？那是不可能的。六年啊！这么多单生意，您要拿提成的话肯定要把它们谈成的啊。

答：简单说一句啊，小汤，我刚才为什么要和你开玩笑？这其实是谈判中经常会用到的一种技巧，就是当谈判陷入一个僵局或者说两个人谈得不愉快的时候，你就可以用一个小的幽默，而且这个幽默必须契合现场的状况。现场、应景的幽默会让彼此之间的感觉好很多。有时候往往会因为这么一个笑话给你带来很好的商机。还有就是谈判进行了很长时间，大家都很疲劳了，这是一种高度的紧张。当你觉得这个时机可以讲一个笑话的时候，其实是对你自己的一种放松。说实话，在谈判的时候我很紧张，因为我很在意这个生意，但我觉得对方有可能给我的公司做，也可能给别的公司做。谈判的时候如果我太紧张，那么我会犯更多的错误，所以这个时候我的一个小幽默能让大家都很释怀地笑一笑，让自己放松一下，也颇有裨益。当然如果对方也放松了，那么对方就有可能松口了，这就有助于我们达到谈判的目的。

问：应该什么时候插话？

答：这要看具体情况来定。

问：就是说您经历多了以后就会知道什么时候可以插话了，是吧？

答：对，就像我刚才说的，你在谈很重要的一个点的时候，比如谈价格，你突然去说我昨天看了一个小品很好笑，这显然是不合适的。还有种可能性就是谈价格谈得气氛很紧张的时候，你觉得这个价格他应该会接受，但是他还是故意把价格推来推去的时候，我觉得你这个时候可以讲一个笑话，让这个结果就这么定下来了。

问：噢，就是他默认了就直接敲定是吧？

答：对。比如有一次我去谈价格的时候，我们有一批不是一等品的服装，有点小问题，囤积了很久了。我要卖给他，对方也不是正规的公司，我就想把衣服处理掉算了，我让他出价，全部点件数打包算给他好了，价格可以有个百分比的浮动。他在和我们谈的时候，我记得我当时开的价格是1.5万元，就是这一堆全部让他拿去。他觉得太高了，他之前也毛估过了，他出价是9000元，那离我的预期差太多了。刚好我的助理也在，对方是一个人来的，我助理就对他说这个是不行的。那么这时候我助理唱的就是……

问：红脸吧？

答：红脸。

问：是比较温和的一方吗？

答：对，他是红脸我是白脸，我就是咬定要1.5万元这个价，说他那个价格不可能。不可能的意思就是价格还有往上加的余地，结果一直加，最后加到1.3万元。我说："这样好了，一人退一步，我不加了你也不要减了，13500元，怎么样？"我从他当时的下意识动作和神态看出他对13500元还是能接受的。但是他又开始说这个衣服这个价格要赔的怎么怎么样。然后我就说："你不要再说了，我请你吃中饭，就这样成交了。"他也没说什么，吃个饭这笔生意就定下来了。像这种时候你说一个笑话是可以的，但是当我和你在谈这个布料多少钱一米的时候，你要是讲"成交"的话……

问：那不可能的。

答：对，前面那个"成交"给对方一个什么感觉呢？就是我们在开庆功宴了。而后面一个"成交"完全就是在捣乱嘛。一个完全不懂谈判的人，或者完全不尊重我的人在和我谈，那我就不会继续和他谈下去了。像我刚才讲的这些已经把下面的问题都包含进去了，像讨价还价、红脸白脸、出现僵局。

问：您是做服装出口的，那和国内的人做生意与和国外的人做生意有什么区别吗？相比国外的人，国内的人会不会更计较价格、谈判更加不易一些？

答：反倒是国外的人更加计较价格。其实我很佩服外国人的这一点，就是他们工作非常严谨，能注意到非常小的细节。比如说三件产品，款式一样，但型号不同，他们就会给你确定每个型号分别是多少钱。

而且外国人对合同的要求会高一些，法律意识会强很多。所以我们一般和外国人谈判时，除了带翻译，还会带法务。其实他们自己也会带，到时候会比对合同的条款、条约是否符合法律。而有的国内的商人有时对合同文本就不是那么在意，不会仔细去看。

问：那么他这么签合同会不会对公司利益有一些损害？本来公司说不定可以争取更高的利益。

答：这可以说明他对我充分信任，我们已经建立了友谊。已经是朋友了，他会觉得我还会骗他吗？

有的人就是通常所说的死要面子活受罪，他已经和你谈好了，但又担心你会在合同上动手脚，可是又碍于刚吃过饭，聊得又不错，也就不好意思再核对合同了。

问：这样签过合约会不会后续问题会比较多？

答：对，会产生很多的后续问题。所以我个人比较欣赏工作归工作、谈完工作再谈朋友的做法。

问：和外国人谈判需要注意什么？就是严谨吗？

答：外国人其实很看重礼仪，你必须谨防一些可能让对方感觉受到侮辱的行为。所以我们事先要调查对方是否有一些特定的民族风俗，比如饮食方面。

问：这种问题是您手下去处理还是您自己去做呢？

答：这种问题一般都是我来提出的。我们谈判前，都会内部开个会，我都会自己提出。其实我们大家共同工作很多年了，团队磨合很久了，大家都会注意这些问题。

问：那么您最不喜欢跟什么样的人谈判呢？

答：其实我最不喜欢的谈判对象就是自己的朋友或是亲戚。一个是不好讲价，还有一个就是有可能你已经做出了让步，但对方还是觉得你应该让步更多。还有一种情况就是对方也可能会觉得：其实我可以去和其他公司做生意，用更实惠的价格拿到，但因为你是我亲戚朋友，我们有交情，所以我把这笔生意给你。但对我们公司来说，这真的已经是我的最低价了。每个公司的运营成本不一样，每个公司拿货的途径和质量也是不一样的。他感觉多出了钱，而我们实际又没赚到钱，这是一种双输的局面。所以这样对谈判的双方都是不利的。我最不喜欢的就是这种类型的客户。

问：您觉得谈判人员应该具备什么能力？什么样的人不适合谈判？

答：我觉得谈判人员应该要能控制情绪。控制自己的情绪，最好也能控制住对方的情绪。有时候你越着急，越要表现得淡定，不能让对方发现。而控制对方的情绪也是谈判成功很重要的一个因素。此外我觉得谈判人员自身也应有丰富的知识储备，因为我们遇到的谈判对方可能是不同层次的人。比如有的老总是走街串户成长起来的，和三教九流的人都接触过，他只注重双方的出价，他有没有钱赚、能赚多少；而有的老总是知识型的，如果你们有共同点，就能够拉近你们的关系，使得谈判变得相对容易。另外扭扭捏捏的人不适合谈判，很容易把谈判搞砸。

问：对于在校大学生更好地学习"商务谈判"这门课程，以更好地满足谈判实践需要，您能否给一些建议？

答：其实商务谈判最重要的还是实践，一定要有很多的模拟。一般来说，课堂时间有限，不能让每个人都模拟。这个时候，你就要主动积极地上去实践，就算出笑话了，你也能学到很多东西。失败了一次，下次你就肯定不会再犯同样的错误了。我个人觉得大学生可以找些兼职来做，但是这个兼职也是需要经过一定的挑选的，比如在奶茶店打工，你最好选择那些连锁的奶茶店，打工的同时你可以学习一下经营连锁店的知识。

问：好的，非常感谢您能在百忙之中接受我们这一次的访谈。

答：嗯。这也是我的荣幸。

访谈心得感悟

通过与方先生的访谈，我们获得了很多商务谈判的实战经验和技巧，特别是深刻地体会到以下几点对于商务谈判的成功非常重要：①在谈判前期，要收集各方面的信息并进行深加工，充分了解对方公司的背景和主要谈判人员的喜好。②要组织一个配合默契的谈判团队去参与谈判。③谈判中要注重礼仪，尊重对方，并在适当的时机幽默一下，以缓解谈判的氛围，使自己放松。④谈判中要学会控制自己的情绪，最好还能控制对方的情绪。⑤谈判要以自己公司的利益最大化为核心原则，当然也要考虑对方的利益，尽量实现双赢。⑥谈判失败了也不能气馁，牢记做生意失败乃是常事，要从中汲取教训。买卖不成仁义在，要与对方保持良好的关系，不能只着眼于当下的利益。当然，从这次访谈中，我们的最大感触就是商务谈判技能是一次又一次的实践练就的。

启发思考题目

1. 谈判现场中的"幽默"是否有助于谈判的成功？是否会带来风险？

2. 商务谈判人员如何提高现场、应景式幽默运用的能力？

3. 企业派出一个谈判小组去参加商务谈判时，小组成员之间是否需要分工和配合？如何实现有效的分工和配合？

（访谈及资料整理：汤烨斐、顾丹红、翁雯丽、王建明）

6.7 "用命令的语气和对方说话，这非常不好"
——对社团组织成员的深度访谈

访谈情况概要

受访人：詹鹤飞。

个人简介：女，21岁，浙江杭州人，AIESEC（国际经济学商学学生联合会）组织的会员，负责 Match Communication Manage（匹配沟通管理），同时她也是浙江财经大学学校辩论队的副部长。

访谈时间：2013年5月2日。

访谈形式：面对面访谈。

访谈地点：某奶茶吧。

访谈内容记录

问：飞飞姐你好！

答：你好，小娄旭！

问：事先也和你讲了一下我们今天要做的访谈话题，也梳理了一下你的谈判经历，我们今天就来聊一下这个话题。虽然我对飞飞姐比较了解，但是今天还是要比较正式地问一下飞飞姐有参加哪些社团，包括在班级中有哪些职务？

答：主要的职务，一个是校外的，我参加了浙江大学的一个组织 AIESEC；另外一个是校内的，我是学校辩论队的副部长，班里面是生活委员。

问：生活委员是经常要和钱打交道吧？

答：没错。

问：应该会有很多涉及谈判的内容吧。

答：嗯，是的。

问：我们先从 AIESEC 讲起吧，飞飞姐能不能在这里给我们介绍一下 AIESEC 是什么样的一个组织？

答：AIESEC 的全称是 Association Internationale des Etudiants en Sciences Economiques et Commerciales（国际经济学商学学生联合会），是一个世界性的学生组织。我们浙江只有两所大学有这个组织：一个是宁波诺丁汉大学，另一个是浙江大学，于是我跑到浙江大学去参与这个组织。我们的主要项目是组织海外志愿者、海外实习生活动。你一听就知道这是把我们中国大学生派到国外去做志愿者或是实习生。

问：飞飞姐在这个团队中起的作用或者说职务是什么？

答：我负责的是 Match Communication Manage（匹配沟通管理）。

问：可以给我们解释一下吗？

答：我们要把中国的志愿者送到海外去，要和国外的 AIESEC 打交道，要给他们面试。我们把这个过程称为 Match（匹配）。

问：就是匹配。

答：对，匹配。我们就负责帮助志愿者完善简历，给他们面试方面的指导，和国外的那些 AIESEC 进行沟通，让他们成功找到适合的项目。

问：加入 AIESEC 团队起的作用有时候就像中介一样，我觉得这个工作在整个活动中还是比较重要的。我想问一下，因为我们今天的主题是谈判嘛，你在这个相对核心的团队当中参与的让你印象比较深刻的谈判应该是哪一场？

答：要说印象比较深的一场应该是最近的一次，就是寒假的这次。你知道有我们中国的志愿者到海外去，那么也有相应的海外志愿者到中国来做项目。我们寒假就组织了这么一个去宁波支教的活动。当时谈判是和一所中学的校长、老师进行的。

问：这是一所怎么样的中学？是高中还是初中？

答：这是一所民办初中——阳明中学，当地孩子们的英语水平都比较不错。我们和校长之前沟通过，他也希望能够激发学生学习英语的兴趣。因为学生的英语水平还可以，所以他们也能接受这种全外教的英文环境，所以我们就和他达成了一个初步的意向。

问：你们选择这所初中很大一部分原因是，你们这个志愿者协会里进行支教的人员是外教？

答：对。

问：其次是他们学生的英语水平不错，所以你们觉得双向都比较好。

答：没错。我们之前有在另外学校上过课，但他们的水平就要相对差一些。不过他们胜在上课非常热情，就是上课氛围非常好。虽然听得不是很懂，但他们的反应非常好，所以说效果也不错。

问：这整个项目中的学生都是自愿参与吗？

答：没错，学生报名都是自愿的。

问：你们在这个谈判的过程中具体商讨了哪些内容？或者说最主要的谈判内容是什么？

答：最主要的内容有三个：第一个是关于那些志愿者来上课的主题与内容；第二个是学校的教学设施能不能提供给我们，比如PPT这种多媒体设备能不能提供给我们；第三个是我们的食宿问题校方能不能解决。

问：所以这次主要是涉及三个议题，第一是上课内容，第二是设备，第三是食宿。

答：嗯，对。

问：你们在商谈这些细节的时候有没有什么分歧、矛盾？

答：应该说还是有很多的问题，比如说我们的食宿问题。因为我们的志愿者中有三名因为宗教信仰对饮食有特殊要求，我们为这个问题僵持了一会儿，但后来也得到了很好的解决。

问：解决方法是什么呢？

答：当时我们就和校长说好，我们的早饭和晚饭都不在学校吃。中餐因为是和学生一起就餐，学校就专门为我们开一个小灶，给我们烧一些没有猪油的菜。

问：在你们双方都达成这个统一意见或者说一个协议的过程中，你们做了哪些努力？因为是谈判，你们有哪些东西让他们觉得这样做是值得的？

答：一是向校方介绍了我们外国志愿者的信息，这些外国志愿者都是经过精挑细选的，都非常优秀，比如说他们每个人平均都掌握了三门以上的外语。

问：那是非常优秀！

答：是的，他们基本上都是这水平。乐器呢，基本上每个人都会两样。这些对那些学生还有老师也是一个很大的吸引力。

问：嗯，是的。

答：校长希望我们能给那些孩子一个不一样的感性认识，使他们能够因此为自己设定一个不一样的人生目标。因为现在的很多孩子都太死板太僵化，不懂自己真正要追求什么，好像学习唯一的目的就是考大学，这次也希望给他们展现一下大学的生活可以如此丰富多彩。

问：也就是当时校长言语间流露出了这种强烈的意愿，而你们抓住了这一点并尽可能地去展现你们的长处。

答：没错。

问：因为你刚刚讲到了三个议题，你们在交谈的过程中，有没有涉及一些其他的小细节，比如上课上多长时间、开几个班、一个班有多少人、一天上几节课等，这些问题你们是怎么进行洽谈的？

答：这些实际上我们在去学校和校长商量之前就已经用邮件提前向校方提到过，在出发前我们就已经和校方确认好之后要商讨的问题，在到了那所学校之后再把问题展开来一个一个地谈。

问：你们在谈判这些细节的时候有没有出现过什么分歧？比如说校长认为你们

上课的时间太长或太短，所以无法接受。

答：嗯，这个方面的分歧是有的。因为当时是寒假，有很多同学会回家过年。

问：是今年寒假吗？

答：对，是的，是今年寒假，我们本来打算初七就开课的，上七天的课。但是因为校方还有另外的补习班要让孩子们参加，所以我们这边也跟着调整了一下时间。当然我们这个时间的调整也同样和志愿者进行了沟通，因为这些志愿者在结束了这边的支教之后要马上订机票去其他地方、回国或者去其他地方玩，所以这个时间也是需要提前通知他们的。

问：所以在这个问题上做出更大让步的是你们？

答：是的。

问：刚刚讲到了两个问题，一个是食宿的问题，另一个是时间的问题，你们双方其实都做了让步？

答：是的，没错。

问：最后定下来的时间是什么时候？

答：最后定下来正月初八开始上课，一共是6天，到正月十四，这样学生中间也可以休息一天。

问：在最后有没有商议到教多少个小孩子？或者说一个外教带几个小孩子？

答：嗯，这个我们有商议到。其实这个后来也出现了一些小纰漏。因为当时我们已经想好了约8个志愿者，但摩洛哥的志愿者最后因为签证的问题没有能够过来，就变成了7个志愿者。不过这个是在谈判之后发生的，所以说是出了些小问题。因为我们在谈判的时候定的是8个志愿者嘛，也希望能够小班教学，人不要太多，所以我们定了每个班25个人左右。

问：是一个志愿者带25个学生吗？

答：是的。

问：是每个志愿者教不同的课程、不同的语言吗？

答：全部都是英语，但是也可以教自己国家的语言，可以涉及这样一节课，课时比较少，主要是教英语。

问：我刚刚非常好奇，因为你们出了突发事故，这也是你们没有预料到的，事件是发生在谈判结束之后，校长有没有表示不能接受？

答：哦，这个没有。校长非常好，我们和校长说这位摩洛哥的志愿者来不了之后，校长就说没什么大关系，7个也可以。

问：我觉得这位校长真的非常开明，这其实也给你们带来了很大的便利吧？

答：嗯，没错。哦，对了，校长说外国人的思想观念和我们不一样，希望外国朋友们在学校里面能够稍微注意一下行为举止，就是不要太过亲密，给小孩子造成"不好的影响"。

问：是指男女之间吗？

答：对。因为外国志愿者不会在意这些搂搂抱抱，会觉得很正常，校长希望外

商务谈判 实战案例和经验解析

国友人能够注意一点，尽量不要这样。

问：嗯，可以说这是一种文化差异造成的吧。这点你们是很乐意接受的咯？

答：其实也还好。因为我们毕竟是要向他们展现外国的文化，只要不太出格大家都能理解。比较普通地抱一下都是可以的，包括在后来上课的时候，我们波兰的一个姑娘教了大家一个波兰的吻手礼，就是男生见到女生要亲一下手背，大家都觉得非常有意思。

问：哦，实际上我觉得你们在整个谈判的过程中都有互相包容，尽可能地理解对方。

答：是的。

问：刚刚讲到了人数的问题，外国一共是7个志愿者，你们在谈判过程中双方达成的一致意见是中国的志愿者应该有多少个？

答：我们商量好中国志愿者去11个。因为后来变成7个班了嘛，所以后来每个班会有一个中国志愿者作为Tutor（导师），就有点类似于班主任的职位。

问：嗯，导师。

答：是的，他在哪个班是固定不动的，6天都带同一个班。但是外国志愿者是轮着来，每天都换教学的班级，这样能让孩子们体验不一样的文化与感觉。

问：不是有11个中方志愿者吗？

答：因为我们每天除了上课还要安排大型活动，他们有两个人是专门筹备物资与组织这些大型活动的，还有两个是上课的时候过来拍照的，做一些档案的留存，负责管理网络宣传，发些照片等。

问：你们在与校长进行谈判的过程中是不是也已经讲到了分工的问题？

答：嗯，是的。校长也希望我们中国志愿者能够出一个代表及时地传递信息给他们，同时也特别希望能够有一位外国志愿者代表和他们多沟通沟通。

问：我很好奇的是你们总共是11加7也就是18位志愿者吧？你们去与校长谈判的时候一共去了多少人？

答：去了3个人。

问：都是女生吗？

答：对，都是女生。

问：这3个女生全是中国的还是有外国的？

答：全是中国的。

问：我很好奇，因为很多书上会讲到一个红脸白脸的问题，你们在谈判的过程中有没有运用这样的小技巧，就是一个唱白脸一个唱红脸？

答：因为我们这次没有涉及太多的利益问题，更多的是互相帮助，希望给志愿者还有这些小孩子们一个平台、一个机会，所以没有用这种技巧，但是我们对每个人具体讲什么做了很详细的分工。

问：也就是说你们在与校长进行谈判的过程中更多的是进行介绍，让对方接受你们这个项目，是吗？

第 6 篇
对创业精英、个体老板的深度访谈

答：对，没错。

问：所以你们这次谈判的目的就是希望能够推广你们这个项目，让双方都能接受这个活动？

答：对，没错。

问：刚刚有讲到你们前期做了非常充分的准备工作，已经与校长进行了多次邮件交流，我就很好奇你们是怎样获得校长的邮箱这种信息的？

答：因为我们当初要筛选学校，考虑到寒假，不可能在这么短的时间内走太远，所以我们基本在省内的学校里选，所以我们就从网上找到了各个学校的校长电话，然后一个一个地打电话。

问：你们是用电话联系的方式确认对方有没有这个意向的？

答：是的。

问：你们在电话中就已经进行了第一次简短的交流了吧？

答：没错。

问：我现在非常好奇你们在电话中谈了什么？也是向对方进行非常冗长的介绍然后进行初步的洽谈么？

答：因为我们这个项目是挂在浙江大学名下的，所以我们当时与学校谈判的时候就是以浙江大学的名义去谈的。大家对浙江大学的这个牌子非常信服，所以很快就相信了我们，也向我们表示了兴趣。同时，因为这个活动我们也已经举办了很多年，也具有非常完备的信息资料，所以我们就和校长说，希望他们能够先看一下我们历届的情况、资料，包括以前的一些照片、课程，我们就把这些资料全部都发到了校长的邮箱里。那校长看了以后觉得不错，所以随后与他们学校的老师商量了一下，确定了具体的时间让我们过去进行商讨。

问：我能冒昧地问一下吗？你们在最初筛选的时候锁定了多少学校？

答：锁定了很多所学校。

问：哦，我的意思是成功的只有一所吗？

答：两所。另外一所学校是宁波慈溪的。

问：哦，同样也是宁波的。所以你们这次最后是进行了两次支教项目？

答：对。

问：你们在进行商讨的过程中，你刚刚有讲到，如果对方学校有足够的兴趣，他们会派老师过来，我很好奇这个过程。老师过来，你们进行了哪些交流和谈判？

答：学校没有派老师过来，这个可能有点误会。老师并没有到浙江大学来，只是他们派老师在学校里面和我们讨论。比如说校长安排教务处主任和几个英语老师组成一个小团队与我们谈这件事。

问：这意味着这个学校接受这个项目了？

答：对，前期顺利的话，这个项目就已经展开了。然后我们就去学校和他们详谈了。

问：依然是你们到那个学校和老师去沟通？

答：嗯。

问：那么，在商讨过程中，你们有没有碰到一些问题啊？

答：就是刚才讲的那些问题，但是我们去之前就已经做好了项目可能会失败的心理准备。我们是做好心理准备去的，万一谈不拢，这个项目就要放弃。

问：我觉得你们好厉害啊！我把项目的整条线梳理一下，实际上就是前期你们准备了各种资料，包括历年来你们举办这项活动的成果，之后是筛选了一些学校。接着就是先通过电话与校方洽谈，再赶到学校和校长或老师商讨相关细节，最后定下来。我觉得整个过程其实还是蛮复杂的，你们大概总共经历了多长时间？

答：其实前期找学校还是花了很长时间的。

问：就是筛选学校？

答：对，筛选学校的时间很久，我们要一个个打电话，大概我们是1月份去谈判的，上一年的11月份就开始准备了。

问：就是整整准备了两个月，包括你们前期整个活动的策划和资料的整理以及筛选、选定学校的时间？

答：到最后谈判整整两个月。

问：你们前期准备的过程中，是你们AIESEC整个团队都有参与，还是只有你们11个中国志愿者来做？

答：是这样的，我们团队下面分很多部门，比如送中国志愿者出境的是出境交流部。负责我们这个项目的，叫入境交流部，所以组织这个活动任务主要也是由入境交流部的人负责。但如果你想参加这个活动，你也可以报名。

问：所以这个项目还是蛮复杂的，除了外国志愿者无法入境这种突发状况，你们还遇到过其他突发事件吗？我很好奇你们在大型活动中发生过什么？

答：大型活动中……其实因为都是初中生，你也知道现在的初中生都比较成熟了，活动总体上进行得比较顺利，顶多就是因为是在体育馆里面，人比较多，嘈杂了一点。

问：哦，所以说双方都还是比较配合的？

答：对。

问：我听了这个以后对AIESEC十分向往，和校长谈判是多么神奇的一幕！

答：我当天晚上回来以后马上在网上发了一条信息："第一次和校长面对面地叫板谈判！"

问：哦，那个校长年纪大吗？

答：年纪还蛮大的。

问：哦，好神奇啊，好想去啊！刚才飞飞姐也讲了你还有其他一些职务，比如生活委员。我想问一下，这个职务有没有涉及与班级有关的谈判？

答：这个讲谈判有些高端了，其实就是砍价吧。

问：砍价也是谈判啦！

答：其实生活委员嘛，组织班级聚餐的时候就会和商店老板进行谈判。

问：最近一次聚餐是什么时候？

答：最近的一次是去吃火锅，大家一起。

问：就是组织全班一起去吃火锅，地点是在学校附近？

答：对。

问：时间呢？周末吗？

答：是的。

问：你们是怎么想到要去吃火锅的？

答：因为当时是冬天嘛，天气比较冷，吃火锅比较有气氛。

问：哦，你们有没有在前期选商家时考虑到性价比什么的？

答：有的。第一个是价格问题，不能太贵，我们定最高是人均50元。第二个是位置，一定要够大，要让大家都能有座位。当时加上新转进来的同学，一共有50来个人，去聚餐的也有40多人，位置必须要足够。第三个就是菜，因为有的同学有饮食禁忌，于是我们在定位子的时候特别交代了火锅店的老板。

问：你们在找到商家后进行了哪些交谈？

答：一个是关于价钱，还有一个是特殊要求的问题，这个真的十分复杂。寒假的交流项目也是。

问：很多事是文化上的一种差异导致的。砍价肯定是整个里面最重要的一个吧？性价比你们希望是要高的，你们一进去就和商家谈了价格问题吗？你们最高价是多少？

答：最开始，我们去之前在网上查了一下这家店的人均消费，其实它是一个自助火锅店，明码标价。我们和老板娘说明来意以后，和她讲我们有这么多人，包括酒水其实他们都有赚到。我们希望老板娘给我们统一打一个折，关于酒水，比如她卖给一般人是7元一瓶，卖给我们希望能5元一瓶。

问：哦，我个人也有这个经历。一开始，是你们先出价还是老板娘先出价？

答：我们先问了老板娘的价格。

问：老板娘心里的底价吗？

答：对。然后再还价了一下。

问：先问了底价再砍？你们心里有没有一个底价？

答：心里的底价就是人均50元以下。

问：我知道按下沙的物价水平，吃火锅的人均花销是不用50元的。

答：我们把酒水的价格都算上去了。我们算了一下，差不多这个价格。

问：在进行价格问题的探讨中，你们是怎么让老板娘退让的？

答：我们再三和她强调了我们的优势是同学很能喝，即使把酒水钱降下来，你们肯定还有赚的。后来她也就同意了。

问：你们在这个问题探讨中经历了几个回合？

答：几个回合？这个不记得了，挺快的吧！老板娘很爽快，我们也很爽快。

问：我想问一下，你们在位子的安排上有没有进行谈判？

答：她那里也比较小，我们人那么多，她就把仅有的两个包厢给我们了。

问：一个包厢只有 20 个人的位置？

答：没有，一个大包厢和一个小包厢是连在一起的，都给我们了。后来又搬了一张桌子进来，我们就都能坐下了。

问：这个就是她听了你们的意见，为你们做了改变。火锅是自助的，老板娘会不会因为人多了，食材也多了，在价格方面不肯让？

答：这个因为是自助的，也没有什么太大的问题，其他人来吃也是这样。不过当时还涉及一个问题，一般自助火锅店点的东西剩太多会有罚款，最后其实我们是剩了很多的，老板娘说算了，没关系。

问：这是在最后的过程中出现的吗？

答：我们之前也有和同学说过要尽量节约，不要浪费。不过，最后剩了很多，老板娘也没有说要加价。

问：我想问一下，你有没有和外国人进行谈判的经历？

答：有，也是在这个项目中。

问：AIESEC？

答：对，在 AIESEC 中。就拿这个寒假为例，其实他们也是有要求的，不是完全听我们的，包括时间上面的安排和课程上面的安排。虽然我们都已安排好了每天的课程主题和流程，但还是要征求外教的意见。

问：他们和你的谈判中有没有出现不理解对方的意思或是双方无法沟通这种情况？

答：这可能有点扯远了。很多人觉得自己英语水平不够，不能和外国人交流。就像前两天很流行的那个视频一样，加上手势，他们都能懂，其实大家英语水平都不差的，只是说得少而已，只要你积极去表述，他们都能理解。

问：所以你认为和外国人进行谈判是没有太大问题的。我想问一个偏一点的问题，你认为谈判技能对你现在的工作重要吗？

答：很重要。其实对谈判来说，你要注意到别人需要什么，站在别人的立场上想，双方要抱着真正想做这个项目的心态，能够互相包容，这个非常重要。

问：你觉得它是你这项工作中非常重要的一项技能咯？

答：是的，你也知道我的职务中有沟通的部分，和别人交流沟通是十分重要的。

问：那是在 AIESEC 的时候。那生活委员呢？

答：也需要啊。虽然说生活委员管收钱，可是也要管生活啊，还要问一下大家最近有什么情感问题。

问：情感问题？

答：是的。

问：如果让你邀请某些人到一个地方谈判，你会请他们到哪里去谈判？

答：我会请他们去一个比较安静、幽静的地方吧。我们这边的办公室是个不错的选择。

问：比如我们现在所处的饮料店比较嘈杂，你认为一个热闹的地方会不会影响两个谈判的人的心情？

答：会，肯定会的。因为热闹的地方太过喧哗了，你会听不清，噪声也会打断你的思绪，这是不好的。

问：你是不是认为如果谈判的地方比较吵闹，噪声和浮躁的音乐会让谈判双方也比较浮躁？

答：我觉得是这样的。

问：那你是认为谈判需要一丝不苟的态度，从头到尾都讨论正事吗？

答：倒也不是这么说，我觉得要分不同的时期、不同的场合。可能那种比较商业化的，比较高端的就需要在会议室里面。如果谈判双方是比较相熟的朋友，在非正式场合谈生意也未尝不可。

问：哦，所以你觉得谈判方式要因人而异。你觉得在和外国人谈判交流的过程中，要特别注意一些什么东西？

答：第一个特别要注意的是他们的宗教信仰，因为他们基本上都是有宗教信仰的，我们必须要尊重他们的这个方面。第二个注意的是很多东西不要藏着掖着，就好像感觉你有好多弯一样的，要尽可能真诚、大方地展现你自己。

问：还有其他什么不同吗？

答：其他什么不同？举个例子，我们这次接触到一个男孩，可能和他的性格也有关系，他非常喜欢捉弄人，就是讲两句话就要开个玩笑。有时候比较轻松的时候这样未尝不可，但有时候讨论严肃的话题，就是在商量正经事的时候这样来一下会让人觉得不适应。

问：你们更多的应该是采取一种包容的态度吧？

答：对。因为毕竟大家也没有说一定要干什么，能够轻松地把问题解决好就行了。

问：你认为无论是与外国人或者是与中国人谈判，比较忌讳的是什么？

答：比较忌讳的东西，第一个是急起来就指手画脚，用命令的语气和对方说话，这非常不好，肯定不行；第二个是在谈判的时候忙别的事情，那是非常不好的，比如说对方在讲话了你这边还玩着手机，这肯定不行。

问：哦。一个就是你认为需要以一种比较平和的方式进行谈判，不要太急。第二个你讲到的就是专注于谈判这个事情，我觉得像正常的情况下应该不会发生第二种情况，因为大家都知道这种情况是不会被允许的。还有其他一些比较忌讳的吗？比如说面部表情或者说是言语上比较忌讳的东西。

答：其实还是和礼貌有关，言辞当中要非常尊重对方。还有如果你是和外国人打交道，你要事先了解一下对方的宗教信仰和文化等，不要出现一些不好的词或是打扰到对方。

问：我觉得，在与外国人进行谈判的过程中你会更加小心是吗？

答：对。

商务谈判 实战案例和经验解析

问：就是怕文化冲突？

答：嗯，对。

问：你个人比较喜欢怎样的谈判对手？包括你以后走上社会，你觉得你比较欣赏怎么样的谈判对手？

答：我欣赏直爽的，不喜欢绕来绕去的那种人。我希望两个人可以打开天窗说亮话，直接就把问题摊开讲，不要绕来绕去。

问：比如说我和你刚见面，说完"你好"后就开始对你讲这个问题，你会不会觉得太奇怪了？

答：我觉得你要加上两句客套话也行，但是你直接这么说我也觉得挺好的，效率高。

问：哦，可能是每个人有不同的看法。如果说一个人刚见面就抛出一句话："这个谈判的最低价钱是多少多少钱，我不能再让你砍价。"你觉得这样能接受吗？

答：我觉得不同的人有不同的谈判方式。如果一个价格是在我能够接受的范围之内，我会和他继续谈下去。如果他一上来就提出一个非常不合理的要求，比如说这个价格区间本来就在100~200元，他对我讲10元，我肯定不能接受。

问：就比如你刚刚所讲的这种情况，他告诉你他最高出价是80元，不能再高了，你觉得这个在你的可接受范围之内，但是出于公司利益或者说是其他方面的考虑，你认为价格还可以再高一点，你如何来说服他？你用的技巧是什么？因为他已经告诉你了，这是最高的价钱了。

答：嗯，我不会首先直接和他说这个价格不行，我会先和他讲一下我们比人家好在哪里，就是说先介绍一下我们的优势，再对他讲多付一点钱对他只有好处没有坏处。

问：也就是说尽可能地让他看到你的好处，是吧？

答：对。

问：好，谢谢飞飞姐！今天和飞飞姐聊了这么多，长了很多见识，再次感谢！

访谈心得感悟

通过这次对詹鹤飞的深度访谈，我们深深体会到商务谈判作为当今社会的一项基本技能已经深深融入我们的生活中。在本次访谈中，詹鹤飞以其亲历的两次谈判（一次是作为AIESEC代表和阳明中学关于志愿支教项目的谈判，另一次是作为班级代表和火锅店关于班级聚餐活动的谈判），向我们生动、具体地阐述了谈判的要素（当事人、背景、议题）和动因，让我们增长了很多谈判知识。从本次访谈我们还可以看出，任何一次成功的谈判都离不开充足的事前准备，更离不开对对方的理解与包容。我们需要在保证自己底线的同时，不断通过各种策略（技巧或手段）与对方沟通，以达到双方的利益最大化，实现谈判的目标。此外，如何就具体的谈判内容进行前期准备，如何最大限度地展现己方的长处，如何有效运用各种谈判策略，谈判碰到障碍时如何有效退让或包容理解,这些都是我们所必须学会的。

启发思考题目

1. 针对本访谈记录中谈到的几次谈判,其谈判三要素(当事人、背景、议题)分别是什么?
2. 针对本访谈记录中谈到的几次谈判,其谈判类型分别是什么?
3. 针对本访谈记录中谈到的几次谈判,其谈判动因分别是什么?

(访谈及资料整理:娄旭、周唯青、金琴琴、王建明)

结论篇

商务谈判实战经验的普遍原理和中国特色

商务谈判 实战案例和经验解析

根据前面几十个原汁原味的商务谈判实战案例及其经验解析，本篇总结一下商务谈判实战经验的普遍原理和中国特色。为了尽量减少研究者个人的偏见和主观影响，我们尽量使用商务谈判实战人员的原话来总结商务谈判实战经验的普遍原理和中国特色。限于篇幅，对于每个普遍原理或中国特色我们仅仅摘录四五条访谈内容进行说明⊖。下面具体阐述。

商务谈判实战经验的普遍原理

原理一：良好的心态是成功谈判的前提。

这一原理至少有两层意思：一是我们需要放下自己工作生活中的不良、消极情绪，以积极、乐观的情绪来进行商务谈判；二是我们需要以自信的心态来参与谈判。正如Z省××制造有限公司采购部经理吴××所说：

我们要抱着一种平和的心态去谈判，谈判成功了，对双方都是有利的，对方也是很期待谈判成功的，我们在谈判过程中要充分把握对方这种心理。

杭州瑞思学科英语市场主管黄力唱认为：

心态也很重要，当你在与别人谈判的时候你是以一个怎么样的心态与他在交流，这对事态的发展有很大的影响。

J市××奔驰销售服务有限责任公司销售经理鲍××说：

心态放平就好，每个客户都是我尊贵的客户，我以我专业的态度去接待就可以了，因为你我都是平等的。你是我的客户，我选择你，你也可以选择我作为销售顾问，选择是双向的。把我最专业的知识给客户，这就可以了。不管外面风雨飘摇，我只要心如止水，无招胜有招。

××厨房电器有限公司总经理顾××也说：

首先是心态，谈判过程中我们要有足够强大的心理素质。没有好的心态，那么这场战争还没有开始就已经失败地结束了。

中国电信毕节分公司大客户经理张亚鑫也指出：

客户对你的产品、服务不满意，对你的个人形象不满意，这些都有。他不喜欢你这个人，刁难你，不管他用什么语气、什么手段对你，你都要很热情、很耐心地面带微笑介绍你的产品，注意你谈判的语气，就这样和他谈判、沟通，一定会感动他的。

⊖ 本篇中引用的访谈内容大部分来自本书，少数来自《商务谈判实战经验和技巧——对五十位商务谈判人员的深度访谈》（2011年第1版和2015年第2版，王建明编著）。下面不再一一指出。

结论篇
商务谈判实战经验的普遍原理和中国特色

▎原理二：谈判是双方博弈，心理战术比较重要。

商务谈判往往需要针对对方的心理弱点，攻破对方的心理防线，达到自己的目的。在这里，心理战术就比较重要了。正如云南汇元生物开发有限公司董事长聂元昆所说：

还有你会碰到有的人一开始就给你一顿打压，说你的产品很差的怎么怎么的，别人的都是怎么怎么的，其实他是要刺激你，这个时候你要非常平和地对待。因为说老实话，我们谈判的人都知道这不过是他让你愤怒的一个手段。碰到这种情况你就可以微笑，深呼吸使自己心态平和下来。你说你的，我对自己的产品有真实的认识："我的产品是不是最好的？有的时候不一定是最好的，但是我这个产品有我这个产品的优点"。要对自己有自信心，千万不要被他一顿打压之后丧失自信心。这都是在博弈，谈判博弈是一个心理博弈的过程……有的时候他让你感觉到你的产品不行，其实这是在博弈。这种心理博弈的时候你不要被他所吓倒，对自己的产品、对自己的企业要有一种信心、有一种认识，究竟你的产品处在一个什么样的位置。

湖南湘中输变电建设公司余杭分公司总经理章丽英也谈到：

对于一个成功的谈判，我们要知道对方需要什么，或者对方需要的方面跟我们的理念有冲突的时候，我们怎么样去把他的思维引导过来。因为谈判是一场心理战，我们的一个态度、一个语气、一个眼神都可能会影响对方的心理。我们在影响对方的时候要把对方的思维引导到我们的方向，由我们来不动声色地掌控他的思维。这样才能成功。

宁波中益实业有限公司营销部经理冯昂军也提到了心理战术的运用：

你说到的技巧方面，有时候我们可能会采用一些比较"土"的办法，比如说会故意拖延对方，就像他叫我们做，我说"我们这里特别忙，来不及做，你非要让我做，我可能只有把别的产品停下来"。这样会让对方很急切。其实我也很想做，但是我会说"我这边很忙，忙不过来，实在要做，我们要加班啊，现在人工费用又多了啊"，或者说"我另外还要开模具，以及我另外还要增加设备"。相对来说，我会提高一点价格，为我们自己的利益可能会考虑得多一点。

当然，心理战术和技巧的使用应适度，以免引起对方的反感，反而弄巧成拙。正如J市××集成家居有限公司副总经理巫××所指出的：

实际上大家在聊的时候，引导更重要，太赤裸裸地用一些谈判技巧会把人家套进去，在我们目前这个商业环境下，其实不是特别好。当人家离开这里感觉自己上当了，其实不好。

××县××环保材料有限公司副总经理S×也有类似的看法：

在我们推介药剂的过程中，如果各种技巧用多了，反而对自己的谈判不利。对方作为一个企业老总，见识多了，他懂的一般都比我们多。所以我们一般都是真诚推介，比如说可以让他们先试用一个月，不带价，让效果说话，可以一个月后再谈。

原理三：调研是谈判的基础，知己知彼，百战不殆。

根据《孙子·谋攻》，"知己知彼者，百战不殆；不知彼而知己，一胜一负；不知彼不知己，每战必殆"。商场犹如战场，谈判桌上的成功可以说很大程度上取决于充分的调研。这方面，很多被访谈者都表达了一致的看法。T银行总行宣传部总经理管××说过：

要做好充分的准备，要了解对方所拥有的一切谈资武器，了解对方的底线和诉求，掌握自己的底线和诉求，知己知彼，才能百战百胜。

浙江桐庐红狮水泥有限公司生产供应部部长郑建平强调：

我认为市场调查还是相当重要的，知己知彼方能百战百胜，要充分掌握市场信息，这样谈判才有主动权，而不是人云亦云。在这个谈判中我们也是充分了解市场行情价格才敢和他们讨价还价的。

Z省××集团科技公司副总经理陈×指出：

我们的业务刚起来的时候，就是在2007年，我们整整谈了一年，这一年是一个从无到有的过程，一切都要谈判，都要摸索。我们前期做了很多的调研，包括价格方面，我们需要了解银行方面有多少预算、我们押运需要多少成本，还有安全方面，我们要对风险进行评估，我们的配备能否让对方放心……所以后面就会比较轻松，能够按照要求落实执行就行了。

浙江物产化工集团宁波有限公司董事长周剑凌认为：

同时，你也要尽可能地了解你的对手，你要了解你的对手处于怎么样的状况，包括他的企业性质、运行模式、产品特点，还有他们的主要负责人有哪些，他们的谈判风格是怎么样的，这些全部都了解清楚以后，你就可以根据对方的情况制定出一套与对方谈判的策略……第一，我觉得你必须了解你自己，因为很多人在谈判的时候，对自己的公司和产品并不见得很了解。第二，要了解你谈判的对方，了解对方的情况和特点是否与你是匹配的，这些需要做一些分析。

J市××精密铸造公司总经理Y××也有这方面的深刻体会：

谈判的技巧、策略，一般就是首先要知己知彼，要知道自己擅长哪些方面，然后客户需要什么，假如说跟我们不对路，我们直接会跟他说这个东西不适合我们做。对路的我们就从技术的角度来说，跟他讲你这个产品优势在哪里、缺点在哪里。

原理四：明确谈判队伍的人员构成和分工合作。

很多被访谈者都指出，关于谈判队伍的具体人数并没有统一的模式。简单、日常的商务谈判往往只需一个人就行，如果谈判的项目多、内容复杂，则可以派出几个人组成谈判小组进行谈判。正如 B 市××信息有限公司保险业务经理李×所指出：

安排多少人也是具体情况具体分析。如果一个人能搞定就不出动一个团队。如果有技术类问题需要技术上的谈判，那肯定需要分工，有负责商务的，有负责技术的，有个主要负责人，其余人见机行事。

W 市某县粮食储备有限公司总经理王××介绍了其谈判人员的分工：

一般以三个人为一个谈判小组，其中一人为我们的财会专业人员，他负责计算和账簿处理。第二个人一般为我们采购的业务科长，因为作为采购的业务科长，他特别了解当期粮食的价格行情和稻谷质量指标控制这方面的信息。第三个人就是谈判小组的组长，在谈判过程中他要综合各方面的信息，起到最后拍板成交的作用。

××厨房电器有限公司总经理顾××也阐述了其对于谈判人员安排的看法：

我们的谈判小组一般由我本人、专业技术人员、律师、财务和秘书组成，不过我个人认为每个谈判的内容过程不一样，人员的安排也会有一定的差异性，但是一个好的团队是由谈判效率、对谈判组织的管理、谈判所需专业知识的范围和对谈判组织成员要求而决定的。

××地产营销机构法人代表、总经理 Y××谈到谈判人员之间的分工配合时指出：

我们这种商务谈判，对方肯定也是很多个人参加，至少是两三个人，那我们去也至少是两三个人。还有团队之间的配合也是很重要的，有一些话是我讲，有一些话是我的合伙人讲，还有些话是我们的员工来给我们搭腔的，体现了团队的合作性。这也是很重要的。

××房地产集团有限公司销售部经理 S××亦有类似的体会：

比如说这个客户是个关系户，跟我们项目总经理是比较要好的朋友，但是这个折扣的权限必须要总经理以上才能给，总经理又担心折扣给他后又出现这样那样的问题，这个时候总经理就会把销售经理给拉上，一个唱红脸一个唱白脸，两个人一起和他谈。

原理五：把握客户需求，制定针对性的谈判策略。

客户的需求不同、个性不同，谈判中采取的策略或者方案显然也不同。由此，把握客户需求，制定针对性的谈判策略，这对于商务谈判的成功非常重要。正如 Z 省××保险代理有限公司总经理卢××所说：

通过一次次的交流去挖掘客户的需求，如果客户的需求你知道了，然后你提的解决方案符合他的需求，那用户就会信任你。

J市××奔驰销售服务有限责任公司销售经理鲍经理就提过:

你得想一想理性的客户会怎么样,感性的客户会怎么样,女性客户会怎么样,男性客户会怎么样,年轻的客户会怎么样,老人给小孩买车会怎么样。不同的人他们的性格和想法都不一样……所以不同的客户我采取不同的方式。

J市××集成家居有限公司副总经理巫××也有类似体会:

在谈市场规模的时候,对不同的客户谈不同的方向。比如他现有年收入300万元,跟他谈20万元的项目,他没什么兴趣,收入太少了。如果跟一个刚起步的谈,你一下子跟他说一年能挣个一两百万元,他可能觉得这个东西太悬了,可能还会怀疑怀疑。我们跟客户描绘的市场前景,会在他现有的收入基础上,稍微翻一点。这样会让他觉得这个果实,稍微跳一跳就能达到,他就会觉得比较信服。

Z省××机器制造股份有限公司总经理W×指出,应针对客户的不同心理特点,制定针对性的谈判策略:

针对不同客户的心理,我们也要采取不同的方法。比如说有的厂长是技术派的,你老给他讲商务,跟他海阔天空地瞎扯,他会觉得你这个人不实在,他觉得你说的都是虚的。但如果你能在某一个技术上跟他交流,效果就很好。比如我见过好几个厂长,他们谈商务的时候没几句话,但是你如果和他谈技术,他就滔滔不绝。如果这块你们能找到共同点,很可能价格就不是主要问题了。

××房地产集团有限公司销售部经理S××认为,应针对男性和女性的不同需求,制定针对性的谈判策略。她说:

面对女性客户和男性客户的谈判可能不一样,女性在意的是一个同理心。女客户,她有过什么样的人生经历、阅历,我觉得了解这点非常重要、女性会希望别人对她的经历也好、阅历也好、感受也好,能有共同感受,这就是同理心。如果是和女性谈判,要非常清楚地了解。比如说她曾经婚姻家庭有过失败,或者在子女教育上小孩成绩非常好,取得了很大成就,你跟她谈的时候能取得共鸣、得到认可,那你跟她的谈判就会顺利很多。因为女人相对来说比较感性嘛。而男性不需要这个同理心,也不会把个人感受告诉你希望得到你的认可。如果和男性谈判,他的目的一般都很明确,你一定要知道他最终想要什么。他可能跟你说这个房子这里不好那里不好,他会提很多东西,他会拐着弯跟你谈,他可能会跟你谈了一堆各方面情况,房子也好、价值也好,但他的最终目的可能只为了这个房子的价格。就是说很多客户在和你谈之前,"为什么他会来找你谈"你要很清楚。

原理六:沟通时要站在对方的角度而不是与其对立。

换位思考、将心比心、设身处地是实现双方沟通和相互理解的重要机制。站在对方的立场上,理解对方的需要和情感,这也是"求同存异"策略在商务谈判中的具体应用。H市××房产中介有限公司总经理C××对此有精辟的阐述：

开始的时候不要和他设立成对立面，你是100万元，他是90多万元，一旦对立成立，你就很难舒缓，这个是心理上的非此即彼，是不太妥当的。你要跟他慢慢讲，"为什么我要让你选择稍微往上跳的一个价格？因为这个事情很慎重，很重大，你要综合去考虑。你现在首付可以做三成的，这个10万元或5万元的差距没有想象中那么大，首付只是一两万元的差距。你要把大的差距转化成小的差距，对10万元和3万元，他的接受程度可以说是不一样的，3万元他可以咬咬牙过去，但你跟他说10万元他会没地方取钱。你要站在他的角度，跟他去阐述这个观点。更关键是你要跟他讲"以后"，"你现在的10万元、3万元放在今后10年、20年、30年，你是看不出来差距的，你现在觉得3万元差得很多，以后10年下来你根本就没有感觉，但是你住得有感觉啊。你现在多付出3万元，在今后10年里面，你都能享受3万元带来的福利，带来的舒适。但你住在不好的地方，10年前差的3万元会让你痛苦10年"。你要站在他的角度和他阐述而不是直接跟他对立。

湖南湘中输变电建设公司余杭分公司总经理章丽英认为：

可以换位思考思考，就是站在对方的立场想一想他想要什么，他想争取多大的利益，在维护我的利益的前提下，我能够让多少、给多少。

AIESEC（国际经济学商学学生联合会）会员詹鹤飞也指出：

其实对谈判来说，你要注意到别人需要什么，站在别人的立场上想，双方要抱着真正想做这个项目的心态，能够互相包容，这个非常重要。

浙江财经大学人事处副处长童夏雨亦有类似的看法：

站在他的角度，肯定他的说法，给以一些同情，然后接下去再分析问题，给他把不清楚的解释清楚。有时候可能是他自己理解错误了，这样就可能接受了。有些可能真的不能接受的，不要当场说行还是不行，先暂且搁置，说我们今天就谈到这个地方，都回去再考虑考虑。

原理七：谈判中应当察言观色、随机应变。

根据《论语·颜渊》，"夫达也者，质直而好义，察言而观色，虑以下人"。在商务谈判中，观察别人说话的脸色，揣摩别人的心意，这有助于我们制定出顺应情境变化的灵活应对措施。正如H市××环保成套设备有限公司技术总监M××所说：

谈判者必须很细心。对方有什么细微的变化，谈判者应该能接受到这种信息，也就是说会察言观色。比如说他面部表情紧张地报价500万元，而你的心理价位是300万元，你就可以从他的面部表情分析出他是在试探你。事实上你可以通过他的眼神、表情来了解他想表达什么思想。谈判者必须要学会察言观色。

商务谈判 实战案例和经验解析

Z省H市××健康科技股份有限公司市场部总经理周××指出：

谈判之前我们首先要对对方有一个大致了解，就像陈总说的背调，你可以通过这些信息粗略地判断出对方来是想在哪些方面取得突破。然后观察也是很重要的，要善于通过谈判中的细枝末节了解他真实的需求。

W市某县粮食储备有限公司总经理王××也提到：

我们在谈判中要注意对方谈判人员眼睛上和肢体上的变化。比如说，当我方先报出一个较低的价格，如果他们流露出很惊讶的表情，那么我方会适当上调一点价格，但如果对方的反应很平淡，那么我方就可以有利可图，以这个低价成交。

J市××集成家居有限公司副总经理巫××也提到：

像我们碰到平时招商谈判的事，主要还是观察。读万卷书不如行万里路，行万里路不如阅人无数，阅人无数不如名师指路。在聊的这个过程中要学会观察，见的人多了就会观察。

中国电信毕节分公司大客户经理张亚鑫对于如何察言观色也有自己的体会：

首先要自我介绍，"我是某某单位的某某某"，把自己的名片给客户看。假如他很欣赏、很尊重你，会把你的名片放到最好的地方，如放到他的皮夹里面，或者书桌、办公桌的重要位置；假如说他对你这个人不是很感兴趣，他会随意把你的名片乱丢，从这一点能观察到他对你是怎么样的感觉、怎样的评价、是不是很友好。

原理八：采用迂回策略以打破谈判的僵局。

根据《孙子兵法》，"凡战者，以正合，以奇胜"。商务谈判也是一样，采用迂回策略可以用最小的代价获得最大的谈判效果。特别是在双方谈判处于僵局之时，迂回策略往往可以起到意想不到的效果。W市某县粮食储备有限公司总经理王××指出：

先度过一个僵持期，我们一般把僵持期控制在三分钟左右，具体要看对方谈判人员而定。过了僵持期，如果双方都没有让步或是妥协的反应，我方谈判人员则会主动提出去谈判场所以外的地方适当休息。在休息的间隙中双方人员可以主动交流一下，特别是双方谈判小组的组长要好好沟通，如果双方都认为有必要继续谈下去，则继续开始谈判。如果是因为对方的原因而引起僵局的，我方一般会适当掂量一下。

瑞思学科英语市场主管黄力唱强调：

针对谈不拢的情况，我总结出的一个经验就是两个字——沉默。沉默是一个方法，它不是万能的，但是没有它又是万万不能的。你说了很多话，如果对方只听进去一句，你说了也是白说；你沉默的时候，其实对方也是在揣测你的心思。有些时候你时间把握得比较好，比如在关键时候沉默个几十秒，不说话，反而能够打开另外一个话题。

J市××集成家居有限公司副总经理巫××认为：

碰到互不相让的情况也是很正常的。碰到这种情况我们会选择冷处理，先停下来缓一缓，或者转移一下话题，看看能不能从其他的商务条件入手处理，比如付款方式。

Z省××纸业包装有限公司销售经理李×也说道：

我们谈判有时双方难以达成一致，就会陷入僵局。那么我们心理上要往好的方面想。这么说吧，能陷入僵局也说明双方都有合作的意愿，只是暂时遇到了小问题，只要想办法解决就好……如果客户说我们价格贵，我一般会马上和他讲我们产品的优势，千万不要说我们的不贵，因为贵不贵只有客户心里最清楚，你再便宜他也不会说你便宜。要努力地介绍自己产品的优势所在，和别人比服务质量和自己做事的诚心，等等。

T银行总行宣传部总经理管××亦指出：

让大家先冷静一下。因为当时大家可能会在一些细节上面咬得很紧，你想驾驭对方，对方其实也想驾驭你。对方知道你的底线，我们也知道他的实力，可能他觉得他们是最好的，我们没必要向你让步，那么在这样的情况下我采取的方法一般是休会，就比方说大家休息一下，喝个茶，或者上点水果，大家先放松下心情。往往你表示一些好意，对方心理会产生一些变化。

原理九：谈判应尽量考虑双方平衡点，实现双赢。

谈判的基本结果有三类：双赢（Win-Win）谈判、零和（Zero-Sum）谈判、双输（Lose-Lose）谈判。对于商务谈判人员来说，我们要本着双赢的理念，争取实现双赢的结果。正如云南汇元生物开发有限公司董事长聂元昆所说：

我觉得谈判最重要的还是理念上要有双赢或多赢的思想，就是要本着这个去谈。你不是做骗人小买卖的。要从理念上存在一个期望谈判是双赢或多赢的思想，我们把它叫作谈判的理念。在这个角度、这个理念、这个思想上，你就会既考虑对方也会考虑自己。当然，从经济人角度、从理性的角度出发，谈判者肯定要自己的利益最大化。但在实际的谈判过程中，这个利益最大化不是即期利益的最大化，而是长期利益的最大化。这就存在一个使双方都得到好处、双方都有利益空间的问题，这样双方都愿意长期合作。当然也可能谈了这一单以后，双方也没有机会再合作，比方说装修就是这样。但是如果你把对方的利益空间压得太低（我这里讲的利益空间包括价格、质量等各方面），那我觉得不太好。这是我认为最重要的。

浙江财经大学人事处副处长童夏雨则通过对"谈判"二字的解读精辟地阐述了谈判的双赢理念：

商务谈判 实战案例和经验解析

我们看'谈判'这两个字,'谈'是一个'言'加两个'火',可以理解为当两团火相对的时候,我们通过语言去化解,而'判'是一个'半'加一个'刀',就是一刀下去切成两半,而且是双方都可以接受的两半,所以说中国的文字是很有内涵的。谈判也就是要在两团火对立的时候,通过语言来谈成双方都可以接受的一个局面,达到双赢。……在现在的经济社会下,我们要做的就是达到双方共赢。像你们做市场营销,你千万不要想着要你的消费者买了你的产品之后都是后悔的。你在谈判中也要让双方共赢,这样才能做到长期合作。所以我们和那个公司的谈判,他们可以获取信息,我们可以把价格压下来,我和对方谈判人员也建立了一个很好的合作关系。

××(S市)生物医药技术公司销售总监张××也说:

技巧肯定会有的,因为谈判的最终的原则一定是要共赢,如果说你所有的谈判目标只是自己盈利,而让对方没有商业利润,这样的合作肯定是不持久的,所以首先是共赢的原则。

××科技公司做投资运营的廖××亦认为:

谈判的目的就是把这些冲突的地方尽量减少,让双方尽量找到一个平衡点,即双方都能接受的地方,尽量达成双方合作的意向。

×市××风能装备股份有限公司副总经理Z××以其亲身经历的一次谈判为例,阐述了双赢理念的成功应用:

某次我们和提供钢板的厂家签订了一年的合同,但是那年钢板价格浮动较大,每吨价格浮动了几千元。那次的情况是钢板的价格升高了,这对于钢厂来说无疑亏了。但是双方已经签订了合同,只能按照合同提供的价格来卖。钢厂每次轧出来的钢板多少会多出那么几张,这个时候我们就要照顾一下,讲求一下共赢,我们就会把他们多出来的几张钢板收购过来,因为这个多出来的钢板对他们来说只是废品而已。

■ 原理十:谈判是妥协的艺术,在生活中无处不在。

不论一个人是否乐意、是否意识到,谈判在生活中都是无处不在的,这个世界本身就是一张巨大的、无形的谈判桌。正如××电气有限公司副总经理兼互感器公司总经理H总所说:

我们每天都在进行商务谈判,销售产品时要谈判,采购材料时要谈判,和客户技术核对时要谈判,包括和公司员工签订劳动合同时也要谈判。还有企业改革、公司兼并,等等,只要有涉及利益和争端,都要通过谈判来解决,因此谈判是非常重要而且无所不在的。

浙江物产化工集团宁波有限公司董事长周剑凌指出:

谈判说到底是个利益互换、相互妥协让步的过程，谈判的核心是利益，如果利益得不到保证，那么即使这个单子你谈下来了也毫无意义，对公司只有坏处。因此我说公司的核心竞争力是最重要的，只要你有别人想要的，别人可以通过你赚更多的钱，他们就会接受你的条件。

Z省××制造有限公司采购部经理吴××认为：

谈判说到底也就是怎么与人交往的问题，怎么表达自己利益需求的问题，掌握了这些，对以后的工作很有帮助。怎么与人交往、怎么与人交谈、怎么理解对方的意图，这是在以后的工作当中需要不断磨炼、不断学习的。

云南汇元生物开发有限公司董事长聂元昆认为：

商务谈判的很多原理都适合在组织活动当中。比方说我们组织一个什么活动，就涉及谈判问题。我要邀请一些朋友来做这个事情，他可能要讲条件，这里面其实都有谈判问题。所以我在讲谈判的时候不仅讲商务谈判。我还在给政府机构做谈判培训，其实原理都差不多。

Z省H市××健康科技股份有限公司市场部总经理周××说到：

谈判就是妥协的艺术。当然这种妥协不是说我光妥协你们不让步，妥协也是要有条件的。比如说我们这几个点让一点，你们接下来也让一点，尽量找到让双方都满意的方案。

商务谈判实战经验的中国特色

■ 特色一：客气礼貌、文明礼仪是成功谈判的敲门砖。

中国素有"礼仪之邦"之称，这绝非言过其实。事实上在中国的商务往来中，多数中国人非常介意对方是否讲究礼貌，是否注重礼仪。相应地，客气礼貌、文明礼仪成为一个很重要的加分因素。正如Z省H市××健康科技股份有限公司销售副总陈×所说：

在礼仪礼节方面，站在我们卖货的立场上，要主动、乐观、大方，不要靠对方来提点你。只有双方至少有一方是大方的，这个生意才好做下去。你也不能因为你是买方，就靠强势来压榨对方，现在都是平等的，平等互惠。除此之外衣着得体、守时、尊重对方，也是基本的礼仪礼节。

W市某县粮食储备有限公司总经理王××指出：

第一个是要在双方规定时间内准时到达场地。如果因为不可抗力不能准时到达，也要及时告知对方，让对方做好心理上的准备。第二点是谈判过程中要注意用语的礼貌、举止的得体，不能随意打断对方的发言。第三点是谈判人员在着装上要大方简洁以示对对方的尊重。

××有限公司总经理顾××认为：

谈判在我的工作中很重要，但我从不觉得自己高人一等或低人一等。更多的，谈判是一种教养的体现，而不仅仅是一种交涉，是无论对方怎样，你都能做到谦逊有礼，而不是作为一种妥协来进行道德绑架。

反过来说，如果谈判一方对另一方缺乏起码的礼貌礼仪，乃至不够尊重，那往往会影响谈判的顺利进行。这方面，宁波中益实业有限公司营销部经理冯昂军所说的经历具有一定的典型意义：

一次我去对方一个厂里面，他们的办公室是综合的办公室，当时一进去的感觉，就是对方不尊重我。当时我带着助手一起过去的，因为他的办公室是一个综合的办公室，都是一个个拦开的，这边电话响那边电话响，坐的地方也是一个狭窄的地方。在这样的情况下我就觉得，一个是觉得对方不尊重我，这就打消了我的积极性，我已经在心理上否定了这样一个单子。第二个就是对方这样跟我谈，我绝对不会做一些决定的，只会是讲一些场面上的话，然后就说我外面还有一点事，比如等一下和王总有个约会什么的，然后就离开。

Z省××机器制造股份有限公司总经理W×也有类似的体会：

还有态度问题，比如说客人已经到了，业务员和技术人员没到，他就感觉我们不重视他，不尊重他。我们有一个案例是他们老板到我们厂的时候是4点半，刚好是我们的下班时间，我们就没接待他。请他第二天来，我们又没陪他吃饭，他就觉得我们不重视他。

特色二：用诚恳、诚意赢得对方的信任方能有效谈判。

根据《论语·颜渊》，"自古皆有死，民无信不立"。在现代商场中，诚信、信用、信任不仅有道德层面的意义，更有利益层面的价值。俗话说"人无信不立，店无信不兴"，讲的就是这个道理。就商务谈判而言，J市××集成家居有限公司副总经理巫××认为：

把虚假的信息给别人，这个是不可取的。一些不好的事情，本来是就是、不是就不是的事情，你可以避开不谈，但你不能把是说成不是，这个是不可以的。还有就是过分浮夸也不好。我们需要一些修饰，对我们的产品也好服务也好，有一些美化，但是不能过分浮夸。做不到的事情我们说的再怎么好，最后一定会打脸的。我们可以做60分，说做到80分是可以的，但你不能把不及格的事情非得说成100分，人品上一些诚恳诚信的东西是基本的，太虚伪的事情不可以做。我们大家谈的时候还是比较相信正直诚恳的人，在生活工作中也是认可这种人。如果你这个人太过浮

结论篇
商务谈判实战经验的普遍原理和中国特色

夸或者油腔滑调，大家还是会忌讳的，总归还是担心我会不会在这个市场上吃亏，在别的事情上也是一样的。

Z省××集团科技公司副总经理陈×指出：

我们这行也好，做其他生意也好，都不能总想着走捷径、耍小聪明，这样容易误入歧途。要堂堂正正地去做，最后达到一个共赢的结果，用心地去对待工作，对待别人。在谈判过程中保持沟通，保持交流，把自己能做的做到最好，至于能不能成，那还有多方面的因素，但至少自己做的要问心无愧，剩下那就尽人事听天命吧。

××大理石公司总经理蔡××说：

个人更注重的是我花了钱，未来要有一个品质保证、服务保证。个人关注的更多更杂一点，这个时候你谈判就要真诚一点，告诉他这个石头在地面上那块会黄。客人问这个材料为什么会黄，你未来怎么避免这个情况，我们会说有什么技术可以避免这个情况，而不是藏着掖着，把这块挡起来。谈判就是这样，要真诚，将你的缺点讲出来，跟他说有什么问题，我们知道怎么解决，他反而对你的信任度会增加。

Z省××制造有限公司采购部经理吴××也指出：

我们最主要的原则就是真诚信任。只要双方有需求，双方各让一步，谈判一般来说都会成功的。

Z省××机器制造股份有限公司总经理W×认为，应该派出诚实忠厚、可信度高的员工去谈判，这样更容易获得成功，他说：

说得好的人，业务不一定做得好。原来我们一直认为销售人员要口若悬河，要把死的说成活的。现在很多地方反过来，就是要看上去诚实忠厚、可信度高的员工去谈判，他们更容易做成生意。

■ 特色三：谈判地点的选择应根据具体情境灵活安排。

一般认为，商务谈判的地点、场所必然是正式的谈判室、谈判桌。但在中国的谈判现实中却并不是如此，至少不完全如此。对此，温州纵辰科技有限公司总经理周学彪指出：

其实谈判也不一定过于正式吧。不会在桌子上喝酒谈，因为觥筹交错之间，一些东西可能会被误导。我们在茶室、咖啡厅比较多一点，但一般是会在一家酒店找个包厢喝茶聊，这样整个气氛会好把控一点，而且环境也会稍微安静一点。

云南汇元生物开发有限公司董事长聂元昆说：

这（指在饭桌上进行谈判——编者注）就变成一种正常现象了，基本上都是在饭桌上谈。有的是在苗圃里面走走，具体什么规格的树指着就谈了。有的是他全记录照下相来，然后跟你谈哪一个品种。

××（S市）生物医药技术公司销售总监张××就谈判地点的选择也谈了自己的体会：

一般来说如果谈判的内容比较复杂，我们一般会是在会议室、咖啡厅、办公室这些相对比较安静的场合进行谈判。在这种场合沟通起来会更深入，相对容易达成共识。而一些比较轻松的，相对容易解决的谈判可能会在饭桌上把一些想要谈的事情谈清楚，会根据具体情况来定。

国际经济学商学学生联合会会员詹鹤飞亦指出：

我觉得要分不同时期、不同的场合。可能那种比较商业化的，比较高端大气上档次的就需要在会议室里面谈。如果谈判双方是那种比较相熟的朋友，在餐桌上谈生意也未尝不可。

还有的企业从顾客的角度出发选择谈判地点，正如Z省××纸业包装有限公司销售经理李×指出：

我们这个行业（纸业包装行业），谈判地点一般都是去客户那里。我们会邀请客户来我们公司参观指导，了解我们的生产线、生产实力和产品质量，这样客户才对我们公司有一个直观的印象，俗话说眼见为实。具体原则嘛，主要是和客户沟通、听客户意见，客户喜欢到哪里就到哪里。

▍特色四：饭桌是一个重要的沟通场所。

对于商务谈判来说，吃饭至少有三个作用：一是谈判前，可以利用吃饭的机会探测对方需求、获取对方信息；二是谈判中，吃饭可以促进沟通、增进彼此感情，从而利于谈判的顺利进行；三是谈判陷入僵局时，吃饭有助于双方缓和紧张关系，促使谈判走出僵局。Z省××制造有限公司采购部经理吴××指出：

在饭桌上谈判要非常慎重，保持头脑清醒。饭桌上的谈判多是没有文字记录的，都是口头表述。如果双方不承认，是无效的。如果在吃饭的过程中，双方定了一些细节问题，事后一定要签订书面的协议。我本人对饭桌上的谈判其实持一种反对的态度，你们在以后的工作当中尽量不要在饭桌上进行谈判，这样容易误事。

Z省××纸业包装有限公司销售经理李×说：

我认为吃饭主要体现的是主人的待客之道，也是展现大家对这场生意的重视度。大家聚在一起，其实无形中这场生意已经在开始酝酿了。

××控股集团有限公司董事长李××认为：

饭桌文化有两个方面，第一个方面，饭桌文化确实很容易融入感情；第二个方面，饭桌文化有时候也会对谈判带来负面的影响，并不一定都是好事情。所以我们并不认为所有的问题都能在饭桌上解决。但是，它可以融洽双边的气氛，增进互相信任，这个我觉得还是对的。

当然，也有被访谈者认为饭桌的作用正在衰退、消失，这是值得我们注意的。浙江物产化工集团宁波有限公司董事长周剑凌指出：

说老实话，大家看重的是对方公司的实力，吃饭什么的只是大家表面上相互应酬，你要看的是大家为什么会一起吃饭，背后都是实力和利益的较量。现在这个年代没有靠喝两瓶酒就能谈成的生意了，那是绝对不可能的。

■ 特色五：谈判时不要急着推销，要先和对方交流。

对于销售谈判人员来说，先交流感情，再讨论正事（先谈心，后议事）往往是一个更好的路径。Z省H市××健康科技股份有限公司销售副总陈×提到：

尤其是一些年纪大的女性的客户，平时多主动去关心她，不要让她认为你只是个卖货的人。比方说，到了什么节日，祝福客户节日快乐（如三八妇女节快乐），不要老是谈钱或者产品的事。我们会聊点别的，比方说前段时间的中秋节，还有二十四节气的时候给她说一些养生的知识，因为我要让她觉得我是养生方面的专家，我们这个是高端滋补品行业，卖的是一些很高端的滋补产品。但我不想让别人觉得我是一个生意人，我更多地把自己定位成一个健康顾问。

S市玛莎拉蒂4S店总经理H先生指出：

什么是销售顾问？顾问就是为了让我们与顾客有好一点的沟通和交流，让客户在这么多的产品中选择我们的产品，最重要的就是与顾客交谈、沟通、进行一些关键的对话。尤其是像现在互联网这么发达，客户要了解的价格是非常透明的……在竞争这么激烈的环境下，客户可以选择在杭州买也可以选择在宁波买，无非就是取决于你和客户的关系有没有处好、给客户的解释他能不能接受、你们的交谈是否愉悦。

××大理石公司总经理蔡××也有深刻的体会：

原因在于双方了解不够。他对你了解不够，然后我们对自己太自信……我们一见面就谈条件，正常来说其实不应该第一次见面就谈条件……你知道其实中国人出去不容易啊，我们得跑到那边，很累很远，所以就想一次性把事情搞定，其实一次性是搞不定的。

瑞思学科英语市场专员吴圣城亦有类似的体会：

最简单的一个方法就是必须微笑着跟他们主动去打招呼。因为如果你想留住一个陌生人的脚步，最起码的一点就是你必须保持微笑，以随和的态度与他亲近，拉近双方的距离。如果他带着小朋友，你就要跟小朋友沟通，比如说亲切地问"小朋友你几岁了？""现在在哪个学校读书？"

商务谈判 实战案例和经验解析

■ **特色六：情通则理达，以情动人有助于以理服人。**

人都是有人情味、有感情、有热情、有真情、有亲情的，中国文化的一个显著特征也就是非常讲究情（包括人情、感情、热情、真情、亲情等）。古人云"道始于情"，"情通则理达"，以情"动人"有助于以理"服人"。在商务谈判中，利用情感因素可以更好地感化、打动、说服对方，从而实现成功的谈判。正如Z省××机器制造股份有限公司总经理W×所说：

情面、情感因素肯定是一个加分要素。中国人会把这个情感放大，这样其实是不太好。而在和西方的一些公司谈判的时候，这些情感的因素并不重要……在交流过程中，并不是一直围绕着商品本身在谈，在交流过程中你有没有让人感受到你的亲和感很重要。就好像我们讲的"物以类聚"，彼此能不能找到一个共同的认知点？比如说我和你们交流的时候，你们会觉得我们有共同的学习背景，有共同的地域背景。谈判中可以增加一些对方感兴趣的话题，这些都是加分因素。所以我们常常讲的人情，我个人认为90%是非理性的。

瑞思学科英语市场主管黄力唱指出：

具体的方法有很多，第一个就是你尽可能地为对方去想很多事情，多沟通就有感情。比如我们两个人认识了两年，但是说的话不超过20句，那不能说我们有感情。又比如我们只认识两天，但是这两天我们每天都聊很多，那我们之间也是有感情的。其实关键就是加强沟通，人毕竟是很感性的动物，有的时候会带一点理性，但是感性一定是处于主要地位的。

××大理石公司总经理蔡××对此亦深有体会：

他们自己家族的人不专业，就请专业的人去管理，有些时候你就得搞定专业管理的人，让他单独来谈，其中会涉及比较复杂的人情往来。在谈判的时候，他们的人帮你讲一句话，就会有很多帮助。

Z省××纸业包装有限公司销售经理李×也有这方面的深刻体会：

形象不良、不懂礼节礼仪、语言表达不清、狂妄自大不懂得低调，这些人不适合做谈判人员。谈判人员最好是多懂一点人情世故，这点很重要。不管做什么事，都讲究一个"情"字，做生意也一样。

当然，对手往往也会利用情感策略来打动我们，我们对此应该有心理准备，特别是注意不要落入对方"温柔的陷阱"。××房地产集团有限公司销售部经理S××曾说：

比如说，他们会跟你说得很凄惨，说他们白手起家，创业到现在，生活很拮据等，好不容易存下买房子的钱，希望可以给他们优惠。很多客户都会给你讲很多故事的，但是无论他们讲什么样的故事，他们的目的只有一个，那就是让你把价格再

结论篇
商务谈判实战经验的普遍原理和中国特色

优惠一点。当然你可以跟他们讲你对他们勤俭节约的生活习惯很认可,对他们奋发向上的工作状态很认可,他们的情况我们都已经了解了,这些情况我们也会去跟领导反映,但因为这些也确实超过了我们的权限,我们现在也没法给他们答复,所以请他们等消息。我们不会因为这个故事很感人,就以超低价格卖给他。那是不明智的……无论客户说些什么,不管是恋爱史还是创业史,让你感动的故事,你可以感动得流泪,但是你不要表态,就是不要轻易下一个决定性的结论。因为无论他说什么,他的最终目的就只有一个,就是降价。我们不能排除有些客户是很会演戏的。有时候还会出现一种情况,就是你知道他是在说谎,他也知道你知道他说谎,但你也还是不得不听下去,这才能有一个谈判的沟通。在我看来,你就当谈判是一个普通的聊天,在没有完全把握时,不要说什么决定性的言论,这样不至于犯错。

特色七:细致贴心的服务有助于谈判的成功。

在西方文化背景下,如果对客户的服务过于殷勤,反而会起到负面效果,如客户会怀疑产品的质量问题。(当然,正常、周到的服务在任何时候都绝对是必需的。)但在东方文化背景下,殷勤体贴、细致入微的服务对于销售谈判的成功往往有益无害。

J市××精密铸造公司总经理Y××指出:

服务什么?就是急客户所急,比如客户说这个我先要,那个我晚要,这个东西出了点小问题,你需要马上给我处理等等。……比如说你这批货质量有点小问题,人家客户那边有问题了,你马上哪怕空运也要调货调过去补,把前面的问题处理掉。这就是我讲的服务,包括时间上面的服务,人家客户急要这个产品那我帮他赶一下,包括技术上的服务,这个产品我开发,可能你这样设计不行,你这样设计成本很高,这样改可以减轻点分量、减少点成本。这就是我讲的服务。……良好的服务能保证你跟这个客户形成长期合作关系。

J市××奔驰销售服务有限责任公司销售经理鲍××指出:

客户的期望值不一样,我们做销售时要在不同方面进行服务。不是说我不需要很关心大客户,我们的标准是一样的,但是要特别关注小客户的感受。这个是关乎口碑的事情,毕竟小客户和大客户的数量是呈金字塔形的。

Z省××科技有限公司总经理蔡××也谈到了服务对于谈判成功的重要意义:

从我们的角度出发,对我们的产品来说最重要的是售后服务,因为对方对我们的技术不了解,产品质量不了解,我的都是新的东西。售后服务是最关键的,因为客户一般都是不专业的,担心的也都是质量问题,所以我们给予更好的售后服务,帮助客户解决后顾之忧,这是一个很关键的谈判策略。

特色八：长期的沟通交往有助于谈判的成功。

从传统上说，中国更多地偏向于"熟人社会"而不是"生人社会"。我们常有这样的感受，与陌生人谈千言万语也不能成功，与熟人谈一两句话就成功了。由此，通过与客户长期的沟通交往，将生人变成熟人，这往往有助于谈判的成功。某品牌特聘市场开拓人员潘先生提过：

首先要先沟通，因为如果没有建立一个良好的关系，大家生意这一块就容易做不成了。因为彼此之间没有信任，而信任就是要沟通。

××大理石公司总经理蔡××的一次谈判经历很好地诠释了长期沟通交往的重要意义：

第一次谈判经历，其实也不是第一次谈判，因为有很多很多次接触了。和开发商谈也不是说一次就能成，第一次是出去吃饭，什么都没谈，就坐在那里聊天，我了解你是做什么的，你了解我是做什么的。可能刚好他有个石材的需求，但不一定马上就会要你的石材。这么一次就是认识，然后第二次又出来吃饭，聊一些细节的东西，但还没到真正合作。大概就这样吃饭碰面十几次之后，他们才会跟你具体地谈，大致方向慢慢开始清晰起来。没有第一次碰面就把这事情搞定的。

云南汇元生物开发有限公司董事长聂元昆也强调了长期沟通交往的重要性：

谈判就要经过前期多次的交往。你要打电话给他，经常约见他。如果有的人不愿意见你，那你就没有机会了。只要他愿意见你，那你就有机会。早期的相互见面、认识、信任，就是我们说的营造环境阶段，是非常重要的。

××房地产集团有限公司销售部经理S××也有类似经历：

如果是这种情况（指遇到犹豫的客户——编者注），我们是不谈的，但我们会继续跟进，做好客户感情维护，比如有什么活动会继续邀约之类。

特色九：沉住气、耐心磨往往有助于谈判的成功。

中国人在谈判中往往比较委婉、含蓄，不轻易表露自身的想法。由此，进行商务谈判时我们要有足够的耐心，给对方充分的时间，切不可急于求成。J市××集成家居有限公司副总经理巫××有这方面的深刻体会：

谈判基本都不能一次性谈完，这跟大家要达成的目标有关系，每次谈判大家能达成一个阶段性的目标，也可以。比如我们作为供应商，第一次可以先让对方对我们有认知，看能不能引起对方的兴趣，第二次送样，第三次对送样进行修整，第四次才真正下订单，可能要经过四到五次的谈判才能做得下来。如果我们作为采购商，也基本一样。有可能我们第一次要看这个客户提供的产品相较于我们的老产品目前有没有提升，对新产品开发有没有价值。有价值了，我们再进行第二步送样、测试，就性能参数进行一些对接。产品确认好后再谈服务，如结账日期、供应速度、配货等后续服务。接下来还会考虑实际使用中的性价比等。

××科技公司做投资运营的廖××也深有感触：

按我的性格，我是不太喜欢这种谈判的，但是为了项目，很多时候是无法避免的。这其实涉及一个东西，就是谈判人的耐心、毅力和宽容度——不管你喜欢不喜欢，为了这个项目，你必须去跟他谈；不管他怎么磨，你都得陪着他，跟他不断地交流。有的人往往就是这样的，你跟他相处久了，不断交流，一次两次他跟你咄咄逼人，三次四次他咄咄逼人的气势在你身上是会慢慢弱下去的。因为人毕竟是有性情的，讲感情嘛，我们俩在一起，哪怕老是争，可是争论的时间久了，双方还是会产生一些认可的，也会去替对方想一下，有的时候他想通了，也就不跟你搅了。

台州鸿业文化用品有限公司法人代表曹永智也谈了自己的切身体会：

技巧也没那么多，不过有还是有的，就是软磨硬泡，这个是我最常用的。我们是上门服务，所以避免不了吃些闭门羹，因此多跑几趟是必须的。一般当谈判进行不顺利或者被拒绝的时候，我就会多跑几次，次数多了，让对方感觉到我很有诚心，说不定就接受我的推销了。这点上脸皮厚很重要啊，出来做生意难免要放下身段，去尽可能地达到成功。有时候被拒绝次数多了，我都很尴尬的，但还是要厚着脸皮上去啊。

××房地产集团有限公司销售部经理S××也谈到了自己的切身感受：

我们一般是这样子的，我们在谈判的时候首先要想好这个客户的最终需求是什么，他最看重的是什么，那肯定是一步步谈的。比如这个客户我们了解到他是比较不爽快的人，做事情向来不干脆、不爽气，那一开始我不可能给他一个满意的折扣，也不可能一开始的时候让他去跟领导见面，肯定是让案场经理先把关，先跟他谈，先跟他磨。磨得差不多了，比如说他觉得还是不行，差临门一脚，以我对这个客户的分析与把握，知道再下两个点这个客户就能成交了，但是这个工作就不是我来做了，到时候我会把项目总经理找出来，找个说辞，让他（项目总经理）和客户谈。

××集团有限公司置业顾问黄××说过：

很多房子的成交，并不是水到渠成的事，而是需要通过置业顾问和消费者的博弈谈判。经过多次博弈、多次谈判，最后客户才会决定在我们这边购买房子。

特色十：传统文化是谈判中必须注意和重视的。

传统文化是我们的优良传承。商务谈判人员尤其需要注意传统文化影响下的商务谈判情境，在谈判中重视与客户的文化观念交流，互相尊重对方的文化等。

瑞思学科英语市场主管黄力唱指出：

与人说话的态度要体现出我们中国五千年文化传承下来的一个优良传统，即中国传统文化的礼仪礼节。你说的话、你的风度以及你的表情和肢体语言，各个方面都很重要，这就是我们说的"态度"。

浙江物产化工集团宁波有限公司董事长周剑凌分享：

有一次和德国人谈，和我们竞争的有好几家公司。他们到宁波的当晚，我就在家里放下碗筷直接冲到他们住的宾馆。因为事先做过功课，我从他们的文化背景、世界观、价值观到喜欢的足球俱乐部、食物都一清二楚。你想他们大老远地赶过来，在这里有个能和他们这么聊得来的人，他们一定会觉得很亲切。于是我们抢占先机，成功签约。

AIESEC（国际经济学商学学生联合会）会员詹鹤飞认为：

因为我们毕竟是要向他们展现外国的文化，只要不太出格大家都能理解。比较普通地抱一下都是可以的，包括在后来上课的时候，我们波兰的一个姑娘教了大家一个波兰的吻手礼，就是男生见到女生要亲一下手背，大家都觉得非常有意思。

结束语

在商务谈判实战经验的十条普遍原理中，原理一、二、九、十属于理念、意识范畴，偏向于"形而上"层面，原理三、四、五、六、七、八则属于策略、方法范畴，偏向于"形而下"层面⊖。类似地，在商务谈判实战经验的十条中国特色中，特色一、二、九、十属于理念、意识范畴，偏向于"形而上"层面，特色三、四、五、六、七、八则属于策略、方法范畴，偏向于"形而下"层面⊜。

值得注意的是，上述十条普遍原理和十条中国特色都是我们从被访谈者的商务谈判实战经验中归纳出来的（而不是从理论教材中总结的），虽然不一定非常全面，但它们确实很好地反映了现实中商务谈判（特别是中小型商务谈判）的朴实经验。从上述实战案例和经验解析中我们还注意到，不同人对于商务谈判经验的看法和态度并不完全一致。例如，有的被访谈者认为，没有必要甚至千万不能与对方讨价还价、磨很长时间，因为这样对方会觉得我们不够爽气，甚至很厌烦，不愿意与我们做生意；有的被访谈者则持恰恰相反的观点，认为在价格等方面一定不能轻易做出让步，要非常耐心、不厌其烦地与对方磨。又如，有的被访谈者认为商务谈判是心理博弈，心理战术十分重要，在技巧上他们强调自己"想做"要说成"不想做"，"不忙"要说成"忙"，"有库存"要说成"没有库存"，"有现货"要说成"没有现货"等，这样可以取得更好的谈判地位和谈判利益。有的被访谈者则认为，商务谈

⊖ 其中，原理三、四对应于谈判准备阶段，原理五、六、七、八则对应于谈判磋商阶段。
⊜ 其中，特色三、四对应于谈判准备阶段，特色五、六、七、八则对应于谈判磋商阶段。

判需要诚心诚意，不能带半点虚假，这样才能获得客户的信任，才能在生意场上生存。我们认为，这里没有绝对的优劣对错，这种不一致也许正反映了商务谈判是一门艺术。实践中的商务谈判需要根据具体的情境选择具体的策略，运用特定的技巧。这是学习"商务谈判""商务谈判与沟通"等课程的大学生或初涉商务谈判工作的职场人士必须注意的。

最后，编者用一句话归纳商务谈判实战经验的普遍原理和中国特色：小胜靠智、中胜靠情、大胜靠德，短期看智商、中期看情商、长远看德商。从短期看，取得商务谈判的成绩需要我们具有观察、记忆、想象、分析、判断等能力（即智商）；从中期看，取得商务谈判的成功需要我们具有人际交往、情感沟通、人脉拓展、关系维护、耐受挫折等能力（即情商）；从长远来看，取得商务谈判的成就需要我们具有体贴、尊重、宽容、真诚、负责、平和等品德（即德商）。

商务谈判 实战案例和经验解析

深度访谈提纲

您好！首先感谢您的参与。我想就商务谈判（销售谈判、采购谈判、外贸谈判、劳资谈判等各种类型的商务谈判）中的一些问题访谈您一下，主要了解一下各行业职场人士亲身经历的谈判工作及心得体会等，为我们学习和了解商务谈判的理论和实践提供借鉴。

1. 您觉得商务谈判技能对于您的工作（或生意）是否重要？
2. 您可以举一个印象较深的成功商务谈判经历吗？（销售谈判、采购谈判、外贸谈判、劳资谈判等各种类型的商务谈判均可）
3. 在每次参加商务谈判之前，您一般会做哪些准备？
4. 在商务谈判之前，您会做哪些方面的调查？（如果第3题中已经回答就无须再问）
5. 商务谈判地点一般定在什么地方？如何确定的？（如果第3题中已经回答就无须再问）
6. 你们一般会安排多少人去参加一次商务谈判？人员内部有没有分工？
7. 商务谈判中，您会不会运用一些谈判技巧或策略？能否举个例子？
8. 在商务谈判中可能经常会碰到讨价还价，您是如何进行讨价还价的？
9. 商务谈判中有没有碰到过僵局（即双方互不相让），您一般是如何处理的？能否举个例子？
10. 在中国，有些商务谈判是在饭桌上谈成的，可以说说您对饭桌文化的体会吗？
11. 您比较喜欢碰到什么样的商务谈判对手？为什么？
12. 您最不喜欢碰到什么样的商务谈判对手？为什么？
13. 您是否有同外国人进行商务谈判的经历？如果有，您觉得同外国人进行商务谈判需要注意什么？
14. 您觉得同中国人进行商务谈判和同外国人进行商务谈判有没有不同？如果有，是什么？（如果被访谈者没有同外国人进行商务谈判的经历，此题可以不问）
15. 商务谈判应该也是有成有败的，可以谈一个您经历的失败的谈判吗？
16. 对于以上失败的商务谈判经历，您有什么教训？
17. 您觉得要取得商务谈判的成功，最关键的是什么？
18. 您觉得商务谈判人员应该具备哪些基本素质？
19. 您觉得商务谈判人员比较忌讳的是什么？或者说什么性格的人不适合商务谈判？
20. 对于在校大学生更好地学习"商务谈判""商务谈判与沟通"等课程，以更好地适应商务谈判实践需要，您能否提出一些建议？

注：

1. 访谈前一天应告知被访谈者访谈的主题，如告诉他要对他进行半小时左右的一个访谈，主题是了解其工作中的商务谈判经历、心得体会，以便其稍做准备。

2. 一次访谈时间大约在 1~2 小时之间。

3. 以上访谈提纲仅供参考，在实际的深度访谈过程中，应视被访谈者实际回答相应调整访谈内容。

模拟商务谈判实录及其解析

附录 A　模拟购买蒙迪欧车的商务谈判实录及其解析

模拟谈判背景介绍

1. 卖方背靠背演讲

卖方：销售经理——张潇霞（女）；销售人员——薛健（男）

大家好，我们是福特公司杭州4S店的工作人员。我是销售经理张潇霞，这位是我们的销售人员薛健。对于蒙迪欧2013款2.0T自动TDi240至尊型这款车型，我公司的市场定价（厂商指导价）为25.28万元，可接受价格是25万元，最低目标价位是24.8万元。蒙迪欧是一款紧俏车型，我方坚信这款车的销量不会差。此外，我公司的优势也很明显，我公司有着多年为客户服务的经验，能够为不同的客户制定一套合适的买车方案，我们的每一辆车都经过了严格的PDI检验，产品质量一流。并且，我公司有着让人放心的售后质量担保、全国联保、现车充足、颜色齐全，客户只需带上身份证即可在当天办完一切手续。

2. 买方背靠背演讲

买方：买主——王苗苗（女）；买主朋友——鲍梦瑶（女）。

我的朋友王苗苗女士，最近学成归国，在杭州市区内找到一份收入可观的工作，她想在杭州定居下来，因此她想要买一辆与她身份相匹配的车。经过多次的市场调查和研究，我们发现福特旗下的蒙迪欧2.0T至尊款非常适合她。我们的最高目标是以裸车价格24.7万元买下这款车，可接受目标是25万元，同时尽可能多地获得优惠和赠品，我们的最低目标是裸车价格不能高于厂商指导价，也就是25.28万元。为了达成这个目标，我们在谈判的过程中，绝对不会接受对方的第一次报价，我们会做好充分的调查和准备，知己知彼，以一个唱红脸一个唱白脸的方式，在坚守自己底线的情况下，绝对不让对方抓住我们的漏洞，一定要让他们认识到我们的战斗力！

模拟谈判过程实录

第一幕

销售人员：您好，请问是来买车的吗？

买主：嗯，是的。

销售人员：有没有中意的车型呀？

买主：先给我们随便介绍一下吧。

销售人员：噢，是这样的，我们福特4S店现在有致胜、福克斯、嘉年华以及蒙迪欧。

销售人员：（面向买主）请问是您买车，是吧？

买主：嗯，是的。

销售人员：嗯，其实像我们的嘉年华和福克斯是比较年轻有活力的，可能更加适合您这样的年轻女士，但如果您想凸显地位的话，我还是比较推荐您买这款蒙迪欧，因为它相比较福克斯和嘉年华更加高档一点。

买主：这样子啊，那不如先来给我们介绍一下这款蒙迪欧。

销售人员：我们这款蒙迪欧是2013款的新蒙迪欧至尊款，它的排量是2.0T，是手自一体的。您也可以看到，它是四门五座的三厢轿车，空间特别大。我打开车门您可以看一下。（模拟打开车门）

销售人员：它是全套的真皮座椅，采用了涡轮增压，动力感特别强。而且如果您想要出去郊游之类的，这款车非常舒适，很适合居家出游。

买主：那你们有什么颜色的？

销售人员：红色、灰色、白色和黑色。

买主：鲍鲍，你觉得灰色怎样？

买主朋友：灰色不错啊，比较大气也比较耐脏。

销售人员：从我们的销量来说呢，这个灰色是卖得最好的。

买主：现在你们这里蒙迪欧的价格是多少？

销售人员：我们现在的裸车价格是25.28万元。

买主朋友：25.28万元啊！（吃惊状）苗苗，我们上次看的大众CC那款车价位跟这个也差不多，而且我觉得那款车流线性更强，看上去更好看，可能会更适合你。

销售人员：大众CC这款车，如果您想买顶配的，可能要到30多万元。而且从油耗来讲，蒙迪欧的平均油耗是每百公里7.90L，这个是比CC省油的。性价比方面呢，蒙迪欧要比CC高一些。

买主：这样吧，不瞒你们说，我在来之前已经在其他店看过了。对了，鲍鲍，我们前几天在萧山那里看的那辆蒙迪欧他们要多少？

买主朋友：我印象中也就25万元出头吧，反正比这便宜。

买主：那我们还是再去萧山看看。（买主做出欲走状）

销售人员：您先别急，您可以告诉我您能接受的心理价位是多少吗？

买主：来之前我已经对这款车做过调查，也了解了相关信息。我能接受的最高价是24.7万元。

销售人员：24.7万元这个价格是绝对不行的，因为我们这款蒙迪欧本身也是热门车型，您的报价实在是有点低。如果您真的想买的话，我可以给您走一个大客户的价格，给您降到25.16万元，您觉得怎么样？

买主：还是太高了，你到现在价格都一直咬得很高。从刚开始到现在也没降下

商务谈判 实战案例和经验解析

多少。这样子，我们买卖双方各退一步，24.9万元！

销售人员：您这个（苦笑状）……我也做不了主，我帮您请示一下经理吧。

买主：好的。

第二幕

销售人员：（走到经理办公室）经理，外面有两个客户，她们想买我们这款新蒙迪欧至尊款，但是她们觉得我们的报价有点高，他们给出的价格是24.9万元。

销售经理：新款蒙迪欧？这个价格绝对不行！至少得25万元才能卖！

销售人员：嗯，好的，那我知道了。

（销售经理随销售人员走出办公室，观察情况）

第三幕

销售人员：您好，我刚才请示过我们经理了，看您也是真心想买这款车的，所以这样吧，给您最低25万元，您觉得怎么样？

买主：25万元啊（犹豫状）……

销售人员：是这样的，您也知道现在的行情，我们杭州快限牌了，以后上牌只会越来越贵，买车越来越难了。而且像周围的奥迪、大众4S店，他们店里的车都已经提价两三万元了，我们福特还没有进行提价，所以说25万元这个价格真的已经是比较合适的了。

买主：那好吧，我先跟我朋友商量一下。（转向朋友，私语状）

买主：鲍，你觉得25万元可以吗？

买主朋友：我觉得25万元也还能接受，你也知道，现在杭州快限牌了，以后上牌只会越来越贵，买车只会越来越难。其实像蒙迪欧这种紧俏车型，两三千的力度已经算大了，要不，咱们就25元买了吧，再跟他多要点优惠？

买主：好。

买主：那我们就25万元成交。虽然我们觉得25万元有点贵，但是也能勉强接受。不过我们有个要求，你们在礼品上要大方一点。

销售人员：是这样的，我们福特4S店现在有活动。您如果购买这款新蒙迪欧，我们会赠送您价值2000元的豪华大礼包，这个礼包包括车的坐垫、大包围以及车的内饰。

买主：这样也太假了吧，2000元大礼包就这样？大包围、坐垫不都是应该给的吗？就像买电脑送鼠标垫一样的啊！不行，这个大礼包太虚，你们要多给点优惠。

（销售人员尴尬沉思状）

销售经理：小薛啊，你过来一下。

销售人员：（面向买方）请稍等一下。

（销售人员走到经理身旁）

销售经理：现在大致是什么情况？

销售人员：是这样的，经理，她们25万元的价格是基本接受了，不过他们觉得我们赠品的力度还不够。

销售经理：赠品力度不够？（沉思状）

销售人员：是啊……

销售经理：我看你也跟她们商量很久了。这样吧，再给他们送个免费首保。然后你去问问买主是贷款买车还是全额付款，如果是全额的话，就再给他们送个油卡。具体情况你再自己衡量下。

销售人员：好的，经理。

（销售人员回到买方面前）

销售人员：您好，请问您是贷款买车还是全额付款呀？

买主：全额付款。

销售人员：刚才我们经理也和我说过了，如果您是全额付款的话，我们可以给您的保险打八折，另外会送你们一年以内的免费首保一次，还会送您300元的中石化油卡，您看如何？

买主：就这么多？

销售人员：其实正常情况下，就像我们昨天上午卖出的两款，都是只送了豪华大礼包，而且价格也是按官方报价走的。现在已经给您优惠到25万元了，而且这个首保和油卡也是我们经理给您的一个人情。这个力度真的已经特别大了。

（双方沉默，僵持了几分钟后）

销售人员：那要不再给您贴膜优惠吧？

买主：你能给我多大的优惠？

销售人员：八折，您在我们店里贴膜的话给您打八折的优惠。

买主：不行，八折太少了吧。这样吧，两折！两折我就买了这辆车。

销售人员：两折？

买主：现在贴膜水这么深，你就没怎么便宜吧！不如我们去外面贴。两折！两折我就买了这车！

销售人员：（纠结良久）这样吧，四折，不能再低了！本身我们原装的贴膜质量就是很好的，绝对要比外面的好很多。我能给您最低的优惠就是四折了，您如果还要再低的话，那实在是太难为我了。只能是四折了。

买主：好吧，四折就四折吧。办手续吧。

销售人员：那一会提车的时候，我们给您一个有四折优惠的贴膜。我们现在可以去办手续了吧？

买主：好的。

模拟谈判总结解析

1. 卖方总结

我方在本次谈判中注意了以下几点：

（1）知己知彼。我方的销售人员会对我公司旗下的每一款车进行深入的了解。除此之外，我们不仅对我公司的汽车非常了解，我们也会事先和别家企业的相似车型进行研究对比，抓住我方车的优势和他方车的劣势。在顾客犹豫之时，我们就可以非常迅速地做出应答，让顾客买车的天平倾向我们。

（2）我方有着一流的销售队伍，根据顾客的真实情况，给每一位顾客制定一套合适的方案。例如，此次的买方是一位收入颇为可观的女士，我们根据其爱好推荐了蒙迪欧这款车型。

（3）我方采取了合适的优惠措施。例如，此次的买方对我方车型较满意，唯一想要再争取的就是降低一些价格，因此我们推出一系列购车优惠，吸引住对方眼球。在最后，对方已经被我方车吸引的前提下，抓住对方的突破口，给对方贴膜的优惠，顺利完成了这笔交易。

总的来说，最后以对方25万元全额付款成交，还算是一次不错的谈判，可以说是一次双赢。

2. 买方总结

关于此次的买车交易，我跟鲍同学两个人作为买方基本做到了如下几点：

（1）坚决不接受对方的第一次报价，因为商家为了实现利益的最大化，通常把第一次报价报得很高，我们作为消费者，是坚决不能接受对方的第一次报价的。

（2）知己知彼，百战不殆。谈判前做好充足的准备工作。比如买车前上网搜索这类车的报价、网友的评论以及建议，包括这类车在各销售店的具体销售情况。我们事先要了解好、掌握好消息才能够准确砍价。

（3）在坚持心理价位的同时，多向商家索要赠品，实现消费者利益最大化。我们来买车，最重要的是争取权益，多索要该得的。这样可以在一定程度上捍卫自己的利益。

3. 同学点评

教师：刚才这个小组的模拟买车谈判思路很清晰。现在我们找一些同学来做一下点评。同学们相当于嘉宾来点评一下，觉得他们好在哪里，他们的缺点在哪里。有没有同学愿意主动点评的？

卢同学：我觉得从买方角度来看，这两个小姑娘还是做得挺好的。其实像我们这种比较年轻的女孩子出去，买车没有经验，很容易接受卖方第一次报价。但是这两位女孩子比较清醒，认识到了这个问题。还有一点我想说的是，女孩子在男性销售面前是很有优势的。销售人员是男生的话，实在不行女孩子可以撒娇。撒娇是女孩子在谈判中可以发挥的一个优势。此外，我认为女孩子做得比较好的是在贴膜这个环节，销售人员比较无奈地从八折降到四折，双方也在四折达成了共识，所以我觉得，作为买方，她们的谈判做得很好。

陈同学：我觉得他们做得都比较好。他们都做到了知己知彼。买卖双方在对这款车的行情包括其他车型的售价、销售情况等因素充分了解的基础上进行此次谈判。而且双方紧扣"绝对不接受第一次报价"这一要点展开谈判。最主要的地方是谈判进行了多次交涉，销售过程比较紧张，但氛围很好，因此我认为此次谈判是做得很好的。

夏同学：作为买方，杀价很给力。八折到两折，最后四折。先杀得狠一点。对于卖方，卖方先去问经理，经理说绝对不能低于25万元。其实我觉得，这个销售人员可以在出来的时候说"经理报价是25.1万元"，这时他可以说"从我的提成里给你再减掉"，这样买方会觉得卖方已经做出一个很大的让步。然后在礼品方面，卖方可以先给一个，对方觉得不够可以再给一个，不要一次性都给出去，额度不要一下子太大，这样可能最后就不需要给四折，可能只要给到300块的油卡就可以了。

俞同学：刚才大家讲得都挺好，我就说一下买卖双方还存在的一些不足，主要的一点就是红脸白脸策略运用得不是很好。卖方报出25万元的底价，买方朋友就觉得蛮好的。其实这个里面，在主要买主还没有多少回应的时候，买主朋友这样说，是过于向卖方妥协的表现，唱白脸没到位。此外，卖方在贴膜上一下子让步太大。一下子让四折，这样会给买方造成一种错觉：一下子让步这么大，是不是还有余地再降？同时买方也没有抓住这个机会再多争取点利益。

叶同学：前期准备非常充分，这一点我很敬佩。我妈妈很擅长讨价还价，她对我的言传身教是，"价格降下来才是真道理，送礼什么的都是浮云"。我觉得他们应该把对话的重点放在降价上面，他们最后的成交价是25万元，我觉得价降得还不是很多。

教师：买卖双方还有没有要补充和回应的？

买方回应：我们知道要杀价格，礼品什么的都不是重点。但是我们确实对这方面也没什么经验，只能在网上做一些了解，所以我们最后的定位就是把车谈在25万元这样一个成交价格。我们的思路就是先把车的价格谈下来。接着差不多定到这个价格后，再加些赠品做补充。

4. 教师点评

这次买车谈判模拟非常成功，这是我们要首先肯定的。通过这次模拟，可以看出来买卖双方在之前已经进行了大量的准备。模拟谈判之前肯定是进行了多次的彩排（进行了多次"模拟的模拟"）。如果他们没有进行多次彩排肯定是达不到这样的效果的。因为要做一个演示，前期必须要准备充分。从他们资料的准备、前期的调查、目标的确定、策略的商讨都可以看出来准备得很充分。从一开始买卖双方的背靠背演讲，就可以发现他们的目标很清楚，包括价格、策略也陈述得很清晰。更值得一提的是，他们不仅在目标里提出了策略，还在接下来的演示中也确实践行了这样的策略，我认为在这方面他们做得非常好。接下来，我根据他们模拟演示的顺序讲几个印象比较深的地方。

（1）关于卖方问买方需求，在真实的买车谈判中，这一点是非常重要的。在买车时，卖方需要先问买方需求，再针对性地做介绍。不要一开始就大量灌输这车多好多好，如果对方没有相应的经济实力支付，或者对这款车根本没有兴趣，卖方说的一切都是空的。在真实的买车过程中，销售人员常常会说"这款车是为您量身定做的，只有这辆车才能配上您"此类的话，这些话可能会更好地引起买方的兴趣。

（2）关于汽车颜色，买方说喜欢灰色的车，卖方立即回应说这种颜色是最好卖的。这一点卖方做得很好，一定要加强买方的印象或认识，让买方觉得他自己的品味很好。卖方根据实际情况，要抓住买方兴趣所在，比如对方如果说喜欢黑色，就可以说黑色的车表明车主性格稳重，公务车多是黑色的，黑色车在正式场所比较合适，等等。对方如果喜欢灰色，可以强调灰色的好处有耐脏、耐看、不太会发生审美疲劳等特点。

（3）销售人员紧跟买方思路。首先，买方提出蒙迪欧与大众CC的比较，卖方立即针对性地回应，我们这款车相对大众CC的性价比更高。由此看来，卖方在之前肯定是对其他类的车做过详细的调查，这一点在现实销售中是非常重要的。接着，买方提出去其他地方看，卖方说别急，问对方需求，这是一种留住客人的很好方式。

（4）关于价格谈判，从25.28万元谈到买方退一步要求24.9万元，接着销售人员去请示经理得到25万元的底价。这里我想说一下，请示经理的过程在正常情况下我们看不到，并且在现实生活中销售人员也有可能没有真的去请示经理，而这样做的目的只是给买方心理上造成一种压力。并且很有可能卖方在"请示"回来以后会跟买方博取同情，很可能以"刚才我去请示经理时被经理骂了一顿，经理不可能答应你这个价格"等话来搪塞。此外，刚刚我们也有同学说到，销售人员在现实情况中最好不要把经理的真正底价报出来，销售人员可以说"经理那边没通过，我给你从我份额里拿出一点"之类的话，这样卖方在接下来的谈判中优势可能会多一点。

（5）关于赠品赠送（优惠），这一点买方做得很好，我印象比较深的是"贴膜水这么深"这句话。这里卖方一下子给出这么多赠品，赠送礼包，确实给对方很大的想象空间。现实中真的不能给太多赠品优惠，否则会导致对方得寸进尺。即便卖方真的不想再磨了，打算多给些赠品优惠以促成成交，这时卖方也要说很多话。比如，"今天确实要下班了""月底了，为了冲这个月业绩""今天第一笔生意，但是这个优惠你不要跟别人讲""我今天可以给你这个优惠，但是你一定要帮我多介绍两个同事或朋友来这里买车"，等等。这样会让买方觉得拿到这个赠品赠送很不容易，不能再要更多的东西。关于贴膜，从八折一下子让步到四折确实太多了。这时卖方可以说"我们这些膜都是原装进口，质量跟普通的肯定不一样，一般我们成本价是六折，给顾客都是八折，我们看你这么诚心才给你的五折，我实际上还是贴了一点。"总之要让对方觉得这个赠品赠送已经是相当优惠了。

（6）双方可以磨得更久一点。如针对限牌，卖方可以根据限牌多做点文章。例如，可以说"以后车牌要摇号，买车相对越来越难了，赶紧买吧"。此外，买方可以运用吹毛求疵策略多挑车的毛病。例如，对比几款车，提出更多其他车的优点、本款车的缺点，不要轻易接受报价。总之在价格方面还可以再耐心一些，多磨一些。

（7）最后，办手续签合同前，买卖双方应该再汇总一下成交价格、包含的配置情况、提车日期、赠品赠送优惠等信息。因为买卖双方之前做的都是一些口头承诺，加上双方谈得比较久，中间也有一些反复，所以此时需要先核对一下再去签合同。汇总一下达成的共识可以防止以后出现分歧。

附录 B　模拟购买奔驰梅赛德斯车的商务谈判实录及其解析

模拟谈判背景介绍

1. 买方背景

倪女士经营着一家上市公司，前段时间因为某些原因她的车报废了，急需一辆车代步。她是一位讲究生活品质、善于交际的女士。因此她想要选择一辆能够代表她身份、性能好的四驱车。经过市场调查和研究，我们发现奔驰公司旗下的梅赛德斯——AMG S 65L 车型十分适合她。我们的最高目标是以裸车价格 295 万元买下这款车，可接受价格为 297 万元，同时尽可能多地获得优惠和赠品，我们的最低目标是裸车价格不能高于厂商指导价，也就是 299.8 万元。为了达成这个目标，我们在谈判的过程中，不会接受对方的第一次报价。我们会做好充分的调查和准备，知己知彼，在坚守自己底线的情况下，绝对不让对方抓住我们的漏洞，最终达到理想效果。

2. 卖方背景

奔驰汽车公司以高质量、高豪华性能闻名世界。奔驰公司在国内外设有多个销售维修点，具有强大的资金和技术后盾。我方是国内最大的奔驰代理商之一，产品中奔驰 C200 在国内外销售量很大，且需求量还在持续增加。同时，我公司有着多年为客户服务的经验，可进行精选定制和试驾，能够满足客户多样化的购车体验。我们的每一辆车都经过了严格的 PDI 检验，且配备有售后质量担保、全国联保服务。对于买方拟购买的车型，我们现车充足、颜色齐全、购车手续方便且迅速。对于梅赛德斯——AMG S 65L，公司的市场定位（厂商指导价）为 299.8 万元，可接受价格是 297 万元，最低目标是 296.5 万元。

模拟谈判过程实录

销售经理：您好，我是本公司的销售经理。
买主：您好，我过来看看车。

商务谈判 实战案例和经验解析

销售经理：好的，请允许我带您参观一下。请问您有中意的车型吗？

买主：可以先帮我随便介绍一下吗？

销售经理：好的。咱们这家 4S 店目前现车很多，轿跑、SUV、敞篷和越野车都有现货的。

买主：那您有什么推荐呢？

销售经理：其实我们的敞篷和越野车的设计是比较年轻、热情、有活力的，可能比较适合您这样的年轻女士，但如果您想凸显身份，我还是推荐您买这款梅赛德斯——AMG S 65 L 四门轿跑。相对而言，轿跑看起来更加稳重、尊贵。

买主：嗯，那劳烦您简单介绍一下这款车吧。

销售经理：没问题的。这款车的外形处处体现出别具一格的专属尊贵气息，来自梅赛德斯 AMG 的纯正感官体验，经典的流线设计，十分符合我们 AMG 标志性的设计理念：奢华而沉稳、强劲而独特、动感且尊贵。当然买车不能只看重外形，我们奔驰旗舰店是有客户试驾体验的，请跟随我来这边进行试驾。

买主：嗯好的。

销售经理：我们来看车内，车的内饰部分是专门采用 NAPPA 皮革包裹的，车座椅上是 AMG 专属的菱形图案。您可以看到我们所有的缝线处都采用了无孔皮革，这样的细节让这款车拥有了其他品牌无法比拟的纯手工工艺质感。当然您也可以观察到我们的车门面板的尊贵木制装饰和白色不锈钢 AMG 专属车门迎宾踏板，既可以体现车主人的尊贵身份，又可以让车型霸气尽显。

买主：说了这么多，我们一直在聊车的外在。不如您再介绍一下这款车的内在配置吧。

销售经理：没问题。我们这款车是 AMG6.0L 双涡轮增压的，可以达到 463kW 的输出功率，增强版自动变速箱和基于智能车身控制系统的 AMG 运动型悬挂搭配，使我们这款车动力十分强劲。您可以驾驶一下，我们这款车最大时速是可以达到 250km/h 的。

买主：那这款车有什么颜色可供选择吗？

销售经理：是这样的女士，我们这款车以经典黑色作为底色，底色上是可以喷金属漆的，像炭灰蓝、宝石红这些都是可以选择的。

买主：嗯，是不错。

买主：那这款车现在是什么价位呢？

销售经理：目前这款车裸车的售价是 299.8 万元。

买主：嗯，之前我看过 BMWM760 尊享版，报价比你们这边低，耗油却和这款车差不多。

销售经理：如果您想买顶配的宝马，价格也在 300 万元左右浮动。何况咱们现在买车看的是性价比，我们奔驰这边最可靠的就是品质保证。

买主：说实话，我有观察到杭州另一家奔驰销售公司，这款车的价位是在 297 万元左右。货比三家，我可能还需要再考虑下。（欲离开）

附 录
模拟商务谈判实录及其解析

销售经理：这样吧女士，听您的意思，您的心里对这款车应该也有大致的价位预估了吧？

买主：是这样的，我来之前也做过一些市场调研，这款车我能给出的最高价是295万元。

销售经理：295万元这个价格确实太低了。因为我们这款AMG本身也是热门车型，您的价格实在是在我们的承受范围之外。这样吧，做买卖讲究诚意，如果您真的想买的话，我可以给您一个会员价，给您降到297.5万元，您觉得怎么样？

买主：还是很高！您看您也说了我们需要的是诚意，大家都是生意人，明人不说暗话，我们各退一步，296万元怎么样？

销售经理：这位女士，说实话我们这边这款车是最新款的，给您297.5万元就已经压得很低了。这样吧，我给您走个私情，297万元吧。

买主：297万元可能我还需要再考虑一下。

销售经理：女士，您也知道，现在由于城市堵车，限牌很严重，如果现在不买，以后买车上牌只会越来越难。我们这家旗舰店是全国最大的销售旗舰店，这款尊享版新款，我敢给您297万元的价格，您在全国恐怕找不到第二家，297万元这个价格真的已经算很有诚意了。

买主：行，我也不是个拖泥带水的人，297万元我接受。您看，297万元也确实不是个小数字，我也算你们的大客户了吧？你们这边会有购车礼品吗？

销售经理：我们旗舰店现在正在搞活动，凡是购车就会赠送与该车配套的车内饰。

买主：我们谈生意，讲的肯定还是诚信，您说呢？我价格这边退让了这么多，您看您的诚意在哪里？

销售经理：这样吧，您是全额付款还是贷款呢？

买主：来都来了，全额吧，最好快点提车。

销售经理：行，我们互相体谅一下，您既然选择全额付款，我这边送您1000元的油卡和为期两年的全保，您看这可以吗？

买主：（面露难色）……

销售经理：讲心里话，我们这个月卖出了四辆这款车，您是第一个折扣低还有这么多礼物的客户了，您看这边……这样吧，销售经理这边每半年都有一次水膜八折的优惠可以赠送给客户，我把这个机会送您，您以后多给我介绍几个客户，您看这样呢？

买主：（笑）行，那现在去办手续吧。

模拟谈判总结解析

1. 卖方总结

我方在本次谈判中注意了以下几点：

323

(1) 知己知彼，了解同行竞争产品的劣势以及我们车辆的优势，在客户提出质疑时能给出迅速的反应，增加我们销售成功的机会。

(2) 精品定制。我们看出，这位女士是一位身份尊贵、十分理智的商业人士，谈判过程中就要抓住她的身份特征。

(3) 给予非价格优惠。我们可以看出买方一直在价格上有纠结，我们在适当退让的同时给出不损害我方利益的非价格优惠，转移对方的注意力，促成谈判。

总的来说，最后以对方297万元全额付款成交，还算是不错的结果，可以说是一次双赢。

2. 买方总结

关于此次的买车交易，我方基本做到了如下几点：

(1) 坚决不接受对方的第一次报价。

(2) 知己知彼，百战不殆。谈判前做足充分的市场调研，了解车的优劣势，是我们进行讨价还价的基础。

(3) 在价格沟通有优势的情况下进行非价格优惠的谈判，保证个人利益最大化。

3. 同学点评

朱同学：我们可以从中看到，她们把谈判背景设定在一个完全竞争的买方市场，因此她们之间的谈判是买方一直将主动权掌握在手。从一开始买方并没有直接提出我想要什么车，而是由卖方介绍有什么车值得推荐开始，买方她不表明自己的意图，反倒是在让卖方主动提出这款车不错之后表现出适当的兴趣，才开始对这款车进行介绍和谈判。而且我们可以看到，在谈判的过程中买方运用了一个技巧，就是一直强调我在其他店看到相似款式的车，而他们给我的报价是多少，通过这样的说法或技巧一直迫使卖方不断让步，从299.8万元退步到297.5万元、297万元，再到297万元加两年全险。因此这样一个过程我认为是挺理想化的谈判过程，因为卖方实际上一直在让步而买方并没有做什么妥协或让步就把她的目标达到了。

张同学：我先说一下，这个小组的同学上台后表情很丰富，这位扮演4S店销售经理的同学在整个过程很有风度，说话礼貌，能给顾客一种亲切感，这点比较好。他们的协调配合很好，播放PPT的同学和演示介绍的同学之间配合得很好。扮演经理的这位同学在给顾客介绍车的时候引导她坐到椅子上，在模拟介绍车内情况的过程中，从她说话的语调和专业用词中可以看出她用心准备了。但是我认为不太合理的地方在于她们模拟买车选择的这辆车不具有普遍性，她们设定的背景是比较高端的，设定的买方身份定位不是普遍大众，所以我觉得这些地方不具有典型性。

蔡同学：我认为她们这次交易不成功的可能性比较小，因为首先她们对价格的心理预期就很相似。买方的心理预期是从295万～297万元，而卖方的心理预期是从299.8万～296.5万元，因此她们的心理预期大部分都是重叠的，所以谈判不太可能出现不成功。如刚才第一位男同学所说，这是买方主导的市场，买方基本上可以决定这个交易价格，但其实不是这样的，因为这位买车的女士并不是心血来潮想买一辆车，而是她的车坏了，她急需一辆车，所以她总是要买车的，无论是不是在这家店。交易价格并不是完全由她决定的。其次，谈判过程中有一个技巧性的对话就是她提到另一家店能提供的价位是297万元，但这个信息设定的真假不一定，是她真的了解到另一家店能给出297万元的价格吗？如果是假的，那这个信息用来压价我认为是成功的，就是她成功地用这个假信息把价格压下来了。如果信息属实，真的有一家店能给到297万元而最后这家店的成交价也在297万元，那我不认为买方有强烈的意图一定要在这家店买车。后来卖方的说服方式是运用一些附加赠送的优惠来提高性价比，以达成交易，但我认为这不是非常有吸引力。整个过程的前半段我认为是比较详细和精准的，比较符合买方定位，所以我认为这块她们做得很好，但后面有一些欠缺，不是很吸引人。（老师补充：在这方面令我们感觉有些仓促，为什么一定要在这家买？卖方应该阐述更多，比如虽说价格是一样的，但我们这家店的声誉比较好，或者说你去另一家店不一定真的有这么低的价格。卖方应有更多充分的阐述。这里双方的阐述不是很充分。）

孟同学：首先夸奖一下这三位女生。第一，她们对这辆车的描述真的非常充分，扮演卖方的同学从车辆外貌的流线型非常好讲起，从外讲到内，再说到车内的真皮座椅怎么怎么好等等，用到了一些专业术语。第二，我认为扮演卖方的这位女生表演非常自然，很像是一个经理，能够背下大段的术语，真的像一个有资历的经理，给人一种非常成熟、稳重的印象。然后我认为她们这个演示设计上存在一些问题和逻辑缺陷。第一点是她们上来先问的是"你好，你今天是来看车吗？"这句话说明是事先没有联系过的，结果上来就推荐了一辆将近300万元的车，这一点我认为明显缺乏逻辑性。我虽然看你穿得比较奢华，但是我也不一定就确定你是一个上市公司的老总，就推荐一辆300万元的车。至少应该先问一下对方的年收入是什么水平（卖方成员张同学说明：首先你要了解一下上市公司是一个什么概念，买方是上市公司老板，应该算得上是一个公众人物了）。然后，她们在赠品方面提到了两年的全保，我认为这个两年的全保给得很到位，因为对于一辆豪车我认为两年的全保给的是一个非常充足的优惠，但是她们搭配了一个1000块的油卡。两年的全保至少也有几万，但只搭配了一个1000块的油卡，我认为有点奇怪。还有一个问题是买方一直在提这个车的性价比和油耗。我买一辆300万元的车我还会在意性价比和油耗这些问题吗？主要是这三个地方我认为不太合理。我还认为有一个要改进的地方，就是卖方所在的店是一个全国最大的销售旗舰店，那卖方在讲价格同样是297万元为什么要在这里买而不在其他地方买的时候，我认为可以深入一下。"因为我们是最大的旗舰店，所以我们有最好的声誉，最好的维保、最好的货源。"这些是作为一个全国最大的旗舰店的优势所在，这一点在演示中稍微有点欠缺。

别克同学：我认为作为卖车的杨经理，她肯定要想得更多，她有一个最低的价格定位。但是对于买车的倪女士来说，多个或者少个几万她是无所谓的，她需要的

商务谈判 实战案例和经验解析

只是一辆好车。平常这些旗舰店并不会像这样在砍价方面由上而下不断让步,因为这位女士也知道很多除了奔驰旗舰店以外的其他品牌旗舰店,但是她选择去奔驰旗舰店肯定是有原因的。杨经理退步得比较多。其实,倪女士应该算是被动方,因为经理在介绍这个车型的时候会运用非常多华丽和专业的词汇,比如说车的性能、内饰、结构、构造和其他车型的一些比较等,尽可能地让这位女士系统地了解这辆车但是又不会去过多地砍价,毕竟对于这个女士来说,她作为一个公司的董事长,多个五六万元她是无所谓的,因此我认为杨经理可能让步有点多。

王同学:我谈几个比较奇怪的地方。一个就是一开始那个车子就决定下来了。说句实话,买方虽然是一个上市公司的董事长,但也没有给名片,在这种情况下她的身份别人是很难判断的。一般来说,服务人员会先问客人喜欢什么类型的车子,优雅的、尊贵的,还是大方得体的,然后询问心理价位。因为有时候,比如说他给客人推荐的是300万元的车,但是客人手上只有40万元,只能买40万元以内的车型,那就很尴尬了,没有讲价的必要了,基本上这个谈判还没有开始就结束了。还有就是作为一个上市公司的董事长,都是提前沟通好才会来买车的,而不是直接踏进店里。就算是客人到店里来买车也不会一上来就是销售经理来跟客人谈,都是先由前台小姐先问问情况,了解大致的心理价位,只有客人想买的车型价格比较高,才会有销售经理来。最后一点,客人如果真的是一个上市公司的董事长,那么他可以直接跟总裁谈,总裁可以私人签字,甚至可以多降一些价。因为都这个地位的人了,可以直接便宜几万元,卖个人情,不需要再谈价钱了。

金同学:我觉得这个总体做得还挺好的。模拟谈判的细节,比如车的坐垫介绍什么的都体现了杨经理对倪女士身份的了解,还有一个是对同行的了解,最后全额付款之后送了一个礼物,也给倪女士一个台阶下了。我觉得有两个缺点,一个就是倪女士在谈完之后很容易就说出了自己的心理价位,其实如果真的心理价位是295万元,她的心理价位应该说成290万元或者280万元。另一个是杨经理对于这款车的性能什么的介绍比较少,说一些比较专业的令人听不明白的术语才比较像一个销售经理。

黄同学:背景交代得很完整,而且我最喜欢的一个点就是销售经理在最后用一个非价格因素来吸引顾客,比如车内饰,还有两年的车险。但是我有一个小小的疑问,就是对于这个价格设定的问题,因为我对这方面不太了解而且缺乏常识,我觉得一个上市公司的董事长和一个4S店的销售经理谈一辆300万元左右的车,而他们一直以1万元、5000元这样的量级在谈,和这辆车本身的价值很不符合。如果是两个级别没这么高的人谈一辆十几万的车,那么我觉得是可以的,但是这个300万元的车这么谈我觉得有点小了。不过总体来讲还是挺好的(老师补充:确实以5000元、1万元的浮动来谈价格不是很符合老总的身份,而且刚才也提到,上市公司董事长如果来买车,他可能不会跟经理或者一般的销售人员谈,而是直接通过秘书约好老总来谈。如果真的设定成这样的身份,那可能是直接约好老总,不会在价格上有很多的交锋,重点会放在介绍性能上面,价格方面应该很快就会达成一致,主要就是有没有吸引买方的车型)。

  姜同学：对卖方的三次降价我有一个猜想，她其实是在试探买家知道的信息到底有多少，因为每一次降价都是在获取买家的信息。买家呢，她的车刚坏，可能对这方面信息了解还比较少，她一开口是295万元，然后她就没有再开过价了，这说明她对信息获取得很少，然后卖家一次次降价，一点点去试探。我觉得买家知道的消息其实是很少的，甚至很多消息都是假的，都是为了诈一下卖家。

  叶同学：我觉得她们总体真的是挺不错的，我的想法就是如果这个买家真的是一个经济能力很强的女士，那我觉得作为销售经理能不能给这位女士多一点选择，当她到了店里的时候，就算她一开始就看中了这种车型，但是毕竟她不是专业人士，而作为一个销售经理，对车肯定很了解，就可以给顾客多介绍一点，让她有更多的选择。如果不以这个为界限，说不定能有更高的价位和更多的选择。第二点就是我觉得作为销售经理应该更多地加深对这位女士日常喜好的了解，从一个侧面切入，比如说你要找到一款车真正能吸引这名女士的是哪一个点，并牢牢抓住这个点，让这位女士心甘情愿地为这辆车买单。还有一点就是，她讲到这位女士很注重生活质量，在现实中我了解到这种业主买一辆车可以拿到一些演出票，比如上海梅赛德斯中心经常会请一些歌手来演出，只有买了车的车主才能享受到这种福利。可以通过线下的方式开展优惠活动来吸引顾客，而不是让顾客去宝马店买另一辆车。（老师补充：你说的这点是很有道理的，我们之前在布置模拟买车谈判这个实训作业时将车型限定在紧凑型的代步车，最低档次的是Polo，最高档次的是蒙迪欧，这样大家会更熟悉。高端豪车的买卖可能离我们比较远，自己也不一定能接触到，所以高端豪车的整个谈判还是有差别的。也许中端车或者紧凑型的车，客户看中的或者谈判的重点是能不能送一些油卡或者保养，但真正几百万的车它的谈判重点不在这里，它可能会侧重于"我会给你送一张周杰伦的演唱会门票"等一些确实是有身份的人才能拿到的附加价值，或者说某某私人会所的入场券。通过这种方式来吸引对方，而不是通过赠送保养、全保这些降低利润的东西。这个也是根据车的档次来决定的）。

  王同学：我觉得她们的定位还是挺准确的。我有听到销售经理在谈到速度的时候，倪女士回答"我要速度干什么"，她是一个董事长的话平时开车可能会慢，然后可以通过这一点来压价。当买方说出另外一家奔驰店的时候，卖方又说出他们自己旗舰店的优势来应对，最后我觉得她们都保住了自己的根本利益，可以说谈判还是比较成功的。

  曹同学：首先我觉得买方、卖方做得很好，她们能坚持自己的原则，在对方提出问题时她们都能很好地化解，能看出她们都具备谈判经验。但是我有一个小小的疑惑，买家提出另外一家店价格比较低的时候，卖方就立刻表现出想要降价的意思，这是不是暗示着卖方的价格本来就是不合理的？本来就是高于市价的？卖方没有追问一下究竟是哪一家店会低于市价，这说明报价确实高于其他店，可能会让人感觉卖方诚意不足。

商务谈判 实战案例和经验解析

老师： 我想说一点，因为她说了别的地方的价格是 297 万元，可能不是说报价而是她已经在那家店谈到的比较低的一个价格了，那家店最初报价可能也是 299.8 万元，并不是说一开始就是这样（297 万元），她可能去那一家店沟通了解过。所以并不能证明一开始报 299.8 万元是没有诚意的，并不是这样。

4. 老师点评

下面我来总结一下，总体上我觉得这个小组做的模拟谈判效果较好。一个是时间上，模拟谈判时间有 12 分钟，比较充足。另一个是在风采和表情方面较好（不是只在读稿），值得肯定。可以完善的地方有：

第一，在买方进门以后，卖方应该更好地去了解买方的需求，比如她想买什么档次的车，她是什么样的身份，然后再去介绍。这个模拟里面双方可能提前已经明确好了。但是正常来讲，买家走到一个旗舰店，不一定能一眼看中某辆车，一般是要看多款车后才能决定。卖方如果了解到对方的真实需求和潜在需求，也有可能把客户引导到更高的层次去。特别是原来有些模拟，一开始也没了解买方需求就给他介绍某一辆车，很有可能导致要么是他买不起，要么是这辆车他根本不感兴趣，这个是不好的。因此卖方要了解对方的需求，然后根据对方的需求来推荐。尤其对这种高端车又是私人定制的产品来说，更要说明这款是我们专门为你挑选和定制的。

第二，刚才同学们还提到一点，就是如果买方是一个董事长，那么正常她不太会去跟经理更加不可能跟销售人员去砍价，她可能直接跟 4S 店的老总打电话，约好看车，双方可能不会就一万元进行砍价。因为如果真的是董事长这样级别的，那么肯定是老总来介绍车，不太会在价格上有交锋。而且在价格上进行交锋时都会说"买这种级别的车，奢侈品是不打折的"，可以这样说。当然你要说得让她舒服。就是说买这款车的人肯定不在乎这么点小钱。

第三，刚才同学们说到卖方对车也十分熟悉，包括介绍车的颜色不是直接说黑蓝，而是说钛金灰、宝石蓝等。卖方对这方面比较熟悉，包括配置和变速箱等都很熟悉，十分不容易。但是对方是个董事长，卖方可能一股脑说得太多了，可以说得慢一点，讲完以后可以再去沟通，等没有问题了再说，不要一股脑地说出来，可以先说车的历史文化等这些"虚"的东西。我们假设，某知名企业家就是开的这款车。卖方介绍一下，还会产生名人效应。

第四，在买方提出 297 万元的时候，卖方没有太多应对，很快就降到了 297 万元。其实卖方可以说我们店的不同，我们是全国最大的，各方面保养服务都很周到。不要立刻降价，你可以强调我们有更多的服务，如演唱会的门票只有在我们这家店才能拿到，只有我们有的限量版，不需要等待，其他店虽然价格低但是需要等待。因为我认为这种 300 万元的车可能需要几个月的时间来定制，你可以说这款车是直接从总部拿货会更快，这一点对买方来说可能更重要。你一定要强调她的身份，这种车没有降价空间，只能给她一些福利。包括大店的优势也没有强调到，比如说在保养、售后方面。

第五，两年的全包和油卡也确实不对等（这类高端豪车一年保险大概要七八万元）。还有提车时间、颜色，最终还应该要总结什么时候能拿到车，还有其他服务性的内容、赠品等需要告诉她。

第六，在谈判中，卖方不应该在价格上跟买方过多讨价还价，应该从侧面考虑到一些女士真正会喜欢的优惠和附加价值。她喜欢的不一定是油卡和全保，而可能是演唱会门票或者私人会所出入 VIP 卡。另外，即便降价也要有个"台阶"，如可以说让倪女士介绍几个大客户等才给对方降价的优惠。

最后再说一句，整体上本次模拟谈判还是比较成功的。

参 考 文 献

[1] TONY. Chinese Business Negotiating Style [M]. London: SAGE Publications Inc, 1999.
[2] REARDON, KATHLEEN. Becoming a Skilled Negotiator: Concepts and Practices [M]. New Jersey: John Wiley, 2004.
[3] 白远. 国际商务谈判——理论、案例分析与实践 [M]. 北京:中国人民大学出版社, 2019.
[4] 车红莉. 商务谈判实务 [M]. 北京:化学工业出版社, 2019.
[5] 陈向军. 商务谈判技术 [M]. 武汉:武汉大学出版社, 2004.
[6] 丁建忠. 商务谈判 [M]. 2版. 北京:中国人民大学出版社, 2006.
[7] 樊建廷, 干勤. 商务谈判 [M]. 3版. 大连:东北财经大学出版社, 2018.
[8] 方其. 商务谈判——理论、技巧、案例 [M]. 3版. 北京:中国人民大学出版社, 2011.
[9] 乐国林, 艾庆庆, 孙秀明. 商务谈判:实务技巧与国际适应 [M]. 北京:经济管理出版社, 2019.
[10] 李建民. 国际商务案例集 [M]. 北京:经济科学出版社, 2016.
[11] 汤普森. 商务谈判 [M]. 赵欣, 译. 5版. 北京:中国人民大学出版社, 2013.
[12] 连玲丽, 张晓艳. 商务谈判:理论与实务 [M]. 北京:北京航空航天大学出版社, 2019.
[13] 林力, 解永秋. 模拟商务谈判案例教程(第二集)[M]. 北京:世界图书出版公司, 2015.
[14] 刘必荣. 中国式商务谈判 [M]. 北京:北京大学出版社, 2011.
[15] 庞爱玲. 商务谈判 [M]. 5版. 大连:大连理工大学出版社, 2018.
[16] 王建明. 商务谈判实战经验和技巧——对五十位商务谈判人员的深度访谈 [M]. 北京:机械工业出版社, 2011.
[17] 王建明. 商务谈判实战经验和技巧——对五十位商务谈判人员的深度访谈 [M]. 2版. 北京:机械工业出版社, 2015.
[18] 吴仁波, 刘昌华. 国际商务谈判——理论、实务、案例分析 [M]. 杭州:浙江大学出版社, 2017.
[19] 杨群祥. 商务谈判 [M]. 5版. 大连:东北财经大学出版社, 2017.
[20] 朱春燕, 陈俊红, 孙林岩. 商务谈判案例 [M]. 北京:清华大学出版社, 2011.